历史流域学的理论与实践

王尚义 著

商务印书馆
创于1897 The Commercial Press
2019年 · 北京

图书在版编目（CIP）数据

历史流域学的理论与实践 / 王尚义著. — 北京：商务印书馆，2019
ISBN 978-7-100-09145-9

Ⅰ. ①历… Ⅱ. ①王… Ⅲ. ①流域－历史地理－中国－文集 Ⅳ. ①K928.42-53

中国版本图书馆CIP数据核字（2012）第090445号

历史流域学的理论与实践

王尚义 著

商 务 印 书 馆 出 版
（北京王府井大街36号 邮政编码 100710）
商 务 印 书 馆 发 行
三河市尚艺印装有限公司印刷
ISBN 978－7－100－09145－9

2019年8月第1版　　开本 710×1000 1/16
2019年8月第1次印刷　　印张 20 1/4

定价：80.00元

国家社科基金后期资助项目
出版说明

后期资助项目是国家社科基金设立的一类重要项目，旨在鼓励广大社科研究者潜心治学，支持基础研究多出优秀成果。它是经过严格评审，从接近完成的科研成果中遴选立项的。为扩大后期资助项目的影响，更好地推动学术发展，促进成果转化，全国哲学社会科学工作办公室按照“统一设计、统一标识、统一版式、形成系列”的总体要求，组织出版国家社科基金后期资助项目成果。

全国哲学社会科学工作办公室

序　一

王尚义先生所著的《历史流域学的理论与实践》，为历史地理学开创了一个新的领域，是历史地理学者值得重视的问题。作者通过这方面的实践，提出了有关这个领域的理论，并非一般的泛泛之谈。所以此书是一本有价值的作品，是值得向历史地理学界推荐的。

作者在全书开始就提出了关于创建“历史流域学”的构想，并且统计了近20年以来有关流域问题的论著，指出从20世纪80年代开始的29年中，公开发表的这类论文达1.3万余篇；又归纳和分析了历史流域的研究和分类，共达20类之多。这说明作者在这方面的研究有素，已经积累了大量资料和数据。此书是作者多年治学的成果，因此不仅此书本身值得推荐，作者的孜孜为学也是值得称道的。

此书内容丰富，议论广泛，我为此书作序，着重于作者关于创建一门新的学科的议论。因为愚意认为这是此书最重要的论点，也是学术界值得重视和讨论的问题。

作者在此书卷首，就提出关于创建“历史流域学”的构想。既然提出“历史流域学”这个名称，这就涉及学科分类的问题。因为此书书名是《历史流域学的理论与实践》，所以“历史流域学”显然与“流域历史地理”有密切关系。从宏观概念的学科分类而论，“流域历史地理”属于区域历史地理的范畴。整个地球是一个大区域，其中陆域面积接近1.5亿平方公里，除了大沙漠如非洲撒哈拉沙漠和中国新疆塔克拉玛干沙漠等内部的“无流区”和南极洲及格陵兰岛等极少数“永冻区”以外，都是由河流（包括地下水）网络的大小流域，我往年为《中国水系大辞典》（朱道清编纂，青岛出版社1993年版）作序时，在序中提到：“我国河流，流域面积在一百平方公里以上的有五万多条。”这是一个巨大的数字，说明在我国境内，除几处较大沙漠中的无流区以外，没有一个区域不属于某一条河流的流域。因此流域历史地理是历史地理学领域中的一门大学问。

这里就要议论此书卷首提出的“关于创建历史流域学的构想”问题了。既然提出了“历史流域学”这个学科名称，那么就必然应该存在“流域学”这门学科。但查索中外古今的学科名称，“流域学”（当然也包括历史流域学）却并不存在，所以这是一个值得讨论的问题。作者本人显然也知道这种现实，因而写明了“实践探索与理论创新”，同时也写明了“历史流域学”的“创建”与“构想”，说明作者的慎重和认真。所以我也不揣浅陋，以我的若干经历，议论这个问题。

众所共见，20 世纪 70 年代后期，学术界开始有了与国际交流的相对自由。我们不再是“闭关锁国”，而是“改革开放”了。于是我从 1980 年起，就不断得到国际学术界的邀请出国讲学。仅 1982 年一年，我的讲学从加拿大开始，然后南下，一直讲到南美洲的巴西。虽然从美国向南，全是流行拉丁语（西班牙语和葡萄牙语）的地区，但那里的人的语言素质确实比我们高，英语仍能一路畅通，所以沿途都没有语言上的困难。1983 年起，又受到日本文部省的聘请，以后每隔两三年，先后担任日本几所大学的大学院（即研究生院）的客座教授。客座教授与讲学是不同的国际学术交流活动。讲学比较简单，只要口袋里有十个左右的讲题，就可以周游列校，因为在每校讲学不过一两次，就可以用这些讲题轮换讲出，对各校听众来说，都是新鲜的。但客座教授却不是这样，除了教课对象是研究生（包括博士生和硕士生）外，受聘后必须在该校开设一门课程，并讲满一个学期。倒是应该感谢聘请我的这几所名牌大学校长，事前都诚恳地要求我：对研究生们请用英语讲课。目的当然是为了提高他们学校研究生的英语水平。我的日语水平很低，所以实在是正中下怀。既然用英语讲课，那么我使用的参考书和个人阅读的其他资料，也多是英文书。先进国家的大学，图书馆都是全校的重要学术核心，经费充裕，常常按外地寄来的新书广告购书，而且对我这位客座教授服务周到。我需要哪一类书，只要挂个电话，馆方就会派人送来让我挑选，而且有求必应。在这方面，我们一般大学的图书馆就显然无法相比了。

我因为如郦道元在《水经·沔水注》所说“东南地卑，万流所凑”，是一个生长在这个水乡泽国中的人，所以生平经常与水打交道，到国外讲课，主要也都是涉及水的问题。某些日本大学的图书馆，有时竟把进口不久的如水力学和水声学（都是物理学的分支学科）等方面的书送来。其实，我所需要的只是水文学（hydrology）以及与此有关的资料，他们当然送来很多，所以在这个领域里，我读过的英文书（包括少量日文书）确实不少，但从来没有读过以“流域学”为名的，甚至连这个词也未曾从这类文献中寓目过。当然，在有关水的研究中，“流域”（drainage basin）这个词和与它相关的其他词是经常接触的，我自己也是常常使用的。以我点校的几种《水经注》为例，如2001年由浙江古籍出版社出版的一种，出版社在事前与我商量，在我的点校和注释中，能否多注意一些“普及性”，让那些素慕此书之名但对古代河川懂得不多的读者能够获得一些古今对比的知识。我同意了出版社的要求，所以凡是能够确定在《水经注》中列为卷篇名称的河川为当今某条河流的，我都在注释中加以说明。例如卷十三《漯水》，现在已无此名，我就注明：“此水在山西省发源后，上游今称桑干河，经官厅水库而进入河北省，今称永定河，是海河的五大支流之一。”又如卷六《汾水》等篇中的“涑水”，我也作注：“今称涑水河，是一条单独注入黄河的小支流，全长约260公里，流域面积约5 500平方公里，在今永济以西注入黄河。”因为涑水与漯水不同，它是一条小河，所以不仅注明其今名、长度，并及于流域面积。其中“流域面积”（catchment area），即是水文学中的一个专门词语，是有严格的科学解释的：流域分水线所包围的面积，降落于流域面积的降水，都汇流入此区河道，最后经流域出口断面流出，流域面积和形状的差异，直接影响河流径流的形成过程。以“流域面积”这个词为例，虽然我在国外读过的不少文献中并无“流域学”这门学科，但有关“流域”的许多词语，都有严格的科学解释。何况在一个流域之中，除了有关水文学方面的现象以外，还存在许多自然地理和人文地理的特征。为此，我认为尽管当前在国内外还不曾以“流域学”作为一种专门的学科，但我们要建立这一门以水文学和地理学密切结合、相互交错渗透的“流域学”是完全符合科学原理的。既然“流域学”作为一门学科可以存在，那么“历史流域学”也相应存在。当然，把“流域学”和“历史流域学”作为一门独立的学科，这是科学发展中的一种创新，有待学术界对此进行深入的探索，使这门学科能够获得充实和发展，也就是此书作者在第一章中提出的“实践探索与理论创新”。

此书议论的内容多数都是山西省的河流水文与其他学术问题。山西学者论山西，得天时、地利、人和的优势，就地取材，当然得心应手。此书所收都是千锤百炼的文章，值得阅读和研究，也值得其他省域学者仿效。事有凑巧，我往年曾经因学术事务而几次入晋，因而撰写过《水经注记载的三晋河流》[①]一文。文内把《水经注》所记的山西省河流排列成表，也把各河流域中的湖泊排列成表，并且加了若干肤浅的议论。其实我对山西省素无研究，拙文不过是一篇叙述性的文字，不能与当前此书的专题论文相比。不过从拙文引述的《水经注》记载来看，今山西省确实是一个富有河川的地方。拙表中收入了郦注记及的二级和三级支流。以省境内最大的汾水为例，二、三级支流就多达26条。前文举例的涑水不过是条小河，但它就有洮水、景水、沙渠水、盐水四条支流。每条支流尽管长度不大，但都拥有一个流域，所以即以山西一省为例，“流域学”与“历史流域学”不仅值得创建，而且是研究内容丰富和很有发展前途的学科。

前面已经提及，在整个地球的陆域上，除了极小片无流区和永冻区以外，河川流域是无所不在的网络。当然，范围的大小很有差距，流域面积最大的是南美洲的亚马孙河，我有幸在此河流域中做过一点考察。此河的流域面积达700余万平方公里，那年，我为了考察此河上游的原始森林和土著印第安人的聚落，从此河中上游的港埠玛瑙斯（Manaus）搭乘当地的营业游船，上溯数十公里，勉强地完成了我的踏勘计划。但按面积，我所踏勘的只占这个流域的极小一角。以我们中华民族发祥的黄河流域为例，我在《黄河需要可持续发展》[②]一文中，曾经记述了我在1953年出版了普及性的《黄河》（天津益智书店）一书，以后又于1994年为大型水利志书《黄河志》第十一卷《黄河人文志》撰序，并且述及我对黄河各段历年来的考察等事。但黄河的流域面积近75万平方公里，我所考察的河段，其实也只占此河流域的很小部分。而我在前文提及的山西省涑水河，流域面积就不过5 500平方公里。所以，网络

① 收入《郦学新论——水经研究之三》，山西人民出版社1992年版。

② 收入王明海主编：《科技治黄》，黄河水利出版社2004年版。

了地球陆域的许多河流，在流域面积上具有极大的差距，在地理景观上当然更有不同。为此，在流域学和历史流域学的研究中，在研究方法和步骤方面，都是很有讲究的。

我赞同创建“流域学”和“历史流域学”这些以水文学和地理学密切结合的学科的意见。不过由于河流和流域面积的差距很大，所以在研究中，必须讲究由近及远和由小到大的步骤。山西学者先从山西本省做起，如作者撰写此书一样，这是符合实际研究步骤的。此外，这门学科的研究，除了细致的资料搜集以外，还有大量的田野工作，必须组织许多人力，筹措大量物力，才能开展研究工作。这在当前“重商主义”的社会潮流中，显然相当困难。对此，学术界需要恒心和耐心。任重道远，学科的前景必然是大有发展潜力的。

陈桥驿

2011 年 11 月于浙江大学

序　二

王尚义教授出任太原师范学院院长十多年，在主持全院教学、科研工作之余，仍然倾心于他所挚爱的历史地理专业研究工作。这本即将出版的题为《历史流域学的理论与实践》的著作是他长期艰苦探索、勤奋钻研的心血结晶。从这本分为八章、每章均冠有“历史流域学”并以之作为主旨统领各章的著作中，可以鲜明地看出王尚义教授的两个治学特点：第一是观照现实，结合实际需要，具有明显的地域特色。著作针对他工作的地区，即黄河中游黄土高原地区，特别是山西省地域范围的有关内容立题。由于所论问题剖析深入，结论明确，因而对所涉地区当前之经济开发、河流治理有着很强的历史借鉴与资政建言作用。第二则是富有创新精神，着眼学科发展，落脚理论构建。这主要集中体现在创建“历史流域学”的构想中。

论及“历史流域学”，这是近年来经以王尚义教授为首的学术团队倡导与践行而应运而生的一门新兴学科。其学科之定义，按王尚义教授等的阐述，“是以流域为研究单元、以人类历史为研究时段、以河流水体为主线的人地关系进行研究的一门学科”。其学科构成包括三大分支，即流域自然地理学、流域人文社会学、流域工程学。而催生他们产生建立历史流域学的基本思想是其对流域不是一个一般性的“区域”，以及自然系统、社会系统和人地系统具有强烈的整体性的深刻认识。他们通过对 1980 年至 2008 年 29 年间从中文期刊网上搜检到的以流域为研究区域、对象所发表的 13 420 篇论文，特别是其中从整个历史时期或较长时段进行长时段研究的 282 篇论文的审视中，明显地发现，上述论文大多只是将“流域”看作普通的空间地域范围，而很少注意到流域范围内前述三大系统的整体性；其所论述的有关的自然、人文问题时，也大多是孤立地就事论事，未能从流域范围内各自然、人文要素之整体性以及它们彼此间所存在的关联性来深入揭示其运动与变迁规律。[①] 基于上述认识，尚义教授等遂认为需要在此前关于流域多方面研究的基础上创建一门立足于流域内前述三大系统的整体性之理论性认识上的“历史流域学”。而具有这种性质与功能的学科，此前尚未形成或建立起来。尽管此前曾有学者，如王守春研究员在 1988 年 11 月印行的《中国历史地理论丛》当年第三辑上发表《论历史流域系统学》一文，倡导将历史时期河流变迁与流域环境演变作为一个系统进行研究，但作者在论文最后仍只将之定位于“是历史自然地理学研究的一个重要方向”，与王尚义教授倡议建立的“历史流域学”不能等量齐观。

揆诸实际，王尚义教授等倡议建立的“历史流域学”，既继承了先秦之《禹贡》、北魏之郦道元《水经注》以及清末民初杨守敬与熊会贞《水经注疏》等我国历史上长期以来形成、发展的对河流进行全面深入研究的学术传统，又借鉴了现代各有关学科对流域进行多方面研究所取得的成果，并将对流域的研究推进到一个新的更高阶段。而当今这门学科的出现，正如前文所述，确是应运而生。具体说来，是适应了我们国家当前经济社会可持续发展、历史文化传承与弘扬、现代学科建设和科学技术发展的需要而产生的。

首先，从当前我国经济、社会发展现状与趋向看。改革开放以来 30 余年间，我国各地区，特别是其中的一些大中城市，均处于持续快速发展的态势中。在这一过程中，各地对水资源需求量日益增大，与水环境的相互影响关系也日益密切，有的已成为制约今后可持续发展的“瓶颈”。如众所周知的珠江下游的水质污染、长江三角洲特别是上海市区的地面沉降、华北平原与京津地区的严重缺水等。而要解决好上述问题，就需要按照历史流域学之理论思想，对它们所处河流全流域的自然与人文要素之历史演变、当前现状及今后发展趋向进行深入研究后，才能做出整体规划安排，实施综合开发治理。

其次，从传承和弘扬我们民族优秀传统文化看。过去我们都认为黄河是我们中华民族的母亲河，黄河流域是我们国家古老文明的发祥地。到 20 世纪

---

① 以上所论详见王尚义、张慧芝所撰《关于创建“历史流域学”的构想》系列论文，原载《光明日报》2009 年 11 月 19 日、21 日、25 日，后为《新华文摘》2010 年 4 月号转载。

后期，季羡林等诸多学者指出，长江流域的古代文化可与同期的黄河流域文化并驾齐驱，也是中华民族优秀传统文化的重要源头之一。[①] 一时间我国各大中流域文化之研究蔚为大观，推出了一大批研究论著。然而这些成果往往只将流域作为一个区域，或逐个论列地域文化，或按时间顺序列叙各历史阶段之文化史，很少深入研究流域中之生态环境在文化起源和发展中所发挥的作用，也较少注重揭示流域文化，主要是如黄河、长江这类大流域文化之整体特征。[②] 这就使有关流域文化的研究缺乏深度，使得一些流域文化之深层次本质特征未能被揭示出来。由此可见，要推进对流域文化研究朝纵深方向发展，还需遵循历史流域学之学科理念加以开掘。

最后，从现代学科建设与科学技术发展看。针对上述的历史流域学研究的对象与内容以及它所要解决的学术及实际问题，现有的一些研究与流域或河流相关问题的学科，如水文学、水利学、河流地貌学等，均承担不起前述研究任务；就是前已提及的历史流域系统学以及历史流域地理学[③]，也都还难膺此任。因此很需要新建“历史流域学”这门具有跨学科性质的学科，以推进当前有关流域问题的学术研究与治理工作，也推进现代学科建设与科学技术发展。

综上所述，可以概见，历史流域学当今之应运而生，是因为它适应了多方面工作发展的需要；这也表明今后它必将会乘势而起，不断取得新的进展，成为一门显学。而国内外之科技史与学术史表明，大凡一门学科从创立到臻于成熟，需要一个发展过程，同时还有赖于有一支稳定而精干的学科梯队。令人十分欣喜的是，太原师范学院，在王尚义教授出任院长以来，继在院内成立历史地理与环境变迁研究所之后，近年来又为切实推进历史流域学的发展，发挥院内拥有相关学科与专业人才之优势，组建了“汾河流域科学发展研究中心”，并于 2010 年 5 月被山西省教育厅批准为山西省高等院校人文社科重点研究基地。而王尚义教授作为这支专业队伍的领军者，已对历史流域学之学科性质、学科体系以及有关之理论问题均做了具有一定深度的先期探讨；并以黄河流域，特别是汾河流域，作为重点研究对象，对其历史时期之经济与文化发展、

① 见季羡林总主编：《长江文化议论集》上之“出版说明”，湖北教育出版社 2005 年版。

② 详见拙文：《有关长江文化研究的几点议论》，收入季羡林总主编：《长江文化议论集》下，湖北教育出版社 2005 年版。

③ 详见拙文：《论历史地理学的理论与实践对推进流域文明研究的积极作用——以黑龙江流域文明研究为例》，收入潘春良、艾书琴主编：《多维视野中的黑龙江流域文明》，黑龙江人民出版社 2006 年版。

土地利用、河道与湖泊变迁、生态环境演变等方面，推出了一批研究成果。现结集收入这本论文集中的论文，就是从中精选出来的。由此，我深信，借助太原师范学院汾河流域科学发展研究中心这一基地之支撑助推作用，在以王尚义教授为首的太原师范学院校内外学术团队合作努力下，新兴的“历史流域学”不仅可在汾河流域之相关问题研究中获得突破性进展，而且其学科理论在获得不断充实完善之后，还将在更广泛的领域发挥出积极的作用。

朱士光

2011 年 12 月 22 日

目　录

第一章　历史流域学的理论探索

30 年来，笔者专注于黄河流域的研究，深切感受到“流域问题”的日渐加剧。怀着沉重的使命感，一直致力于解决“流域问题”的实践探索与理论创新。

针对流域生态问题，在国家自然科学基金的资助下，笔者以黄河第二大支流——汾河为例，对历史时期人类活动影响下的流域生态安全、流域生态修复等展开实证研究，提出了历史时期流域生态安全评价的模式，并对流域生态修复途径进行探索。针对近年来各流域旱涝灾害、泥石流、滑坡等地质灾害频发，从历史长时段视角，对流域灾害的成因、人类防治流域灾害的措施等进行了溯源研究，为目前的流域减灾工作提供了学术解读。

经过数十年的研究，笔者深切地认识到：流域是有生命的，也存在健康与否的问题，而“流域问题”的产生具有深刻的历史性及流域性特征。同时，流域具有地理学上明确的边界，是历史地理理论创新和实际应用相结合最适宜的“实验地”。于是，提出创建“历史流域学”的构想，希望将流域作为一个完整的地域系统，从流域因果性、系统性、链条性视角，开展多学科、长时段交叉研究，探索它所具有的以水资源为核心的独特人地关系演化规律，科学认识当前“流域问题”的形成过程和历史根源，为流域的健康发展提供学术研究的支撑。

第一节　流域及其功能

流域是以河流为中心的区域，河流作为人地系统最重要的自然资源，就使流域成为自然地理单元中自然资源禀赋优越的区域。不仅在历史早期，人类聚集于此，在现代社会，许多国家、地区依然沿河流两岸建立经济走廊，形成了沿河产业带。

一、自然资源禀赋与人类流域聚集

流域是一个自然资源禀赋优越的地理单元，与此同时，河流的上中游、干支流之间明显的结构特征还使得流域呈现出显著的结构性。这些对人类社会发展皆具有重大影响。

（一）自然资源聚集性特征

以水资源为核心的流域较之非流域自然区域，自然资源具有显著的聚集性特征，主要表现在以下四个方面：

1. 水资源丰沛

水作为一种自然资源，其使用价值表现为水量、水质和水能三个方面，是一切生物生存的基本资源，是生态系统正常循环的物质前提。此外，在人类文明进程中，以河流为中心的水资源还肩负了更重要的政治、经济、军事乃至文化职能——在很长的历史时期内它一直是人类主要的交通通道、动力来源、军事天堑，以及政治制度、文化思想传播通道。自然区域的其他水资源，再不像流域这样兼具诸种功能，可以满足社会生产的多种需求。

2. 土地资源肥沃

土地资源指可供农、林、牧业或其他经济活动利用的土地，是人类生存的基本资料和劳动对象，亦具有质和量两个特征。在河流的搬移作用下，流域内部除在山谷形成小型的盆地外，更在中、下游地区形成辽阔丰腴的冲积平原（或三角洲），流域系统内部山地、丘陵、平原、盆地等主要地貌形态都有较好的发育，为农、林、牧、渔“大农业”多种经济活动的开展提供了自然物质基础。

3. 生物资源多样

生物资源是在社会经济技术条件下人类可以利用与可能利用的生物，包括动植物资源和微生物资源等，这是人类生存必需的资源；此外，生物多样性是生态平衡的基础，只有生态系统的可持续发展，人类社会才能可持续发展。河流干支流组成的网络体系，为流域内部不同物种的洄游、迁徙提供通道；此外，流域干支流源头的山地具有明显的纬度地带性，大中型流域跨度很大，又构成横向纬度带或纵向经度带，这就为流域内部生物资源的多样化提供了自然基础。

4. 动力资源易取

动力作为力量的来源，是制约人类发展进程的重要能源。流域内部落差赐予河流巨大的水能，文明早期人类便开始将水能转化为机械能，作为航运、水磨、灌溉等动力来源，近代高压输电技术、水力交流发电机的发明，水能开发利用的规模不断扩大。此外，流域两侧山地育成了大面积的森林、煤炭资源，满足着人类不同时期、不同层面的热量需求。水能源随着自然界的水文循环而重复再生，可谓“取之不尽、用之不竭”，其对文明的意义不言而喻。

（二）人类活动的流域性聚集

在整个文明演进过程中，流域一直是人类聚集之地。从世界范围来看，文明多起源于大江大河是不争的事实，譬如黄河流域、长江流域在中华文明中的作用。

1. 经济的河流聚集

流域内丰饶的自然资源禀赋、高素质的人口、便宜低成本的交通网络等皆为流域经济发展提供了必要的前提。此外，流域自然资源、人口、生产活动等以河流为轴心的聚集优势，以及交通区位优势，就为流域经济空间聚集提供了前提。所以，在经济区划中，流域特征多是自然特征完整性考虑的主要因素，经济中心、经济腹地和经济网络纵横交错，共同构成了一个多维度流域的经济区域。在近年生态经济区域的划分中，流域生态系统更成为不得不考虑的要素。

2. 人口的流域聚集

人的要素是生产力中的核心要素，区域生产力水平和人口数量、人口质量关系密切。流域丰饶的资源禀赋，特别是水资源，使流域人口承载力较大。此外，流域内部地貌、生物等资源多样，适宜农林牧渔多民族共生；河流、河谷作为古代重要的交通通道，又是民族迁徙、人口迁徙的通道，多民族、多区域人口流动、聚集，进一步提升了流域的人口密度。

3. 城镇沿河流聚集

在流域拐弯处、干支流交汇处等资源禀赋聚集特征尤为突出的地方，河流对城市选址有深刻影响，特别是在河流大转弯处，常常是该流域最便于和其他邻接地域进行物质中转和交流的地方，吸引范围相对较大，有利于城镇的形成和发展。① 经济要素的空间聚集性也会突出，由之便会产生经济聚集效应，在经济聚集效应下，更多的要素又被进一步吸引，于是资源更加丰富，伴随着这个不断自我强化的过程，城镇的中心作用不断成长。

二、空间结构特征与人类发展

流域是一个以河流为中心、由分水线包围的自然区域，同时又是组织和管理国民经济的特殊的经济社会系统，是经济区域系统的重要组成和表现形式。

（一）流域的结构特征

流域作为一个独立的地域系统单元，内部具有明显的结构特征，主要表现在地域内组成地理系统的各要素在数量上的比例、空间格局以及时间上的联系方式。

1. 整体性和关联性②

所有的系统都具有整体性、关联性、等级结构性、动态平衡性、自组织性等基本特征，组成流域地理系统的各要素之间也存在相互联系、相互制约和相互渗透的整体性特征。流城内不仅气候、地形、水文、生物、土壤等各

---

① 纪立虎：《古代水陆交通与城镇演变》（上），《交通与运输》2002 年第 1 期。
② 张道军等编著：《流域生态环境可持续发展论》，黄河水利出版社 2001 年版，第 12—13 页。

种自然要素之间联系极为密切，而且和人类社会经济活动也存在密切关联。“自然—社会—经济”复合系统各要素在上中下游、干支流各地区间的相互制约、相互影响，存在“牵一发而动全身”的联系。譬如，上游过度开垦土地、坡地，以及滥砍滥伐草木所造成的水土流失，使上游农林牧业和生态环境遭到破坏，泥沙会被洪水携带到中下游，随着河床变宽、流速减缓，泥沙淤积，抬高河道，给中下游造成河道迁徙、洪水泛滥，严重威胁中下游地区居民的安全和社会经济的发展。

2. 区段性和差异性

区段本意是指在一个环形地区或一条单线范围以内的距离，在某一自然区域内依据不同的目的可以划分出不同的区段，譬如一般河流的河源、上游、中游、下游、河口五个区段的划分。差异性就是事物之间存在的不相同的特点、性质，不同地区的地理环境差异性被称为“地域分异规律”，它是地球圈层间相互作用的结果。流域，特别是大流域，往往地域跨度大，构成巨大横向纬度带或纵向经度带。上中下游和干支流在自然条件、自然资源、地理位置、经济技术基础和历史背景等方面均有较大不同，表现出流域的区段性、差异性和复杂性。这些就决定了流域内部自然—社会—经济诸方面的差异性。

3. 层次性和网络性

所谓系统的层次结构，是指系统中横向具有相干性关系的要素所构成的等级，并经纵向新的相干性关系而逐级构成具有构成性关系的结构系统，是纵向等级性和横向多元性的对立统一。系统的网络性是一个十分形象的概念，是指由节点和连线构成，表示诸对象及其相互联系的系统结构。流域是一种典型的网络结构，不仅形成了小流域生态经济系统，各支流生态经济系统，上游、中游、下游各区段生态经济系统，全流域生态经济系统等；同时，流域灾害的发展过程等也具有层次性特征，如台风引发暴雨，暴雨引发洪水，洪水再引发泥石流和滑坡，滑坡和泥石流可能阻塞河道、冲溃堤坝，于是洪水冲入农田、聚落，造成灾害。

4. 开放性和耗散性

流域内各自然地理要素在特定地理边界约束下，通过能量流、物质流和信息流的交换和传输，形成具有一定的有序结构、在空间分布上相互联系、可完成一定功能的多等级动态开放系统。耗散性结构是指在一个开放系统中，通过与外界的能量和物质交换，可以使系统从原来的非平衡状态、无序状态演变成一种平衡、有序结构。流域是一种开放型的耗散结构系统，内部子系统间协同配合，同时系统内外进行大量的人、财、物、信息交换，具有很大的协同力，形成一个“活”的、有生命力的耗散性结构经济系统。工业革命以来，随着现代交通工具的开发，现代流域系统开放性不断增强。

（二）社会结构的流域性特征

社会结构是反映社会构成要素及其相互关系的概念。人类社会的结构可分成三个要素：经济结构、政治结构、意识结构。在人类文明进程中，特别是在传统社会，人类活动的社会结构带有明显的流域性特征。

1. 经济结构的流域性特征

社会的经济结构即一定社会的物质资料生产方式，包括生产力和生产关系两个方面。多民族利用大流域地形地貌、资源、生态的不同，在大流域内形成了集游牧文化、农耕文化、狩猎采集等方式为一体的生产生活方式。流域上游多属宜农宜牧区，或者说农牧交错地带，近代以来，牧、林业不断减少，农业、工业不断扩展，这也正是流域生态问题的根源之一。流域中下游多为流域文明的发源地，文明开发一般是从自然资源禀赋最为优越的中下游河谷平原开始，然后逐步向上游、河口推进，这一区段的经济文化对于整个河流开发越发影响深远。三角洲又称河口平原，是指河口段的扇状冲积平原，农业基础较好，可以为大型港口城市的发展提供辽阔的腹地。

2. 政治结构的流域性特征

政治结构是指建立在经济结构之上的政治法律设施、政治法律制度及其相互关联的方式，又称政治的上层建筑。中国古代中央集权化的组织的出现可能和灌溉事业的发展之间存在某种联系，利用河流水源进行灌溉是一个庞大的系统工程，需要一个中央集权的体制的有力保证；与此同时，大河谷地中的灌溉农业也成为国家的经济基础。黄河在给华夏民族带来肥沃的耕地、便利的交通的同时，雨季的洪水等灾害也给人类社会带来灾难，人类在趋利避灾的开发过程中，中国传统的农业生产方式及与之适应的上层建筑也逐步形成。都城作为全国的政治中心，具体选址依据经历了经济腹地、天下之中，再到地缘政治安全等变迁，但皆没有离开某一流域腹地，彰显了流域的自然资源禀赋对于都城至关重要的地理意义。

3. 观念结构的流域性特征

观念结构又称思想的上层建筑，是社会意识形态组成的有机整体，与经济基础以及政治的上层建筑相对应，它同政治结构一起构成了社会上层建筑的整体。黄河、长江是中国两大母亲河，共同构成华夏文明，但是两大流域内部自然环境不同，历史时期两大流域之间山川阻隔，形成了差异性显著的“黄河流域观念结构”和“长江流域观念结构”，前者可以用“黄土”概括，后者用“水”概括。

第二节　历史流域学缘起及学科性质

重大科学问题研究需求和解决社会需求是孕育新学科诞生的两大动力。一门新学科的诞生，一方面是整个学术前沿拓宽的结果，另一方面则是适应社会重大需求、解决现实重大问题的需要。历史流域学的萌生便是由流域问题的日趋严重催生的。

一、创建缘起

历史流域学是研究以流域为单元、以一万年为时段、在流域范围内以河流为核心、对区域人地关系进行综合研究的一门学科。自创立伊始就受到相关学科专家的广泛关注。特别是该学科提出的“从流域因果性、系统性、链条性视角，开展多学科、长时段交叉”的研究方法，为自然地理学、水文水资源学、气象气候学和灾害学等相关学科提供了一个崭新的学科平台和研究思路。

20 世纪以来，在全球气候变暖的背景之下，流域水循环加快，降水量、径流量不断增加，我国各大江河水患灾害频发。特别是南方各省市，自 2010 年进入主汛期之初，就有不少地区发生大面积洪涝灾害，给国家和人民造成了重大的生命财产损失。

一般而言，水患的主要肇因可以归结为三大因素：气候因素，流域内降水量大且集中；生态因素，流域内森林破坏造成水土流失加剧；工程因素，上游水利工程设防标准较低。其中生态因素和工程因素属于可控制因素，与人类长期活动关系密切。因此，应用历史流域学的方法和理论，对历史时期人地关系和洪水记录做深入考证和确定，可以将上述三个因素统筹考虑，对提高水利设施的防洪标准，减少河道淤积，增强流域内应对特大洪水的能力有重大意义。具体应用体现在三个方面：(1) 应用历史流域土壤工程、人口史和人地关系史，探讨河流泥沙问题；(2) 通过历史考证帮助制定流域水利工程合理的防洪标准；(3) 应用历史流域水患灾害资料对历史洪水和古洪水资料进行考证和推演。

泥沙淤积导致河道宣泄能力降低是水患发生的原因之一，尤以黄河最具代表性。黄河下游干流河床淤积严重，且逐年不断抬升，致使黄河高于两岸黄淮海大平原，形成地上悬河。一旦发生特大洪水或堤防施工质量不良、防汛不力，就极易决口。

根据历史文献记载，黄河因中游水土流失和下游淤积而成为悬河，是在两千年甚至更长时期以前即已客观存在的事实。早在先秦时期，黄河就已经是一条多泥沙的河流，被称为“浊河”(《战国策·燕策》)。到西汉时，据《汉书·沟洫志》记载，大司马史张戎就曾指出：“河水重浊，号为一石水而六斗泥。”

悬河的形成也很久远。据《汉书·沟洫志》记载，西汉哀帝初年（公元前6—前1年）待诏贾让应诏上书，引用诘难之人的话说：“河水高于平地，岁增堤防，犹尚决溢。”贾让引用的话，表明当时黄河河床已在逐年淤高。当时西汉1尺合公制0.231米，按贾让的说法当时淇河一带黄河河水已高出平地1.16米。王莽时张戎也称：“国家数堤塞之，稍益高于平地，犹筑垣而居水也。”

钱宁先生研究发现，在20世纪60年代中期以前，黄河下游河道每年淤积的4亿吨泥沙中，粒径大于0.05毫米的粗泥沙约占69%。据泥沙观测还发现，粗泥沙只有43%可以输送到利津以下。可见粗泥沙是威胁黄河下游和黄淮海大平原的主要根源之一。

又据水文观测资料，黄河大北干流右岸的皇甫川、孤山川、窟野河三条一级支流，年输沙量达2.148亿吨，占黄河全流域的13.68%。尤其是粗泥沙年输沙量1.395亿吨，如按57%淤积在下游计，年淤积量近8 000万吨，约占下游粗泥沙淤积量 2.76 亿吨的 29% 以上，所以这三个流域可以合称为多沙粗沙区。窟野河中下游和孤山川流域，被学者称为“强烈侵蚀中心的中心”。该区在明、清两朝及现在，均位于陕西府谷、神木两县，面积为 2 875 平方公里，年侵蚀量 5 750 万吨，年侵蚀模数高达 2 万吨 / 平方公里。

考察明嘉靖二十一年（1542）府谷、神木两县的人口和耕地统计资料，人口 1.221 万人，耕地面积 2.984 万市亩，土地总面积却有 10 659 平方公里，其中平川耕地资源为 68.98 万市亩。从当时人地关系的资料可以得知：(1) 在这个强烈侵蚀中心的中心，明朝晚期耕地面积也不到总土地面积的 2%；(2) 人口密度每平方公里只有 1.146 人，可谓地广人稀；(3) 耕地只占平川耕地资源的 4.33%，可见并未开垦坡地。综合考虑以上三个因素可以得出一个结论：直到明嘉靖年间，耕地开垦尚不足以导致土壤侵蚀。换言之，历史上该区的水土流失主要由自然因素造成。

通过研究黄河中游的人口史和农垦史，我们发现这三条中等河流的开发史具有相当普遍的意义，即大多数流域坡地的开垦始于清乾隆嘉庆时期，从先秦到清乾嘉时代的 2 600 多年间，黄河中游的农耕主要在关中平原、太原盆地、临汾盆地、运城盆地和各流域的河谷川地上发展。

黄土高原上的黄土层为垂直节理发育，浸水后易坍塌，为暴雨径流所冲刷搬运到河道中。而上述多沙粗沙区的粗泥沙产自被称为砒砂岩的基岩上，砒砂岩土结构松散，遇水易分解，故水土流失严重，人称“地球癌症”，又称“世界水土流失之最”。像如此主要由自然因素造成的水土流失，靠退耕还林还草等措施做到根本性防治有很大困难。20 世纪 80 年代中期，水电部原部长钱正英提出开发沙棘，经十余年试验，土壤年侵蚀模数由原来的 4 万吨 / 平方公里下降到 0.5 万吨 / 平方公里，这是一个有益的探索，但黄河泥沙的防治仍任重道远。

二、地理学的体系与发展趋势

地理学是一门综合性的学科，研究领域既包括自然环境的演变规律，也涵盖全球性、区域性和局地性人类活动干预下的生态安全脆弱性研究，并致力于人地关系和谐发展的科学观点。而流域研究从纯粹的水利管理逐渐发展到流域综合管理，更加注重流域的自然属性、人文轨迹、历史演化及其动态发展规律，使得历史流域学应运而生。本节从地理学发展的视角，探讨历史流域学的学科特征，从而为历史流域学今后的发展提供科学借鉴。

地理学的建立是以经典地理学划分出自然地理学与人文地理学为重要标志的。自然地理学探讨地球表层的分异规律以及地理现象的成因。人文地理学则探讨人类在地球上活动轨迹的分布规律以及地理分布的成因。在近代地理学发展中则以强调人地关系为其建立学科体系的重要依据，在学科分类中特别强调部门地理学和区域地理学的重要性，体现出了地理学与社会的结合以及应用特征。一般在部门地理学里把自然地理学分为地质、地貌、气象气候、土壤、水文、生物等分支地理学科。而人文地理学则分为经济地理学、文化地理学、政治地理学、人口地理学、宗教地理学、行为地理学、旅游地理学等分支地理学科。区域地理学则更强调区域内部的相似性和区域外部的差异性，以区域划分作为研究对象，对独特的区域地理特征进行研究，而且，为了研究的方便还曾经以景观地理学代表特定的区域地理学，对地理的科学化进展和景观生态学的发展产生过深刻而又积极的推动作用。经济地理学在区位论和地域分工方面曾经获得巨大的成功，对指导国民经济和社会发展产生良好的效益。政治地理学中的地缘政治理论也曾经对世界政治格局的形成起到过巨大的作用。现代地理学则从三个方面继续发挥自身的使命。

（一）综合性更强，应用更广泛

现代地理学几乎与各个学科都具备整合性和融合性，研究的范围也以应用为主，土地利用、城市化进程、区域可持续发展、生态安全、流域管理、环境整治、国土规划、人口增长与流动、经济发展等，涉及方方面面，人类进步引起的一系列地理现象都可能会成为地理学的研究对象。

（二）空间特征更加明显，探求历史演化机理的需求更加突出

人类面临的问题日益呈现全球化的趋势，同时科学技术更加强大，促使地理学研究向全球空间化和区域功能化发展。地理学深入地球科学领域，研究全球气候、生态、大陆海洋等的演变过程与发展规律，探讨人类应对的响应机制和对策。另外，区域研究也从纯粹的描述与归纳特征转向区域功能的研究，从经济集聚、可持续发展到主体功能区划分，地理学逐步打上了管理科学和人类学的烙印。

（三）方法多元化，技术现代化

现代技术为地理学的发展插上了腾飞的翅膀。地理学从传统的描述地理学到解释地理学，是由现代科学产生和地理大发现两大事件引发的。现代地理学则是靠现代科学技术的迅猛发展而推动的。解释地理学的主要手段是地图学和野外考察，而现在则主要靠由地理信息系统、大地定位系统和遥感系统组成的“3S”系统进行地球信息的获取，数字地球、虚拟地理环境等成为现代地理学的重要研究对象。在生态环境演变、土地利用与覆被变化、城市演进与发展等研究的推进下，区域功能与可持续发展研究获得了长足的进展，计算地理学为现代地理学技术提供了全新的研究方法和思考角度，这些都为历史流域学的学科建设提供了可资借鉴的参考模式。

三、地理学发展视角下历史流域学的学科特征

以人类为主体，研究全球变化与区域响应、人地关系和可持续发展，是现代地理学的发展趋势。人类文明的发展历史对于全球环境变化具有重大影响，特殊的区域单元——流域既是人类文明的发祥地，又成为人类活动影响最深远的地域。历史流域学具备地理学发展的特点，能够很好地复原流域的历史演化状态，反映流域动态过程中自然要素变化和人类活动影响的历史积淀。从地理学发展趋势研究历史流域学的学科，具备以下的特征。

（一）综合特征

流域是一个复合生态系统，它由河流源头、湿地、相通的湖泊以及众多不同级别的支流和干流组成，包括河流全部生态要素——基本水量、水生生物、稳定的河道等，还包括人工生态系统，如工业、农业、畜牧业和其他生产系统，与河流进行物质和能量交换，这些因素的动态过程对流域有重大的影响和重要的作用。流域可持续发展是在维持流域系统的生态、环境、资源整体平衡、良性循环、功能良好的同时，充分满足流域现代及未来的社会经济文化发

展需要。历史流域学综合了地理学、管理学、历史学、生态学等学科的内容，渗透到更多学科领域，使历史流域学既要从地理学的视角进行宏观、中观和微观研究，体现流域分形特点，也要从其他学科的角度探讨人文与流域的关系、历史演变与流域现状的演替关系、水利管理与综合管理的关系、生态安全与可持续发展的关系、流域情景与历史情境的关系等。

（二）历史演变特征

流域演变具有一定的规律，具有进化能力。随着自然环境的不断变化、人类对河流干预不断增强，每个流域、每条河流都发生不同程度的变化以及与条件相适应河流形态调整。现代流域管理一般只考虑即时的特征，由于研究得不充分，目前尚未有全面考虑从短时的变化特征到长期的变化规律之间建立特定关系。但历史演变特征恰恰是把握流域变化规律和流域灾害研究的核心内容，是建立流域历史情境和历史情景事件的重要依据。美国和欧洲国家拆掉许多大坝的行为，其实就是基于流域历史的情境状态和情景轨迹而采取的措施。

（三）空间与时间特征

流域的空间特征与早期景观地理学特征有许多相似之处。目前在景观生态学上亦有更为准确的描述。而历史流域学的空间尺度也是介于景观地理学与景观生态学之间，但又在景观生态学基底与廊道之间进行着斑块的拼接，从而打破宏观与局部之间交流的障碍，建立了全新的空间关系。在时间上，打破长期与短期的分隔，将历史情景模拟与现代事件迭代分析。

（四）情境环境与情景事件特征

时间地理学中，瑞典地理学家哈格斯特朗用“情景”这个概念，描述历史产生的混合体中各种实体的相互联系，不管是可见的还是不可见的……我们要理解的是状况如何成为集合性结果。[①] 流域这个独特的地理单元，在历史演进中，是几千年人类文学艺术灵感的源泉，积淀了人类文明的影响，遗存了环境变化的重大事件。历史流域学的核心内容就是如何使历史资料与现代资料相对

---

① 参见〔英〕约翰斯顿著，唐晓峰译：《地理学与地理学家》，商务印书馆 2010 年版，第 120—121 页。

接，从而建立流域历史演变的发展脉络。以现代流域指标来要求历史数千年与之一一对应是不现实，也是无法达到的，而情景事件可以以历史时期不同时间断面发生的重大历史事件复原流域的环境状态，从而使历史环境演变状态有迹可循或能间接推断。

（五）应用特征

要从流域的历史性、整体性出发，从人类社会的发展需要出发，弄清流域生态演化规律，把对自然环境的保护和遵循生态规律与人类社会的发展有机地结合起来，才能全面促进人与自然和谐共处、协调发展。

第三节　历史流域学学科体系及主要任务

一、地理学体系下的历史流域学

20 世纪 60 年代系统论的概念被引入地理学，如 1963 年美国阿克曼（Edward A. Ackerman）提出地理学必须探索许多互不相同却又相互依赖的变量的一种系统概念，而这些变量对于“一切人及自然环境”的研究具有现成的意义。伊萨钦科（А. Г. Исаченко）在 1979 年出版的《今日地理学》中则表述为地理系统是“在空间分布上相互联系并作为整体的部分发展变化的各地理组成成分相互制约的动态系统”①。

（一）地理学体系下的区域历史地理学

地理学是一门古老的学科，自从有人类以来，地理学伴随着人类社会的发展而发展。在历史社会时期的地理称为历史地理学。② 地理学按照研究对象所处时代的不同被划分为现代地理学、历史地理学和古地理学三个时段。现

① 〔苏联〕伊萨钦科著，胡寿田、徐樵利译：《今日地理学》，商务印书馆 1986 年版，第 61 页。
② 马蔼乃：《地理科学的体系》，《科学中国人》2010 年第 10 期。

代地理学的注意力集中于现代地理环境的过程研究，历史地理学研究的是人类历史时期的地理环境演化过程，古地理学的研究则偏重于人类历史时期以前的环境。

区域历史地理学是历史地理学的分支学科，以特定的地域为对象，揭示该区域环境条件（包括自然环境、人文环境或其总体）的发展与演变。立足于一个地区，研究具体区域的自然和人文地理现象，探讨区域综合发展的过程和规律，具有明显的继承性。区域历史地理学在分区、分要素和综合研究的过程中，对区域定位、定性、定量的复原研究，以研究行政区域单元为主。[①]

（二）从区域历史地理到历史流域的研究

区域历史地理研究的特色之处在于对具体的区域发展过程采用时间序列中一系列时间断面的综合研究，来反映区域地理环境动态演化的连续性和继承性。20 世纪 50 年代，B. K. 雅尊斯基就曾指出："历史地理应当把所研究的地区中过去地理上的许多特性写出来，但是不应当只是许多年来历史地理特性的对比，必须指出：这些特性怎样由这一个转变为另外一个，所以这些特性应当是动态的。这一点对于历史地理是一个重要的要求，不实行这一点，便剥夺了研究历史地理的任何历史著作（表现历史发展的现象）的必要品质。"进入现代，区域历史地理研究关注区域地理中的人地关系，研究区域空间发展过程。[②]达比曾详细论证了历史地理学的学科性质及地理学中时间过程研究的重要性。[③]他认为，历史地理学研究的方法是地理的，历史地理学的任务就是重建过去的地理。他还认为，历史地理学工作者可以采用横剖面的方法，通过一系列横剖面的复原来恢复某一地区地理景观的变化过程，从而为现代地理景观的特点做出发生学的解释。美国历史地理学家索尔认为，地球的表面是文化景观形成的基础，气候、土壤、河流、植被、动物都与人类活动有密切的关系。他运用地貌学与植物学的知识去分析人类活动与生态环境的关系，强调文化与生态环境之间的空间与时间相互关系的分析。英国历史地理学者注重横剖面复原方法的

① 朱士光：《关于当前加强历史地理学理论建设问题的思考》，《陕西师范大学学报》1999 年第 1 期。
② 侯甬坚：《区域历史地理申论——构建中国历史地理学科体系的重要环节》，《陕西师范大学学报》1994 年第 1 期。
③ 赵中枢：《达比对历史地理学的贡献》，《自然科学史研究》1994 年第 3 期。

区域历史地理研究，以索尔为代表的美国历史地理学研究则注重对地理景观时间演变过程的综合性研究。横剖面所指示的演变是每一段时间之间的变异，反映的是若干时间段之间的断续的、间跃的变化（changes between times）历史，而索尔则强调贯穿整个时间阶段的演变（changes through times）过程。他认为，过程并不是一个简单的年表，而是一个有机的前后相接的生长史。①

区域历史地理环境的演化过程与当今的人地系统有着最直接、最密切的承继关系，对区域历史时期人地系统演变过程进行深入的、系统的研究，无疑具有理论上和实践上的双重意义。因此，研究历史时期人地系统的演变过程并揭示其中的规律，为今天人类社会的可持续发展提供参照。中国具有悠久的历史文化传统，有比较丰富、系统的历史文献和考古资料，开展历史时期人地关系的研究具有得天独厚的条件。侯仁之在《历史地理学刍议》② 一文中提出，“历史地理学的主要工作，不仅要‘复原’过去时代的地理环境，而且还须寻找其发展演变的规律，阐明当前地理环境的形成和特点”，明确了中国历史地理学的学科属性、研究对象和研究目的。

流域是人类活动与环境之间趋于和谐的基石，人类的产生和发展与流域息息相关。20 世纪 90 年代以来，人类强烈干扰的流域生态环境受到国际社会的关注，如全球水伙伴（GWP）、国际湿地公约组织和世界自然保护联盟（IUCN）已组织了流域研究的地区网络，目的是将流域研究用作试点。其观点是：由于流域更容易积累上游人类活动的影响，所以就使生态系统显得特别脆弱。③ 许多国家、地区通过立法等手段，从水资源分配、利用角度严加控制，这些措施具有一定时效性，但多不能从源头上根本解决水资源匮乏问题。学界也展开了多学科研究，涉及地貌学、水文学、生态学、文化学、经济学等诸多学科，并取得了一定成果。④ 已有的研究多从单一学科角度、针对

---

① 〔加拿大〕L. 格尔柯：《论地理与历史的关系》，《中国历史地理论丛》1998 年第 3 期。

② 侯仁之：《历史地理学刍议》，《北京大学学报》1962 年第 1 期。

③ *International Journal of Water Resources Development*, 2004.3.

④ 王晓朋、潘懋、任群智：《基于流域系统地貌信息熵的泥石流危险性定量评价》，《北京大学学报》2007 年第 2 期；沈吉、杨丽原、羊向东等：《全新世以来云南洱海流域气候变化与人类活动的湖泊沉积记录》，《中国科学》2004 年第 2 期；常月明、王心源、王桂林等：《用流域系统的观点看待荒漠化及其治理》，《干旱区资源与环境》2004 年第 9 期；金帅、盛昭瀚、刘小峰：《流域系统复杂性与适应性管理》，《中国人口·资源与环境》2010 年第 7 期；任世芳、赵淑贞：《历史时期汾河水库上游耕地发展与土壤侵蚀之关系》，《水土保持研究》2006 年第 4 期。

流域问题某一方面展开。此外，涉及流域环境演化的历史性，从历史长时段、流域系统性展开研究，较为薄弱。鉴于流域演化的历史性、因果性、系统性、链条性等特征，以及学界现有成果之不足，区域历史地理学以流域为单元开展历史流域研究显得十分必要和迫切。

（三）历史流域学的构建

一些学者就历史流域研究的理论、方法进行了探讨。1988 年，王守春在《论历史流域系统学》[①] 一文中就针对历史时期河流演变原因研究之不足提出，“今后的研究侧重点应当放在把河流与流域作为一个整体或一个系统来进行研究”，并提出，应创建“历史流域系统学”。他强调流域治理应注重流域系统性，认为“把河流的上、中、下游及支流、干流看成一个整体的不同部分，而且还要把河流所在流域的自然要素和人文要素，即环境要素，看成一个整体的组成部分。因此只有从整体角度，即把它们作为系统来进行研究，才能对河流有更深刻的认识”。侯仁之在《历史地理学四论》中进一步提出进行流域系统研究，应选择“区域链”作为研究对象，即以河流为轴线，将沿途区域视为子系统，进行深入研究，并具体提出了“潮河链”“滦河链”等具体研究设想。[②] 其间，历史地理学等学科以流域为特定研究区域也进行了研究探索，涉及内容颇为广泛。

对历史流域的研究成果主要集中在与人类社会发展最为密切的领域，如历史时期流域自然灾害、流域地貌、流域生态安全、人地关系规律、流域文化、流域经济、流域城镇等方面。但大多研究各自为政，自成体系，而未从流域学的角度将流域作为一个完整的地域系统，探索它所具有的以水资源为核心的、独特的自然、人文地域运动规律。

流域可以看成两个部分的集合体：一部分是与水有关的人类活动，另一部分是依赖于水环境而存在的生态系统、陆生生物和水生生物。是水让这两个部分之间存在着天然的内在联系，同时，矛盾与之共存。因此，这就需要各个部分间的协调。

---

① 王守春：《论历史流域系统学》，《中国历史地理论丛》1988 年第 3 期。
② 侯仁之：《历史地理学四论》，中国科学技术出版社 1994 年版。

地理学研究迫切需要与生态学、数学、计算机科学、管理学等融合，形成一门新的交叉学科——流域学。流域学作为地理学、生态学、管理学实践和管理的交叉学科，以流域为研究单元，研究流域内高地、沿岸带、水体间的信息、能量、物质变动规律。其目的是从流域这个特殊的区域单元对以水体为主线的资源开发、利用、保护、管理开展研究，实现流域可持续发展。

由于流域的历史性、整体性、系统性等特征，对流域的环境变化、生态安全、流域治理和管理等，需要从历史演化的角度进行流域研究。

从流域形成的过程性及流域要素的复杂性，必须构建一门以流域为独特研究对象、融时间和空间于一体的综合学科——历史流域学。

笔者基于流域自然系统的整体性特征、流域社会系统的整体性特征、流域人地系统的整体性特征，提出了历史流域学创建的必要性以及构建、创立“历史流域学”学科体系的初步设想，推动历史流域学学科发展。[①]

历史流域学的创建应遵循以下主要原则：(1) 科学体系原则。20世纪以后，西方学界基本认同人类社会三大类型科学，即自然科学、社会科学、人文科学。此外，从科学体系来划分，与这三门综合性科学并列的还有工程科学等。本节据此，结合目前学界学科分类，以及历史时期流域实际情况，将历史流域学分为三大分支，即流域自然地理学、流域人文社会学、流域工程学。(2) 历史可行性原则。1982年，黄盛璋先生在《论历史地理学与地理学》[②]一文中谈及历史地理学和历史学、地理学的关系时，认为从学科属性分析，历史地理学和地理学的研究对象应该是一致的，历史流域学的研究对象也应该和目前流域学研究对象一致。但是又非完全一致，主要有两种情况：一是目前流域内部的个别自然、人文现象，在历史时期并不存在，自然无法成为研究对象；二是尽管流域现象存在，但是囿于史料记载、物质遗存缺乏，难以展开研究。

历史流域学属于地理学的分支学科，是自然科学、人文社会科学、工程科学三大科学融合交叉的学科。历史流域学的自然科学方面主要包括历史流域地理、历史流域生态、历史流域灾害等。历史流域学的人文社会科学方面主要包

① 王尚义、张慧芝：《关于创建历史流域学的构想》，《光明日报》2009年11月19日；王尚义、张慧芝：《流域问题研究的创新和不足》，《光明日报》2009年11月21日；王尚义、张慧芝：《科学研究解决流域问题》，《光明日报》2009年11月25日。

② 黄盛璋：《论历史地理学与地理学》，《湘潭大学社会科学学报》1982年第3期。

括历史流域政治、历史流域经济、历史流域社会、历史流域宗教、历史流域语言、历史流域文学、历史流域艺术等。历史流域学的工程科学方面包括历史流域水利工程、历史流域生态工程等。

二、历史流域学面临的主要任务与研究方法

目前流域研究呈现两大趋势：一是从局部河道转向流域演化的综合研究；二是从单学科、单因素的流域演化研究向多学科融合研究发展。历史流域学是以流域为研究单元、以人类历史为研究时段、以河流水体为主线的人地关系进行研究的一门学科，故应属于地理学的一个分支学科。

作为一门地理学之下的交叉学科，历史流域学重点论述人类活动过程对流域自然、生态诸要素演变的影响机理，流域自然环境演化过程对人类社会利用和管理流域的响应机制的影响，以及建立历史流域环境演变模型，探索历史流域人地关系演变之规律。

（一）历史流域学面临的主要任务

地理学的研究涉及人地关系的形成与演变过程，空间与时间具有同等的重要性。只有对地理现象的空间分析，以及时间过程的深入了解，才能更好地预测人地关系的发展趋势。因此，历史流域学面临的任务是以人地关系为主线，揭示流域历史演化的时空规律。

1. 揭示流域的历史演变规律，为整治流域环境和实现流域综合管理提供完整的情境和情景事件

历史时期，流域环境的信息主要来源于史料，对历史时期发生的自然或人类活动的重大事件，往往会有比较多的描述。对研究流域的演化，需要借助典型事件的记载，对流域环境和社会经济情景进行恢复，以时间序列为轴，将一系列的情景事件排列，构建流域历史的环境演变过程，复原流域情境，从而分析环境要素的变化，包括自然要素和人文要素，对流域系统演化的影响，提取流域演化的一些关键要素，建立流域系统动态变化以及流域系统脆弱性的评估框架，探索流域环境的变化规律，为评价流域现状和预测未来流域发展提供借鉴。

2. 研究流域灾害的发生规律，深入探讨流域安全的生态模式和机制，建立未来灾害的预警预报机制和补偿机制。探讨流域多种因素相互之间的耦合关系，从而构建人与流域的网络关系，协调流域开发的强度与进度

自古以来，人类“逐水而居”，早期的文明发祥于大河流域。纵观人类几千年的文明史，不论是古代文明的摇篮，还是现代文明的居地，都离不开人类赖以生存的以水为核心的流域。大江大河为流域的人流、物流提供了舟楫之便，为两岸的人类生活、生产与发展提供了基础条件。说明古之发展源于流域，现代社会发展离不开流域，可持续发展也要依赖于流域。流域是气候和地貌共同作用的产物，流域内环境要素的变化与人类干扰密切相关，探索流域各要素相互之间的耦合关系，保持人水和谐，使流域社会经济系统和生态环境系统协调平衡，持续发展，保持流域的良性循环，协调流域开发的强度与进度，促进流域的可持续发展。

3. 打破流域即为单纯水利建设、利用、治理等陈旧的管理条框，将流域管理纳入综合管理的轨道

将自然、人文、社会、历史、管理等纳入整个流域研究中去，使流域研究成为现代科学的重要分支之一，成为人类学和地理学重要的研究领域。

流域的可持续发展（包括河流的开发、利用、保护和治理）是一项庞大的系统工程。流域的可持续发展严格遵守自然和经济规律，实行综合开发、合理利用、严格保护、有效治理和系统管理，采用科学的、技术的、工程的、文化的、教育的、宣传的、经济的、法律的、行政的等各种方法、途径和措施，加快节水防污型社会建设，依靠制度变革推进水利由粗放型向资源节约型、生态保护型转变，从传统水利向现代水利、可持续发展水利转变，重视和加强对水资源的配置、节约和保护，“以供定需”，量水而行，使经济社会发展与水资源和水环境的承载能力相适应，提高用水效率和效益，实现经济活动的生态化。以流域的可持续发展保障流域的环境安全、食物安全、经济安全、社会安全。

（二）历史流域学应用的方法和技术

1. 文献法

历史流域学主要靠直接的历史文献资料来恢复历史演变的规律。

2. 物候学方法

除了文献外，物候学方法能为历史流域学提供间接的物证，从而揭示历史气候的演变规律，为求证历史流域的情境环境和情景事件提供必然的科学依据。

3. 钻探技术

利用钻探技术向地下获取岩芯，对沉积物进行研究，从而推断出历史环境的演变规律，恢复再现流域情境环境。

4. 指标评估方法

主要靠两条主线：一条是建立现代近几十年的指标体系，依靠各学科专业要素和历史数据建立相应的综合指标体系。另一条是建立历史时期（距今 1 万年或 2000 年）的指标体系，这一条指标体系由于历史文献的缺乏，不可能和现代一一对应，以恢复建立情境环境和情景事件为主要任务，借以与现代指标体系对应的情境环境和情景事件相一致为原则。

5. “3S” 系统方法

利用“3S”系统技术，监控和探测流域的变化规律，探讨准确预警预报的实现方法。

6. 建模与计算方法

为使流域研究科学化和综合管理科学化，通过规律的探讨，建立符合流域规律的模型模式，适合了解流域变化特征的计算方法将是历史流域学走向科学化的重要途径。

第四节　流域问题及应用方向

2007 年 3 月 20 日，世界自然基金会发布全球遭破坏最严重河流前十名，并将主要原因归结为六类：(1) 水利设施建设：萨尔温江—怒江（亚洲）、多瑙河（欧洲）、拉普拉塔河（南美洲）；(2) 过度取水：格兰德河（北美）、恒河（亚洲）；(3) 全球气候变化：印度河（亚洲）、尼罗河（非洲）；(4) 外来物种的入侵：墨累河—达令河（澳大利亚）；(5) 过度捕捞：湄公河（亚洲）；

（6）污染：长江（亚洲）。

根据世界自然基金会的统计，这些河流“已经面临最严重的威胁或正在承受最糟糕的后果”，河流中的大量淡水生物灭绝，水资源严重短缺。世界自然基金会警告说，如果对目前的形势放任不管，将会产生“可怕的后果”。

一、触目惊心的流域问题

人类面对的生态问题，古代与现代存在质的差异。19 世纪下半叶以前，导致生态变迁的主要因素有二：一是气候突变、气候灾害、物种减少等自然因素变化，生态系统自我适应性调整需要一个过程，其间对人类种群产生影响；二是人口快速增长，超越了生态系统内部的人口承载能力，自然平衡被打破，由之造成了地域性（往往是流域性）生态问题。

（一）水资源短缺与河流断流

随着全球人口增加、气候变暖等社会、自然因素的复合影响，水资源短缺的问题日渐突出、严峻。于是，人类对于河流的取水量不断增加，污染程度加剧，一些人类赖以生存了数千年的母亲河开始出现断流。

中国母亲河——黄河自然断流始于 1972 年，主要发生在下游的山东河段。依据利津水文站观测统计，断流情况如表 1-1：

表 1-1　20 世纪以来黄河断流时间简表

年份	断流天数	年份	断流天数	年份	断流天数
20 世纪 70 年代	9	1993	75	1997	226
20 世纪 80 年代	11	1994	121	1998	142
1991 年	82	1995	122	1999	42
1992 年	61	1996	136	2000	0

在 1972—1996 年的 25 年间，有 19 年出现河干断流，平均 4 年 3 次；1987 年后几乎连年出现断流，且出现断流时间不断提前、断流范围不断扩大以及断

流频次、历时不断增加的态势，如1995年断流历时长达122天，1996年断流136天，1997年断流达226天，为历时最长的断流。

从自然原因分析，黄河流域大部分属于干旱、半干旱的大陆性气候区，径流的补给主要靠降水，降水量本来就不充沛，进入温暖期后降水减少，蒸发加强，进一步加剧了水资源的不足，供求关系更加紧张。黄河下游因泥沙大量淤积，成为世界上著名的地上河，使该段黄河不仅得不到两岸地下含水层的水源补给，反而要用河水下渗补给地下含水层，而且越是干旱越是下渗严重，最终导致黄河断流现象出现。

从人为原因分析主要有二：一是人类对水资源的不合理利用，二是人类对流域环境的破坏。20世纪50年代以来，黄河流域人口猛增，生活和农业灌溉、工业用水急速增加。50年代时，黄河下游灌区灌溉140万公顷农田，工业生产年均耗水量122亿立方米，90年代农田灌溉面积上升到500万公顷，工业生产年均用水量达到300亿立方米；与此同时，黄河下游非汛期年均降水量来水减少了24.5亿立方米，水资源供需矛盾尖锐。于是，在枯水季节或枯水年份，沿岸各地纷纷引水、蓄水、争水、抢水，加之水资源管理混乱，水荒矛盾更加突出。黄河流域一方面水资源短缺，另一方面水资源浪费惊人，如农业灌溉仍然主要采用大畦漫灌、串灌等原始灌溉方式，一些灌区每公顷耕地年均毛用水量竟然高达60立方米，粗放经营的农业生产方式使黄河水资源的有效利用率不及40%。随着人口剧增、经济加速发展，特别是城市规模不断扩大，流域水污染程度亦逐年加重，水荒矛盾更加尖锐。

（二）技术干预下的流域危机

早在2004年世界自然基金会在题为《危机中的河流》的报告中就提出杂乱无章的大坝建设正威胁着世界上很多著名河流，世界大型河流中有一半以上都由于大坝的建设而影响了生态环境，中国的长江已经成为全世界最岌岌可危的一条河流。2007年3月，世界自然基金会的报告进一步指出，萨尔温江、拉普拉塔河和多瑙河流域等，修建堤坝等工程正造成河流流量减少和鱼类死亡，而中国的长江由于沿岸地区快速发展的大规模工业建设和水土流失问题，导致污染问题非常严峻。

2004年世界自然基金会在《危机中的河流》报告中指出，中国已经和正在建造的大坝数量在全世界名列第一，该报告特别提到了长江——它正在和将要修建的大坝有46座，该报告认为这些大坝的建设影响了长江内一些濒临灭绝的物种的繁殖。2007年世界自然基金会发布全球遭破坏最严重的河流前十名，长江榜上有名。

三峡大坝位于湖北省宜昌市境内的三斗坪，2008年全面运行，是目前世界上最大的混凝土水利发电工程，是三峡水电站的主体工程，距下游葛洲坝水利枢纽工程38公里。修筑大坝的好处人所共知，诸如防洪、发电、航运、蓄水北调；但与此同时，它的弊端也在不断显现，对长江流域生态系统、地质系统、水资源出现破坏性干预。如下游洄游鱼类与长江特有鱼类受到严重影响，突发地质灾害增多，大坝通过蓄水、围堵沉积物和增加水成分而加剧水污染等。

与此同时出现的是长江流域日渐严重的污染。工农业大规模发展，城市、耕地、人口不断扩大，在过去的50年中，长江主河道上数百座城市的污染水平已经增加73%，每年排放到河流里的污水和工业废水已达到约250亿吨，占全国总污水排放量的42%，工业总排放量的45%。据中国环境与发展国际合作委员会（CCICED）农业面源污染控制课题组研究，流域内农业生产的氮排放量占氮排放总量的92%，由于流域内农业滩区大量减少，流域自身分解毒性污染物的能力大大降低。此外，由于耕地面积扩大，流域内土壤侵蚀加剧，长江已成为世界上第四大含沙河。

二、目前主要研究实践

20世纪50—70年代，以中国科学院为主开展了西北地区冰雪资源、地表水资源、地下水资源、生态环境等方面的基础研究，其间对水资源的一些认识开始提升到流域层面，奠定了流域科学研究的基础。从20世纪80年代起开始明确以流域为单元的水资源开发利用研究，认识到流域内水资源保护利用需要协调上、中、下游产业布局，需要维护整个流域生态环境的平衡，其间社会经济、城市用水等问题成为流域科学研究的重要内容。从20世纪90年代起开始强调水资源系统以流域为单元的整体性、系统性，以中国典型的内陆河为例，在两千年尺度上系统阐述了以流域为单元的水环境空间特征及其演变，形成上游重储水、中游重发展、下游重生态环境的基本原则，开始在流域尺度上协调自然系统与社会经济系统。21 世纪以来流域科学概念逐渐明晰，以程国栋《黑河流域水—生态—经济系统综合管理研究》（2009）一书为代表，大致反映出目前以流域为对象的学科研究重点，该书依托黑河流域长期野外监测、试验、示范和数字黑河等平台，阐述了生态系统的水流过程、流域生态系统管理技术、节水型生态系统模式。

20 世纪中期以降，流域科学的研究主要集中在中国内陆河流域水资源管理上；迄今，中国流域科学学科发展依然处于起步阶段，“尚无成熟的理论框架、系统的研究方法和技术体系”①。关于流域科学学科性质的认识及主要研究实践大致如下。

（一）国内流域科学研究

近年来，中国各大研究机构、高校从现实生态—经济需求出发，成立了多个以流域为研究对象的机构，在实践领域极大地推进了流域科学的发展。

1. 以流域科学某一分支为研究对象

在这一研究领域，研究成果突出的有以中国水利水电科学研究院为依托单位的“流域水循环模拟与调控国家重点实验室”、中国科学院“水生植物与流域生态重点实验室”、北京师范大学“数字流域校级重点实验室”、陕西师范大学“流域环境动力学重点实验室”、湖北省“流域水资源与生态环境科学重点实验室”、南昌大学生命科学研究院流域生态学研究所等。这些实验室的研究重点各有侧重，分别就流域问题的某一领域模拟实践研究。

如以中国水利水电科学研究院为依托单位的“流域水循环模拟与调控国家重点实验室”2011 年 3 月 29 日获批，针对我国复杂的水循环演变情势和迫切的国家治水实践需求，突出现代环境下水循环的强人类活动扰动和多过程耦合特色，开展“自然—社会”二元水循环基础理论、流域水循环及其伴生过程、复杂水资源系统配置与调度、流域水沙调控与江河治理、水循环调控工程安全与减灾等方向的研究工作，创新构建以流域水循环为统一基础的水科学基本认知理论与调控技术方法，为新时期水资源可持续利用、民生保障和促进人水和

---

① 肖洪浪、李彩芝：《流域科学发展与趋势》，《地理教育》2009 年第 4 期。

谐的国家目标提供系统性的科技支撑。北京师范大学于 2005 年成立了“数字流域校级重点实验室”，以地表水、地下水水循环系统及其数值模拟研究为核心，以全方位解决我国水资源、水环境、水生态、水灾害等水问题为目标，重点开展流域产汇流机理、基于物理机制的分布式水文模型、流域水环境及水循环动力学机制以及数字流域平台及水文信息系统等研究。陕西师范大学“流域环境动力学重点实验室”，开展土地定级评估与生态环境演变研究，为合理利用土地资源以及生态安全提供保障。

2. 以流域科学为研究对象

近年来国内以流域科学为研究对象的实验室、研究中心不断增加，研究内容开始由流域某一领域转向流域科学的系统性、整体性关注。

2012 年北京大学“流域科学实验室”成立，以科学服务于决策优化研究为研究目标。流域科学方向的基本构想为：(1) 理解与模拟流域及其关联水体的基础物理、水文与生态过程；(2) 监测与模拟流域变化的水生态响应；(3) 建立流域尺度社会经济与环境系统动力学模型与优化模型；(4) 开发综合的流域模型体系，服务于更好的环境决策；(5) 开展跨学科的综合实证研究。

兰州大学“旱区流域科学与水资源中心”，针对西北干旱地区水资源紧张的区域特征，从流域科学视角对水资源展开系统性研究。

2011 年北京师范大学与英国谢菲尔德大学合作成立的“中英流域科学中心”，开始关注流域科学研究的国际合作。

3. 针对某一流域的系统研究

中国科学院寒区旱区环境与工程研究所在 2003 年成立了“内陆河流域水文与应用生态重点实验室”(试运行)，2009 年改名为“甘肃省黑河生态水文与流域科学重点实验室”，重在系统认识流域尺度水、生态、社会经济系统，探索内陆河流域水文循环、生态水文过程、生态恢复、生态经济、人水关系演进等基础理论与方法，致力于建立国际一流的内陆河地表过程观测、实验、研究的流域科学基地，数字流域——多尺度、多学科数据和模拟平台，发展中国内陆河流域可持续发展的科学理论体系。

太原师范学院“汾河流域科学发展研究中心”，2010 年 5 月被山西省教育厅确定为山西省人文社会科学重点研究基地，该中心依托地理学，从生态学、历史地理学、管理学、经济学、文化学多角度对汾河流域科学展开研究。

20世纪末，中国大江大河的流域问题已经十分严重，水患、水荒、水污染已经成为一种常态，华夏文明的母亲河——黄河频频断流，严重缺水的西部地区更是内陆河断流，湖泊干涸，原有的绿洲不断萎缩变成沙漠，沙尘暴危害的范围不断扩大，遍及整个中国北方。所以，进入21世纪后，国家针对流域问题的治理不断加强，仅在我国西北地区就先后启动了黑河、塔里木河、江河源、青海湖、石羊河、陇南水源区等以流域为单元的生态抢救与环境工程等项目，投资逾500亿元。2014年8月，国家发改委提出了“用大江大河引领新经济带”的新一轮区域规划。这些工作、规划都急需流域科学的支撑，与此同时，也是流域科学发展的挑战和机遇。

（二）国外流域科学研究的重点

与西方工业化、近代化进程一致，以流域问题为代表的自然生态问题出现较早，20世纪初流域科学也应需而生。21世纪以来，流域科学寻求流域水、生态和发展等问题的平衡方法和解决方案，集成地学、生命科学、社会经济学等的方法和成果，力图解决流域复杂系统的科学问题，在流域可持续发展的目标下，初步形成了流域科学的基本框架和集成流域管理等科学方法。

1. 流域水循环蓝水、绿水并重

1995年，绿水和蓝水的概念开始出现。所谓绿水，主要是指植物根部的土壤存储的雨水，从水循环角度分析，绿水占年可更新水资源60%至70%；储存于河流、湖泊以及含水层中的降水称为蓝水，仅占降水的35%。在某一流域中，绿水（气态水）的循环供给陆生生态系统，反映了自然界“土壤—植物”生态系统的用水消耗；蓝水（液态水）的循环供给水生生态系统和人类的用水需求。以往的水资源管理多关注蓝水，近年来逐渐认识到绿水的重要性，并将其纳入水资源评估范畴，成为流域水资源研究的重要方向。环境流量尤其是地下水流和绿水水流的研究也成为干旱区流域研究的重要内容。

2. 流域水文系统生命过程

20世纪90年代世界自然基金会在长久的流域保护工作中提出了“生命之河”和河流生命网络的理念，在欧、美、澳等均有实施的代表流域。如荷兰“生命之河”的保护恢复计划最初是为了恢复河流的水质，尝试把流域尺度与区域尺度或者国与国之间的恢复措施统一起来，生命之河、河流健康被理解为一种综合性概念，生物多样性、生态环境等参数可为其指征。近年许多地区，特别是在干旱区，传统的流域管理正向基于水环境管理的流域生态系统管理转变。

3. 流域演变的驱动力

在最近的数百年间，在人类活动的强烈干预下，地球生态系统正以前所未有的速度退化，而人类也已经成为生态系统演化最大的影响因素，人类活动已经引起水循环中最关键、最活跃的因子——土壤—植被系统的严重退化，导致生态系统服务功能降低，从而改变了水文过程和生态过程的时空耦合机制，威胁着人类社会存在的基础——水循环与生态系统。流域演变的驱动力，从大的方面分析依然是自然因素、人文因素，目前学界正努力将人文因素和自然因素纳入统一的框架中，统一分析尺度和时空尺度来研究水资源的社会经济循环规律、调控措施和管理战略，特别是把握其中关键的人文因素的作用、影响机制及其演化规律。

4. 深化集成流域管理

20 世纪末集成流域管理理念提出，全球水伙伴集成水资源管理建立以水权、水市场理论为基础的水资源管理体制，形成以经济手段为主的节水机制，公众参与的流域尺度水文、生态、经济综合的流域集成水资源管理已步入实质性的研究阶段。2007 年，美国地质勘探局（United States Geological Survey，简称 USGS）提交了全球第一个流域科学的研究计划。将流域过程模拟与预测、环境流与河流恢复、沉积运移、地表水和地下水相互作用列为美国地质调查局流域科学优先领域，强调流域监测和数据集成等支撑体系。集成流域管理将依托流域科学的发展逐步完善理论框架。

5. 流域科学观测网络和数据、模型平台

随着仪器、设备、通信、计算和数据技术的进展，构建现代野外科学实验综合观测站网、数字观测网和数字流域已经成为可能。通过实验观测可以认识物能平衡与循环，理解尺度、异质性，探讨驱动力和时序过程等；通过对数据和模型集成的认识，利用学科综合和交叉优势，拓展对流域系统时空变迁过程的认知，这些都为流域尺度的科学研究提供了技术平台。国际水委员会 2005—2015 年“生命之水”十年计划也着手建立水资源观测网，筹建一个数据采集、传输、发布的流域监测系统。

第二章　历史流域学视野下的河湖变迁

河道为什么会迁徙？湖泊为什么会湮塞乃至消失？

河流是有生命的，上游涵养水源的森林、下游调节水量的湖泊都是其生命的重要保证。森林覆被的减少、河床的萎缩、湖泊的消失，必然是对河流生命健康的损害。当一条河流不再哗哗流淌，开始出现河道断流、河床萎缩、污染加重等症状时，它是在警示我们——河流已经远离健康，生态危机正在形成！

汾河是黄河流域最主要的支流之一，是山西的母亲河。文峪河是汾河的主要支流，历史时期汾河、文峪河曾经合流，频繁改道；位于太原盆地的“昭余祁薮”从大于1 000平方公里的汪洋湖泊荡夷为陆地，这不过是历史时期3 000多年的事情。这一沧桑巨变是自然作用的结果，还是人为因素的结果？笔者经过多年研究，确证这些变化除了与自然地理演变、气候变化等自然因素有关外，与人类对流域内土地不合理的利用也有重要的关系，特别是河流上游地区人口剧增、毁林开荒、自然植被破坏、流域生态功能弱化，是导致中下游河湖变迁的重要原因。

第一节　汾河河源新解

河流是人类文明的发祥地，是人类的摇篮。在古人心目中，圣洁的河水来自神圣的天边，那是一个神秘而美丽的地方，因此河流的源头历来为世人所向往和关注。对于河源的了解和认识是一个渐进的过程，尤其是对中华民族的母亲河——黄河的认识，从古至今一直在探寻。新中国成立后，通过对黄河源头三次大规模的科学考察，学界对河源有了新的认识，出现了百家争鸣的局面，这种争论至今仍在持续。

进入21世纪，全球几乎所有河流的健康都出现了严重问题，因此河流源头的生态保护受到各界高度重视。黄河、长江、澜沧江等大江大河的源头需要保护，汾河这样的地区性河流，其河源同样也需要保护。对山西而言，汾河是三晋人民的母亲河，地位非常重要。汾河河源地处管涔山，既是黄河与海河两大流域的分水岭，也是山西境内汾河、桑干河、滹沱河、黄河支脉水系的分水岭和河源分界线。河源是河流的生命之源，对河源的认识不仅是要明确其准确的地理位置，更重要的是认识河源的环境变迁，为有效地保护河源的生态环境提供科学依据。与历史时期相比，汾河河源的生态环境发生了巨大变迁，对整个流域产生了深远影响，所以对河源的考察和研究，可以深入认识其环境变迁的历程，对科学保护山西的母亲河具有重要的现实意义。

一、“无木而多草”的景观是历代对河源基本的认识

有关汾河的记载最早出现于《山海经·北山经》：“北次二经之首，在河之东，其首枕汾，其名曰管涔之山。其上无木而多草，其下多玉。汾水出焉，而西流注于河。”这段文字指出汾水（今汾河）发源于管涔山，其所指的不是某一座山峰，而是横亘于山西北中部的一支比较大的山系；山上有草，没有树木，反映的是以草本植物为主体的自然景观。汾水的流向是向西，这也与汾河天池一侧的水流方向一致。2011年8月，在对天池的考察中看到天池周边为草甸景观，与文献中描述的景观没有根本的区别。由此可见，《山海经》描述的汾河河源应该在天池一带。

《汉书·地理志》记载："汾阳，北山，汾水所出，西南至汾阴入河。"汉代的汾阳在今天的岚县，北山也就是今天的管涔山。

北魏郦道元的《水经注·汾水》篇中指出："汾水出太原汾阳县北管涔山……《十三州志》曰：出武州之燕京山，亦管涔之异名也。其山重阜修岩，有草无木，泉源导于南麓之下，盖稚水濛流耳。"郦道元再次提到汾河河源的自然景观"有草无木"，出于"燕京山"。对于燕京山与天池，郦道元在《水经注·㶟水》写道："其水潜承太原汾阳县北，燕京山之大池。池在山原之上。世谓之天池，方里余。"杨守敬按：燕京山即管涔山。从以上描述中可以看出，北魏时期，郦道元明确燕京山上的天池，既是汾河的河源，也是桑干河的潜源。

隋代，文献中再次明确汾源在天池。《隋书·炀帝本纪》记载："夏四月丙午，以离石之汾源、临泉、雁门之秀容为楼烦郡。起汾阳宫。"隋大业四年（608）四月，隋炀帝杨广去北方巡游、狩猎，在"汾源"——天池边修建了规模宏伟华丽的行宫"汾阳宫"。隋炀帝所建的汾阳宫就在天池附近，现遗存有建筑基址。

唐代的《元和郡县图志》对天池也有描述："天池，在静乐县北燕京山上。周回八里，阳旱不耗，阴霖不溢。"可见天池能够为汾河提供稳定的水源补给，即使干旱季节也没有萎缩。唐贞观十五年（641），在汾河源头设立天池、玄池两个牧监，为朝廷饲养军马，因此又将天池称为马营海，表明这一带植被生长良好。同时也说明汾河源头军事和政治地理位置的重要性，地位很高。

顾祖禹也认为天池是汾水之源，《读史方舆纪要》记载："天池，在管涔山北原上，即汾水之源也。北人谓'天'为'祁连'，亦谓之'祁连泊'。元魏孝文帝屡游畋于此，高欢亦尝游焉。……池东更有一池，清澈与天池相似，二池通流，池西有沟，名老马沟。"北魏孝文帝在天池打猎巡游，可见当时的生态环境应该相当好，否则不可能成为皇家猎场。天池并不是孤单的一个水体，文献中还记载："玄池，在县南二十里。山巅天池，山麓玄池，号'雌雄海'。"

雍正《山西通志》记载："汾水，源出管涔山天池下，又一源出林溪山龙眼泉，合于宁化所南四十里定河。""龙眼泉，在林溪山下五寨界，乃汾河之一源也。"文献中明确记载管涔山上的天池是汾河正源，龙眼泉是其别源。

光绪《山西通志》的记载更为详尽："汾河，发源宁武县西六十里管涔山下圣母庙，与林溪山龙眼泉合流于支锅石前。……南至宁化司，左会天池水，又南芦崖山水自西北来会，皆别源也。经宁化、北屯三十五里，合宁武西南天池海水，流浸巨。”“汾源以东之山，起燕京山。……天池，在燕京之巅，亦桑干水所潜源者是，有分水岭。”将管涔山之水、林溪山龙眼泉、芦崖山水、天池水均认定为汾河之源，并且提及合流后水量巨大。

由此可见古人在大部分的历史时段都认为天池是汾河正源，同时也认同其他源头的存在。

至于认为东寨的雷鸣寺泉是汾河的源头应该是地方志中的一种认识。《宁武府志》记载："林溪山，在芦崖山后五寨县界。山下有泉，名龙眼泉，为汾河别源。楼子山，管涔诸峰之一也，西山间有神祠。祠下汾水源所出，有古碑刻云：'汾源灵沼'，岁月不可考。楼子山下为支锅石山，有支锅小水流入汾。"从这里可以看出，人们认为今天东寨镇西楼子山下的雷鸣寺泉为汾河之源。2006年出版的《汾河志》也认为雷鸣寺泉是汾河正源。[①]

通过文献解读，可知对汾河东源与西源古人都有一定的认识。确认天池为正源的时间比认定雷鸣寺泉为正源的时间既早又长。

二、对汾河河源湖泊群的解读

河流与湖泊是地球上水体存在的最重要场所，虽然形体不同，但都参与全球水循环，是水量平衡的重要因子。河流被称为大地生命的血脉，湖泊被誉为大地的明珠，在自然生态系统中居于中枢地位，二者就像一对孪生兄弟，相互作用，相互影响，具有密不可分的关系。大多数河流的源头都有湖泊分布。汾河也不例外，在桑干河和汾河分水岭的东庄村附近，就分布着一处高山湖泊群（表2-1）。

20世纪80年代这里仍然有天池、元池、琵琶海、鸭子海、小海子、老师傅海、干海、岭干海、双海等大小天然湖泊15个，总面积约4平方公里。

到了21世纪初期，这些湖泊已处于或接近于消亡，向沼泽化演变。从表2-1中可知，只剩下了7个湖泊，面积仅有1.6平方公里。笔者曾于2005年和

① 山西省水利厅编纂：《汾河志》，山西人民出版社2006年版。

2011 年两次前往河源实地考察，目前只剩下天池、元池、琵琶海等，面积、蓄水量与 20 世纪 80 年代不可同日而语。即使是面积最大的天池也大大缩小，其他的湖泊充其量也只能称为小水塘。

表 2-1　汾河河源湖泊简况表

湖名（别名）	面积（平方公里）	水深（米）	海拔（米）	附注
天池（马营海）	0.8	8～12	1 900	古名祁连泊，蓄水 8 000 万立方米，天然养蓄
元池（公海）	0.275	8～11	1 845	面积曾为 0.36 平方公里，水深达 15 米，蓄水 540 万立方米。位于天池东高岗上，合称公母（鸳鸯）海
琵琶海	0.225	5～6	1 940	天池南 0.5 公里处，形似琵琶，天然养蓄
鸭子海	0.120	2～4	1 840	水面形如鸭蛋，水如明镜，水草茂盛
小海子	0.110	2～3	1 778	已排水耕种
老师傅海	0.075	1.2	1 708	为天池的姊妹湖，在天池东 1 公里处，水草茂盛
干海	0.068～0.110	积水成湖，平时多干涸	1 849	位于分水岭山顶，有里干海、外干海、前干海、后干海，水草茂盛

资料来源：山西省水利厅编纂：《汾河志》，山西人民出版社 2006 年版，第 111 页。

但在历史文献中，曾记载天池水“阴霖不溢，阳旱不涸，澄亭如鉴”。隋代内史侍郎薛道衡作《随驾天池应诏》，诗中对天池美景的描绘也可以间接反映出天池面积与水量之大：“上圣家寰宇，威略振边陲。人维穷眺览，千里曳旌旗。驾鼋临碧海，控骥践瑶池。曲浦腾烟雾，深浪骇惊螭。”

通过实地考察天池地貌景观，我们可以看到现在高于水面将近 10 米的位置，留存长期被水侵蚀的地貌痕迹。由此可以判定，这里曾经被湖泊所覆盖，当时的湖面是何等宽阔，水深至少应该在现在的深度基础上再加 10 米，蓄水量巨大，因此能够为汾河提供源源不断的水量补给。

三、河源确定原则的认同

对于河源的确定原则，主要是在对黄河河源认识的基础上，参考国际上认可的标准而确立的。1949 年后对黄河源头的重大考察进行了三次，提出了不同的结论：1952 年，黄河水利委员会组织了黄河河源查勘队，进行了第一次考察，认为约古宗列曲是黄河的正源。1978 年 7 月，青海省人民政府再次组织黄河河源考察组，进行了第二次考察，认定卡日曲为黄河正源。2008 年 9 月，由青海省政府组织，国家测绘局指导，武汉大学测绘学院技术支持，青海省测绘局负责实施，进行了“三江源头科学考察”，这次考察确认卡日曲的那扎陇查河源头为黄河源头。通过对黄河河源的考察和研究，学界确立了河源界定的一些基本原则，对于河流源头的认识和界定具有重要的指导意义。

当前，确定河源的原则基本相同，但不同的学者认识不同，基本上有三种观点：

（1）以河长为主要衡量要件：“当一条河流由两条以上的支流汇合而成时，一般以长度较长、水流较大的河流的源地为河源。在河流溯源侵蚀的作用下，河流可不断向上移动或改变位置。”在我国历史上确定河源也有“河源唯远”“源远流长”的记载，可见以长度为计算河源的主要条件是有道理的。[①]

（2）综合考虑各种要素：传统和国际惯例目前我们很难改变，这也是我们必须考虑的原则之一。因此在确定河源时，我们要综合地参照各自然因素和社会因素，既要考虑河流的长度、面积、水量、河谷形态、河流走势，也要注重人们对河源的合理传统习惯沿用等诸方面的综合判断，并非是“唯河长论”“唯面积论”，也不是“唯传统习惯论”。[②]

（3）采用国际上河流正源确定的三个标准，即“河源唯长”“流量唯大”“与主流方向一致”的标准，同时考虑流域面积、河流发育期、历史习惯。[③]本节采用第三种方案。

四、东西二源特征值比较

河长和流域面积应是构成河流的主要特征，国内外在排列河流大小次序时，一般都是根据河流的长短和流域面积（图 2–1）的大小，而两者又决定了

---

① 王殿明：《黄河河源的新考证》，《地理科学信息》1988 年第 2 期。

② 王玲、乔永杰、张石娃等：《再谈黄河河源的界定》，《黄河报》2008 年 11 月 18 日；王玲、乔永杰、张石娃等：《关于黄河源头的界定》，《人民黄河》2009 年第 1 期。

③《长江黄河发现新源头》，《人民日报》2009 年 7 月 17 日。

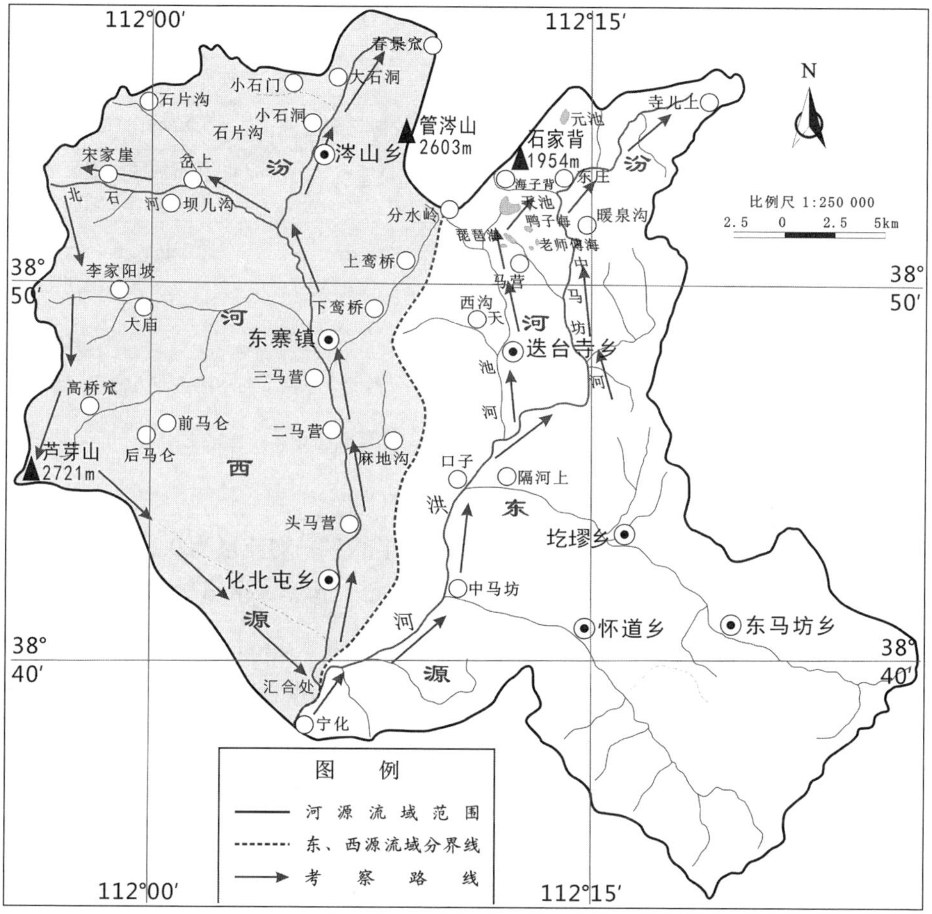

图 2–1 汾河河源区形势图

水量的多少。本次计算采用 1 : 250 000 地形图[①]，扫描后，描绘出汾河河源的流域范围，并将东西二源的分界线画出，利用 GIS 软件测算出其河长（东西二源汇合处以上长度）、流域面积等值。此次计算出河源的流域总面积为 1 027.47 平方公里，略小于官方数字 1 056 平方公里，东源的流域面积数值偏大，西源的偏小。但据实际考察和地形图量算结果分析比较，东源流域面积、源头主流河长均大于西源，这是完全符合实际情况的。本次新量算的汾河河源流域特征值成果见表 2–2。

① 山西省军区测绘处：《中华人民共和国山西省地图集》，上海中华印刷厂，1973 年。

表 2-2　汾河河源特征值对比表（宁化水文站以上）

项目	东源		西源	
	文献记载值	本次计算值	文献记载值	本次计算值
河长（千米）	43.00	43.23 （寺儿上附近到汇合处）	—	36.93（北石河源头到汇合处） 37.27（春景窊附近到汇合处）
流域面积（平方公里）	536.00	553.58	520	473.83
流量（立方米 / 秒）	0.5	—	0.4（最大 1.0）	—
流向	东北—西南，与干流主流方向一致		西北—东南，与干流主流方向不一致	

资料来源：山西省水利厅编纂：《汾河志》，山西人民出版社 2006 年版，第 49—51 页。

根据汾河河源区岔上水文站 1958—1970 年的年平均流量为 0.2 立方米 / 秒，枯水期最小月平均流量为 0.038 立方米 / 秒，年径流量为 620 万立方米；宁化堡水文站 1957—1962 年的年平均流量为 5.085 立方米 / 秒，枯水期最小月平均流量为 0.897 立方米 / 秒，年径流量为 1 亿 6 076 万立方米。① 从表 2–2 的流量资料来看，东源为 0.5 立方米 / 秒，略大于西源的 0.4 立方米 / 秒。

汾河西源有宋家崖、坝儿沟、岔上、石片沟、李家阳坡和东寨等 6 个站点的逐年降水量值，分别为 608.0 毫米、556.2 毫米、688.1 毫米、583.1 毫米、625.4 毫米、559.3 毫米，取其平均值 603.35 毫米作为西源的年均降水量；东源有东庄、分水岭、东马坊等 3 个站点的逐年降水量值，分别为 493.6 毫米、475.5 毫米、562.4 毫米，取其平均值 510.5 毫米作为东源的年均降水量；宁化堡的年均降水量为 553.5 毫米。② 从年均降水量来看，西源比东源多 100 毫米左右，但考虑到地表植被覆盖情况，西源为森林景观，东源为草原草甸景观，两者对降水量的截流贡献不同。森林涵养水源的能力由三种作用构成：树冠截留；林下多年堆积腐烂的枯枝烂叶层的吸收；森林土壤的渗水作用。这三种作用结合在一起，可使一场大雨只有 10% 的水量成为地表径流，其余的都成为地

① 水利电力部黄河水利委员会编：《1919—1970 年黄河流域水文特征值统计》第 4 册，黄河中游区下段（龙门至三门峡水库），1974 年。

② 同上。

下水或林中水保留下来。刘昌明和钟俊襄通过对黄河中游各支流的研究[①]，例如文峪河流域森林减少的径流量绝对值增加 17.4 毫米，森林减少径流系数的相对值为 9.1%，森林增加径流系数的相对值为 4.78%。他们分析认为：非林区的年径流量较林区大 1.7～3.0 倍，林区的径流系数较非林区的小 40%～60%。依据这些研究成果，可知降水量与流量之间存在密切的关系，同时地表的植被状况对径流量作用明显。综合分析，可推知东源的径流量大于西源的。根据实地考察和宁化水文站站长对目前实测资料的描述，东源、西源的流量大致相当。东源各支流汇合后称为洪河。在东西二源汇合处，可以看到东源河水比较浑浊，西源河水清澈见底，二者“泾渭分明”。

以目前国际上认同的河流正源的原则，即“河源唯长”“流量唯大”“与主流方向一致”的三个标准考量，汾河东源的河长较长，与主流方向一致，流量稍多。综合考虑流域面积东源较大，历史传统认识东源也较西源更早。尽管现在东源的湖泊逐渐萎缩，但历史时期，在人类活动影响较小的情况下，汾河东源众多的天然湖泊为汾河提供了稳定而充足的水量，东源的流量绝不是现在的这种状况，它对汾河的流量贡献应该比西源更大。因此，综合上述各种因素，确定东源为汾河正源。

第二节　太原盆地昭余祁钩沉

水资源危机是人类社会可持续发展的一个严重威胁因子，开源是解决这一危机的有效途径。太原盆地位于山西省中部的汾河中游，是全省政治、经济、文化中心和交通枢纽，同时又是全国能源重化工基地之一。目前，该区域经济的持续发展正受到水资源缺乏的严重限制。[②] 本节利用史籍、遥感技术、地质手段并结合实地考察，对其中古代最大的湖泊昭余祁进行研究，无疑能为开发水资源提供佐证。

---

① 刘昌明等：《黄土高原森林对年径流影响的初步分析》，《地理学报》1978 年第 2 期。

② 桑志达等：《利用卫星遥感、地质、历史资料相结合方法研究太原断陷盆地与湖泊古河道分布及演变规律的初步探讨》，《山西水利》1986 年第 4 期。

一、昭余祁的变迁及残留湖泊的逐步湮塞

太原盆地是典型的断陷盆地，钻孔资料表明：盆地中生界、新生界总厚度400～3 800米，是以河湖相沉积为主的地层，其中第四系厚度在160～460米之间。早更新世时盆地集水成湖，是一片汪洋大泽。随着新构造运动和汾河的侵蚀切割，在湖的南部切穿灵石峡谷，湖水南泄，盆地边缘形成洪积扇地形，而中部并未很快干涸，于是在介休以北，平遥、祁县、太谷以西，文水、汾阳以东形成一个湖泊，这就是先秦时期见于史籍的昭余祁薮，因盆地是晋阳所在地，所以，后人又冠以“古晋阳湖”之称。

昭余祁又名大昭，最早见于《周礼·职方》：“并州，其泽薮曰昭余祁。”《尔雅·释地》将昭余祁列为全国十薮之一[①]，《吕氏春秋·有始览》称为大陆，《淮南子·墬形训》称为昭余。那么，昭余祁究竟有多大？首先，根据史籍资料可勾勒出昭余祁的空间范围及其变迁过程。

南界：介休境内，从今城北始至东北27里处的邬城店。城北有春秋时的晋邑“随”，城东北27里有晋邑“邬”。据考证，在该线以北和以西，春秋以前无城邑，这并非史籍遗漏之偶然，而是其时在该线以北无人类居住生活的条件。

东界：平遥境内，沿桥头村、京陵村一线向东北方向延伸。考：春秋时在桥头、京陵二村之间有中都邑，《史记·秦本纪》惠文君后九年“伐赵取中都”即此。又《汉书·地理志》，“太原郡，秦置。县二十一……京陵，莽曰致城”；祁县境内，接京陵村至本县城赵村，东北对贾令村。[②]考：城赵村由“赵襄子所筑”，贾令村为古代名驿，其道是沟通太原盆地的一条重要驿道。[③]同时这条界线以北迄今尚未发现新旧石器时代的考古遗址，而在该线以南的梁村发掘出规模较大的新石器时代的考古遗址，为省级文物保护单位；太谷境内，昭余祁界继贾令村南向东延伸至阳邑村（春秋时晋大夫阳处父邑），再东至古箕城。考：《左传·僖公三十年》：“晋侯败狄于箕。”今人王伯祥注：“箕，晋地，在

---

① 见拙文：《历史时期文峪河的变迁》，《山西水利》1988年第1期。

② 光绪《祁县志·疆域》：“西路：城赵村，距县十里。北路：贾令镇，距县十五里。”

③ 光绪《祁县志·驿递》：“贾令驿，明原额马户四十名，每名马两匹。顺治十一年，酌定马户三十九名半……（光绪时）额马七十七匹，马夫三十八名半。”

今山西太谷东三十五里。”

北界：由太谷向北在榆次陈侃以南转向西，至太原南郊北格，又向西南至清徐徐沟镇，春秋时晋国梗阳邑。再经古陶唐城尧村转南，相传为陶唐氏自涿鹿徙居此。

西界：以交城东北入文水武陵村。考：春秋时，晋国平陵邑在今武陵村与交城县大陵庄之间，《左传·昭公二十八年》：“魏献子为政，分祁氏田以为七县……司马乌为平陵大夫。”再经现在文峪河干渠至南。考：在干渠上贤村有新石器时代文化遗址，说明当时该处不是湖泊，而是宜于早期人类生存养息之地。

从以上资料分析，可以初步勾画出昭余祁四至范围的示意图（图 2-2），从而为考证其变迁提供重要线索。

此后，昭余祁有两次较大的变化：

第一次是在汉代。《汉书·地理志》：“邬，九泽在北，是为昭余祁，并州薮。”这一记载说明：这时的昭余祁已被淤割成若干小湖。清人王先谦释：“陂

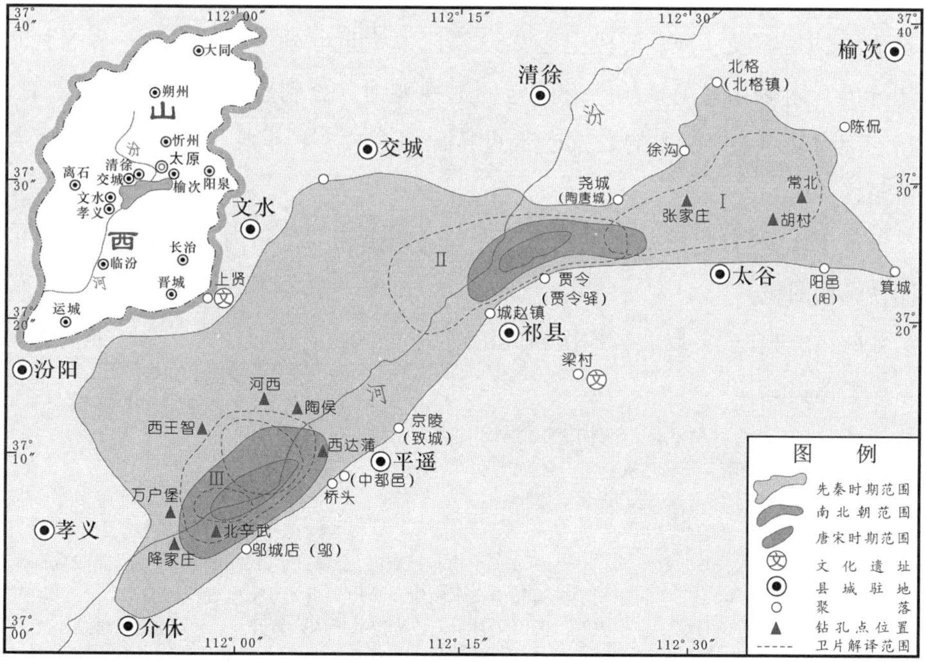

图 2-2　太原盆地昭余祁数变迁及湮塞示意图

泽连接，其薮有九，故谓之九泽，总名曰昭余祁。”从春秋至汉代几百年间，昭余祁已经发生严重的淤积现象。再后推200年，北魏郦道元《水经注》只记载了两个小湖，一个是汉晋时邬县的邬陂，一个是近祁县的祁薮，并指出，“此即《尔雅》所谓昭余祁矣”①。可见这期间的沧桑巨变！

第二次是在唐宋时期。《元和郡县图志》《元丰九域志》记载了邬城泊与祁薮②；可《旧唐书》《新唐书》《宋史》等对两湖只字未提，而对太原盆地的人文事象记载较为详细，如栅城渠、常渠、甘泉渠、灵长渠等。③析此绝非正史所漏，而是这两个残泊已逐步被淤，元代以后成了面积较小的昭余池，大部分湮为芦苇丛生之地。④

二、利用遥感卫片对昭余祁变迁及淤塞范围的订正

陆地卫星多波段影像信息量大，有一定透视能力。古湖泊范围内地形低洼，土壤发育独特，其地物波谱特性亦具差异。我们首先选用TM卫片7个单波段的太原盆地影像分别进行分析，并选用其中TM_3和TM_4卫片进行比值法合成。TM_3波段中心0.66微米，为黄光波段，可以较好地识别地层岩性及沼泽过渡界线。TM_4波段中心0.83微米，为近红外波段，能进一步增强水陆分界，同时还对隐伏构造有一定的透视能力。分别应用1987年9月8日、1994年1月14日获取的数据磁带进行比值合成，根据比值合成影像进行判读解译。

从TM_3和TM_4影像上可看出，在前述昭余祁的范围内有三个较为完整的闭合结构图斑。

I号图斑在太谷以北、榆次西南15公里处，内有斑状纹理，分析此为先秦

① 《水经注疏》卷六：“侯甲水又西合于婴侯之水。迳邬县故城南……又西北入邬陂，而归于汾流矣。”“太谷水，出谷西北流，迳祁县故城南。自县连延，西接邬泽，是为祁薮也。即《尔雅》所谓昭余祁矣。”

② 《元和郡县图志·河东道二》，介休，“邬城泊，在县东北二十六里”。《元丰九域志》卷四：祁，“有帻山、太谷水、祁薮”。

③ 《新唐书·地理志》载：“文水，畿。……西北二十里有栅城渠，贞观三年，民相率引文谷水，溉田数百顷。西十里有常渠，武德二年，汾州刺史萧颤引文水南流入汾州。东北五十里有甘泉渠，二十五里有荡沙渠，二十里有灵长渠、有千亩渠，俱引文谷水，传溉田数千顷，皆开元二年令戴谦所凿。”

④ 雍正《山西通志·山川一·祁县》载：“昭余池在县东南七里祁城村。《周礼》昭余祁即此，久涸。元至元十一年浚水为昭余池，即其地，立成汤祠，后池复涸。”

时期昭余祁的东北部分。

II 号图斑在太谷西南至祁县东北处，内有许多细小水平纹理，并夹杂斑点，说明该区地下水位很浅，与史籍中古祁薮位置基本吻合，同时和地层资料完全相符，其消亡时间大概为北魏时期。

III 号图斑在介休以北，汾阳以东，平遥以西，图斑内又套合有许多蓝色斑状结构。据光谱分析，该区土壤呈碱性，盐渍化程度较深，说明该区湖泊消亡距今较近。分析为唐宋以后至元代的邬城泊洼地。

根据卫片解译结果进行综合分析，可以划出昭余祁的消亡范围与时间顺序：

（1）将 I、II、III 号图斑综合起来，称为 1 号范围，总面积约 1 800 平方公里，为先秦时期昭余祁的范围。

（2）将 II 号图斑的北界以南称为 2 号范围，面积约 700 平方公里，为北魏时期邬泽和祁薮的范围。

（3）将 III 号图斑的北界以南称为 3 号范围，面积约 500 平方公里，为隋唐时期邬泽和祁薮的残留范围。该区北部出现的小型闭合图斑面积约 300 平方公里，为唐宋的邬泽，南部出现的斑状结构面积约 50 平方公里，为元代昭余池。

由此可见，古昭余祁消亡时序是由北向南，北部早南部晚。

三、实地勘测对史籍、遥感技术分析结果的进一步佐证

通过分析层岩性资料来恢复古湖泊的面貌，其结论是有说服力的，湖泊动荡变迁，必然在岩石性质、粒度分选及地层厚度等方面留下历史烙印。首先，利用湖泊地带沉积砂、粉砂、黏土等明显的分选性来确定滨岸带、过渡带、湖心带。其次，比较不同地带黏土、淤泥颜色和厚度，佐证昭余祁存在与湮没的时段。

按照上述思路，在介休、平遥、太谷等地选了近 30 个地质钻孔资料进行剖面分析，证实了以上的结论是正确的。现列举一些不同位置的地层资料来进一步说明。

首先是 50 ~ 70 米深处的钻孔资料：

（1）介休南堡村 379 号井位，在地层 27 米处有 6.2 米厚的粉砂夹石膏土，

其上部为粉砂，下部为灰色干质泥，系湖滨相沉积。说明在这个层位上当时为古湖泊的边缘地带。

（2）平遥县西王智村 516 号井位，在 55 米深处有近 8 米的黑灰色亚黏土和粉砂。其上部是细砂、粉细砂，其下部为灰黄色泥砂。此处是典型的湖相沉积，湖水在此有一定深度。

（3）平遥县宁固乡河西村 462 号井位，在 47.6 米深处 8.1 米的灰色亚黏土，其上部为黑色黏土、粉砂，棕色亚黏土，下部为 10 米厚的亚砂土，这一典型的湖相沉积说明该区地质时期是湖水较深的地方。

（4）平遥县西达蒲村 440 号井位，在 54 米处有 4 米厚的黏土，其上部为粉砂和黏土互层，下部为粉灰砂和沙壤互层，说明该区曾经湖水动荡，而且水面较浅。

（5）太谷县胡村 32 号井位，在 45 ~ 62 米处是亚细砂土，土质灰色，有微层理，说明该处水位深且平稳。其上部为河流相地层，该处是象峪河的入湖处，随着湖泊的缩小，河流逐步发育。

其次是 10 ~ 20 米深处的地层资料：

（1）介休降家庄南 100 米处的 363 号井位，在 4 ~ 7 米处有 13 米厚的灰色黏土，其上部为 3.5 米的灰色粉砂，下部为 13 米的灰色黏土，是个典型的湖相沉积，与史籍资料对比，此处正是先秦时期昭余祁的南部区域，而且也是残留邬泽最后消亡的地区。

（2）将介休万户堡乡 376、379 号至北辛武 537 号，西王智乡 342、344、515 号井位剖面进行横向比照，发现 0.5 ~ 20 米以内均为湖相的粉砂和亚砂土，说明在历史时期这一线有湖泊存在。

（3）太谷县常北村 1、2 号和张家庄西北 1、2 号井位，在 3 ~ 22 米处均为湖相沉积，说明全新世中期至晚期是湖泊，其面积向东北延伸至阳邑方向。这从阳邑村公路北 150 米处 27、28 号井位资料得到证实，这两处的沉积物均为一套滨湖相和河流相地层。

再认识一下古湖泊范围分布的土壤和植物类型。笔者在太原盆地考察期间，所见的盐碱地特别多，尤其在昭余祁范围内土壤基本上都是盐渍土壤。据统计仅平遥县就有盐碱荒地约 1 300 公顷，是山西省白毛碱最典型的地区。再如在介休辛武村附近地区盐碱地也在 660 公顷以上，而此处正是邬泽最后淤塞的地方。另外在昭余祁遗迹范围内，盐碱性植物很多，如盐角草（*Salicornia europaea*）、猪毛菜（*Salsola collina pall*）、刺碱蓬（*Suaeda heteroptera*）、中亚滨藜（*Atriplex centralasiatica Iljin*）等一些藜科具有代表性的聚盐植物。这些现象显然与昭余祁干涸以后的土壤、植物有直接的因果关系。

四、昭余祁湮塞的原因

昭余祁从大于 1 000 平方公里的汪洋湖荡夷为陆地，这不过是历史时期 3 000 多年的事情。这一沧桑巨变是自然作用的结果，还是人为因素的结果？这是本节需要说明的最后一个问题。根据资料检索，可以归纳为三个因素：

（1）与汾河、潇河、文峪河等河流变迁有关，昭余祁所处的区域正是这三条河流交汇的地方，而这三条河流在历史时期极不稳定，几经变迁，对昭余祁的湮塞造成很大影响。

汾河是贯穿太原盆地由北向南的主要河流，在历史时期汾河游荡于祁县与文水之间，它曾多次与文峪河合流，经太原盆地西部文水、汾阳、孝义由介休入灵石口，也曾由清徐县以南汇入昭余祁及其残留湖泊。据考证，汾河与昭余祁有直接关系的改道有以下几次：西周至两晋时期由清徐汇入昭余祁；北魏时期由交城段村汇入邬泽；隋代由文水县汾曲汇入蒿泽[①]；唐宋时期由文水和平遥之间汇入邬泊。

潇河作为汾河的第一支流，曾由昭余祁的东北部入湖。湖泊北界南缩后，潇河仍是变迁无常，入汾口南北不定，其 5 次大的改道对昭余祁及其残留湖泊影响很大。[②]

（2）与气候变化有关，该区属大陆性半湿润半干旱气候，旱涝频繁。据统计，太原盆地历史时期较大的旱灾有 137 次，涝灾有 83 次。[③] 昭余祁位于太原盆地几条河流的中心区域，除了汾河、潇河、文峪河外，还要接纳象峪河、乌马河、昌源河、惠济河等的来水，大量泥沙随之而来。

---

① 蒿泽，汾阳北。《读史方舆纪要》卷四二：“邬城泊县东北二十里，与平遥县接界。流合中都水注于汾河。或谓之蒿泽。”

② 李乾太：《历史时期潇河流域的水文变迁初探》，《山西水利》1986 年第 4 期。

③ 张杰：《山西自然灾害年表》，山西省地方志编撰委员会办公室，1988 年。

(3) 与植被破坏及水土流失有关。本区地处黄土高原，先秦时期汾河、潇河、文峪河上游都是森林植被覆盖比较好的地区，可谓“杂树交荫，云垂烟接”[①]，因而水土流失现象不太严重。秦汉之后人口骤增，加之战争不断，导致人为毁林开荒，自然植被遭到破坏，水土流失现象严重，于是昭余祁及其残留湖泊的湮塞也就成为必然的自然现象了。

第三节 汾河中游的河道变迁

一、史前太原盆地河湖形成的地貌条件

太原盆地是一个典型的新生代断陷盆地，东西两大断层组成的断裂带，属北东走向的高角度正断层，它控制着盆地的形成与发育。太原盆地的断裂下陷约开始于上新世早期。据有关钻孔资料表明，盆地中生界、新生界总厚度在400～3 800米之间，为河湖沉积为主的地层，其分布厚度不同，其中第四纪厚度为160～460米，最厚的地方可达700米。可见，盆地底部构造相当复杂，其沉陷幅度各地差异很大，沉陷中心在清徐、文水、汾阳一线。因此，流经太原盆地的汾水才沿着断陷盆地的沉陷中心清徐、交城、文水、汾阳、孝义进入灵石口。以盆地沉陷中心为轴线的汾河两岸发育成二级阶地。太原以北为黄土台地，汾阳、孝义西部和榆次、太谷东部为黄土丘陵及边缘山地。在这些山地、丘陵阶地上形成许多汾河的支流，如潇河、文峪河、昌源河、龙凤河、乌马河等。这是太原盆地河流形成的地貌背景。

二、汾河的变迁与文峪河

汾河的变迁主要集中于太原南郊和文水、汾阳两段。太原南郊晋源镇以东的汾河，北起西寨，南至东庄营，南北长10公里。这一段汾河向东迁5公里

---

① 《水经注·汾水》。

左右。关于故道的位置，根据《元和郡县图志》和《新唐书·地理志》载：唐贞观十一年（637）李勣为并州长史时，“筑城于汾水之东，曰东城，汾西为西城”。可见在唐代汾河是穿晋阳东西城之间的，因而今天晋源镇的村庄分布才有东城角、河西地、南河滩、北河滩等。这些都是反映当时汾河和唐城位置的地名。东城角即唐东城的东北角，河西地即汾河以西的一片耕地，南河滩和北河滩是以汾河东西两侧而命名的，汾河西为北河滩，汾河东为南河滩。另外，当时为了解决东城的饮水问题，引汾河以西的晋水越汾河入东城。《新唐书·地理志三》载：“架汾引晋水入东城，以甘民食。”《旧唐书·马燧列传》载：“引晋水架汾而注城之东……”至于汾河何时改道东徙，山西大学薛愈先生认为，是发生在清乾隆十三年（1748）。在西寨村西北人工筑坝改变了流向，形成了今天的汾河河道。

汾河改道较多的第二段是文水、汾阳境内。这一段汾水的改道与文峪河的变迁有密切的联系，因此将这两条河流的变迁合在一起来谈。

（一）汉以前的汾河和文峪河稳定阶段

记载汾河和文峪河汉以前的史料不多。从检索到的一些资料可窥其大概。一是北魏郦道元所注的《水经》。《水经》载：汾水“又南过大陵县东……又南过平陶县东，文水从西来流注之”[①]。在提到文峪河时也有大致相同的记载：“文水出大陵县西山文谷，东到其县，屈南到平陶县东北，东入于汾。”[②] 从这两条记载可知：汉以前，汾河的流经地点是大陵县和平陶县东，文峪河的流经路线是大陵县东，平陶县东北。大陵县系西汉置，故治在今文水县东北武陵村；平陶县也是西汉置，故治在今文水县西南25里处的平陶村。至于这两河的交汇处，大概在今文水县北家庄镇的上河头村一带。文峪河进入盆地短距离入汾是该河道在汉以前稳定的重要原因之一，因而在史籍中找不到文水县以南关于文峪河的记载。再是《山海经》里的有关记载，要引用《山海经》来说明汉以前文峪河的情况。首先得认定该书是否是汉以前的作品。笔者认为从《海内经》四篇的内容看，系西汉初年的作品可能性最大。《山海经》中

---

① 《水经注·汾水》。
② 《水经注·文水》。

尽管没有直接提到文峪河，但有文峪河改道后的主要支流胜水的记载："胜水出狐岐山焉，而东北流注于汾水。"如果《山海经》创作于西汉的观点能站住脚的话，那么在西汉时胜水确是汾河的支流了。胜水即今孝义孝河，根据北魏郦道元所注，在北魏时胜水并非汾水的支流，而是文峪河的支流。这就证明北魏以前汾阳、孝义境内并无文峪河，文、汾二水在汾阳、孝义境内的分流是汉以后、北魏以前的事情。同时，在汉以前汾河、文峪河流域自然植被覆盖较好，水土流失不甚严重，河流的淤积也不多，因此在汉以前汾河和文峪河是安流阶段。

（二）汉魏至唐文、汾分流阶段

现在汾河在从清徐转向东南，经平遥、介休，然后进入灵石口，与文峪河东西相差40里，这种流经路线自然与文峪河的变迁毫无关系。但是，在明代以前汾河是由清徐南行的，两河相间只有1公里左右，且时分时合，迁徙无常。如《汾阳县志》所载："盖汾水既东西转徙于汾阳、孝义，东接平遥数十里间，文水至此，随其所奔之故道通塞，而或因或决，亦遂无定。"归纳有关史料可知，北魏至唐文峪河与汾河基本上处于分流阶段。

汾河与文峪河由合流变为分流，是东汉以后汾河由文水迁至今磁窑河开始形成的，在此前无汾阳、孝义境内文峪河的记载。现在文峪河的支流在当时都是直接入汾河的，并非入文峪河。分流以后文峪河向南延行近100里，经汾阳、孝义在靠近介休境与汾河交汇。所以在史籍中才有许多文水、汾阳境内关于文峪河的记载，尤其以北魏郦道元《水经注·文水》最为详细：

文水县境内："文水出文谷，东迳大陵县故城西，而南流，有泌水注之。""又南，迳平陶县之故城东，西迳其城内，南流出郭。"

汾阳境内："文水又南，迳县，右会隐泉口，水出谒泉山之上顶。""又南，迳兹氏县故城东，为文湖。"

孝义境内："文湖水又迳中阳县故城东。""文水又东南流，与胜水合。""文水又东南入于汾水也。"

由以上史料可知：第一，文峪河不再像汉代是由文水境内入汾，而是在文水、汾阳、孝义境内成为一条单独的汾河支流。第二，在这一时期文、汾是分流的，文河在西，汾河在东，西山边地原来的诸多汾河支流成了文峪河的支流。第三，文峪河故道当时的流经路线属文水境内段的在今文峪河之东。尤其在刚出文峪口后，并非像现在急转南下，而是东流至武陵村和大陵庄西部才转向南流的。进入汾阳境内后又向西南流，在今文峪河之西，大约相当于近代开挖的七支渠。笔者于 1987 年 5 月进行实地考察，从残留的故道微地貌看，进一步证实了史籍记载还是可信的。

文峪河与汾河的分流是相对而言的。实际上从汉以前开始这两条河流就相互交流，或通或决，时分时合。就是在比较稳定的唐代，文峪河也有改道淤塞的情况。河道一经淤塞，往往给人们造成水灾。因此，有时官方或民间百姓疏浚河道或开挖新渠，如“唐武德二年，汾州刺史萧顗引文水南流入汾州”[①]。引文水入汾州，并不是说在此前文水不入汾州。这一点北魏郦道元已有过明确的描述，在此无须赘述。这里之所以要引文水入汾州，是文河临时淤塞之故。因为该河当时并没有在文水县入汾，而是流经汾阳在孝义才入汾的。正是由于此才将这一时期称为文、汾的分流阶段。

（三）明清文汾合流、乱流阶段

明代，文峪河流域得到全面开发，水土流失严重，河道不断淤塞，文峪河与汾河改道频繁。“嘉靖二十九年，庚戌四月八日大风霾，昼昏如夜，六月大水，汾河西徙。”[②]这次汾水西迁与文峪河合流。文汾合流后，河道水量增大，经常放溢伤稼。史籍中多有记载：“文汾水溢，汩民田稼，诏兑田租。”“嘉靖三十一年，大水伤稼。”[③]文汾合流泛滥的同时，随时有分流或改道的可能。“万历三十九年，汾河东迁，由县东南四十里齐南都入平遥境。”[④]汾河东迁后，文峪河并未稳流于文汾合流时的故道，仍东西辗转于文水、汾阳东部，清朝“顺治十一年，（汾水）西徙二十里，西距县治二十五里”。这次汾水西迁，并没有和文峪河合流，而只至今汾阳李家庄—西九枝—韩家桥—西堡—北船头—南船头一线，大概在今磁窑河西侧。乾隆十九年，汾水再次西迁，与文水合流，“汾水交溢，入本县郑家庄，淹没居民甚众”[⑤]。此后汾水比较大的迁徙是“乾隆

① 《新唐书·地理志三》。
② 光绪《文水县志·祥异》。
③ 光绪《汾阳县志·山川》。
④ 同上。
⑤ 同上。

三十二年，汾水东徙，入平遥界，不经（汾阳）县境”[①]。

由于这次汾水东去距文水较远，文峪河河道相对稳定。根据光绪《汾阳县志》载：“自乾隆三十二年，汾水徙而东，文水徙而西，孝义县始有文水。”事实上在乾隆以前孝义境内并非无文水，如上文所述，早在北魏时孝义境内就有胜水汇入文水。光绪《汾河县志》所记，只符合明清时期的个别情况。

文峪河作为汾河的支流，入汾口始终没有固定下来，或北或南，或东或西。清嘉庆时入汾口北撤至文水境内，“今文水在文水县界内入汾，汾州府无文湖矣”。这种情况并不长，可能是由于文水顺着汾水东迁后的河道大势就近入汾的。

乾隆三十二年（1767）汾水大迁东去后，并不是很稳定于东线，在汛期有时仍顺西故道流夺文峪河。如道光十五年（1835），“汾水从文水县南安村西，转与文水合，横入汾境，自百金堡至西雷家堡，为马跑河堤所阻，东西三十里，成泽国”。“二十一年，汾水再溢，入县境，患如前。二十三年水患愈甚。七月晦，陡从文水县麻浦徙而东，四野漫流，无由种艺。”[②] 汾河多次西迁夺文南下，使文峪河遗址没有稳定的河道，乱决溢，反复无常。

到光绪八年（1882），清廷拨款，从文水县樊家庄（人字岔）起至汾阳西河堡止，开挖了一条文峪新河（又称文峪西河）。这条河尽管有选线不合理的地方，也曾给百姓造成一定的灾害，但它毕竟是一条纵贯汾阳平川的人工河道，在此基础上多次改修扩建，逐步形成了稳定的文峪河河道。根据光绪《文水县志》和光绪《汾阳县志》所载，这条文峪河河道的大势是：

文水境内：“从北峪口向东，经流开栅镇南至宋家庄西，转南经樊家庄、武午村、宣儿村之西，营儿村、桑村之东，又南经堡子村之西，师平村、韩村之东，又南经东、西宜亭村中间至北张家庄东、上河头村西，折合西南经南张家庄、苏家堡之东，郑家庄之西入汾阳县东北境。”[③]

汾阳境内：“经百金堡、南堡村、康家堡之东，迤南经雷家堡、潴城村、申家堡之东，迤东经北庄村、乾河村之东，转南经师家庄之西、董家庄之东、河西堡之西。”[④]

---

① 光绪《汾阳县志·事考》。
② 光绪《汾阳县志·山川》。
③ 光绪《文水县志·地利志》。
④ 光绪《汾阳县志·山川》。

孝义境内："经南船头村之西、新庄之东，转南移东注汾水。"

此后，文峪河河道无多大变化，《清史稿·地理志七》所记也大体是这条河道：

文水："文峪河自交城入，经文谷口。唐栅城废渠在焉。至城北，又东南。左合磁窑河，步浑水，折西南入汾阳。"

汾阳："文谷水自文水入，循汾水故道，右合原公、金锁关水，至府治东为文湖。又南，右纳义水，入孝义。"

孝义："东北，文谷河自汾阳合义水入，经盐锅头入介休。"

民国时期文峪河先后设有专门的治河管理机构，不断疏浚和维修河堤。新中国成立以后，新开了若干条文峪河支渠，既保证了河道的稳定，又改善了灌溉条件，文峪河才真正造福于人民。

三、太原盆地农田水利事业的开发

太原盆地既然是河流、湖泊较多的地方，那么人类在长期的农业生产过程中必然要尽可能地利用这些地表水资源兴灌溉之利。

太原盆地的农田水利事业，最早可追溯到《尚书·禹贡》时期。《禹贡》载："既载壶口，治梁及岐，既修太原，至于岳阳。"所谓"梁"，是指今太原盆地以西的吕梁山。吕梁山"河流激荡，震动天地，此禹既事壶口，乃即治梁也"。"岐"即介休境内的孤岐山（今洪山）。这些记载尽管系传说，但也反映了早期人类在太原盆地治理水害的迫切愿望。

春秋、战国之际，太原盆地的水利事业有以晋水灌溉的智伯渠。智伯渠有南北两支，"北渎即智氏故渠也"[①]。公元前453年智伯联合魏韩攻赵，以水灌晋阳，即此渠水，南渎经晋阳城南东流，为灌溉之用。

汉代是太原盆地农业发展的重要时期，当时已经利用汾水兴修河渠，如东汉安帝元初三年（116），"修理太原旧沟渠，灌溉官私田"[②]。沟渠既有新旧之分，说明在东汉元初三年以前已修沟渠。这些沟渠所引之水为"晋祠南难老、

① 《水经注·晋水》。

② 《后汉书·安帝纪》。

善利二泉，大旱不涸，隆冬不冻，灌田百顷”①。

隋唐时期太原盆地的经济发展较快，农田水利受到重视。隋开皇六年(586)，“引晋水灌溉稻田，周回四十一里”②。唐代除了引汾灌溉以外，汾河各支流也大兴水利。如文峪河，在唐武德二年（619）至开元二年（714）间，先后开挖灌溉渠道数十条，溉田千顷，文水县“西北二十里有栅城渠，贞观三年，民相率引文谷水，溉田数百顷，西十里有常渠……东北五十里有甘家渠，二十五里有荡沙渠，二十里有灵长渠、有千亩渠，俱引文谷水，传溉田数千顷，皆开元二年令戴谦所凿”③。

除文峪河外，潇河的水利灌溉兴于唐代。“唐贞观中，县令孙湛常令民引渠以溉田。”④《山西通志》亦载：“唐贞观时，孙湛为令，始渠洞涡，教民溉田。”唐以后的宋元明清时期，是太原盆地水利灌溉事业大规模发展的时期，元代不仅普建引水渠，而且筑堤堰，以护农田民舍。如元至正初在交城县东北5里筑瓷窑官堰，以防搭沙河洪水。明代修筑堤堰更为普遍，较大的列举如表2–3。

表2–3 明代修筑堤堰表

堤（堰）名	修筑年代	地址	所在河流
	明万历	榆次	涂水
	明万历	徐沟	象谷水
长堤	明万历	徐沟	小河水
沙堰	明正德	太原市	风谷水
白石堰	明洪武	徐沟	白石水
河堤	明弘治初	孝义	
中都堰	明成化中	平遥	
消水堰	明嘉靖	孝义	
汾河堰	明万历	介休	汾河

① 《读史方舆纪要·山西二》。
② 《元和郡县图志·河东道二》。
③ 《新唐书·地理志三》。
④ 同治《榆次县志·山川》。

清代太原盆地的农田水利灌溉事业得到了进一步的发展，根据光绪《山西通志》统计，修筑灌溉渠道 341 条，这些渠道的分布是：阳曲县 28 道，太原县 66 道，榆次县 49 道，太谷县 57 道，祁县 31 道，徐沟 46 道（含清源乡），交城县 2 道，文水县 8 道，汾阳县 6 道，介休县 19 道，孝义县 18 道，平遥县 11 道。[①] 这些渠道可以说是遍布太原盆地各县的大中小河流，构成了系统的农田水利灌溉网，这对太原盆地农业的稳定发展起到了重要的作用。

第四节　汾河下游及入河口河道变迁考

汾河下游主要经行临汾市霍州市、洪洞县、尧都区、襄汾县、曲沃县、侯马市和运城市新绛县、稷山县、河津、万荣县等地，在万荣县荣河镇庙前村汇入黄河。其中，临汾段的主要走向为北南走向，进入运城段后为东西走向。

一、汾河下游河道变迁情况

（一）中条山地质构造运动与古汾河下游河道的变迁

从现今汾河主体结构来看，它呈现北南走向，这与我国河流大多为西东走向明显不同。另一个较为显著的特征是，汾河下游一改其上中游的北南走向，在今山西省新绛县折而向西，至河津汇入黄河。

地质时期汾河下游河道的走向与今日有着极大不同，如果还原当时的地形地貌，汾河下游应当依然呈现北南走向，在今山西省平陆县附近汇入黄河。汾河的这一重大改道，与中条山地质构造运动有着密切关系。

中条运动在华北地块演化中具有重要意义，它是华北前寒武纪保留最为完整、分布面积最为广泛的一次构造事件。早在古元古代，中条运动就已经开始不断发展，但直到上新世时期，汾河依然是经运城盆地南流入黄河。

至上更新世时期，汾河下游的情况发生了突变，主要原因在于中条山南部

---

① 光绪《山西通志·水利略》。

的急速隆起。在汾河中游，有“打开灵石口，空出晋阳湖”的典故，指的是大禹治水前，今太原盆地一带为古晋阳湖，大禹打开灵石县附近山体，使晋阳湖水向南奔流，人们得以开发太原。汾河下游的情况却与这则典故正好相反。“通过分析夏县段中条山北麓山麓剥蚀面上的黄土地层，认为山麓剥蚀面形成于 240 万年以前。与邻近盆地内钻孔的研究成果对比，得到中条山北麓断裂第四纪以来的垂直活动幅度约 700m，抬升速率为 0.29 mm/a。”[①] 中条山的隆起，使得原本畅行的河道被迫中断，在其北麓形成乱流，为害甚广。

（二）台骀传说与汾河下游河道的改迁

中条山的隆起使得汾河下游旧河道受阻，新河道或自然发育，或人为调控，成为一种必然的趋势，台骀传说中就有台骀疏导汾河下游河道的记载。台骀是上古时期的人物，其有关事迹散见于《左传》《山海经》《史记》《水经注》等史书，他也是比大禹还要早的治理江河的人物，其最主要的功绩之一就是治理汾河，因而在春秋时期被郑国子产封为“汾神”，历代帝王也多给台骀加封谥号。

《左传·昭公》“昭公元年”条记载：“台骀能业其官，宣汾、洮，障大泽，以处大原。帝用嘉之，封诸汾川。”这里的“宣汾、洮”，就是指中条山的隆起使得汾河河道中断，河水无处宣泄，在晋南地区形成乱流，并与洮河争道，使得民不聊生。台骀受命治理汾河，他经过对汾河下游地势地貌、河流分布等情况的考察，决定开凿新的河道。汾河下游在临汾段基本上是北南走向；进入运城市新绛县后，浍河自左岸汇入，干流流向基本上折而向西，直至汇入黄河。台骀开辟的新河道，即起于今新绛县境内的汾河大转弯处，这条东西走向的河道就是台骀对汾河的疏导，也奠定了今日汾河的基本格局。

历史时期汾河下游河道相对稳定，当然史料中也有关于汾河河道微调的记载，如雍正年间，洪洞县境内的汾河就曾向东迁徙：“明万历时县志，旧河面不甚广，今七倍于古，一望无涯，渐徙而东，去城伊迩。”[②] 但就整体情况来看，下游河道的变迁幅度不大。

---

① 苗德雨、李有利、吕胜华、田建梅、王怡然、司苏沛：《山西中条山北麓断裂夏县段新构造运动》，《地理研究》2014 年第 4 期。

② 雍正《山西通志·水利》。

二、汾河入河口变迁及其原因

（一）唐以前汾河入河口较为固定

汾河在禹门口下端汇入黄河小北干流，据史料记载，汾河入河口在历史时期曾经发生过四次大的改道。

第一阶段为唐代中叶前，汾河入河口基本固定在今万荣县庙前村。唐中叶以前，汾河入河口相对固定，在河津中湖潮村以下与黄河并行南流，至万荣县庙前村附近入河，两河中间所夹即为汾阴脽。汾阴脽的南端为后土祠，汉武帝刘彻于公元前113年祭祀后土祠时，著有后世闻名的《秋风辞》，其中就有“泛楼船兮济汾河，横中流兮扬素波”之句。至隋末大业十三年（617），唐高祖李渊自晋阳起兵入关中，基本行军路线为沿着汾河南下，“丙申，渊至汾阴”[①]，严耕望先生认为“是李渊行军沿汾水南下，至汾水入河处”[②]。这些记载说明了起码到唐初，汾河入河口还保持在今万荣县庙前村附近。

第二阶段为唐代中叶至明隆庆年间。到唐代中叶，这种情况发生了变化。唐开成五年（840），日本圆仁和尚到中国求法，他沿着汾河下游行走的部分记录如下：“（八月）十日……黄昏之时，到龙门县……十一日，斋后，西南行十六里，到新桥渡。渡汾河，从渡西岸，着东岸。正南行卅五里，到宝鼎县管内秦村，入村院宿。十二日，迟发，向西望见黄河。”[③]这条记载虽然没有关于汾河入河口的直接记载，但是我们可以从多条信息中进行推理判断，从而得出汾河入河口向北移动至龙门县的有关证据。

圆仁和尚于八月十日傍晚抵达龙门县（今河津市），次日清晨沿着汾河边向西南方向行走16里后，到达新桥渡；在新桥渡，圆仁和尚一行进行了一次河岸的切换，即将行走路线从河西岸改为河东岸。这里包含了两条信息：一是汾河到此处时已经由东西走向变为北南走向，也就是说，此时汾河已经与同样北南走向的黄河保持平行；二是结合下文来看，汾河可能要汇入黄河，圆仁和尚一行之所以将路线从西岸切换到东岸，就是因为汾河即将汇入黄河，那么只有沿着东岸行走才能避开两河交汇形成的水路障碍。接下来的记载也证明了这

---

① 《资治通鉴·隋纪》。

② 严耕望：《唐代交通图考·京都关内区》，（台北）文汇印刷厂有限公司1985年版，第92页。

③ 〔日〕圆仁撰，顾承甫、何泉达点校：《入唐求法巡礼行记》，上海古籍出版社1986年版，第138页。

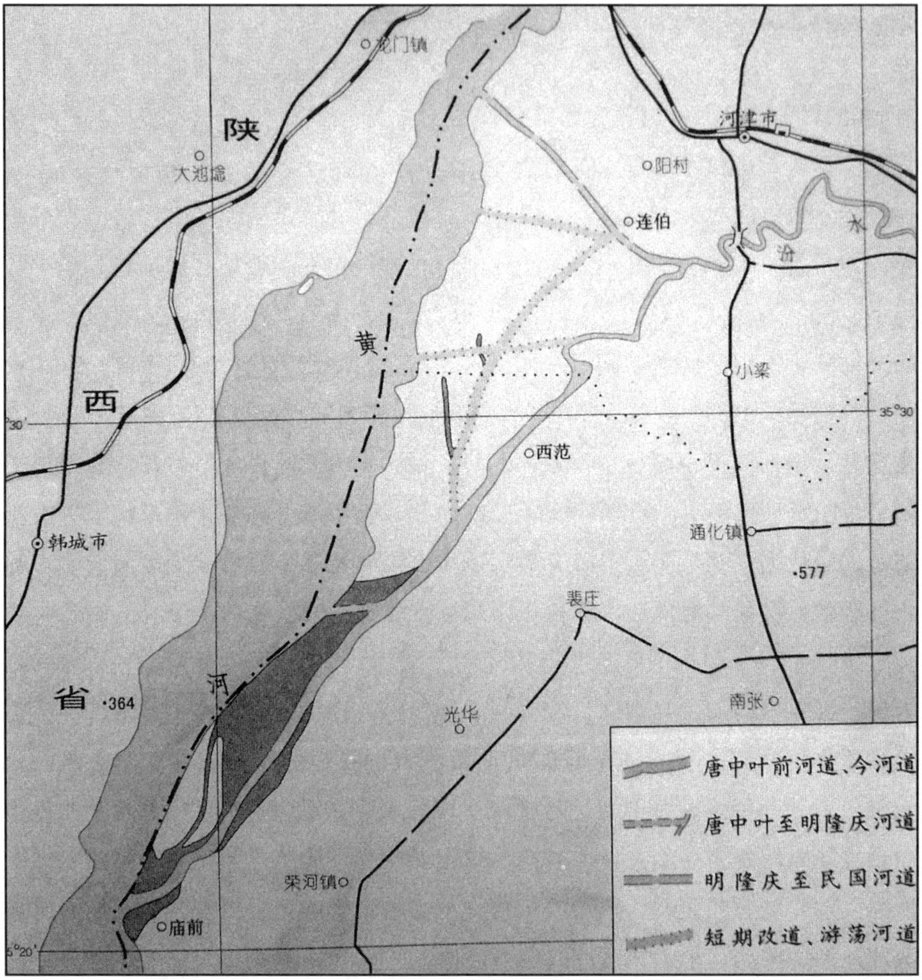

图 2–3　汾河入河口河道变迁示意图

资料来源：山西省地图集编纂委员会编：《山西省历史地图集》，中国地图出版社 2000 年版，第 117 页。

一点：圆仁和尚一行从新桥渡汾河东岸继续向正南行走约 35 里，进入宝鼎县（今万荣县）境内秦村，十二日出发的时候，“向西望见黄河”。如果汾河此时没有汇入黄河，那么圆仁和尚此时以肉眼能够望见的首先应该是汾河，其次才是黄河，直接望见黄河，说明从新桥渡到宝鼎县境内秦村这 35 里路途中，汾河已经汇入黄河。综合上述分析，可见在唐中叶，汾河入河口已经从当时宝鼎县的汾阴脽南端向北移到龙门县与宝鼎县交界附近，约在今日山西万荣县北甲店村附近。

到明隆庆四年（1570），汾河入河口再次北移到今山西省河津市葫芦滩。嘉庆《河津县志・山川》记载："旧汾水至荣河汾阴后土庙下入河。隆庆四年，河东徙汾水至本县西南二十里葫芦滩入河，自是滩亦没于河。"雍正《山西通志・水利》的记载更为详细："明时葫芦滩有双营、杜家庄、千户营，及河东徙，县西距河裁十里，西南距河裁二十里，而葫芦滩并没于水矣。"光绪《荣河县志・山川》也提到这一点："隆庆四年，河既改道，同时汾亦东徙，由河津葫芦滩南入河，今在县者为枯渎。"几相印证，说明隆庆四年黄河向东迁徙，顶托汾河，使其入河口再次向北移动。

第三阶段为明隆庆年间至民国。明清时期，黄河东西向摇摆不定，使得汾河入河口在河津葫芦滩和万荣县庙前村附近南北向摆动不定，形成游荡性河道。黄河向东移动，则汾河入河口向北提升，反之则向南。

明隆庆年间，汾河在葫芦滩附近入河。清顺治九年（1652），汾河自双营入河，是南向移动。乾隆年间，黄河"东岸葫芦滩西南，有汾水东北自河津县城西南流，注之，曰汾口"[①]，汾河又北移到葫芦滩入河。到清嘉庆年间，"今河复西徙，汾水西南（行）至荣河夹甸渡入河"[②]，说明汾河是在荣河入黄河。但是到了光绪年间，"今在县者为枯渎"[③]，似指当时荣河境内的汾河河道均为干枯的河道，那就意味着汾河再次北移到河津入河。民国期间，汾河再次回到万荣县，"民国十八年（1929）黄河西去，只留汾水傍岸东流，今在庙前镇西三里余并入黄河"[④]。说明汾河再次回到了其庙前村入河的原点。

第四阶段为1949年以后。20世纪50年代，颇具争议的黄河三门峡水库开工上马，蓄水后其上游黄河段水位抬高，加之后续严重的泥沙沉降问题，使得黄河向东顶托倒灌汾河，造成汾河入黄不畅，入河位置从万荣县庙前村北移30公里至河津湖潮。汾河泄洪不畅，河津、万荣间汪洋一片，下游沿线各县区受灾严重。1970年以后，随着河津黄河堤防和汾河堵串工程的相继实施，汾河入河口基本稳定在今万荣县庙前村附近。

---

① （清）齐召南：《水道提纲》卷五。

② 嘉庆《河津县志・山川》。

③ 光绪《荣河县志・山川》。

④ 民国《荣河县志・山川》。

整体来看，从明清以来，在黄河水情要素主导下，汾河入河口位置变动频繁、幅度较大，未能形成稳定河道，对地方居民的生产生活造成了很大影响。

（二）汾河入河口变迁的原因

“流域是整体性极强、关联度很高的区域。流域内不仅气候、地形、水文、生物、土壤等各种自然要素之间联系极为密切，而且和人类社会经济活动也存在密切关联。‘自然—社会—经济’复合系统各要素在上中下游、干支流各地区之间的相互制约、相互影响，存在牵一发而动全身的联系。”[①] 汾河入河口的变动，直接受制于黄河和汾河的共同作用，而这两者的变动又与各种自然要素和社会要素有着密切关系。

首先是黄河对汾河的顶托。

采用历史演变分析的方法，可以看出黄河河道变动对汾河入河口变化有着直接而重大的影响，是造成汾河入河口变动的关键因素。

黄河对汾河入河口的影响主要表现在顶托现象上，包括地形顶托、水位顶托和相变带的形成三方面。黄河属于典型的多泥沙河流，从太行大峡谷流出禹门口后，河床陡然宽阔，流速放缓，携带的泥沙开始大量沉积下来，形成一个巨大而又厚实的黄河冲积扇，汾河入河口——无论是目前业已不存在的汾阴，还是连伯滩，都位于该冲积扇中下部的东侧。东汉至唐代，黄河水情相对较好，处于长期安流的局面，谭其骧先生曾就此问题做过专门论述[②]，该阶段汾河入河口的稳定正得益于此。唐代以后，包括人类活动、气候变化在内的多种因素使得黄河水情日益恶化，泥沙携带量不断加大，河床不断抬高，该段地形形成西北高、东南低的特点，汾河河床略低于黄河河床，黄河就对其形成了顶托。黄河河床抬高以后，水位随之上升，通过对当前冲积扇水位线图的研究，发现该段“黄河水位高出汾河水位4～10米”[③]，这又对汾河形成了水位顶托，汛期表现更为明显。此外，黄河、汾河的沉积相各不相同，在长期的时空发展和两河相互作用过程中，形成了一条新的沉积相带，这也增加了汾河顺利入黄的难度。

黄河小北干流段的摇摆也加剧了对汾河入河口的影响。小北干流是典型的

---

① 王尚义、张慧芝：《历史流域学论纲》，科学出版社2014年版，第87页。

② 谭其骧：《何以黄河在东汉以后会出现一个长期安流的局面》，《学术月刊》1962年第2期。

③ 李剑平、赵立新等：《汾河入黄口顶托问题的研究探讨》，《山西水利科技》2001年第2期。

泥沙堆积游荡性河道，黄河在该段流速的放缓使得携带物的粗颗粒大量沉降在主流槽，两岸的地形也给了河水向两侧扩展的空间，“平原河流一般都处于堆积抬高状态，在河谷中形成深厚的冲积层，在河口地区则淤积成广阔的三角洲。在淤积的过程中，洪流四处横溢漫流”[①]。对该段地质勘探的结果也证明地质时期和历史时期该段存在多条主河道。[②]特别是明代以降，黄河中下游生态环境严重恶化，禹门口以下小北干流段河道决徙改道频繁发生，东西摇摆不定，著名谚语“三十年河东三十年河西”即由此而来。黄河干线的摆动对汾河造成巨大影响，诸如“隆庆四年，河东徙汾水至本县西南二十里葫芦滩入河”[③]等条目在万荣、河津等多种方志中均有体现。总体来看，汾河入河口自唐以来一直在万荣、河津两地间来回摆动。黄河东倒，顶托作用加强，则汾河入河口北移；黄河西徙，顶托作用减弱，则汾河入河口南下。

其次是汾河下游自身情况的变动。

汾河下游所处的地理环境。汾河下游运城段位于黄土高原半干旱区，土质结构松散，颗粒细，容易受到流水的侵蚀；处于温带大陆性季风带，蒸发量远大于降水量，据不完全统计，汾河入河口区域从西汉景帝前元二年（公元前155年）至唐高祖元年（618）共计773年间，仅发生了8次旱灾，平均约97年一次；而明清时期，洪武元年（1368）至宣统三年（1911）的543年时间里，旱灾年份记录达到40次，平均约14年一次。[④]降水年内分布不均，70%的降水量集中在7至9月份，洪汛期汾河入河口的输沙量占全年的95%。[⑤]

汾河下游及入河口的情况。汾河下游运城段属于平原冲击性蜿蜒型河流，呈现几个明显的特点：一是河道呈复式形态，河槽单一，滩槽分界明显，坡降平缓，泄洪输沙能力不足，泥沙沉降导致河床淤高，又进一步影响了其泄洪输沙能力，形成一种恶性循环。二是河槽不断萎缩，新中国成立以前没有关于汾河河槽宽度的精确记录，但是“主槽的平均宽度已由上个世纪60年代的200m缩窄至现在的70m，平滩流量由800m/s降至不足400m/s”[⑥]。三是该段河床的主

① 王昌杰：《河流动力学》，人民交通出版社2004年版，第103页。

② 李剑平、赵立新等：《汾河入黄口顶托问题的研究探讨》，《山西水利科技》2001年第2期。

③ 嘉庆《河津县志·山川》。

④ 苏慧慧：《山西汾河流域公元前730年至2000年旱涝灾害研究》，陕西师范大学2010年硕士论文。

⑤ 王宏图：《人类活动对汾河下游河床演变的影响》，《山西水利》2000年第6期。

⑥ 王文广：《汾河下游运城段河道整治的几点认识》，《山西水利科技》2007年第2期。

要结构为沙石土和粉细砂，松散的结构使其抗冲击能力较差，河岸侵蚀严重，在河流动力的影响下，极易造成河岸坍塌，从而使得河槽发生摆动。

上述情况表明，汾河入河口的结构极为脆弱，很容易遭到各种内外因素的破坏，而在时空的发展过程中，诸多因素或独立发挥作用，或相互联系，使得其至今仍没有得到完全的解决。2003 年，一次不足三年一遇的洪水，使汾河下游全部漫滩，就是典型的例证。

最后是人类活动的影响。

无论是黄河还是汾河，其变化情况不仅仅是自然要素作用的结果，如果从宏观的、长时段的、全流域的角度来看，人类活动在其中发挥的作用和影响更为巨大。

谭其骧先生曾经分析了东汉以后黄河安流的有关情况，他指出："对黄河下游水患起决定性作用的中游第一第二区中，最关紧要的又在于山陕峡谷流域和泾渭北洛上游二地区；这两个地区在历史时期的土地利用情况的改变，是决定黄河下游安危的关键因素。"[①] 谭先生详细分析了历史时期人类的农业、畜牧业等不同生产方式对黄河产生的影响及造成的后果，指出唐以后黄河情况的恶化，主要原因在于中上游人类土地利用方式的变化。

而在汾河流域，根据《水经注》的记载，北魏时期流域内水草丰茂，植被良好，今日汾河下游地区，历史上曾经生长有枢、栲等树木。人口数量的扩增和活动的频繁，使汾河流域整体情况发生重大变化。大规模的山地开发使得水土流失加剧，过度的水资源利用使得水量锐减。特别是明清以来，流域内森林面积大幅度减少，自然灾害发生频率大幅提升，水土资源遭到严重破坏，使得汾河流域整体情况加速恶化，也导致了入河口的剧烈变动。

三、余论

就历史时期以来的情况看，包括入河口在内的汾河下游，从唐代开始变化明显，到明清时期急速加剧，而且是一种趋向于破坏性的变化。表面上看，这是黄河对汾河顶托的加剧和汾河自身水情的恶化，但究其根源，黄河、汾河各

---

① 谭其骧：《何以黄河在东汉以后会出现一个长期安流的局面》，《学术月刊》1962 年第 2 期。

自流域内人类不合理的生产生活方式才是造成这种情况的重要推手。人类利用和改造自然的能力在不断提升，对自然界的影响也就越大，就汾河下游情况而言，解决黄河干流的泥沙淤积和改道问题，降低汾河河口的河床高度，加大两岸堤防修筑，有效控制水土流失，构建和谐生态文明，是应着力推行的措施。

第三章　历史流域学视野下的河流水患

“流域问题”根源何在？30年来，笔者一直苦苦追寻着答案。

河流与早期人类的密切关系，使流域成为世界文明滥觞之圣地，四大文明古国的兴起与发展就是明证。千百年来，流域作为最适宜人类生存、繁衍的地域，在创造了灿烂文明的同时，也成为人地关系演变最为剧烈的地域。历史时期，黄河及其支流的河道多次迁徙，水患频发，对人类的生产、生活产生了严重的影响。

本章选取了水患频发的黄河中下游地区和开发进程显著的汉唐时期，对土地利用与流域水患之关系进行深入探究。研究发现，两汉时期东汉水患频率高于西汉，灾情也更为严重；唐代初唐轻微，中唐、晚唐相对严重；五代及北宋初期水患连年发生，较之晚唐更为严重，而北宋后期灾情达到空前严重的程度。通过两汉、唐至北宋黄河中游及河口镇至龙门间人类活动的规模和强度的变化与下游洪患之间关系的研究表明，农业人口的增减与下游水患的增减并不同步，而党项等游牧民族在鄂尔多斯及黄土高原北部的过度放牧和战乱是这一地区土壤荒漠化以及下游水患加剧的两个主要人文社会因素。

第一节　两汉时期黄河水患与中游土地利用之关系

两汉时期黄河水患与中游土地利用的关系，是学术界已讨论多年的关键问题，近20多年来，历史地理、水文、考古、地质、地貌、沙漠等学科迅猛发展，取得许多突出的成果。例如，关于古洪水的分析研究、鄂尔多斯高原上沙漠的起源以及黄河中游黄土高原地貌研究等，应用碳-14、TL、热释光、卫星测绘等现代科技手段，许多成果改变了旧的结论，显然，对问题的研究，应建立在充分利用新成果的基础上。

一、对两汉水患频率的分析

（一）两汉水患频率的分析

春秋末至北魏末1034年间，黄河下游有4次水患高峰，3次在东汉，1次在北魏，而西汉并无水患高峰。这与赵淑贞、任世芳、任伯平在论文中提出的观点和结论基本一致[①]，即水患严重和比较严重的时段中，西汉和东汉的对比尤为突出。现稍加订正摘录之如表3-1。

统计时段的起讫视具体工作情况而定。如选取两次大决、大溢或改道之间或史书虽未记载决口，但河溢和大水次数频繁，灾区面积大，受灾人口也多，也应计算该时段的f_d。我们暂定$f_d \geqslant 0.50$为严重，$0.50 > f_d \geqslant 0.20$为相对严重，以便判别及分析水患的变化过程。由表3-1可看出，西汉的水患频率低于东汉。西汉共214年，水患严重和相对严重的仅有51年，占总年数的23.8%，东汉统治195年，水患严重和相对严重的有57年，占总年数的29.2%，显然东汉发生水患的年数要多于西汉。

表3-1中水患频率的定义为：

$$f_d = \frac{(\text{河决次数}+\text{河溢次数}+\text{河徙次数}+\text{大水次数})}{\text{统计时段（年）}}$$

---

① 赵淑贞、任世芳、任伯平：《试论公元前500年至公元534年间黄河下游洪患》，《人民黄河》2001年第3期。

表 3-1　两汉黄河水患严重和相对严重的时段

序号	起讫时间	朝代起讫	年数	水患频率（f_d）	备注
1	公元前 132—前 108 年	西汉武帝元光三年至元封三年	25	≥ 0.320	
2	公元前 39—前 14 年	西汉元帝永光五年至成帝永始三年	26	0.292	
3	28—34 年	东汉光武帝建武四年至建武十年	7	0.714	水患高峰
4	54—67 年	东汉光武帝建武三十年至明帝永平三年	14	0.214	
5	106—111 年	东汉殇帝延平元年至安帝永初五年	6	0.833	水患高峰
6	121—136 年	东汉安帝建光元年至顺帝永和元年	16	0.375	
7	148—155 年	东汉桓帝建和二年至永寿元年	8	0.625	水患高峰
8	167—175 年	东汉桓帝永康元年至灵帝熹平四年	9	0.333	
合计			111		

（二）两汉水患灾情的比较

从有数据可查的灾情看，东汉灾情远比西汉严重。

1. 西汉

公元前 29 年河决，淹 4 郡 32 县，土地 15 万余顷，房屋 4 万余间，灾民 9.7 万人；公元前 27 年河决，损失约为上次水灾之半，估计灾民约 5 万人；公元前 17 年河决，损失约与公元前 29 年相等，淹 3 郡 31 县，房屋 4 万余间，估计灾民不超过 10 万人。①

2. 东汉

106 年，河、济、渭、洛、洧水大涨泛滥（溢），6 州 37 郡国大水，但无灾民、房屋、耕地等受灾数②，由此估计灾区为豫、兖、青、冀、司、徐等 6 州，6 州总人口 2 189.38 万人③，冬十月又 4 州大水，具体州名不详；107 年，41 郡国大水，死者以千计，无其他损失数字④；108 年，京师（指洛阳）及 40

① 《汉书 · 沟洫志》。

② 《后汉书 · 殇帝纪》。

③ 据《后汉书 · 郡国志》，此 6 州有 37 郡国可能位于黄泛区，但受灾人口不知。

④ 《后汉书 · 安帝纪》。

郡国大水，死者以千计，无其他损失数字[①]；109年，天下水旱，人民相食，无任何损失统计数字[②]；121年，“霖雨积时，河水涌溢……青、冀之域，淫雨漏河”[③]；153年，河溢，泛滥数千里，漂害数十万户，流亡外地的灾民数十万户，冀州尤甚。因此估计灾民在100万以上[④]；155年，大水[⑤]，关中地区以东无不淹没，洛水溢[⑥]，损失不详；167年，6州大水，损失不详[⑦]。

由水患频率和灾情的比较可见，东汉水患远比西汉严重。之所以过去给人以东汉以后黄河长期安流的错觉，关键在于史料的含糊其辞。西汉黄河大决或大溢共3次，其中2次灾民不超过10万人，房屋被淹均为4万余间，淹地均为4万余顷。虽然史籍未记死伤人数，但据《汉书·沟洫志》记载，政府急调山东漕运船只500艘转移灾民至高处避水，表明西汉政府是比较重视救灾的，史籍也无大量农民流亡的记载。

反之，东汉黄河大水或决溢共8次，受灾人口、房屋、土地均无统计数字，只知死者动辄以千计。而153年的所谓大溢，泛滥达数千里，受灾人民和逃亡人民均达百万以上。

二、东汉黄河决溢的文献证据

五代以前的官修正史，除《史记》外，大多讳言决溢，尤其不愿提“决口”，而笼统写作“水”或“大水”。[⑧]例如：

(1)《后汉书·安帝纪》言，106年“六州大水”，而刘昭在注解时引袁山松《后汉书》却是“六州河、济、渭、洛、洧水盛长，泛溢伤秋稼”，可见大水就是河溢，而且是一次“上下较大洪水”，六州所在见下文“次年，禀司隶、兖、豫、徐、冀、并州贫民”，其中除并州属黄河中游外，其余五州包括了河

---

① 《后汉书·安帝纪》。
② 同上。
③ 《后汉书·陈忠传》。
④ 《后汉书·桓帝纪》《晋书·食货志》。
⑤ 《后汉书·桓帝纪》。
⑥ 《后汉书·安帝纪》。
⑦ 《后汉书·桓帝纪》。
⑧ 赵淑贞、任世芳、任伯平：《试论公元前500年至公元534年间黄河下游洪患》，《人民黄河》2001年第3期。

北、河南、山东、安徽、江苏的广大地区。

(2) 史书有时还缩小受灾范围。如《后汉书·桓帝纪》言，155 年“洛水溢，坏鸿德苑”，似乎灾区只限于洛河流域。但同书《公沙穆传》却说“永寿元年，霖雨大水，三辅以东莫不湮没”，即潼关以东黄河南北全部被淹。

(3) 有些年份文献干脆一字不提水旱灾害，如永元六年 (94)，在《后汉书·殇帝纪》中并无任何灾害记载，但次年有“二月乙未，遣谒者分行禀贷三河、兖、冀、青州贫民。……三月庚寅，诏流民所过郡国皆实禀之。……丙寅，诏曰：‘……水旱违度、济、河之域、凶馑流亡’”，即黄河、济水流经的兖、冀、青州就是今花园口以东、漳卫南运河及马颊河以南、微山湖以北的河北、河南、山东广大地区，三河即河东、河内、河南，这些地方在年前发生大水，灾民饥馑流亡。

(4) 107 年，在上年，河溢大水后，本年又有“郡国四十一县、三百一十五雨水，四渎（长江、黄河、济水、淮河）溢，伤秋稼，坏城郭，杀人民”[①]。

《后汉书》对灾情尚且含糊其辞，更不提洪水来源。但从 106 年黄河与渭河同时上涨，以及 155 年洪水，关中以东莫不淹没，更可能是以中游洪水为主所致。

三、两汉新河安流情况的比较

两汉新河指西汉屯氏河和东汉王景河，前者行水约 63 ~ 69 年，后者只安定了 36 年。

（一）西汉屯氏河

汉武帝于公元前 109 年亲自督率堵塞瓠子决口，其后约在公元前 108—前 102 年间，河又决于今馆陶，分为屯氏河，因其宽、深与原大河相等，故因其自然，未加堵塞。屯氏河分水后，馆陶东北的四五个郡时有小水害。直至公元前 39 年的夏及秋，河决于清河郡灵县鸣犊河，屯氏河才断流，此新河相对安定了 63 ~ 69 年。

---

① 《后汉书·天文志》。

（二）东汉王景河

王景、王吴于 69 年率卒数十万，开辟了一条新河，自今荥阳以东始至今高青一带入海，全长千余里。王景虽精打细算，“简省役费，然犹以百亿计焉”。新河 70 年竣工后，明帝曾亲自视察，并对王景等人大加奖赏。然而，这条新河在安定行水 36 年后，终于在 106—109 年连续 4 年决溢或大水。

（三）王景河与屯氏河的比较

由史籍可知，天然决出的屯氏河比人工开凿、用工至少 7 000 万工日、费用高达百亿以上的王景河行水寿命期还要长将近一倍，而且屯氏河的后果只是不再行水而已，王景河到后期却决溢大水不可收拾，问题不能不从泥沙方面考虑。

据叶青超等学者综合整理[①]，不同时期黄河下游沉积速率变化甚大，兹将其涉及两汉的摘引如表 3-2。正如叶青超等所指出的，由于受到种种具体条件的限制，该表中的数据不可能进行准确校正，而只能供参考。而一旦使用其中某些数据，就会发现存在着不易理解的问题。例如，从表中第 2、第 3 数据可以推知，如果它们同时成立，则可推算出：从西周武王伐纣前的公元前 1050 至前 589（±168）年（东周平王十四年或东周威烈王五年）的 461（±168）年间，平均沉积速率为 1.98 厘米 / 年，这一数据恰好与第 4 数据，即自北宋初年（960 年，即北宋太祖建隆元年）至金章宗明昌五年（1194）的 234 年间平均沉积速率 1.92 ~ 2.14 厘米 / 年极为相近，而是第 3 数据的 6.18 倍。迄今为止，学术界多认为先秦时黄土高原北部尚为疏林草原植被[②]，当时为游牧民族（北戎、狁族）所居住[③]，而北宋至金晚期则是黄土高原农垦强度较大的时期。换言之，上述勘查分析成果可能表明原始游牧造成的土壤侵蚀远远大于农垦。另一不容忽视的勘查成果，是杨国顺对东汉黄河故道的考察。据他研究，在王景治河后虽有湖泽淀淤泥沙，但漯水受阻，沙沟出流，尾闾不畅，河道淤积仍相当严重，

---

① 叶青超、尤联元、许炯心等编著：《黄河下游地上河发展趋势与环境后效》，黄河水利出版社 1997 年版，第 17— 18 页。

② 吴祥定、钮仲勋、王守春等：《历史时期黄河流域环境变迁与水沙变化》，气象出版社 1994 年版，第 67—75 页。

③ 郭沫若主编：《中国史稿地图集》上册，中国地图出版社 1996 年版，第 13—14 图。

河床抬升速度仍然很快，已发展成为地上河。① 我们认为，这可能就是 106—109 年连续 4 年发生大水灾的主要原因。

表 3-2　历史时期黄河下游河道的沉积速率

序号	时期	时段中点距 1990 年年数	沉积速率（厘米 / 年）	河段与部位	方法	资料来源
1	公元前 602—公元 11 年	2 285	0.44	禹河故道滩地	沉积学 文献学	叶青超等计算
2	公元前 1050—公元 1194 年	1 918	0.66	兰考—虞城	沉积学 文献学	叶青超等计算
3	公元前 589±168—公元 1194 年	1 687±168	0.32	兰考—张君葛	碳 -14 测年 文献学	叶青超等计算
4	北宋初至 1194 年	913	1.92～2.14	贾鲁大河故道全断面	沉积学 文献学	徐海亮计算*

说明：* 徐海亮：《黄河下游的堆积历史与发展趋势》，《水利学报》1990 年第 1 期。

四、两汉时期黄河中游的人类活动

（一）河口至龙门区间黄河下游水沙情况的重大影响

黄河河口镇至龙门段，该段包括两个部分，即大黑河—浑河流域和晋陕峡谷区，区间流域面积 12.97 万平方公里，仅占全黄的 17.3 %，而多年平均来沙量 9.08 亿吨，却占全黄的 55.7 %。河龙段每年粗泥沙来沙量 2.61 亿吨，占输入中下游干流河道粗泥沙量的 73 %。②

本区经常出现区域性、大范围的暴雨，形成较大洪水。据统计，陕县多年平均洪峰流量主要来自河口镇至吴堡区间，即大北干流北段，从头道拐至吴堡多年平均洪峰增加 1 万立方米 / 秒多，而且水峰、沙峰基本一致，如河龙区间 15 天洪量洪峰时的沙量为 4.52 亿吨，占多年平均沙量的 49.8%。③

---

① 杨国顺：《东汉黄河下游河道研究》，载《黄河流域环境演变与水沙运行规律研究文集》第一集，地质出版社 1991 年版，第 27—34 页。

② 景可、陈永宗、李风新：《黄河泥沙与环境》，科学出版社 1993 年版，第 107—136 页。

③ 叶青超、吴祥定、杨勤业等：《黄河流域环境演变与水沙运行规律研究》，山东科学技术出版社 1993 年版，第 20—21 页。

基于上述，本区在历史时期人类活动的规模和强度的变化及其与下游洪患之间的关系是一个值得重视的问题。

（二）西汉、新王莽时期

1. 人口估算

汉高祖二年（公元前205年）“春正月……诸将拔北地，虏雍王弟章平……六月……雍州地定，八十余县，置河上、渭南、中地、陇西、上郡”[①]，但西汉初期，匈奴贵族不时进入内地侵扰、破坏农业生产，捕掳汉人做奴隶。因此，估计自公元前206—前129年的七八十年间，汉政府虽在本区设置郡县，但由于缺少安全的生产生活环境，人口不会太多，屯田面积也不会很大。汉对匈奴的正式进攻，始于公元前129年。至公元前127年，收复了河南地，筑朔方城，修复秦塞，移民屯垦。公元前119年，卫青、霍去病所部大败匈奴，从此匈奴远走。“漠南无王庭”，内地（包括本区）人民的生活生产得到基本保障，此后才开始了大规模移民屯垦。元狩四年（公元前119年）冬，“有司言关东贫民徙陇西、北地、西河、上郡、会稽，凡七十二万五千口”[②]。到平帝元始二年，本区人口达到顶峰。据《汉书·地理志》，本区包括西河、云中、定襄三郡全部，上郡大部和河东、雁门二郡的一部分，合计人口约180.9万人。

2. 西汉本区耕地情况

据《汉书·地理志》载：平帝元始二年，全国人口为5 959.5万人，定垦田827.05万顷，汉制1小亩合今0.288亩，故人均4亩。以此推算，本区应有屯垦田（耕地）723.6万亩，合48.24万公顷，约占总流域面积的4.32%。吴慧认为，古代中国人均耕地（以播种面积计）至少应达到4亩，且粮食亩产已高于现代1978年的水平。[③]西汉晚期匈奴内乱分裂，南单于率部南下与汉朝和好，“汉嘉其意，割并州北界以安之。于是匈奴五千余落入居朔方诸郡，与汉人杂处”[④]，该部人口约3.5万人。汉朝在西河郡美稷县驻有属国都尉管理匈奴族，此时美稷在

---

① 《汉书·高帝纪》。

② 《汉书·武帝纪》。

③ 吴慧：《中国历代粮食亩产研究》，中国农业出版社1985年版。

④ 《晋书·北狄·匈奴传》。并州北界即云中、定襄二郡及雁门郡北部，朔方诸郡即朔方、五原、西河、上郡。

今内蒙古准格尔旗西北。[①]

西汉时，本区耕地占总土地的比例仅 4.3% 左右，这时的农垦不可能造成水土流失。因为本区虽属黄土高原丘陵沟壑区，但河流水系众多，仍有一定数量的河滩地和河谷川地。例如，赵存兴在专著中介绍，本区今保德、河曲、偏关、临县、府谷、神木、准格尔旗、安塞等 8 县（旗），土壤侵蚀轻微的地面坡度小于 3° 的土地共计 971.57 万亩，占土地总面积 4 246.34 万亩的 22.88%。而地面坡度小于 3° 的耕地为 129.9 万亩，占总耕地面积 1 068.64 万亩的 12.16%，占土地总面积的 3.06%。[②]

又如，河曲县砖窑沟是黄河一级支流，其河口正对陕西皇甫川河口，该流域是国家为治理黄土高原而建立的 11 个试验示范区之一。据周海潮、李旭、段建南等调查，土壤侵蚀微弱、地面平坦的 0° ~ 5° 缓坡约占总面积的 17%。[③]

《汉书 · 沟洫志》云：自汉武帝元光三年（公元前 132 年）后，“自是以后，用事者争言水利。朔方、西河、河西、酒泉皆引河及川谷以溉田。……它小渠及陂山通道者，不可胜言也”。就本区的河郡而论，引黄河水灌田是没有条件的，迄今也无任何这方面的史料和遗迹，故只能是引支流（川谷）水灌田，按当时的技术水平和民力，能受益的也只能是河川地。

综上所述，西汉时本区的屯垦，当全部或绝大部分是在土壤侵蚀轻微的范围之内时，没有必要还去开垦坡地。

（三）东汉时期

本期本区包括雁门郡的武州县全部、楼烦县的一部；西河郡（扣除平周县）；上郡（扣除雕阴县）；河东郡蒲子、北屈二县；云中、定襄二郡的 16 县。[④] 合计 16.76 万人，比西汉时的 180.9 万人，减少了 90.7%。

应当注意到，西汉全盛时总人口为 5 985 万，东汉则为 5 648.7 万，两者相差 5.62%，何以本区人口竟减少了 90.7%？可以认为，这正显示匈奴等游牧民

---

① 《汉书 · 地理志》。
② 赵存兴主编：《中国黄土高原地区耕地坡度分级数据库集》，海洋出版社 1990 年版。
③ 周海潮、李旭、段建南：《砖窑沟流域地貌条件与农业利用》，《山西大学学报》1990 年增刊。
④ 《后汉书 · 郡国志》所载 140 年统计数。

族内迁南下，农牧分界线南移。相关论文[1]曾指出：汉政府对内附匈奴实行管理的治所美稷就南移了，西汉时在大北干流西岸皇甫川上游，今内蒙古准格尔旗西北。东汉初光武帝时，南匈奴于47年“率部曲遣使诣西河内附”，50年汉朝封其为南单于，令匈奴人居云中，即今内蒙古和林格尔一带。[2]当时匈奴有户3.4万，口23.75万，每户平均7人。140年四月，南匈奴左部叛变，围困美稷，故当年九月西河郡迁到黄河东岸离石[3]，184—188年，美稷县治也迁至汾阳西北[4]，这表明匈奴主体迁至黄河左岸，今山西境内。

按《十六国春秋·前赵录》的记载，184—188年，南单于姜渠命其子於扶罗领兵助东汉镇压黄巾军，后姜渠为内部族人所杀，於扶罗率兵众留汉内地，自立为单于。董卓入洛阳为乱时（190年左右），於扶罗趁乱攻占太原洒东（今山西太原至闻喜一带），屯兵河内（今太行山以南、黄河以北的豫北地区）。大约在196—220年，於扶罗之子左贤王刘豹入朝，曹操留其于京城，“分其众为五部”，分居今汾河中游、吕梁山中段及忻州市一带，人口总数约21万人[5]，估计其中有三分之一，即6万～6.5万人，居住在本区。

南匈奴50年时有人口23.75万，何以经过170年之后即220年时却只有21万人？现试分析其各种可能：自50年南匈奴内附后，虽发生过140年左部叛变，但在长达170年中东汉未对南匈奴采取过大的军事行动，而南匈奴也未与任何方面发生过大而惨烈的战斗，所以该族人口不会有大的减员。由此我们推论，140年南匈奴左部叛变后，一直留在黄河西岸陕北北部和鄂尔多斯高原上。

西汉时本区共有61县，每县平均近2.3万人，而到东汉只有16县，每县平均不足8 000人，因此，可估计在140年，即《后汉书·郡国志》统计人口时，黄河西岸只剩下窟野河上游龟缩在一起的广衍、桢林、平定三县，秃尾河中下游沿岸的白土、圜阳、圜阴三县，以及无定河沿岸的龟兹、奢延、肤施三县。上述9县可能是由军队屯守的孤城，东汉势力只及于城的四周。

---

① 牛俊杰、赵淑贞：《关于历史时期鄂尔多斯高原沙漠化问题》，《中国沙漠》2000年第1期。
② 《后汉书·南匈奴列传》。
③ 同上。
④ 《读史方舆纪要》卷四十二。
⑤ 赵文林、谢淑君：《中国人口史》，人民出版社1988年版。

五、游牧民族牲畜结构比例的估计

谭其骧先生估计，东汉后期入居塞内的游牧民族人数在百万左右，主要分布在沿边十郡，即西河、北地、朔方、五原、云中、定襄、上郡、安定、陇西、汉阳（即天水）等郡，这一广大地区包括了黄河兰州—龙门区间及泾、（北）洛、渭流域，总面积约 39.22 万平方公里。本区占十郡面积的 33.07%，估计有 33 万人。

（一）马匹数字的估算

古代北方游牧民族所建立的国家称为"行国"，行国往往以相互间的战争掠夺及南下袭扰汉族居住区为主要职业之一[①]，所以战马是必不可少的大牲畜。按需要来看，人均应有马两三匹。北魏初年击破高车，两路共俘虏 9 万余人，马 35 万余匹，人均 3.9 匹。[②]

（二）牛羊比例的估算

史书中关于俘获或降附的部落牲畜数字，牛羊大多是合计，只有西晋太康八年（287）匈奴都督大豆得一育鞠，率本族 1.15 万人、牛 2.2 万头、羊 10.5 万只降附，这一数字确切而完整，因为是和平来归，没有战死或逃走的，故而可供估算用。按此比例，在牛羊总数中，牛占 17.3%，羊占 82.7%。[③] 又，该族人均牛 1.91 头，羊 9.13 只，但缺马匹数，是一个实力相当薄弱的部落，可能这正是其归附的原因。

（三）人均牲畜拥有量的估算

根据《晋书》《魏书》所载，将当时游牧民族拥有的牲畜数量整理为表 3-3，表中参考上述估算比例，分别计算出马、牛、羊的数量，并折算成羊单位（折算羊单位比例为：马 1∶6、牛 1∶4、羊 1∶1）。

---

① 尚钺主编：《中国历史纲要》，人民出版社 1980 年版，第 42、53—55 页。

② 《魏书·太祖纪》。

③ 《晋书·北狄·匈奴传》。

表 3-3 史籍所载游牧民族部落牲畜数量表

王朝年号	公元	民族	人数（万人）	马牛羊数（万头 / 万只）	人均	备注	折合人均羊单位
西晋太康八年	287	匈奴	1.15	12.7	11	降附，缺马匹数	—
北魏天兴二年	399	高车	7	170	24.3	俘获	50.4
北魏天兴二年	399	高车	2	25	12.5	俘获	50.4
北魏登国六年	391	匈奴	—	450	—	俘获	—
北魏始光四年	427	匈奴	12	2 030	169.17	俘获	268.26

资料来源：《晋书·北狄·匈奴传》《魏书·太祖纪》《魏书·世祖纪》。

《晋书》所载牛羊比例即 1∶4.78，与近代、现代游牧部落的情况是吻合的。据日本侵略者在 1936—1937 年对锡林郭勒盟和呼伦贝尔盟的调查是 1∶3.11 和 1∶6.45，平均正好也是4.78。在1827年沙皇俄国伏尔加河的卡尔梅克（Kalmyks）蒙古的这一比例稍低，为 1∶4.125。[①] 我们估计，卡尔梅克蒙古牛比例较高的原因，可能是伏尔加河流域与漠北相比，雨量丰沛，气候较湿润，土壤较肥沃，牛的放牧条件较好。此外，也不排除俄国农业对耕牛的需求，可能也促进了牛群数量的增长。

《晋书》记载与沙俄资料在时间上相差 1 540 年之久，而牛在牛、羊数中所占比例，前者为 17.3%，后者为 19.5%，二者极其相近。这表明，在原始游牧社会中，自给自足的经济既缺乏生产力的动力，又没有任何科学技术可促进畜牧业的改良，所以虽经过 1 500 多年的沧桑，其原始落后的面貌几乎没有改变。

北魏破高车的两次战役，看来是基本全歼，因有"破其遗迸七部"的记载，即败逃走散的 7 个部落也被俘获。人数及牲畜数均较可靠，故我们采用人均 50 羊单位，计算东汉本区的牲畜数。按游牧民族 33 万人计，本区当时有牲畜 1 650 万羊单位。

① 王建革：《畜群结构与近代蒙古族游牧经济》，《中国农史》2001 年第 2 期。

（四）东汉时期本区载畜能力的估计

根据自然资源考察的结果，现今山西草地的载畜能力，在科学利用的前提下，即需 0.41 万顷草地养活 1 万只羊。[①]

（1）东汉西河郡中阳县，即今中阳县的载畜能力。据 1984 年山西省草地资源普查，该县总面积 14.26 万顷，其中天然草坡 4.21 万顷，耕地 1.86 万顷，林地 5.04 万顷。以上适宜农、林、牧的土地共 11.11 万顷，其中可用于放牧的为 6.07 万顷。大量史料研究表明，中阳林地所在的吕梁山森林区在历史上长期遭受破坏，因此可能推测东汉时林地应不少于 5.04 万顷，即可放牧的土地应少于 6 万顷，占该县土地的 42%。

（2）就整个吕梁地区而言，这片东汉时属于西河郡的土地，面积为 210.95 万顷，其中牧坡草地 41.8 万顷，耕地 47.32 万顷，林地 35.43 万顷[②]，合计可放牧土地为 89.12 万顷，占土地总面积的 42.25%。

六、东汉时期水患严重的根本原因

根据估算，东汉时本区可游牧的土地面积占土地总面积的 42% 左右，即 544.74 万顷，可载畜 1 328.6 万羊单位，即当时牲畜数量已超载 24% 以上。而上述土地载畜能力是按天然情况下年产鲜草量可供牧畜计算的（每羊单位日食鲜草以 5 公斤计），但更为重要的是这种游牧对土壤侵蚀的影响。

据普查，晋陕峡谷区保德、河曲、偏关、临县、府谷、神木、安塞七县，土地总面积为 207.43 万顷，其中：

（1）坡度为 15°～25°的较陡坡 79.31 万顷，约占 38.23%，土壤侵蚀以细沟侵蚀为主，并有浅沟、切沟出现。

（2）坡度为 25°以上的陡坡和极陡坡 28.77 万顷，约占 13.87%，土壤侵蚀剧烈，以沟蚀为主，切沟、冲沟发育。

以上两类坡地面积占土地总面积的 67%，即三分之二以上，故所谓牧坡草地中应有一半以上是土壤侵蚀剧烈的坡地。众所周知，当时牲畜以羊为主，它

① 中国自然资源丛书编辑委员会：《中国自然资源丛书·草地卷》，中国环境科学出版社 1995 年版。

② 《山西经济年鉴》编辑委员会：《山西省经济年鉴·1985》，山西人民出版社 1985 年版。

们多喜食短草，并以蹄挖尽草根，故对天然草坡植被破坏更大。从47年南匈奴内附，入居今和林格尔一带开始，游牧民族逐步南迁，到140年，即近百年后，本区农业人口减少了90%以上。2世纪末至3世纪初叶，本区基本上已变成以游牧民族为主。王建革指出：山羊的口腔构造和采食性对牧草的破坏比牛要大得多，马的践踏作用也比其他动物强。而在古代，游牧民族均是具有军事性质的部落。战争和侵掠需要大量战马。因此，自47—220年的173年间，原始游牧对草坡的压力越来越大，土壤侵蚀越来越严重，天然植被完全没有休养生息和自行恢复的条件，这也正是东汉水患严重、大水记载不绝于史的根本原因。

第二节　隋以前黄土高原自然环境变迁对黄河下游河道及湖泊的影响

黄土高原与黄河下游是一个自然的结合体。由于历史上对黄土高原土地不合理的利用，开山种地，滥垦滥伐，破坏了植被，导致生态环境日益恶化，严重的水土流失面积已达43万平方公里，平均每年输入黄河的泥沙量为16亿吨，其中有四分之一淤积在黄河下游河道，使河床平均每年升高8～10厘米。严重威胁着下游两岸25万平方公里的土地和1亿多人民生命财产的安全。

这一严重现实的形成，是个历史过程。本节对黄土高原自然环境的历史变迁与黄河下游河道决、溢、徙及湖泊湮塞之间的关系进行探讨，为从根本上解决黄河下游的泥沙问题提供借鉴。

一、秦以前黄土高原山清水秀，气候宜人，是一个自然环境良好的地区

这已是被许多学者所肯定了的，据竺可桢的研究，第四纪更新世晚期，我国经历过一个温暖湿润期，黄土高原现存最早的森林、草原就是那时遗留下来的。当时，年平均温度比现在高3℃左右，年降水量比现在多200～250毫米。[①]

① 竺可桢：《中国近五千年来气候变迁的初步研究》，见《竺可桢文集》，科学出版社1979年版。

从考古学角度讲，当时正值新石器时代，就目前考古发掘情况看，新石器遗址分布最多的地区是黄土高原，尤其在湟水、大夏河、洮河、泾河、渭河、无定河、汾河、三川河、伊洛河、窟野河、沁河等处更为集中。这是与当时黄土高原有着良好的自然环境分不开的。

森林是反映黄土高原自然环境的一个方面，也是影响黄河下游河道、湖泊的主要因素。关于这一时期黄土高原的森林状况，史念海教授在《历史时期黄河中游的森林》中引用大量的史料和一些典型的考古资料做过详细论证，当时黄土高原的大多数山脉和部分平原都分布着森林与草原，其中森林分布范围最大。[①]春秋战国时期，随着黄土高原的逐步开发，人类活动对自然环境的影响日渐明显。然而，这种影响是受当时居住在黄土高原的民族的生活习俗与土地利用方式制约的。

秦以前居住在黄土高原的民族有华夏族、匈奴、羌、戎狄等。晋陕北部为匈奴族，甘肃、宁夏为羌族和戎狄；华夏族是以农立国的民族，主要活动的地区在关中平原和汾涑河下游。匈奴、羌、戎狄都是以从事畜牧业为主体的民族。司马迁在《史记·货殖列传》中尽管没有提到民族的分布，但他描述的黄土高原的经济区域是与民族的分布及土地利用方式相吻合的。他以豫西北的崤山为东西分界线，崤山以西为山西、以东为山东；以龙门碣石为南北分界线。山西经济的特点是“饶材、竹、榖、纑、旄”，龙门碣石以北的特点是“多马、牛、羊、旃裘、筋角”。[②]这些物产均属林、牧业的经济产品，说明黄土高原在先秦以前是以畜牧业为主要生产活动的区域。

以上只是说明了秦以前黄土高原的农牧分界线，在该区内部，司马迁也有进一步的描述：“天水、陇西、北地、上郡与关中同俗，然西有羌中之利，北有戎翟之畜，畜牧为天下饶。”[③]这四郡基本上包括了黄河以西的黄土高原地区。黄河以东为山西黄土高原。根据司马迁的区域划分，该区除龙门以南的汾涑河下游外，龙门以北的地区大都为畜牧区。这是可信的。因为早在春秋以前，晋国的西部和北部就是由游牧民族占据，见于文字记载的称为土方、吉方、鬼方、猃狁等。进入春秋战国时期，活动在我国北方的游牧部落又统称为狄，狄

① 史念海：《河山集》（二集），生活·读书·新知三联书店 1981 年版。
② 《史记·货殖列传》。
③ 同上。

又分为白狄和赤狄，白狄始终以晋陕以北为活动场所，而赤狄则迁入山西东部和东南地区，逐渐融于华夏族。战国时期占据山西北部的狄又称为林胡。还有楼烦，也占据晋西北。

那么，是否在先秦时期龙门以北的山西地区一直是由游牧民族占据呢？也并非如此。如晋、赵两国也曾控制晋北等地，在汾河谷地等处发展农业，将农牧界线向北移。但是，晋、赵两国与北方民族的战争时有发生，农牧界线也几经交替。司马迁在《史记·货殖列传》中提及："种、代，石北也，地边胡，数被寇。人民矜懻忮，好气，任侠为奸，不事农商。""种、代"均在晋北，"石"即今吉县北石门山，石北相当于现在的晋西。为了对付边胡"数寇"，赵武灵王提出实行"胡服骑射"的主张，就是脱掉长袍拖地的"裘裳"国服，穿上短衣露裤的胡服，掌握胡人的骑射技术，然后再对付胡人。这样做的结果还是保持了一定规模的畜牧业，因而屈地（今山西吉县境）才可能生产有名的骏马，以"屈产之乘"著称于世。所以，这一时期山西黄土高原除了晋西南地区外，农业区在晋北、晋西等地并无多大面积，基本上保持着原始的森林和草原。

以上说明了秦以前黄土高原有良好的植被，对洪水泥沙有较强的控制能力。因而，黄河下游才出现了一个稳定时期。据先秦有关资料记载，在秦以前各代的一千多年中，黄河下游决、溢、徙仅九次（见表 3–4）。

表 3–4　秦以前一千多年中黄河下游决、溢、徙统计表

朝代	决	溢	徙	合计
夏		1		1
商		5		5
西周、春秋、战国		1	1	2
秦		1		1

上表统计数字只是指自然形成的决、溢、徙。此外，还有人为的决溢，如战国时曾有三次河决[①]，都是战争中为对付敌人而人工决口的，这与黄土高原自

① 见《水经注·河水》引《竹书纪年》。

然环境的关系不甚密切。

关于这一时期的黄河改道表中只计入一次。从东汉班固至清代胡渭等人都认为“定王五年河徙”是唯一的一次改道。[①] 随着河北平原考古资料的发掘和今人的考证，对这一问题提出了疑问，理由有三：(1) 在河北平原未发现新石器时代至春秋时代的考古文化遗址，说明黄河下游经常漫溢泛滥，人类难以在广大的平原内居住生活；(2) 检索先秦文献至少可以发现黄河还有两条河道，一是禹河，二是山经河[②]；(3) 笃马河、泒河、沽河、清河、商河等也曾为黄河河道，这都是黄河迁徙的证据。从这三方面看，黄河下游在秦以前只改道一次的说法是值得进一步探讨的。

但是，无论有多少次改道，其河床始终在京广线以东，徒骇河以西，濮阳以北。应该说在战国修筑黄河堤防以前[③]，浩瀚的大河任其东泄，在长达千年的时间里，如果泥沙淤积很多，那么改道的次数不仅频繁而且南北跨度也会相当大的。尤其在河南原阳、延津、滑县、濮阳等地。河水稍一决淤，就会向东南而去。为什么在长达数千年的时间，又在无人管束的情况下，黄河会奔东北泄流呢？这显然与黄土高原植被覆盖良好、黄河中游的泥沙量少是有关系的。

黄土高原自然环境变迁对黄河下游的影响还表现在湖泊的变化上。秦以前黄河下游平原湖泊众多，仅见于史册的也有近 30 个。《左传》载有 17 个，《山海经》载有 4 个，《汉书》的《地理志》《沟洫志》《武帝纪》载有 6 个，《竹书纪年》《尔雅·释地》《周礼·职方》同载有 1 个，这些湖泊分布于河北、河南、山东境内的黄河两岸。其中比较著名的有大陆泽、大野泽、菏泽、雷夏泽、孟潴泽、圃田泽、荥泽、海隅薮等，其特征是数量多、湖面大、淤塞少、变迁小。这固然与当时的气候、降水有关系，但最主要的还是与黄河挟带的泥沙量较少有关。湖泊有着调节水量的重要作用，但这种作用的发挥必须是在来水具有较少含沙量条件下，才能起到长期调节的作用。所以，先秦时期黄土高原良好的植被也是黄河下游湖泊具有稳定性的重要原因。

---

① 《汉书·沟洫志》引《周谱》。

② 谭其骧：《西汉以前的黄河下游河道》，见《长水集》（下），人民出版社 1987 年版。

③ 《汉书·沟洫志》：“堤防之作，近起战国。”

二、西汉时期黄河下游河患严重

西汉时期黄河下游河患日益严重，200 年间溢了 4 次，决了 7 次，改道 2 次，这与前期比较起来，不仅次数多，而且历时长，规模大。如汉武帝元光三年（公元前 132 年）夏五月，“河决于瓠子，东南注巨野，通于淮泗”[①]。瓠子系指今河南濮阳县西南 20 里故县村的瓠子河。这次决徙是见于记载的黄河第一次入淮。瓠子决口以后，汉武帝曾诏令修复，“使汲黯、郑当时兴人徒塞之，辄复坏”。到元封二年（公元前 109 年），武帝又使“汲仁、郭昌发卒数万人，塞瓠子决”，并亲临决口，“令群臣从官自将军以下皆负薪填决河”，将瓠子口堵塞，河水复归北流。这次黄河决徙时间长达 23 年，受灾面积很大，“城郭坏沮，稸积漂流，百姓木栖，千里无庐”。[②] 洪水所及处达 16 个郡，包括今天豫东、鲁西南、淮北等广大地区。第二次是成帝时黄河在馆陶和东郡一带决口，洪水泛滥 4 郡 32 县，受灾面积达 15 万顷，平地水深至 1 米，“坏败官亭室庐四万所”[③]。

在黄河决、溢、徙的同时，湖泊也发生了变化。西汉时期，黄河下游的湖泊因文献资料缺乏，不能详细述及。不过，根据一些零散资料可以说明西汉时黄河的泥沙量对下游湖、泽、陂、塘的影响比先秦时期要大。如山东的巨野泽，由于黄河的决徙，河水多次注入该泽，湖泊南部受到泥沙沉淤，湖底抬高，积水向北面的低洼处排泄，泽面曾一度扩展。[④] 类似这种情况，大陆泽、雷夏泽等都有不同程度的淤积。更为典型的是《尚书・禹贡》中所提到的荥波（荥泽），故址在今河南郑州市西北古荥北，就是在西汉时期逐渐淤为平地的。[⑤] 为什么西汉时期黄河下游决、溢、徙的次数频繁增加，湖泊淤塞较快呢？回答这一问题，还需转至黄土高原自然环境的变化上来。这一时期黄土高原的变化主要有以下几个方面：

第一，农业人口急剧增加，农田面积迅速扩大。秦与西汉时期，居住在黄土高原的许多游牧民族逐渐迁于西北，然后将农业人口大批地迁入，据文献记

---

① 《汉书・沟洫志》。
② 《史记・河渠书》《盐铁论・申韩》。
③ 《汉书・沟洫志》。
④ 邹逸麟：《黄河下游河道变迁及其影响概述》，《复旦大学学报》（历史地理专辑）1980 年。
⑤ 《禹贡锥指》卷一五。

载，从秦始皇三十五年（公元前 212 年）开始至汉元鼎六年（公元前 111 年），先后有六次这样的事件。

秦始皇三十二年，“使将军蒙恬发兵三十万人北击胡，略取河南地”。次年，“自榆中并河以东，属之阴山，以为四十四县，城河上为塞”。① 且蒙恬统兵 30 万，经常驻扎在上郡。

秦始皇三十五年，“徙五万家于云阳”②。

秦始皇三十六年，“迁北河榆中三万家”③。

汉元朔二年（公元前 127 年），“募民徙朔方十万口”④。

汉元狩三年（公元前 120 年），“乃徙贫民于关以西及充朔方以南新秦中七十余万口”⑤。

汉元鼎六年，“上郡、朔方、西河、河西开田官，斥塞卒六十万人戍田之”⑥。

以上先后六次人口迁入，秦代三次，汉代三次，在历时 101 年的时间里就有 178 万农业人口迁入黄土高原。《汉书・地理志》载，汉代黄土高原 18 个郡的总人口是 658 万人，迁入人口就占到 27%。再加上关中盆地和汾涑流域原来从事农业的人口有 339 万，整个黄土高原从事农业的人口约有 517 万，占到总人口数的近 80%。

汉代黄土高原从事农业的人口急剧增多，必然引起土地利用方式的显著变化。许多森林草原变成了阡陌相连、村落相望的农业景象。有的地区因开垦后的土地肥沃，被称为“河南地”“新秦中”。⑦ 这时的农牧界线由龙门碣石以及关中盆地北移至今天鄂尔多斯高原南部。正如《汉书・匈奴传》载：“北益广田，至眩雷为塞⑧。”

第二，森林植被减少，水土流失严重。土地利用方式由牧改农，使森林植被遭到破坏。如关中平原是森林比较集中的地方，可是到了汉秦之际，较大规模的林区却少见了，见于记载多的只是一些小规模的皇家林宛、竹圃等。

---

① 《史记・秦始皇本纪》。
② 同上。
③ 《史记・秦始皇本纪》《史记・匈奴列传》。
④ 《汉书・武帝纪》。
⑤ 《汉书・武帝纪》《汉书・食货志》。
⑥ 《汉书・食货志》。
⑦ 见拙文：《历史时期鄂尔多斯高原农牧业的交替对自然环境的影响》，《历史地理》第五辑。
⑧ 眩雷塞在今内蒙古杭爱旗东部。

记载三河特产也以农作物为多。① 在汉初晋陕北部及甘肃、宁夏南部的山地丘陵区，森林草原保存面积比汾渭流域要多。但是西汉政府采取的“戍边郡”的移民政策，迁入人口大都分布于沿边各地，因而这些地区的森林草原也同样被开垦成农田。

汉代黄土高原的森林植被是否都被开垦成农业区了呢？在关中盆地和汾涑流域由于地理条件的优越和传统生产方式的影响，这些地区基本上是从事单一的农业生产，不会有多少畜牧面积。但是，在西北沿边地区尽管开垦了一些土地，畜牧区或少数民族聚居区并未完全消失，如今甘肃为汉代凉州，在当时有“凉州之畜为天下饶”② 的说法，表明凉州的畜牧业还是有一定规模的。然而，从整个黄土高原来看，在这一时期农业还是占主导地位的，自然植被的破坏大大超过了以前。

畜牧区变为农业区，森林草原辟为农田，土壤失去了天然的保护，水土流失日益严重，黄河及其各支流的泥沙量大大增加。如流经黄土高原的中心区域的泾水，在先秦时期是比较清澈的，但是秦汉时期竟有“泾水一石，其泥数斗”③ 的记载。如果流经黄土高原的各条主要支流都有类似的情况，我们就不难理解西汉时黄河下游决、溢、徙次数的增加和湖泊变化的原因了。

三、新莽至隋是黄河下游相对安定的第二个时期，也是黄土高原变农为牧、森林植被恢复的时期

黄河下游的安定首先表现在决、溢、徙次数的减少。据统计这一时期 600 多年间发生的决、溢、徙共有 8 次，是整个历史时期发生频率最小的阶段，平均近百年一次（见表 3–5）。

其次是黄河下游湖、泽的相对稳定。北魏郦道元《水经注》载，黄河下游较大的湖、泽、陂、塘有近 40 个。《元和郡县图志》《旧唐书 · 地理志》《新唐

---

① 《汉书 · 东方朔传》:“汉兴，去三河之地，止霸产以西，都泾渭之南，此所谓天下陆海之地……又有秔稻梨栗桑麻竹箭之饶……”

② 《汉书 · 地理志》。

③ 《汉书 · 沟洫志》。

书·地理志》所载的黄河下游的湖泊仍没有减少。[①] 这一事实给予我们三点启示：(1) 西汉末至《水经注》时代有460多年，黄河下游的湖泊仍像先秦时代那样星罗棋布。[②] (2) 北魏至唐前期300多年间，黄河下游的湖、泊、陂、塘并没有明显变化，保持了相对的稳定性。(3) 分析与对比这些湖泊的前后情况并无根本性的变化，大的湖泊仍然存在，其规模还很大。

表3-5　新莽至隋600多年黄河决、溢、徙统计表

朝代	决	溢	徙	合计
新莽			1	1
东汉		2		2
三国		1		1
西晋		1		1
东晋十六国南北朝		3		3
隋				

从以上黄河的决徙与湖泊的分布看，新莽至隋实为黄河下游相对安定的一个时期。这种情况的出现是由于北方游牧民族逐渐徙入黄土高原，使西汉时期开垦的大部分农耕地又成为森林草原，阻遏了地表侵蚀，减少了流入黄河中的泥沙。因此，下游河道大体趋于稳定，湖泊淤积也相对减少。

从东汉开始，先后有匈奴、氐、羌、胡、羯、休屠、乌桓、鲜卑、党项、突厥等北方民族迁入黄土高原，其数量各有不同，以匈奴、羌、鲜卑、突厥为多。据《汉书》《三国志》《魏书》记载，东汉至曹魏，匈奴迁入黄土高原比较集中的有四次：

东汉建武二十六年（50），有四五万匈奴人迁入北地、朔方、五原、云中、定襄、雁门、上谷、代等沿边八郡。

① 据统计近40个：平皋陂、黄泽、鸬鹚陂、大陆泽、天井泽、菏泽、广成泽、孟渚泽、高陂、圃田泽、荥泽、丰西泽、潼陂、鸿郄陂、葛陂、茹陂、大野泽、漏泽、湇沟泽、雷夏泽、夷安泽、硕濩湖、奚养泽、椒陂塘、大崇陂、鸡陂、黄陂、湄陂、观省陂、吴泽陂、鸡泽、葛荣陂、广润陂等。

② 邹逸麟：《历史时期华北大平原湖沼变迁述略》，《历史地理》第五辑。

汉章帝、和帝时代，大批匈奴来降，分处边地诸郡。

东汉永元初，南单于领户三万四千、口二十三万七千三百、胜兵五万一百七十，入居塞内。

汉献帝建安二十一年（216），匈奴五部迁入山西，左部居太原兹氏县（今山西高平），右部居祁（今祁县），南部居蒲子（今山西隰县、交口），北部居新兴（今忻州），中部居大陵（今文水），共3万人。

其间，羌族也有50多万人迁入陕西、天水、关中盆地等郡县。

北魏时期鲜卑族统一黄河流域，其民族也大批地内迁。但他们迁入内地后采用了一系列接受汉文化的改革措施，在黄土高原设置了许多州、郡、县，令民农耕，发展种植业。

隋至唐前期，有一些突厥人入居黄土高原北部从事畜牧业。在黄土高原设置了许多牧监、牧坊。单是陇右郡牧使所辖就有48个监，包括秦、渭、会、兰4个州，陇东设有8个牧坊。这些牧监、牧坊所养马匹见于记载的有213万。[①] 从以上资料看，这一时期黄土高原农业生产的比重并不大，基本上是以畜牧业为主的时期，这便是黄河下游安定的根本原因所在。

当然，这一时期黄河下游的安定也不可否认东汉王景治河的积极作用。但一时的治理竟能收效几百年，使黄河下游长期安流，这种认识很有必要进一步探讨。

第三节　唐至北宋黄河下游水患加剧的人文背景分析

唐至北宋末的510年间，黄河下游水患的发展过程是：初唐轻微，中唐、晚唐相对严重。五代及北宋初期水患连年发生，较之晚唐更为严重。而北宋后期灾情达到空前严重的程度，不仅空前而且绝后。这一时期水患的加剧有其复杂的人文背景。

---

① 《全唐文》卷三六一。

一、唐代水患发展情况概述

长期以来，学术界对唐代黄河水患是否严重存在不同看法。一种意见认为：黄河在唐代要比在西汉时安稳得多。[①] 另一种意见则认为：黄河的汉唐故道，在东汉以后经过长期淤积，到隋唐以后，决溢越来越多，灾害日趋严重。[②]

20 世纪八九十年代，对古黄河河道的勘察研究工作有了较大开展，野外勘察表明，黄河下游王景河自公元 70 年竣工后，到唐初（618）时共行水 548 年。由于长期泥沙淤积，业已成为地上河，残留在今山东莘县至利津一线地面的古河道沙质高地，便是当时河床高于两岸的证据。[③] 北宋初期河床淤抬更甚，1011 年河决棣州（今山东惠民）聂家口，次年又决于棣州李民湾，当时“河势高民屋殆逾丈矣”[④]，据此可推算出北宋黄河高于两岸 3～5 米。显然王景河的加速淤抬导致唐、五代、北宋 510 年间水患逐步加剧（图 3–1、图 3–2）。

应用水患频率五年滑动平均数法[⑤] 分析了唐代 289 年和五代、北宋 221 年的史料，初步结论是：初唐黄河水患较轻，中唐及晚唐相当严重。到五代、北宋则决溢频繁，随塞随决，甚至一年决口七次之多（比如 946 年），这与陈家其对黄河中游地区近 1 500 年水旱变化规律研究的成果[⑥]，即 790—1134 年（唐德宗贞元六年至金太宗天会十二年）为湿润期，是基本一致的。

又据近年来应用历史地理学方法、实地考察以及利用地质勘探、卫星遥感等成果综合分析研究，黄河中游植被破坏、水土流失及沙化在唐代以后发展较为明显，如汾河中游的邬泽和祁薮两湖在唐代湮塞[⑦]，毛乌素地区从唐代起演变为茫茫连片的沙漠环境[⑧]。因此可以认为，唐代黄河水患已经在发展中由初唐比

① 岑仲勉：《黄河变迁史》，人民出版社 1957 年版；谭其骧：《何以黄河在东汉以后会出现一个长期安流的局面》，《学术月刊》1962 年第 2 期。

② 水利部黄河水利委员会编：《黄河水利史述要》，水利电力出版社 1984 年版，第 116—138 页；姚汉源：《中国水利史纲要》，中国水利电力出版社 1987 年版，第 145—161 页。

③ 杨国顺：《东汉黄河下游河道研究》，见左大康主编：《黄河流域环境演变与水沙运行规律研究文集》（第一集），地质出版社 1991 年版，第 27—32 页；叶青超、尤联元、许炯心等编著：《黄河下游地上河发展趋势与环境后效》，黄河水利出版社 1997 年版，第 26—27 页。

④ 《宋史 · 河渠志一》。

⑤ 见拙文：《两汉时期黄河水患与中游土地利用之关系》，《地理学报》2003 年第 1 期。

⑥ 陈家其：《黄河中游地区近 1500 年水旱变化规律及其趋势分析》，《人民黄河》1983 年第 5 期。

⑦ 见拙文：《太原盆地昭余古湖的变迁及湮塞》，《地理学报》1997 年第 3 期。

⑧ 王尚义、董靖保：《统万城的兴废与毛乌素沙地之变迁》，《地理研究》2001 年第 3 期。

图 3-1 唐代黄河中游研究区域图

图 3-2　北宋黄河中游研究区域图

较安静、中唐趋于严重，发展为晚唐、五代的相当严重，从而过渡到北宋连年决溢一发不可收拾的局面。

二、唐代黄河水患的发展过程

（一）水患频率的计算

本节应用水患频率作为评估历史时期某一时段（一年或多年）水患轻重程度的指标，即：

$$f_d = \frac{\text{河决次数} + \text{河溢次数} + \text{河徙次数} + \text{大水次数}}{\text{统计时段长（年）}}$$

上式与过去计算方法不同之处是加入了大水次数，原因是史书（如《后汉书》《旧唐书》及《新唐书》等）中所谓大水，其中相当大一部分包含了黄河的决溢。[①]

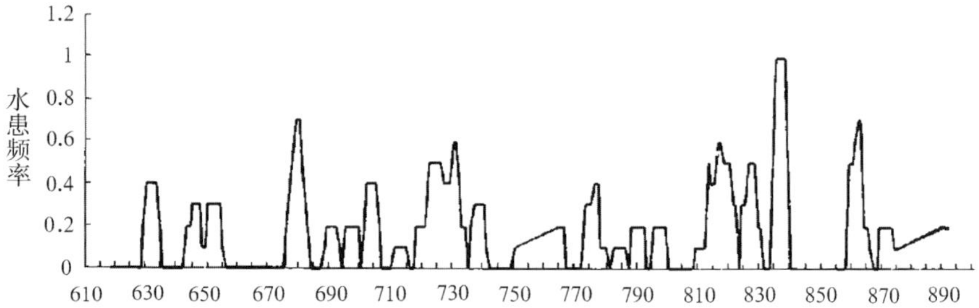

图 3-3　唐代黄河下游水患频率

计算频率时根据史籍所载灾情大小分别加权，权重为：局部决溢或一州大水为 0.5；两州大水为 1.0；黄河决溢并导致两州以上大水为 1.5；三州以上及生命财产损失特别巨大者，按其灾情比例酌量加权。再应用五年滑动平均数法计算每一指定年份的水患频率，即对于年份 i，以时段 i 至（i + 4）共五年的水患权重之和的平均数，代表该年份的水患频率。

（二）唐代水患的分期

本节从黄河水患发展过程的特点出发，将唐代划分为年数大致相等的四期，分期的水患频率计算见表 3-6。

由表 3-6 可见，黄河下游在初唐水患轻微，中唐的Ⅱ期、Ⅲ期、Ⅳ期相对严重，呈现出逐步发展加剧的现象，但就总体而言，唐代黄河水患的灾情较之东汉要轻得多，在 618—896 年的 279 年里，发生水患的年份（次数）为 51 年，占总年数的 18.3%，而东汉为 27.2%。个别年份灾情较重，如初唐高宗永隆二年（681），“河南、河北大水，坏居民十万余家”。按：天宝元年（742）河南

① 赵淑贞、任世芳、任伯平：《试论公元前 500 年至公元 534 年间黄河下游洪患》，《人民黄河》2001 年第 3 期。

道有户 264 120，口 1 456 848；河北道有户 630 511，口 3 723 217。两道合计有户 894 631，口 5 180 065，平均每户 5.79 人，故此次大水的灾民应接近 60 万人，只及东汉公元 153 年河溢灾民之半。

表 3-6　唐代黄河下游水患情况

分期	起讫年份	时段长（年）	水患权重合计	本期 f_d 平均	严重程度
I	618—677	60	5.6	0.093	轻微
II	678—750	73	15.5	0.167	相对严重
III	764—820	57	12.1	0.212	相对严重
IV	821—875	55	12.8	0.233	相对严重

说明：暂定 $0.50 > f_d \geq 0.20$ 为相对严重，$f_d \geq 0.50$ 为非常严重。

（三）唐代黄河下游的防洪能力

据统计，从唐贞观十一年（637）至乾宁三年（896）的 260 年间，有明文记载的河溢、河决年份达 21 年，在此期间还有 29 年沿黄河各州发生大水。因此共发生水患 50 次，水患频率为 19.23%，即大约为五年一遇。

隋唐五代时，黄河下游河道大致与东汉魏晋南北朝一样，即走王景河故道。根据杨国顺实地勘察，今莘县附近东汉故大河下段遗址残留土堤高最大为 5 ~ 6 米，堤距 3.8 公里，河道纵坡为 0.111‰。今黄河下游下段与之相距不远且大体平行，艾山水文站（与花园口的距离和莘县到花园口的距离相近）一带堤距为 5 公里，济南常旗屯大堤高 8.98 米[①]，艾山—泺口段河床比降为 0.118‰。目前艾山段防洪（设防）标准为 1.1 万立方米 / 秒。由于今黄河艾山—泺口段与唐故道相邻相似，故可粗略估算出唐代莘县附近黄河设防标准，在堤高与现代相同时也只有 8 360 立方米 / 秒，只及目前的四分之三。

根据水文频率分析结果，花园口站多年平均最大洪峰流量为 9 770 立方米 / 秒，变差系数 $C_v = 0.54$，偏态系数 C_s 与 C_v 之比为 4.0，采用皮尔逊Ⅲ型曲线[②]，

① 胡一三主编：《黄河防洪》，黄河水利出版社 1996 年版。
② 陈先德主编：《黄河水文》，黄河水利出版社 1996 年版。

由此可算出五年一遇峰量为 12 800 立方米 / 秒。此洪峰与 1957 年 7 月 19 日洪峰（12 900 立方米 / 秒）相近，该洪峰 7 月 22 日演进至孙口时，尚达 11 500 立方米 / 秒。按孙口—艾山间削峰 13.9% 计，到艾山仍达 9 902 立方米 / 秒。因此，五年一遇洪峰流量比唐代设防标准高出 18% 以上。笔者认为，唐代黄河下游不断淤抬，设防标准低于五年一遇，是每五年多发生一次水患的根本原因。

三、五代及北宋黄河水患的发展过程

（一）唐末五代初的史料空白期或枯水期

唐末（900—907）及五代初期及后梁（907—923），史书没有任何黄河水患的记载，合计为 24 年。除战乱原因外，这 24 年史料空白期还有另一种可能的解释，线索是：(1) 后梁太祖开平元年（907）“八月丁卯，同州蚜蝣虫生，隰州黄河清”[①]。蚜蝣在古代指危害粮食作物的黏虫，其大量繁殖与干旱有关。而位处大北干流的隰州出现河清，更表明汛期出现枯水。(2) 吴祥定、钮仲勋、王守春等在研究近代黄河枯水段特征时，通过对比分析，推想黄河流域在 1861—1882 年的 22 年时期内，可能曾经有过类似 1922—1932 年的枯水期。[②]因此，此空白时期可能同样为枯水期。

（二）五代及北宋的黄河水患频率分析

同样应用五年滑动平均数法计算每一指定年份的水患频率，计算所得成果见图 3-4，该图绘出了自 885—1128 年间 244 年水患频率五年滑动平均数的变化趋势。由图 3-4 可见，唐末至北宋末黄河下游水患是严重的。

(1) 如暂不考虑唐末和后梁史料空白期，则可看出唐末和五代的曲线是可以互相衔接的，在 889—891 年连续 3 年 $f_d = 0.20$，而五代初 924 年的 f_d 也是 0.20。

(2) 如沿用文献[③]暂定的标准，则在 924—1120 年的 197 年间，水患非常严重和相对严重的有 154 年，占总年数的 78.17%，其中，非常严重的有 80 年，

---

① 《新五代史 · 梁本纪 · 太祖》。

② 吴祥定、钮仲勋、王守春等：《历史时期黄河流域环境变迁与水沙变化》，气象出版社 1994 年版，第 45—57 页。

③ 见拙文：《两汉时期黄河水患与中游土地利用之关系》，《地理学报》2003 年第 1 期；赵淑贞、任世芳、任伯平：《试论公元前 500 年至公元 534 年间黄河下游洪患》，《人民黄河》2001 年第 3 期。

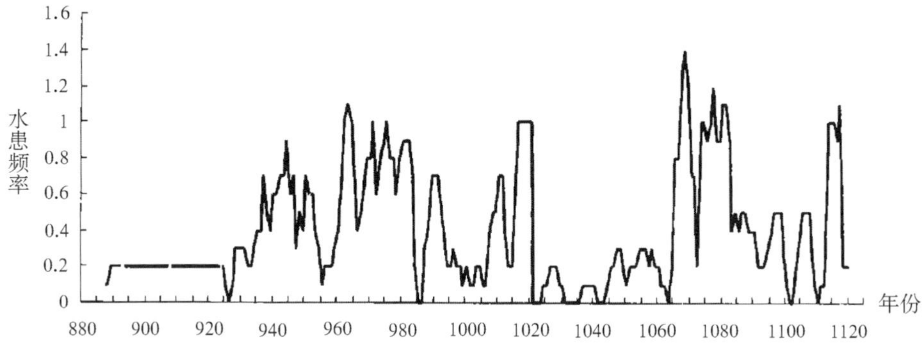

图 3–4　唐末、五代、北宋黄河下游水患频率

占总年数的 40.61%。

(3) 赵淑贞等在文章[①]中计算（见表 3–1），水患严重和相对严重的年份占总年数的比例，在西汉为23.8%，东汉为27.2%。笔者在文章[②]中的计算分别为22.2% 及 27.2%。而在本节计算唐代这一比例为 18.3%。显然，上述三个朝代的黄河水患均没有五代及北宋严重。

(4) 从灾情看，北宋后期更达到空前严重的程度。如神宗熙宁十年（1077）河决，“灌郡县四十五……坏田逾三十万顷”[③]，合今制 180 万顷，为西汉灾情最重时的6.25倍。再如政和七年（1117）河决，“民死者百余万”[④]，更创历史纪录。

（三）五代、北宋黄河下游的冲淤情况

王景河从公元 70 年竣工行水，至 1128 年杜充决黄夺淮入海，共行水 1 058 年。五代、北宋决溢那样严重，几乎每两年决口一次，甚至一年内就决口七次（比如 946 年）。水患既然如此严重，为什么王景河还能勉强维持残局千年以上？我认为，主要原因是决口后的溯源侵蚀，带走了大量口门以上的河床淤积物，河道不断得到刷深。

---

① 赵淑贞、任世芳、任伯平：《试论公元前 500 年至公元 534 年间黄河下游洪患》，《人民黄河》2001 年第 3 期。

② 见拙文：《两汉时期黄河水患与中游土地利用之关系》，《地理学报》2003 年第 1 期。

③ 《宋史・河渠志》。

④ 《宋史・五行志》。

如北宋神宗熙宁十年七月大决于澶州曹村埽（今濮阳市区以西约15公里处），淹45郡县，坏田超过30万顷，约合今180万顷，以垦殖率70%计，淹没土地约257万顷。这样广阔的面积上淤积的泥沙必然包括两部分，即当年汛期洪水挟带的泥沙以及曹村埽以上河床的淤积物。据估计，1855—1946年的92年间，因决口、改道，平均每年约有1.2亿吨泥沙在下游大堤以外堆积。

《宋史·河渠志》追述："自周显德初（954），大决东平之杨刘……然决河不复故道，离而为赤河。"从954年至1128年共175年，因连年决溢，估计有208.8亿吨泥沙在堤外堆积。

又据1946年以来水文资料分析，平均每年通过三门峡的泥沙量为16亿吨，其中一半堆积在陆上及水下三角洲，四分之一即4亿吨扩散到渤海海域，另四分之一沉积在下游河道，故每年因决口而堆积在堤外的泥沙占应沉积于河床之泥沙的30%，甚至更多。

现将五代、北宋黄河下游分为上、中、下三段，每段含六州（府、军），上段自今桃花峪至浚县东，含孟、郑、卫、怀、滑五州及开封府；中段自今浚县东至莘县，含安利军、开德府（即澶州）及濮、郓、齐三州及大名府；下段自今莘县至渤海湾，含博、恩、德、棣、沧、滨六州。笔者统计了上述三段在五代水患高峰期（934—947）及北宋初期71年共85年的决溢次数，并观察到以下现象：

（1）从上述85年的统计看，以上、中段决溢次数较多，分别占45.12%和42.68%，下段则较少，仅占12.20%。换言之，决溢有88%发生在今河南境内，只有12%发生在今河北、山东境内。

（2）泥沙的堤外堆积不仅取决于决溢次数多少，还依决口时间长短而定。如1019年河决于滑州城北天台山（今浚县南），次年2月才得以堵塞，口门敞开达8个月之久，而6月又再度决口，灾情比上年更重。这次决口直到1027年冬季始塞，漫溢时间长达7年半，两次合计泛滥8年以上，估计堤外堆积泥沙10亿吨以上。

四、黄河中游人口增长并非水患加剧的原因

谭其骧先生在文章①中最早提出：中游人口增加，垦田扩大，是下游水患

① 谭其骧：《何以黄河在东汉以后会出现一个长期安流的局面》，《学术月刊》1962年第2期。

加剧的根本原因。谭文是从东汉时中游农耕人口少于西汉，而东汉下游水患轻于西汉这两个现象得出上述结论。但笔者在论文[①]中的分析却得出东汉水患比西汉更加严重的结论，因此，中游农耕人口的增加导致下游水患加剧的推论，至少在两汉是不能成立的。通过进一步分析从西汉到北宋1 100年中游及河口镇—龙门间人口的发展过程，我们同样发现其增减与下游水患增减并不同步。唐代黄河中游农业人口为东汉的4倍，西汉的1.16倍，且高于北宋，但中唐水患远比北宋轻微，故可推断农垦不是导致水患加剧的原因。

（一）人口数据的确定

利用历代史籍所载户口资料，并参考人口史学者的分析考证成果[②]，对黄河中游及河口镇—龙门间各朝代的人口进行了统计，见表3-7。

表3-7 西汉、东汉、唐及北宋黄河中游的农耕人口变化

流域区间	西汉	东汉	唐			北宋		
	2年	140年	650年	752年	813年	980年	1079年	1102年
中游	622.26	159.17	256.24	723.61	261.08	237.88	619.51	692.70
河龙间	180.90	16.76	21.21	70.03	21.51	20.69	47.76	56.07
相对比例（以西汉为100）								
中游	100	25.6	41.2	116.3	42.0	38.2	99.6	111.3
河龙间	100	9.3	11.2	38.7	11.9	11.4	26.4	31.0

（二）人口变化与水患发展之间的关系并非同步

从表3-7可看出几个为过去研究者所不注意的重要现象：

(1) 就整个中游地区而言，如以西汉盛期为100，则其他朝代人口顶峰时期之人口分别是：东汉25.6，中唐116.3，北宋晚期111.3。王尚义、赵淑贞等在论文[③]中指出，东汉水患远比西汉严重，表明农耕人口的增加不是水患加剧

① 见拙文：《两汉时期黄河水患与中游土地利用之关系》，《地理学报》2003年第1期。

② 葛剑雄主编：《中国人口史》（第一卷），复旦大学出版社2002年版，第313—317页；梁方仲编著：《中国历代户口、田地、田赋统计》，上海人民出版社1990年版；赵文林、谢淑君：《中国人口史》，人民出版社1988年版，第67—73页。

③ 见拙文：《两汉时期黄河水患与中游土地利用之关系》，《地理学报》2003年第1期；赵淑贞、任世芳、任伯平：《试论公元前500年至公元534年间黄河下游洪患》，《人民黄河》2001年第3期。

的原因。从上文分析可知，中唐（Ⅱ、Ⅲ期）水患频率在 0.167 ~ 0.212 之间，而西汉和东汉分别为 0.1 ~ 0.32 和 0 ~ 0.833，表明唐代水患远轻于东汉，而人口却为其 4 倍。再者，中唐人口不仅多于西汉，也多于北宋晚期，但中唐黄河下游相当安静，而北宋水患空前剧烈，显然农耕人口或者开荒导致下游水患的论点不能成立。

（2）以中游人口增减来估量人类活动即垦荒对土壤侵蚀的影响，其主要误区在于忽视了黄土高原是一个包含多种地形地貌单元的广大地区，黄河中游的东部和西南部，沿着汾渭地堑分布着太原、临汾、运城、关中等 4 个盆地，“尧都平阳，舜都蒲坂”，自古以来就是中华民族最发达的地区。据文献①统计，汾渭谷地共有地面坡度小于 3° 的土地 376 万顷，唐代人口 509 万人，北宋人口 366 万人，人均土地分别为 0.739 顷及 1.027 顷，上述人口数分别占当时黄河中游人口的 70% 及 60%，农业人口主要集中在河谷地带，而并非分散在支离破碎的丘陵沟壑区。

（三）河口镇—龙门间人口的变化

表 3-7 中的统计数字已显示：北宋河龙间人口较之西汉及唐代均大为减少。最盛时只及西汉 31% 和唐代的 80%。该区土地总面积 12.97 万平方公里，仅占全黄的 17.3%，但年平均输沙量 9.08 亿吨，占全黄的 55.7%，特别是危害下游最严重的粗泥沙，每年有 2.61 亿吨，占输入中下游干流河道粗泥沙量的 73%。

但河龙间人口密度很小，由表 3-7 可知，中唐时河龙间人口密度为 7 人 / 平方公里，而初唐和晚唐只有 2 ~ 2.15 人 / 平方公里。北宋晚期为 5.61 人 / 平方公里，而初期只有 2.07 人 / 平方公里，这样低的农业人口密度一般不可能导致土地荒漠化。但北宋初期即 960—980 年 20 余年间的水患频率滑动平均数之均值为 1.238，最高曾达 2.0，即年年发生决溢。显然，农垦和下游水患之间并无因果关系。

---

① 景可、陈永宗、李风新：《黄河泥沙与环境》。

（四）中游平川地已足够当时农垦需要

据吴慧研究：我国古代每人有耕地 0.267 公顷即可维持生计。[①] 据《旧唐书·地理志》所载，740 年全国应受田人均折合公制 0.452 公顷，学者多认为应受田为授田之上限（如韩国磐在著作[②]中的分析），一般达不到此数，而唐代汾渭谷地人均平川地是应受田的 1.635 倍。

五、游牧民族对环境的影响

唐末党项族占据鄂尔多斯和陕北黄土高原北部，到北宋时人口及牲畜数量大增，并建立独立的西夏国。不仅占有无定、窟野、秃尾、佳芦和泾、洛等河上游土壤侵蚀极强烈地区，进行过度的传统放牧，同时整个黄土高原北部在 145 年间长期为战争所蹂躏。因此可以推断，过度放牧和战乱是这一地区土壤荒漠化以及下游水患加剧的两个主要人文社会因素。

（一）唐代党项族人口及其活动范围

唐代对黄河中游生态变迁产生重大影响的是党项族，他们居住在无定河上游、浑河流域和泾、渭河上游，初唐之末（692）已有30万人，均以牛、马、驴、羊游牧为主，不知也不事农业生产。[③] 到唐末（881）党项人拓跋思恭（李思恭）出任夏州节度使，“统银、夏、绥、宥、静五州地”[④]，即统辖整个鄂尔多斯高原和陕北黄土高原北部。赵文林、谢淑君估计，唐初党项有 40 万人，天宝时增至 70 多万，元和时约 80 万，唐末至少有 90 万。[⑤] 因此认为唐代党项人口应主要在晋陕峡谷区，而且恰是黄土高原上的两个强烈侵蚀中心和一个强烈侵蚀带。

（二）唐代党项族游牧生产发展对生态的影响

当党项族最初内附时，畜牧业只是为了简单维持游牧民的一般生活自给，

---

① 吴慧：《中国历代粮食亩产研究》。

② 韩国磐：《隋唐五代史纲》，人民出版社 1977 年版，第 155—156 页。

③ 《宋史·夏国上》《旧唐书·太宗本纪》《旧唐书·西戎传》。

④ 《旧唐书·宣宗本纪》《宋史·夏国上》。

⑤ 赵文林、谢淑君：《中国人口史》，第 67—73 页。

我们称之为“维生型”。“贞元三年（787）十二月，初禁商贾以牛、马、器械于党项部落贸易”，元和十五年（820），“以部落繁富，时远近商贾，赍缯货入贸羊马”。[①] 至此，党项牧业已部分转为“维生—市场型”。而远近商人正是进入党项地区采购羊、马。从唐廷 787 年的诏令看，该族应在 787 年以前即已向外出售牲畜。据《旧唐书·代宗本纪》：大历十二年（777）“九月……庚午，吐蕃寇坊州（今黄陵、宜君一带），掠党项羊马而去”。宜君距长安不足400里，党项族在此游牧，很可能就近供给关中市场。因此，晚唐时，人均羊单位可能增长，山羊和马的比例可能增长。王尚义、赵淑贞等在论文[②]中曾推算出：传统游牧民族人均有牲畜 50.4 羊单位，依次估计，河龙间在初唐约有牲畜 2 000 万羊单位，天宝时增为 3 500 万羊单位，元和时约有 4 000 万羊单位，所以说“部落繁富”，而唐末更达 4 500 万羊单位，这是党项人 841 年起割据陕北以及后来建立大夏国的物质基础。

在唐末，党项族游牧的五州面积约 5.7 万 ~ 6 万平方公里，牲畜密度为 750 ~ 790 羊单位 / 平方公里。假定在土地总面积中有 50% 用于游牧，即牧地 3 万平方公里，按每羊单位需要 0.41 公顷草地，则可养活 730 余万羊单位。但应指出，0.41 公顷这一指标是在科学放牧、草种结构合理的集约化生产的前提下算出的。[③] 银、夏、绥、宥、静五州年降水量仅 400 毫米，又有毛乌素沙地，水源也较缺乏，所以供养 730 万羊单位已很困难，如拥有 2 000 万 ~ 4 500 万羊单位，则过度放牧必然导致土壤大量侵蚀和土地沙化。

（三）北宋前期党项族的活动范围

1. 党项族是北宋时期北部五州的统治民族

自 881 年李思恭任夏、银、绥、宥、静五州节度使起，至 1032 年李德明死为止，在长达 151 年的时间中，上述五州范围里，党项族是主体民族，而且是统治民族。这一地域范围的南界，从今米脂以南起，经子洲、志丹、吴旗、华池到环县一带，东北以黄河为界，西接灵州（今宁夏灵武），包括了鄂尔多

---

① 《旧唐书·西戎传》。

② 赵淑贞、任世芳、苏志珠：《历史时期晋西北地区人类活动与农牧变迁研究》，《水土保持研究》2002 年第 3 期；王尚义：《两汉时期黄河水患与中游土地利用之关系》，《地理学报》2003 年第 1 期；张维邦主编：《山西省经济地理》，新华出版社 1987 年版。

③ 谭其骧主编：《中国历史地图集》第 5 册，中国地图出版社 1982 年版，图 40—41。

斯高原及陕北黄土高原北部的秃尾河下游，佳芦河流域，无定河中、上游，北洛河上游及马莲河中、上游。[①]

2. 西夏五州、军司是土壤侵蚀极剧烈、极强烈的地区

景可等在文献[②]、王万忠等在论文[③]中均根据数十年水文实测数据分析指出：上述黄土高原诸河正是土壤侵蚀产沙强度最大的地区。现摘引论文[④]中相关数据列表如表 3–8 所示：

表 3–8　西夏五州的土壤侵蚀强度级别

序号	区段	核心区侵蚀强度	分级	唐代所在州	西夏所在州
1	秃尾河下游和佳芦河大部地区	34 447.3	极剧烈	银州	左厢神勇军司
2	无定河白家川至丁家沟和绥德区间	4 850.51	极强烈	银州、夏州	石州、银州
3	马莲河庆阳至洪德、悦乐区间	12 806.0	极强烈	芳池州都督府	盐州、韦州
4	北洛河吴旗、志丹以上和泾河洪德以上	12 806.0	极强烈	夏州及芳池州都督府	韦州

说明：唐代、西夏时河流所在州，系参考谭其骧主编：《中国历史地图集》(第 5、6 册)。

3. 河龙区间党项人口的估计

据文献[⑤]估计，西夏全国人口为 250 万人，其中非党项族人为 10 万人，党项族为 240 万人，笔者估计其中游牧在本区的党项人口应在 60 万 ~ 75 万人之间，以人均 50.4 羊单位计，有牲畜 3 024 万 ~ 3 780 万羊单位，虽略少于唐末，但此时毛乌素沙地已扩大，宜牧地更加缩小[⑥]，故过度放牧更加严重。

（四）黄土高原上党项族的土地利用方式

党项族的主体从事传统游牧生产，其证据如下：

---

① 谭其骧主编：《中国历史地图集》第 6 册，图 16—17。

② 景可、陈永宗、李风新：《黄河泥沙与环境》。

③ 王万忠、焦菊英：《黄土高原侵蚀产沙强度的时空变化特征》，《地理学报》2002 年第 2 期。

④ 同上。

⑤ 赵文林、谢淑君：《中国人口史》，第 67—32 页。

⑥ 王尚义、董靖保：《统万城的兴废与毛乌素沙地之变迁》，《地理研究》2001 年第 3 期。

(1)《旧唐书·西戎传》:“党项羌……男女并衣裘褐，仍披大毡。畜牦牛、马、驴、羊，以供其食。不知稼穑，土无五谷。……求大麦与他界，酝以为酒。”在叙述贞元十五年（799）二月“六州党项自石州奔过河西”的原因时，写道：“党项有六府部落……居庆州者号为东山部落，居夏州者号为平夏部落。永泰、大历已后（即765—779年以后），居石州（今三川河及湫水河流域），依水草，至是永安城（在今介休市北）镇将阿史那思昧扰其部落，求取驼马无厌。中使又赞成其事，党项不堪其弊，遂率部落奔过河。”下文还谈到元和十五年（820）时，党项部落繁富，远近的商人都携带纺织品到党项地区交换羊马。在827—840年间，当地唐朝藩镇统领“或强市其羊马，不酬其直，以是部落苦之”。

(2）据《宋史·外国一》载，西夏景宗李元昊曾对其父太宗李德明说：“衣皮毛，事畜牧，蕃性所便。英雄之生，当王霸耳，何锦绮为？”而李德明之父李继迁“连娶豪族，转迁无常，渐以强大”。1105年，宋官陶节夫在延州(今延安市）对党项“大加招诱……又令杀其牧放者”。

（五）长期战争的破坏

自北宋初982年李继迁叛宋，直至1126年元灭西夏，145年间宋、夏、辽、金、蒙五国战争连绵不断，每国每次出动兵力少则数万、数十万，多则30万~50万人以上，本区陕西延安、米脂、佳县、府谷、神木，宁夏隆德等泾、洛河中上游及晋陕峡谷区域均曾为主战场。西夏兵制：每户有两丁（年15~50岁）者抽一丁为正军（常备兵)，配给马、骆驼各一匹。西夏有兵力69.5万人，则有战马70万匹以上[①]，北宋及辽、金、蒙等国入侵亦以骑兵为主。1081—1082年灵州、永乐之役，战场在无定河沿岸及吴忠一带，宋军死者60万人，夏军每次出动30万人，死者不详。

王建革在文章[②]中指出：由于山羊的口腔构造和采食习性，对牧草的破坏要比牛大得多，马的践踏作用也比其他动物强。上述战争每次战役双方近百万战马集中于局部草原，势必严重摧残土壤和植被。北宋末，即1116年冬，

---

① 《宋史·夏国传》。

② 王建革：《畜群结构与近代蒙古族游牧经济》，《中国农史》2002年第2期。

夏军大举进攻宋泾原靖夏城（约在今泾河上游甘肃镇原附近），“夏先使数万骑绕城，践尘涨天，兵对不睹”[1]。此事既说明骑兵有意践踏，也表明当时地面土壤裸露。

① 《宋史·夏国传》。

第四章　历史流域学视野下的人口与土地

众所周知，黄河下游水患的一大成因在于泥沙堆积，而下游的泥沙大多来自中游，因此黄河中游的水土保持对于下游的河道安全关乎甚大。在我国历史上，黄河中游地区是游牧民族和农耕民族的交界地区，由于两大民族从事产业的不同，所以对于该地区的植被破坏和水土流失的作用差异甚大。而随着政治形势的变化和双方力量的此消彼长，两大民族在黄河中游呈现出一种你进我退、你退我进的态势，这也直接影响着农、牧业在该区域所占比重的变化，而这种变化亦影响着植被保护和水土流失，进而对下游的泥沙堆积产生作用，诚可谓牵一发而动全身。

要想根治黄河下游水患，就必须在中游的植被保护上下功夫，而要想保护植被，就必须调整产业结构，当然，产业规模的大小也是应当重点考虑的一个环节。自秦汉以来，中原王朝因为种种原因，曾经多次向黄河中游地区大量移民，以充实那里的人口，这也必然导致农垦面积的扩大和水土流失的加剧，而在战乱期间，由于战争、疾病、饥荒等原因，农业人口减少，相对应的就会造成土地荒芜，植被自我修复，水土流失的情形就会逐渐好转。农业的情形是这样，牧业的情况也有相似之处，因此，除了产业的性质不同之外，人口多少所导致的产业规模大小也是需要我们重点考察的。

汾河作为黄河的第二大支流，恰好位于黄河中游地区，其和黄河同处于黄土高原地区，拥有相同或相似的地质条件和气象条件，因此将黄河研究的经验引入汾河研究是十分必要的，而汾河研究的深入亦将有力地推动黄河的研究。

第一节 唐代黄河土壤强烈侵蚀区的人类活动

黄河中游是黄河泥沙，特别是粗泥沙的主要来源。据分析，黄河中游有两个强烈侵蚀中心和一条强烈侵蚀带，即：(1) 皇甫川、窟野河、佳芦河及秃尾河流域，为最强烈。其中窟野河中下游及孤山川又是中心中的中心，年侵蚀量高达2万吨每平方公里；(2) 无定河中下游、北洛河上游、延河和清涧河上游、泾河北支马莲河，年侵蚀量达0.75～1.5万吨每平方公里；(3) 沿黄河晋陕峡谷两侧并包括湫水河下游及强烈侵蚀区的南北向强烈侵蚀带，年侵蚀量高达1万～15万吨每平方公里。上述地区总面积8.92万平方公里[①]，据谭其骧等考证，在唐代是胜、麟、银、绥、延、庆、夏、坊、宁、鄜、丹、同、朔、岚、石、隰、慈17州[②]，本节即就上述17州在唐289年中人类活动强度、土地利用方式的变化及其对土壤侵蚀量的作用进行初步分析与评估。

一、农耕人口耕地面积的变化

农耕人口耕地面积的变化分为三个时期，即：(1) 初期——自唐开国至武周之初（618—692），计74年；(2) 中期——自武周之初至安史之乱前（692—755），计63年；(3) 晚期——自安史之乱至唐亡（755—907），计152年。根据《旧唐书·地理志》《新唐书·地理志》和《元和郡县图志》，并参考赵文林、谢淑君的研究成果[③]，统计出贞观、天宝、元和三个时期强烈侵蚀区的人口（农业人口），相应为640年、752年和813年三个水平年。

据《旧唐书·地理志》："开元二十八年……户八百四十一万二千八百七十一，口四千八百一十四万三千六百九，应受田一千四百四十万三千八百六十二顷一十三亩。"按此统计，人均应受田29.92唐亩。唐亩有大、小之分，据吴慧考证，此亩应为小亩，1唐亩合0.226 6市亩[④]，即当时全国人均应受田6.78市亩

① 景可、陈永宗、李风新：《黄河泥沙与环境》。
② 谭其骧主编：《中国历史地图集》第5册。
③ 赵文林、谢淑君：《中国人口史》。
④ 吴慧：《中国历代粮食亩产研究》。

(0.452 公顷)。事实上，人均耕地远低于此数，有数例为证：

（1）《天宝六载（747）敦煌郡敦煌县龙勒乡都乡里籍》中载刘智新户有7人，应受田一顷六十三亩，即163唐亩，人均23.29唐亩，比全国人均少了22.16%。[①]

（2）徐庭芝户有6人，应受田一顷二十二亩，即112唐亩，人均18.67唐亩，比全国人均少了37.61%。[②]

（3）唐太宗"幸灵口[③]，村落逼侧，问其受田，丁三十亩"[④]。丁实受田30亩，仅为规定应受田的30%。

可见无论是在偏远的河西走廊，还是在首都附近，实受田均未达到应受田额，我们按人均29.92唐亩估算，本区垦田面积，不会偏少。

表 4-1　唐代本区人口及耕地变迁

水平年	640 年	752 年	813 年
人口（万人）	59.41	171.53	26.21
耕地（万平方公里）	26.85	77.53	11.85
占土地总面积（%）	3.01	8.69	1.33

由表 4-1 可见，初唐之中，农田约占土地总面积的3.01%，中唐之中，人口峰值时为8.69%，到晚唐中剧降为1.33%。

二、耕地地貌状况的估计

本区唐代耕地的地貌情况现已无法确知，但从水土流失已达数千年的史实直观设想，昔日土地破碎的程度总是要好于现今（例如沟壑肯定不如现代之发育）。因此，以现代地貌来推测唐代地貌，虽不中亦不远。

---

① 《敦煌资料》第一辑，中华书局1961年版。

② 同上。

③ 灵口在当时长安附近。

④ 《册府元龟·惠民》。

对于上述两个强烈侵蚀中心和一条强烈侵蚀带，我们各选择若干典型县作为代表，即：

（1）麟州——强烈侵蚀中心，领三县，其中连谷、银城“旧属胜州，天宝元年来属”①。连谷、银城在窟野河流域今神木县境。今天神木土地 1 119.77 万亩，耕地 184.16 万亩，其中，地面坡度小于 3° 的耕地 48.87 万亩，坡度为 3° ~ 7°（平均 5°）的耕地 7.97 万亩，合计 56.84 万亩。按唐代人口授田制度，人均 52.15 亩，为当时全国人均的 7.7 倍。

（2）石州——位于南北向强烈侵蚀带，其所辖临泉县约相当于今临县，该县湫水河下游为极强烈侵蚀区。据《旧唐书·地理志》，该州领离石、平夷、定胡、临泉、方山五县，752 年人口为 6.69 万人，平均每县 1.338 万人。该州辖区为今临县、方山、离石、柳林四市县，土地总面积约 7 029 平方公里，以临县为代表，是典型的黄土丘陵沟壑区。临县坡度小于 3° 的耕地 1.96 万亩，坡度为 3° ~ 7° 的 11.43 万亩，合计 13.39 万亩②，按唐代人口平均，人均可有平坦耕地 10 亩，也超过了唐代全国人均水平。

（3）延州——位于另一个强烈侵蚀中心，其东部小部分位于强烈侵蚀带。据《旧唐书·地理志》，该州领肤施、延长、临真、敷政（金城）、金明、丰林、延水、延川、延昌（罢交）九县，天宝年间人口 10 万人，平均每县 1.11 万人。今之安塞县位于唐金明、罢交二县之间，而在唐肤施县（今延安）之西北，均在今延河上游。而金明的大致位置在今安塞、延安的分界线上。因此，可以估计今安塞辖区包括唐罢交全县及金明县的一半，天宝年间人口约 1.665 万人。此外，今志丹县东部杏子河镇附近地区，位于延河上游杏子河王窑水库库区，其下游即为唐之金明县，从地理位置推测也可归属于金明县管辖，志丹杏子河流城约占全县面积的六分之一。安塞县土地面积 455.03 万亩，耕地 173.56 万亩，其中坡度小于 3° 的 7.77 万亩，坡度为 3° ~ 7° 的 2.21 万亩，合计 9.98 万亩。志丹县杏子河流域土地约占该县六分之一，估计土地 93.22 万亩，耕地 27.14 万亩，其中，坡度小于 3° 的 1.65 万亩，3° ~ 7° 的 1.09 万亩。因此，

---

① 《旧唐书·地理志》。

② 段建南、李保国、石元春：《应用于土壤变化的坡面侵蚀过程模拟》，《土壤侵蚀与水土保持学报》1998 年第 1 期。

相当于当时罢交、金明属地的，坡度小于7°的可利用耕地共约12.72万亩[①]，人均7.64亩，高于唐全国人均值12.68%。

由以上三个个案分析可知，相对于当时的人口密度而言，土地资源是十分丰富的，仅平川地及河川地即足够农作，再无须开垦坡地（现代禁垦25°以上坡地，本节按7°计算）。

三、唐代农垦对土壤侵蚀的影响

段建南、李保国、石元春等在文章[②]中介绍了河曲县砖窑沟综合治理试验区不同坡度、作物、降水量、土壤侵蚀的数值（见表4–2）。

表4–2　河曲县砖窑沟综合治理试验区不同坡度、作物、降水量、土壤侵蚀的数值

日期	降水量（毫米）	土地利用或作物	坡度（度）	径流量（毫米）	土壤侵蚀（吨/平方公里）
1988年7月8日	70.1	休闲	15	7.33	990
		休闲	25	11.08	1 846
1988年8月4日	52.1	糜子	5	0.15	5
		马铃薯	5	1.10	55
		休闲	15	12.57	507
		糜子	15	2.37	50
		休闲	25	36.77	1 361
		马铃薯	25	6.45	154
1989年6月6日	50.0	休闲	25	5.29	615

段建南、李保国、石元春等提出的坡耕地土壤侵蚀过程数学模型SLEMSEP，是综合借鉴国外经验，针对我国干旱半干旱地区的实际而构建的。建模时泥沙

① 赵存兴主编：《中国黄土高原地区耕地坡度分级数据库集》，海洋出版社1990年版。

② 段建南、李保国、石元春等：《应用于土壤变化的坡面侵蚀过程模拟》，《土壤侵蚀与水土保持学报》1998年第1期。

相被划分为两部分：击溅分散的模拟假定雨落地的动能随作物截留的增加呈指数递减[①]，地表径流的搬运量取决于地表径流量、坡度和农作物覆盖效应[②]。

由表 4–2 及 SLEMSEP 模型的计算可知：

（1）土壤侵蚀量的数值受地面坡度影响很大。如 1988 年 7 月 8 日的一场暴雨，两块休闲地因坡度不同，坡度为 25° 的地块其土壤侵蚀量几乎比 15° 的大一倍。

（2）土壤侵蚀的数值受地面覆盖情况影响很大。如 1988 年 8 月 4 日的一场暴雨，坡度同为 15° 的两个小区，糜子地土壤侵蚀量不足休闲地的十分之一。

糜子为黍的变种，与谷子同为小粒作物，自古以来即在华北普遍耕种。[③]目前砖窑沟流域南糜子占粮食播种面积的 47.2%，而粮食播种又占总耕地的 80% 以上。唐代黄河中游农作物以糜、谷为主。而在 SLEMSEP 模型中，作物覆盖与管理因子 C 之最小值 C_{mnj}，对于糜和谷是相同的。糜子的生长期为 7—8 月，正值汛期，而此时 C_{mnj} 值最高为 0.04 ~ 0.05，相当于休闲期、苗期 C_{mnj} 值（0.01）的 4 ~ 5 倍，对降水的截留作用最为显著。

砖窑沟年平均降水量为447.5毫米，其中汛期6—8月占全年降水的63%(281.9毫米)。1988 年降水 453.0 毫米，其中汛期 304.4 毫米，占全年的 67.2%，均接近平年。1988 年 7 月及 8 月两次暴雨，雨量分别为 70.1 毫米及 52.1 毫米。现假定平年汛期降水由 6 次 52.1 毫米雨量的暴雨组成（总量 312.6 毫米），以估算坡度为 5° 的糜子地的年侵蚀量，则是 6 × 5 吨 / 平方公里 = 30 吨 / 平方公里。

以窟野河为例，该河流域面积 8 645 平方公里，年平均输沙量 1.237 亿吨，其中粗泥沙 8 100 万吨，分别占河龙区间的 6.67%、13.62% 和 31.03%，表明该河，亦即唐代的麟州，是主要的泥沙，特别是粗泥沙的重要来源。

唐代麟州人口峰值为 1.09 万人，应受田 7.39 万市亩，即不足 50 平方公里，应均为地面坡度小于 3° 的耕地（因神林县现有坡度小于 3° 的耕地 48.87 万亩）。以土壤侵蚀量 30 吨 / 平方公里估算，年均侵蚀量为 1 500 吨，仅占窟野河流域年沙量的十万分之一，显然微不足道。

---

① Laflen J. M., Colvin T. S., *Effect of Crop Residue on Soil Loss from Continuous Row Cropping*, Trans. AS AE, 1981.

② Carson M. A., Kirkby M. J., *Hillslope form and Process*, Cambridge University Press, 1972.

③ 见《汉书 · 文帝纪》之《议佐百姓诏》；《二十五别史 · 大金国志》。

四、地面坡度对土壤侵蚀的影响

在段建南、李保国、石元春等的 SLEMSEP 模型中，泥沙相对计算公式使用了摩根（Morgan）的算式[①]：

$$F = K[E\exp(-ap)]^{b} \times 10^{-3}$$
$$G = cQ^{d}(\sin S) \times 10^{-3} \qquad (1)$$

该算式中 G 为径流搬运量（千克 / 立方米），c 为作物覆盖管理因子，S 为坡度因子（角度），a、b、d 为经验值，它们一般为 a = 0.05，b = 1.0，d = 2.0。

显然，如在作物、降水径流为已知（设定）的条件下，算式（1）中除 sinS 外，其余各项可合并为一个常数 N，即：

$$G = N\sin S \qquad (2)$$

即泥沙的径流搬运量 G 与 sinS 成正比，因此，可以计算出不同地面坡度时 G 的相对变化，如表 4–3 所示。

表 4–3　不同坡度 G 的相对值（以 5° 时之 G 值为 1）

坡度（S°）	5	10	15	20	25	30	35
G 之相对值	1	2	3	3.9	4.9	5.7	6.6

由表 4–2 及表 4–3 可知，坡度为 25° 的休闲地，其土壤侵蚀量 M 为 1 361 吨每平方公里，如坡度增加到 35°，M 将增为 1 848 吨每平方公里，平均年侵蚀量为 11 081 吨每平方公里，此值恰好在南北向强烈侵蚀带的数值范围（每年 1 万 ~ 1.5 万吨每平方公里）之内。以砖窑沟所在的河曲县为例。现有耕地中坡度为 15°~ 25° 的占 48.45%，大于 25° 的占 14.52%，合计大于等于 15° 的耕

① Morgan R. P. C, Morgan D. D. V., Finney H. J., *A Predictive Model for the Assessment of Soil Erosion Risk*, J. Agric. Eng. Research, 1984, 30: 245-253.

地占 62.97%，而在河曲整个土地面积中，坡度为 15°～25° 的占 39.13%，大于 25° 的占 8.12%，合计大于等于 15° 的土地占 47.25%。这部分非耕地除自然侵蚀作用外，历史上还经历了战乱、过度放牧等摧残，植被极为不佳，基本上是裸地。笔者认为，该坡地的退垦和非耕地陡坡的滥伐滥牧，就是晚唐以后土壤侵蚀加剧的主要原因。

五、几点启示

窟野河现代输沙模数高达 14 310 吨 / 平方公里・年，原因是多方面的：

（1）在神木县土地面积 7 465 平方公里中，耕地达 184.16 万亩（1 228 平方公里），占 16.45%，是唐代盛期 7.39 万亩的 25 倍，开垦强度急剧增长。

（2）坡度 7° 以上的坡耕地 111.56 万亩，占总耕地的 60% 以上，是泥沙的一个主要来源。

（3）自然产沙因素不容忽视。文献[①] 指出：在延安—庆阳一线以北自然产沙大于人为产沙。如窟野河考考乌素沟为半干旱草原环境，顶面地形平坦，基本上不受人为活动影响，但 5 800 年以来沟头仍以 1.43 米的年平均速度前进，以每年 0.45 厘米的速度下切，侵蚀模数可大于 1 万吨 / 平方公里・年。

第二节　六百年来汾河上游人口与环境

关于人口压力增长与环境状态演变之间关系的研究中，肇始于谭其骧先生对古代黄土高原环境变迁的探讨，他认为该地区土壤侵蚀的加剧，原因是西汉时期开始的大规模屯垦。近年来的定量分析研究，是在历史资料考据、现代实地考察以及和观测资料相结合的方法基础之上提出的不同观点：认为西汉、北宋黄河中游的农垦，全部或绝大部分是在土壤侵蚀轻微的范围之内，即河滩地和河谷川地；这两个朝代的严重水患可能是由于原始游牧对草坡的压力越来越

---

① 谭其骧：《何以黄河在东汉以后会出现一个长期安流的局面》，《学术月刊》1962 年第 2 期。

大。[1] 任世芳等又就黄河中游晋陕峡谷区两条较大的一级支流，即三川河和湫水河流域，对其人口和耕地的发展史进行了分析，认为从西汉到明中叶，农垦并非该区土壤侵蚀的主因。西夏到明弘治年代以后开始垦种坡地，土壤产生轻微侵蚀，而清代到20世纪90年代的350年间，人口急剧增长，陡坡地被大量开垦，是土壤侵蚀加速时期。[2] 对近600年来汾河上游人口、耕地的增长和土壤侵蚀发展阶段的过程进行探讨，有助于明确历史时期人类活动对该区环境变迁的影响程度，为今后的环境治理工作提供可靠的决策依据。

一、汾河上游的环境特征

汾河是黄河一级支流，也是山西省内最大的河流，从宁武县管涔山河源到太原北郊区上兰村为上游，长202公里，区间流域面积7 727.1平方公里，包括宁武、静乐、岚县、娄烦、古交、阳曲六市县及太原市尖草坪区（见图4–1），流域内共有89个乡镇，66.5万人口，人口密度为86.06人/平方公里。

汾河上游只占汾河流域总面积的19.6%，但年径流量6.87亿立方米，占全流域径流量25.27亿立方米的27.2%，因而成为太原市、晋中市的城市、工农业供水的主要水源地。另一方面，上兰村站年输沙量2 646万吨，占全流域（3 236万吨）的81.8%，故而又是汾河的主要沙源。汾河上游区间的平均侵蚀模数达3 425吨/平方公里·年，根据对黄土高原侵蚀强度的分级，属于中度侵蚀（2 500～5 000吨/平方公里·年），但其中黄土丘陵沟壑区面积3 228平方公里，占汾河上游流域面积的41.8%，其平均侵蚀模数达6 080吨/平方公里·年，已属于强度侵蚀。太原及晋中的主要地面水供水水源——汾河水库，总库容7.2亿立方米，已淤积泥沙3.1亿立方米，并侵占兴利库容6 000万立方米。如对水土流失不加以有效治理，其下游的汾河二库也将在10年或至多20年内淤满。

根据土地详查，流域内现有耕地2 207平方公里（22.07万公顷）垦殖率为28.6%，这一数值并不算高，但因本区位于山区，耕地中有85.3%为坡耕地

① 见拙文：《两汉时期黄河水患与中游土地利用之关系》，《地理学报》2003年第1期；王尚义、任世芳：《唐至北宋黄河下游水患加剧的人文背景》，《地理研究》2004年第3期。

② 任世芳、孟万忠、赵淑贞：《历史时期三川河、湫水河流域的土地利用》，《中国历史地理论丛》2004年第4期。

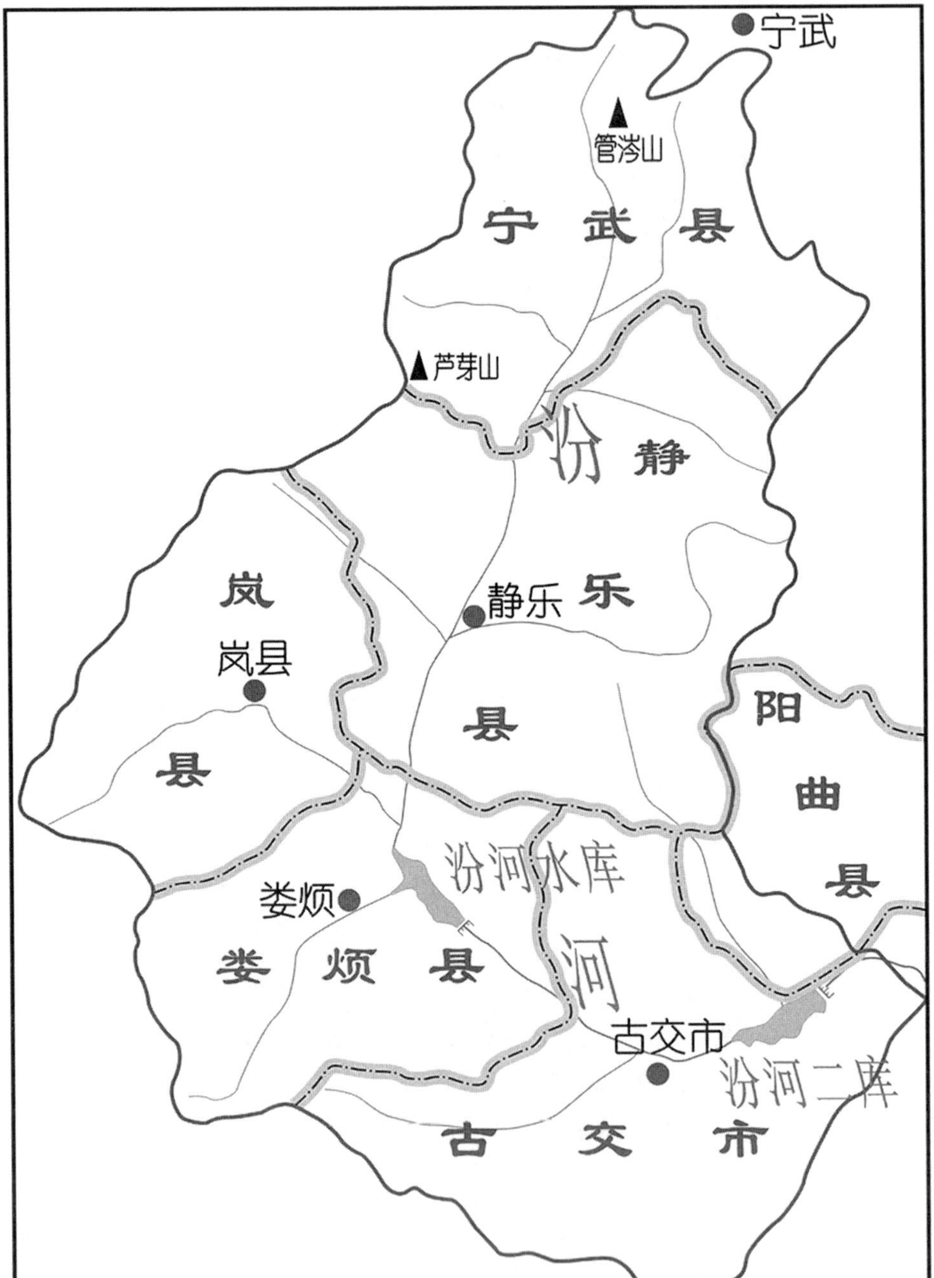

图 4-1　汾河上游行政区分布图

(1 883 平方公里)。林地 1 822.6 平方公里（其中林地仅为 864 平方公里），森林覆盖率为 23.60 %，高于山西全省平均水平（13.9%，1989 年）。

二、明初至现代流域内行政区划的变迁

由于在我国的官方史料中是从明代洪武二十四年（1391）起，本区才有了分县人口、耕地统计数字，而此前历代官方史料中仅有分州（府）的人口数或户数，以及全国的耕地面积总数（北宋有河道耕地面积数，但不分府、州、县)。显然，为使计算结果接近实际，研究时段由明初开始较为合适，而截止年份定为 1996 年。因 1995—1996 年有详细的人口普查数据，更为重要的是 1995 年才有了较为翔实的土地详查资料（此前多次统计的耕地数字都偏低)。自明洪武二十四年到 1996 年，共计 606 年。

600 多年来汾河上游地区的行政区划变化较大，而且其中有些县的辖区还包含了外流域的村镇，因此，我们首先根据有关方志的记载，结合野外实地调查研究的核对，在 1∶200 000 地形图上，确定历代各县在本区内的范围和土地面积，以便按流域内面积占全县面积的比例，估算当时流域内的人口数和耕地数。

（一）明代的行政区划

明代各县的疆域，按照明成化《山西通志》的记载加以确定。

明代本区包括当时静乐、阳曲、交城、岚县四县的部分或大部分，并在今宁武县设置宁化守御千户所（参见图 4–2)。

其中静乐包括今静乐全境、宁武的汾河河源部分、今娄烦全境以及古交工矿区的西北部。阳曲县在本区的辖域包括今太原市王封、马头水乡，今阳曲县西庄、伙路坪乡及西凌井乡之一部，今古交市曹坪、河口、邢家社、草庄头等乡镇以及原相乡之一部。交城县在本区的辖域含今古交市城区、镇城底镇和姬家庄、常安、岔口三乡及原相乡之大部。岚县疆域与现代基本一致，但应扣除其北部属蔚汾河流域的界河口、大蛇头两乡和岚漪河流域的张家湾、河口两乡。宁化守御千户所设置于洪武初年，史称“千一百二十人为千户所”[①]，即使军士均为已婚并携带家属，全所军士、军属估计有 3 360 人，可忽略不计。

---

① 《明史・兵志》。

图 4-2　明代汾河上游行政区图

（二）清代和民国时期的行政区划

本区在清代的行政划，可以参考《山西志辑要》的记载确定。

本区行政区划与明代相比，最大的变化是设立了宁武府和宁武县。清宁武县之疆域与现代基本一致。静乐县于清初将汾河河源划归宁武后，剩余部分的东、西、南界与明代相同，包括了今静乐、娄烦全境和古交工矿区之西北部，均位于本区。

阳曲、交城、岚县三县疆域则与明代相同，故可按本节的介绍，确定其在本区的人口与耕地数字（参见图 4–3）。

民国时期的行政区划沿袭清代，名称及疆界不变，故不另图示。

三、历代本区人口与耕地的估算方法

（一）明代人口与耕地的估算

原始数据取自《山西通志》中洪武、永乐、成化三个年代的记载。分县折算方法如下：

静乐：当时该县全境位于本流域内，故直接引用全县数据。

阳曲：当时在本区内的辖区与清代的情况基本一致。清光绪十八年（1892）该县知县主持刊印的《阳曲丈清地粮图册》（以下简称《图册》），载有位于本区各都（相当于今之乡）所辖的村名和耕地面积，因此可按照清代本区内耕地和阳曲全县耕地之比例，估算明代本区的人口、耕地。

岚县：本区内流域面积占全县面积的 74.68%，即按此比例折算人口和耕地。

交城：明代交城在本区的辖域与阳曲之大川、河口都相邻，且地形、地貌、水文、气象等自然条件相似，故本节由大川、河口耕地面积推算交城在本区的耕地面积，并按同样比例估算人口。

洪武二十四年（1391）的户口数是比较可靠的，因早在洪武之初，明太祖就颁布了十分严厉的户口和土地的调查法规，宣布："令有司各户比对，不合者遣戍，隐匿者斩。"[①] 洪武二十四年更命令：若官吏通同人户对人口及土地

---

① 《续文献通考·户口考》。

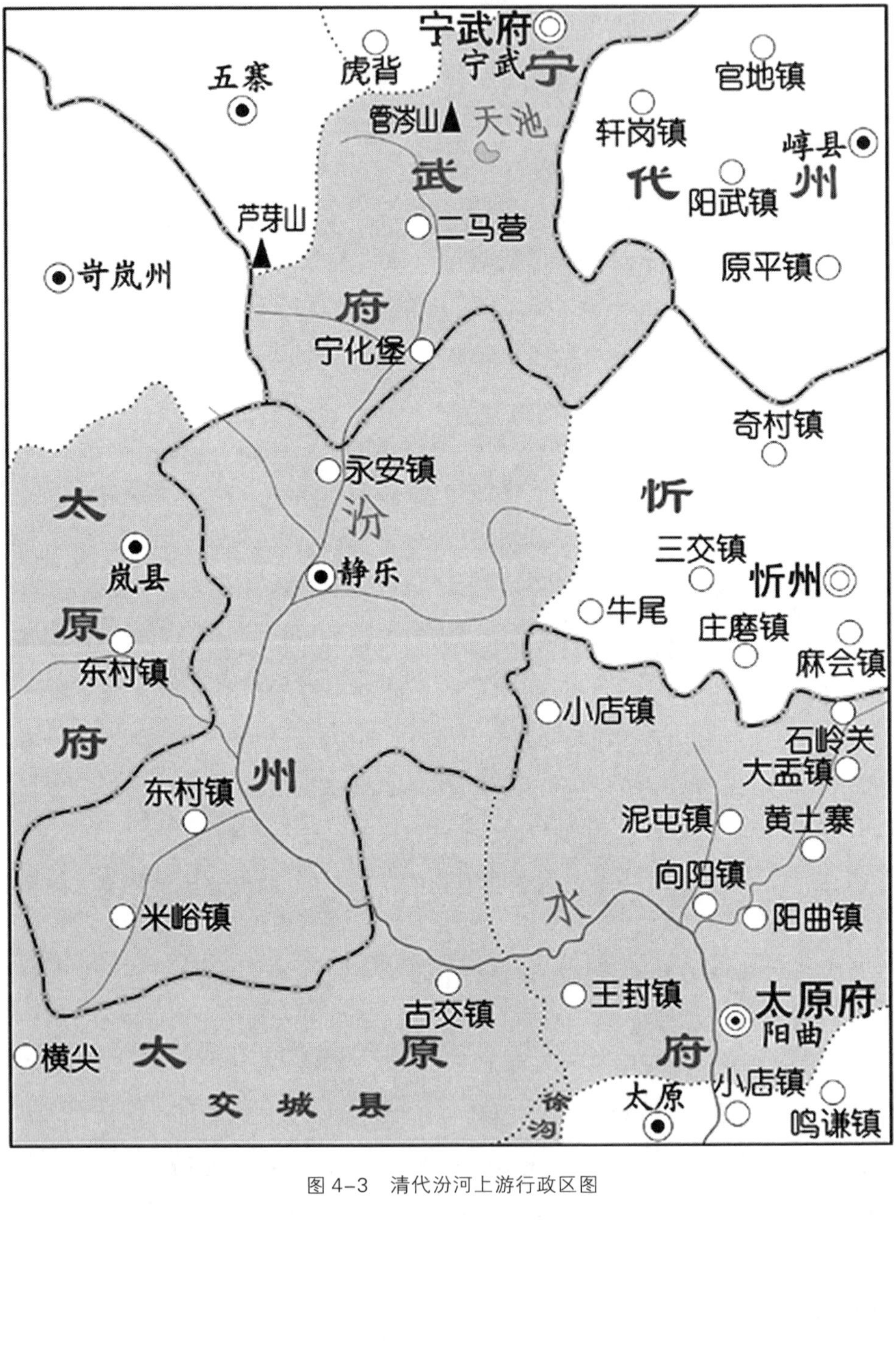

图 4–3　清代汾河上游行政区图

隐瞒作弊，意图“减除粮额者，一体处死”[①]。显然，这样异常严厉、残酷无情的法规，使隐匿人口和土地的情况不可能普遍发生。自 1391 年至 1472 年，本区四县全县人口每年递增 2.9‰。葛剑雄、曹树基在文献[②]中估计，从洪武二十六年（1393）到崇祯三年（1630）的 237 年间，山西人口可能以 4‰ ~ 5‰的速度增长，如本区也保持 4‰的增长速度，到崇祯初年人口可达到 37.5 余万人。而按 2.9‰速度增长，到明末（1644）计 253 年，本区人口也将达 30 余万人。

但是据明万历《山西通志·户口》的记载，山西嘉靖、万历年份的人口比洪武年份的人口不增反减，分别减少了 16.37% 和 16.84%，这显然不合常理。

有关本区各县明代实有耕地的资料，据《山西志辑要》所载洪武、永乐、成化三朝田地、税麦、粮粟米的分县数字，从 1391 年至 1472 年历经 81 年之久，田地不仅不增，反减少了 400 公顷。但同期本区人口增加了 26.18%。按一般规律，人口的增长将导致耕地的扩展，在偏僻山区尤其如此，因此，80 年耕地面积不变，很可能是新垦之地被隐瞒了。洪武二十六年全国税田 850.7 万顷，到弘治十五年（1502）下降到 422.8 万顷，减少了一半以上。[③]相比之下，本区田地的隐瞒现象还不是最严重的。综上所述，本节只讨论明成化以前的情况，而对明中叶以后的问题暂时搁置。

（二）清代人口和耕地的估算

乾隆时期的人口数据来源：阳曲、交城、岚县三县数据来自乾隆《太原府志·户口》，并根据文献[④]的研究，在阳曲人口中扣除 5 万人的城市人口。宁武县数据引自乾隆《宁武府志·田赋》。现存同治版《静乐县志·赋役志·田赋》仅有耕地而无户口记载，故按与该县相邻且条件相似的交城县自乾隆至光绪期间的人口增长率，推算该县乾隆时人口数。光绪时期的人口数据引自《山西通志》，并参考文献[⑤]的分析，在阳曲人口中减去非农业人口 8 万人。乾隆时期的耕地面积引自《山西志辑要》。光绪时期的耕地面积，在《山西通志》中虽有

① 《明会典·黄册》。
② 葛剑雄主编，曹树基著：《中国人口史·明时期》，复旦大学出版社 2001 年版。
③ 《明史·食货志》。
④ 葛剑雄主编，曹树基著：《中国人口史·清时期》。
⑤ 葛剑雄主编，侯杨万著：《中国人口史·1910—1953 年》。

详细记载，便与实际情况严重不符。

（1）据笔者统计，光绪十八年（1892）汾河上游五县全县人口比乾隆四十六年（1781）增长了38%，而耕地面积仅增长了0.29%，实际上等于说在100年间，这5个山区县停止了荒地的新垦。显然，这不合乎规律。

（2）光绪十八年耕地数据，据文献《山西通志·田赋》记载，称阳曲县“原额并额外共地”8 458.17顷，而同年阳曲县刊印的《图册》称：全县耕地158.37万亩，另山地7.92万垧，合计205.91万亩，折合12.651万公顷，是《山西通志》所载数字的2.433倍。阳曲此次清丈相当严格，《图册》公开发表，不允许翻印，农户要据以缴纳钱粮，核发地契，应该是可信的。阳曲全县人口增长了38%，而耕地竟与乾隆时完全相同，显然有极多的耕地被隐瞒。阳曲乃全省首县，尚且隐匿了58.9%，即一半以上，边远山区可能隐匿更多。

因此，光绪时期的耕地面积，除阳曲县引用《图册》数字不加改动外，其余宁武、静乐、交城、岚县四县，均按《山西通志》所载数字乘以修正系数2.433。可以认为，这样修正的结果不会偏大。

（三）民国时期人口和耕地的估算

各县人口数据引自文献。[①]静乐、娄烦二县耕地数分别引自新编的《静乐县志》和《娄烦县志》，岚县耕地数引自文献[②]，年份分别为民国三十六年（1947）和三十七年。为了推求本区在民国三十六年和三十七年间的耕地数，考虑到两个因素：(1）这里所指出的人均耕地因素，即在一定的生产方式条件下，要维持农业简单再生产，就必须使人均耕地达到某一阈值；(2）根据1996年人口普查和土地详查成果的显示，娄烦、静乐、岚县三县人均耕地的平均值与全区七县市人均耕地平均值相差5.59%，可由三个县人均耕地的平均值与全区七县市人均耕地的平均值推算民国末年全区耕地。

按照上述的方法估算，得到有关各县在历代各代表年份的人口和耕地面积。但因宁武、岚县、交城、阳曲等县的辖区中包括了若干在汾河上游流域以外的部分，故应用面积比的方法计算流域内的人口、耕地数。面积比系按前文

① 山西省史志研究院编：《山西通志·人口志》，中华书局1999年版。
② 山西省史志研究院编：《山西通志·土地志》，中华书局1998年版。

所述引用资料的文献记载，结合实地勘查，在 1 : 200 000 地形图上，以电脑计算求得，其成果见表 4–4。

表 4–4　600 年来汾河上游人口与耕地的发展

年代	人口（万人）	耕地（万公顷）	人均（公顷）	垦殖率（%）	备注
明（洪武）	6.693	4.151	0.620	5.37	1391 年
明（永乐）	6.661	4.245	0.637	5.49	1412 年
明（成化）	9.497	4.245	0.447	5.49	1472 年
清（乾隆）	21.599	7.481	0.346	9.68	1781 年
清（光绪）	32.724	17.250	0.527	22.32	1883—1892 年
民国	29.157	18.466	0.633	23.90	1945—1946 年
1983 年	49.86	20.360	0.408	26.35	农业人口
1996 年	54.63	22.07	0.404	28.56	农业人口

由表 4–4 可见，600 年来本区人口和耕地呈上升趋势，但人口增长超过了耕地增长，现代人均耕地比明初减少了 50% 以上。1996 年人口为明初的 8.16 倍，而耕地仅为 5.32 倍。因此，人均耕地面积减少 34.84%。而单产仍然不高，当年全流域平均亩产粮食 53.85 公斤，比汉代还减少 10% 以上。这就验证了上文所指出的规律：为维持人类简单再生产所需的农作物，在缺乏现代科学技术的条件下，唯一的途径就是开垦荒地。

四、耕地的扩展对土壤侵蚀量影响的评估

一般来讲，古代社会某一地区人口的增长必然带来耕地的扩展，这是因为维持人类简单再生产所需要的农作物，其单产的提高是极为缓慢的。邹逸麟综合各家研究成果后指出，汉代黄河中下游地区粟类亩产为 120 斤，明清时代略有增加，中上田可在 150 ~ 200 斤。数千年间，以粟为代表的旱地作物增产幅度并不大。① 而吴慧则认为，古代中国粮食亩产已高于现代 1978 年

① 邹逸麟主编：《中国历史人文地理》，科学出版社 2001 年版。

水平。[①]

再从需要的角度分析，据葛剑雄估计：西汉时人均年需粮食约 18 石(斛)[②]，而东汉末期仲长统说，"肥饶之率"是"亩收三斛"[③]，则每人平均至少应有 6 亩农田，合今制 4.147 亩。吴慧估计，中国古代维持生存的耕地面积底线是人均 4 亩，即 0.267 公顷（以播种面积计）。因此，如果人口大幅度增加，只有扩大山林边荒的耕地面积，才能保证人民的生存需要。这也正是历史时期中国各地耕地面积总体上保持增长趋势的根本原因。但耕地的扩大并非必然导致水土流失，就黄土高原而言，土壤侵蚀的绝大部分产生在沟壑和坡耕地上。吴慧曾指出，地面坡度小于 3° 的河谷川地和河滩地土壤侵蚀轻微，其后又将此值修正为小于 7°。[④] 换言之，如果耕地范围只限于地面坡度小于 7° 的河川地、河滩地，则面状侵蚀轻微，可略而不计。

文献曾指出：研究历史时期农耕活动对土壤侵蚀的影响，应从平川人类活动强度的变迁入手，因为一个农耕民族首先开发的是冲积平原与河谷川地。[⑤] 一般来讲，只有当地人口增加到某一临界值、平川土地资源已不敷需要时，才开始向坡地发展，本区情况也是如此。自古以来河谷平川即为农业精华所在。西汉汾阳县治在今静乐县城关，北魏郦道元写道："汉高帝十一年（公元前 196 年），封靳强为侯国，后立屯农，积粟在斯。"[⑥] 足见早在西汉之初，汾河干流静乐段和东碾河两岸已是粮食生产基地。此外，今娄烦县汾河水库库区在西汉时也属于汾阳县，估计其河滩地和一、二级阶地约有土地 20 平方公里以上，应也垦为农田。

本区土地利用及耕地地貌如表 4–5 所示，不同地形地貌土壤侵蚀量见表 4–6 及表 4–7。

---

① 吴慧：《中国历代粮食亩产研究》。

② 葛剑雄主编：《中国人口史 · 先秦至南北朝时期》，复旦大学出版社 2002 年版，第 372—373 页。

③ 《后汉书 · 仲长统传》。

④ 吴慧：《中国历代粮食亩产研究》。

⑤ 王尚义、任世芳：《唐至北宋黄河下游水患加剧的人文背景》，《地理研究》2004 年第 3 期。

⑥ 《水经注 · 汾水》。

表 4-5　汾河上游现有耕地分类状况（万公顷）

	合计	水田	水浇地	沟川地	平坡地	缓坡地	陡坡地	急坡地	其他
全流域	22.07	0.01	0.11	2.16	3.83	9.24	4.20	1.56	0.96
河川阶地	2.11	0.01	0.10	1.12	0.22	0.28	0.01	—	0.37
丘陵沟壑	11.77	—	0.01	0.63	2.40	6.06	1.93	0.29	0.45
土石山区	8.19	—	—	0.41	1.21	2.90	2.26	1.27	0.14

表 4-6　汾河上游土壤侵蚀量

项目	总计	河川阶地区	丘陵沟壑区	土石山区
侵蚀模数（吨 / 平方公里·年）	3 425	390	6 080	1 650
流域面积（平方公里）	7 727	464	3 228	4 035
占总面积（%）	100	6	41.8	52.2
侵蚀总量（万吨）	2 646	18	1 963	665
占总量（%）	100	0.68	74.12	25.2

表 4-7　河川阶地区土壤侵蚀量

分区	地貌	地面物质	侵蚀特征	侵蚀模数（吨 / 平方公里·年）
阶地	地面较平坦，有切沟	黄土	面蚀较轻，局部地区沟蚀较强烈	5 000 ~ 1 000
川地	较大河流的滩地、滩涂	次生黄土	局部地区为河岸淘刷之重力侵蚀	200 ~ 400

资料来源：山西省水利厅：《汾河上游水土保持规划报告（1998—2007）》，1997 年。

（一）平、缓坡耕地侵蚀模数的估算

根据表 4-5，本区水田、水浇地、沟川地等河川地合计 2.28 万公顷；平坡地、缓坡地合计 13.07 万公顷，两者总计 15.35 万公顷。再由表 4-7 可知：川地的侵蚀模数为 200 ~ 400 吨 / 平方公里·年。而由表 4-6 可见，河川阶地区中有河川地 1.23 万公顷，其侵蚀模数取下限 200 吨 / 平方公里·年，年侵蚀量为 2.46 万吨；其余为平坡地、缓坡地（5 000 公顷）及坡度为 25° 以上的陡坡地（仅 100 公顷），年侵蚀量是 15.54 万吨，平均侵蚀模数为 455.7 吨 / 平方公里・年。显然，平坡地、缓坡地的侵蚀模数小于等于 455.7 吨 / 平方公里・年。

（二）明代初、中叶耕地的侵蚀情况

由表 4–5 可见：明洪武、永乐、成化三朝本区耕地在 4.151 万 ~ 4.245 万公顷之间，因河川地有 2.28 万公顷之多，故多垦的 1.871 万 ~ 1.965 万公顷应大部分为平坡地。由此可估算出当时耕地的年土壤侵蚀量约为 13 万 ~ 13.5 万吨，仅占全区土壤侵蚀量的 0.5% 左右，可谓微乎其微。因此可以得出第一个结果：在明代以前，耕地的开垦不是本区土壤侵蚀的主要原因。

从保证人民对粮食的生活、生产需求方面分析，据《汾河上游水土保持规划报告（1998—2007)》调查数字，河川阶地区内沟坝地、河滩地、梯田、垣地、菜地、园地等平川耕地为 166.262 平方公里，平坡、缓坡耕地为 49.73 平方公里，平均侵蚀模数为 390 吨 / 平方公里・年，属于微弱侵蚀。[①] 坡耕地侵蚀模数大于平川耕地的侵蚀模数，因此平川耕地的侵蚀模数小于 390 吨 / 平方公里・年。另据《规划》调查统计，河川阶地区共有耕地 34.265 万亩，产粮 4 099.2 万公斤，亩产平均为 119.63 公斤。

目前本区农业人口人均拥有粮食 303 公斤，据此估计，中国古代人均至少需有粮食 300 公斤，即需要河川阶地区约 0.17 公顷的土地。按此推算，河川阶地区可供养人口为 13.41 万人。查表 4–4，明代成化八年（1472）本区人口约 9.5 万人，故土壤侵蚀的显现应在这一年以后。换言之，按照目前本区的农业生产水平，人口超过 13.41 万人，土壤侵蚀即将由微弱提升为轻度，农垦向丘陵沟壑区扩展。

（三）坡耕地开垦的起始年代

当耕地面积达到 15.35 万公顷时，河川地和平坡、缓坡地的侵蚀模数均取其上限，即 400 吨 / 平方公里・年和 455 吨 / 平方公里・年，合计侵蚀量为 64.39 万吨，占全区总侵蚀量的 2.43%。但按表 4–4 所示，清乾隆末期耕地才达 7.481 万公顷，光绪年间始达到 17.25 万公顷，故坡度为 25° 以上的陡坡、急坡

---

① 王万忠、焦菊英：《黄土高原侵蚀产沙强度的时空变化特征》，《地理学报》2002 年第 2 期。

地大量辟为耕地应在乾隆、光绪之间（可能在同治之初）。此时，土壤侵蚀比明代之前略有增加，但农垦仍然不是这一时段本区土壤侵蚀的主要原因。坡地开垦对土壤侵蚀产生显著影响，应该是在清乾隆、光绪以后。

（四）清末至现代耕地的侵蚀情况

清末至现代的 130 ~ 140 年间，坡度为 25° 以上的陡坡、急坡地相继被垦为耕地，总面积达 5.76 万公顷，在总耕地中只占 26%，但侵蚀模数平均高达 12 674 吨 / 平方公里 · 年，故使全部耕地上的侵蚀量达到 800 万吨，然而也只占全流域总侵蚀量的 30.20%。由此我们得到第三个结果：乾隆、光绪以后坡耕地被大量开垦，导致土壤侵蚀加剧，但就总量而言，较之非耕地上的自然侵蚀，农垦仍然只是造成本区土壤侵蚀的第二因素。

据调查和观测资料显示，侵蚀量最大的是覆盖度小于 30% 的荒草坡，它们主要分布在丘陵沟壑区的沟缘和沟坡，总面积 1 240 平方公里，占流域面积的 16.1%，而平均侵蚀模数为 1.5 万吨 / 平方公里 · 年，侵蚀量为 1 860 万吨，占流域总量的 68%，这才是造成本区土壤侵蚀的首位因素。据观测，黄土丘陵沟壑区的沟蚀占 80% 左右，即沟谷在暂时性水流作用下的丘陵沟壑区的沟蚀占 80% 左右。黄秉维院士、郑度院士等认为，沟蚀占总侵蚀量的 70% 以上。① 本区的观测结果与上述结论是一致的，即沟谷在暂时性水流作用下的侵蚀产沙过程——沟蚀，是黄土高原的主要产沙方式，而沟谷在流域侵蚀演化中起主要作用。②

第三节　汾河上游土地利用生态安全特征分析

土地利用是指土地的使用状况，是人类根据土地的自然特点，按照一定的

① 黄秉维、郑度、赵名茶：《现代自然地理》，科学出版社 1999 年版，第 327 页。

② 陈浩、王开章：《黄河中游小流域坡沟侵蚀关系研究》，《地理研究》1999 年第 4 期；陈永宗：《黄土高原沟道流域产沙过程的初步分析》，《地理研究》1983 年第 1 期。陈浩、Y. Tsui、蔡强国等：《沟道流域坡面与沟谷侵蚀演化关系——以晋西王家沟小流域为例》，《地理研究》2004 年第 3 期。

经济、社会目的，采取一系列生物、技术手段对土地进行长期或周期性的经营管理和治理改造活动。[①] 土地利用的生态安全问题越来越引起人们的高度重视。

一、研究背景

（一）研究意义

以汾河上游为例，对其10年来土地利用生态安全特征进行分析，来反映整个汾河上游地区土地利用生态安全特征[②]，从而预测本地区未来土地利用生态安全，为评估区域内生态环境变化提供依据，并寻求积极的人为干预措施。

汾河上游属于黄土高原最重要的生态功能保护区之一，具有相对独立的流域系统以及为特大城市太原市提供供水支援。单一的出水供水系统与完整的流域生态系统，使太原市的用水质量和生态环境始终与汾河上游的生态安全密切相关，本节通过对汾河上游的土地利用现状与趋势的研究，反映出本地土地利用现状，为研究当地的土地利用生态安全和区域经济、社会、环境的可持续发展提供理论基础和科学依据。[③]

（二）研究区概况

汾河是黄河的第二大支流，也是山西省最大的河流，汾河发源于宁武县东寨镇管涔山，海拔高程为1 670米，流向自北向南，其流域地处山西省的中部和西南部，整个流域面积占全省面积的25.3%。太原兰村以上为上游区，位于北纬37° 40′～39° 00′，东经111° 20′～113° 09′，此间河道长217.3公里，流域面积为7 705平方公里。此段为山区性河流，其中汾河源头至汾河水库库尾主要为土石山区和黄土丘陵区；汾河水库至汾河二库库尾流经峡谷，沿河两岸岩石裸露。研究区包括宁武县、静乐县、岚县、太原市、阳曲县、古交市。研究区境内四周高山环境，与邻近区域构成天然分界。本区属温带大陆性季风气候，干旱少雨，日照充足，湿热同季，四季分明。其中只有汾河上游的所有县域面积都包括在流域范围内。

---

① 史培军等著：《土地利用／覆盖变化研究的方法与实践》，科学出版社2000年版。

② 史培军等著：《土地利用／覆盖变化与生态安全响应机制》，科学出版社2004年版。

③ 任志远：《土地利用变化与生态安全评价》，科学出版社2003年版。

（三）数据资料

（1）1994 年、2004 年的 TM 图像，拍摄时间分别是 1994 年 7 月 9 日、2004 年 8 月 28 日。

（2）汾河上游 1 : 50 000 地形图。

（3）汾河上游 1 : 250 000 政区图。

（4）1999 年编制汾河上游 1 : 50 000 土地利用现状图。

（5）汾河上游 1994—2004 年统计年鉴。

（6）野外调查资料。

二、研究内容

（一）分类体系

本节结合本地实际情况将土地分为耕地、林地、草地、水域、城镇建设用地、未利用地 6 个一级类型。再将一级分类进一步分为 13 个二级类型，包括旱地、水田；针叶林地、阔叶林地、灌木林地；草地；城镇用地、交通用地；湖泊、河流；裸地、河道、裸岩石砾地。分类如表 4-8 所示。

表 4-8　汾河上游土地利用分类系统

一级类型	二级类型
1 耕地：指种植农作物的土地，包括熟耕地、新开荒地、耕种三年以上的滩地和海涂	11 水田 12 旱地
2 林地：指生长乔木、灌木地；以种植农作物为主的农果、农桑、农林等林业用地	21 针叶林地 22 阔叶林地 22 灌木林地
3 草地：指以生长草本植物为主、覆盖度在 5% 以上的各类草地，包括以牧为主的灌丛草地和郁闭度在 10% 以下的疏林草地	31 高覆盖度草地 32 中覆盖度草地 33 低覆盖度草地
4 水域：指天然陆地水域和水利设施用地	41 河流 42 湖泊、水库
5 城镇建设用地：指城镇居民点及其以外的工矿、交通等用地	51 城镇用地、农村居民点用地、工矿建设用地 52 交通用地
6 未利用地：目前还未利用的土地，包括难利用的土地	61 裸地 62 裸岩石砾地 63 河道

（二）研究区的提取

扫描输入 1∶250 000 汾河上游政区图，在政区图上选取控制点，在影像上选取参考点，将政区图校正到原始影像图的畸变空间，共取了 25 个控制点，配准后政区图各要素与原始影像完全重合。然后在政区图上用 Erdas 中的 AOI（Area of Interest）工具绘出汾河上游边界多边形，将此多边形对影像切割，提取出分类所用的研究区域影像。

（三）分类后处理

将最终分类后“.img”文件在 Clump 模块中进行聚类统计，然后在 Eliminate 模块中将小于 8 × 8 像元的斑块合并到相邻较大的斑块中。参考汾河上游 1999 年 1∶50 000 土地利用现状图，用 Fill Area 工具对文件中的判读错误区域进行纠正。在 Recode 模块下，对分类图进行合并操作，得到 1994 年、2004 年汾河上游土地利用 / 覆被图（见图 4–4）。

三、汾河上游土地利用研究分析

（一）土地利用程度

1. 土地利用程度静态指数

刘纪远等从生态学的角度出发，提出了土地利用程度的综合分析方法，将土地利用程度按土地自然综合体在社会因素影响下的自然平衡状态分为 4 级（见表 4–9），并赋予分级指数，可以得到土地利用程度的定量化表达式：

表 4–9　土地资源利用类型分级表

土地利用分级类型	土地利用类型	分级指数
未利用土地级	未利用地或难利用地	1
林草水用地级	林地、草地、水地	2
农业用地级	耕地、园地、人工草地	3
城镇聚落用地级	城镇、居民点、工矿用地、交通用地	4

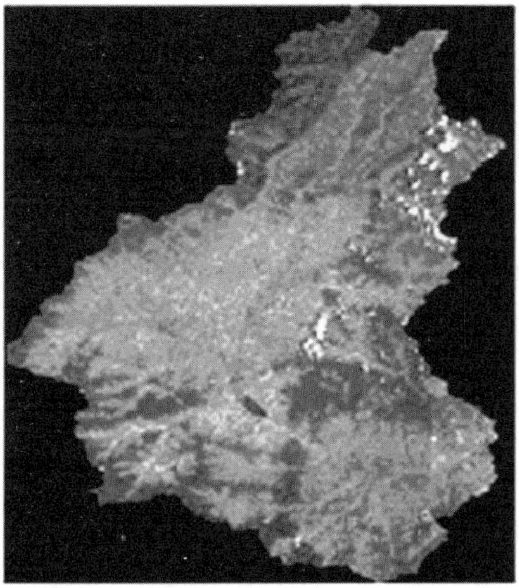

1994 年 Landsat 卫星图

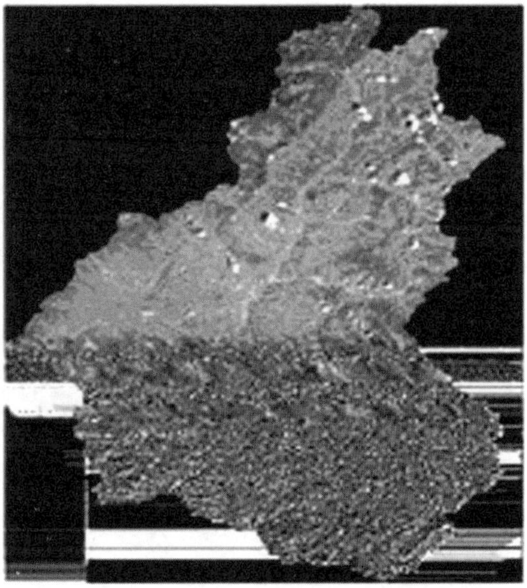

2004 年 Landsat 卫星图

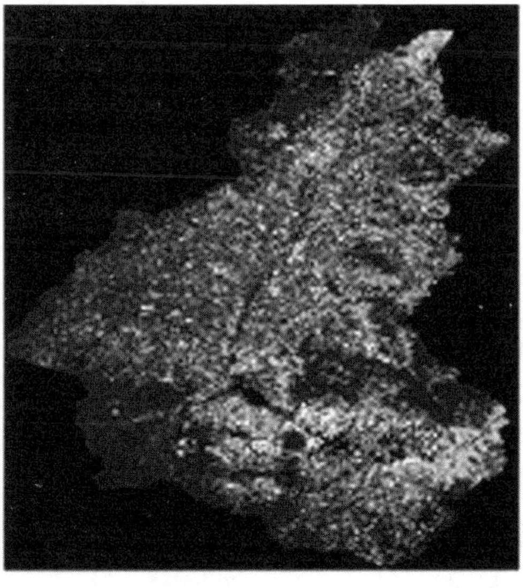

1994 年土地利用现状图

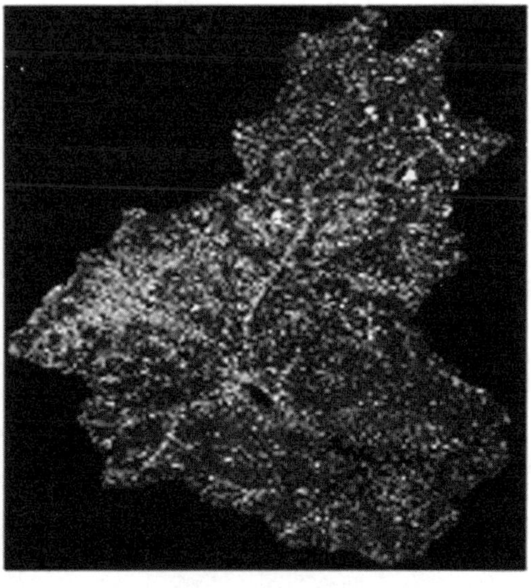

2004 年土地利用现状图

图 4-4　1994 年、2004 年汾河上游土地利用 / 覆被图

$$I = 100\sum_{i=1}^{4} A_i P_i \qquad (1)$$

该式中，I 是土地利用程度综合指数，A_i 为第 i 级土地利用程度分级指数，P_i 为第 i 级土地面积比重。

2. 土地利用程度动态变化指数

一个地区的土地利用程度变化是多种土地利用类型变化的综合结果，土地利用程度及其变化可定量地表达该土地利用的综合水平和变化趋势。[①] 土地利用程度变化值可表达为：

$$\Delta I_{b-a} = I_b - I_a = \{[\sum_{i=1}^{n} A_i \times C_{ib}] - [\sum_{i=1}^{n} A_i \times C_{ia}]\} \times 100\%，I \in [100，400] \qquad (2)$$

该式中 I_a 与 I_b 分别为 b 时间和 a 时间的研究区域的土地利用程度综合指数，A_i 为第 i 级土地利用程度分级指数，C_{ib}、C_{ia} 分别为时间 b 和时间 a 第 i 级土地的利用程度比。如果△ I_{b-a} 为正值，则该区域土地利用处于发展期，否则处于衰退期。

（二）土地利用变化动态指数

区域土地利用的面积变化，可以通过土地利用总面积的变化幅度、单一土地利用类型的动态变化反映出来，面积变化首先反映在不同土地利用类型的总量变化上，通过分析类型总量变化可以了解土地利用总的态势和土地利用结构的变化。面积变化还包括不同类型间的相互转化过程，用土地利用转移矩阵能有效地描述这些变化。

1. 土地利用变化幅度

$$K = [S_{(i,\ t_1)} - S_{(i,\ t_2)}] / S_{(i,\ t_1)} \times 100\% \qquad (3)$$

该式中 $S_{(i,\ t_1)}$ 与 $S_{(i,\ t_2)}$ 表示研究初期 t_1 和末期 t_2 某一土地利用类型 i 的面积。

2. 土地及利用 / 土地生态安全速度计算

单一土地利用 / 土地覆被类型动态模型：

---

① 李英明、潘军峰：《山西河流》，科学出版社 2004 年版。

$$V_{out}=\frac{V_{out}}{S_{(i,\ t_1)}}\times\frac{1}{t_2-t_1}\times 100\% \qquad (4)$$

$$V_{in}=\frac{\Delta_{in}}{S_{(i,\ t_1)}}\times\frac{1}{t_2-t_1}\times 100\% \qquad (5)$$

该两式中 V_{out} 与 V_{in} 分别代表第 i 级土地利用类型在 t_1 至 t_2 过程中的转出和转入速度。

为了比较土地利用类型 i 的转出和转入速度，反映土地利用与土地利用类型变化的趋势和状态，引入状态指数 D_i：

$$D_i=\frac{V_{out}+V_{in}}{V_{in}-V_{out}}，其中\ (-1\leqslant D_i\leqslant 1) \qquad (6)$$

D_i 的大小代表从研究初期 t_1 到研究末期 t_2 土地利用类型转入、转出速度的关系，如表 4-10 所示。

表 4-10　状态指数含义趋势对照表

D_i 的范围	含义	趋势
$0\leqslant D_i\leqslant 1$	转入速度大于转出速度	规模增大的趋势
D_i 接近 1	转入速度远大于转出速度	面积大量增大
D_i 接近 0	转入速度略大于转出速度，都很小 转入速度略大于转出速度，都很大	土地类型不明显增大，平衡状态 双向高速转换下的平衡状态
$-1\leqslant D_i\leqslant 0$	转入速度小于转出速度	规模减小的趋势
D_i 接近 0	转入速度略小于转出速度，都很小 转入速度略小于转出速度，都很大	土地类型不明显减小，平衡状态 双向高速转换下的平衡状态
D_i 接近 -1	转入速度远小于转出速度	面积大量减小

四、土地利用生态安全分析

（一）汾河上游土地利用程度分析

分别将两个时期的数据代入公式（1）和（2）计算得到 1994 年、2004 年土地利用程度指数分别为：$I_{1994}=247.73$，$I_{2004}=244.68$，$\triangle I=-3.05$。

土地利用程度按土地自然综合体在社会因素影响下的自然平衡状态分为 4 级，从 1 级到 4 级受人类影响程度依次升高。由上述数据可以看出，研究区

1994 年到 2004 年间土地利用指数减小了 3.05，土地利用程度变化不明显，土地利用程度稳定。以上数据可以有两种解释：

其一，说明在本研究进行的 10 年间，汾河上游政府及居民对本地土地的开发利用力度变化不明显，从本地经济发展投资上看，这种解释是站不住脚的。

其二，从实际数据上看，本地（1）未利用土地级（未利用地或难利用地）增加了 1.4%；(2）林草水用地级（林地、草地、水地）增加 3.74 %；(3）农业用地级（耕地、园地、人工草地）减少 8.63%；(4）城镇聚落用地级（城镇、居民点、工矿用地、交通用地）增加 3.49%。

在这 10 年中本地 3、4 级受人类影响明显的土地利用类型中不同类型的面积百分比变化都很明显。农业用地级减少严重，而与此同时，林草水用地级、城镇聚落用地级则有明显的增加，所以从数值上看，本地的土地利用程度并没有大的增减。这说明，汾河上游整体土地利用程度保持稳定，略有降低，其原因是汾河上游在经济发展、提高城镇化建设水平的同时，加大了对林地、草地等自然资源的保护和植树种草的力度。

（二）汾河上游土地利用变化动态分析

汾河上游 1994—2004 年的土地利用面积变化幅度，如表 4-11 所示。

表 4-11　1994—2004 年单一土地利用类型的动态变化指标

	耕地	草地	林地	水域	城镇建设用地	未利用地
转出面积$\triangle_{out}$（平方公里）	187.613	127.748	69.221	4.598	5.177	17.802
转入面积$\triangle_{in}$（平方公里）	76.315	143.711	104.163	1.876	50.233	35.861
转出速度 V_{out}（%）	3.20	3.24	2.82	2.64	2.15	8.93
转入速度 V_{in}（%）	1.30	3.64	4.24	1.08	20.88	17.99
状态指数 D_i	−0.42	0.06	0.20	−0.42	0.81	0.34

在 1994—2004 年的 10 年中，研究区土地利用类型在总的结构没有发生巨大变化的前提下，各类型的面积组合发生了明显的变化。其中，有两种土地类型的面积减少，分别为耕地、水域，其中耕地减少面积最大；相应地，其

余的四种土地利用类型则有所增长，分别为草地、林地、城镇建设用地、未利用地，而城镇建设用地面积增长最多，耕地、草地、林地的组合从 1994 年的 2.4 : 1.6 : 1 变为 2004 年的 1.7 : 1.5 : 1，耕地的减少改变了本区优势土地利用类型的布局状况，使草地、林地的面积比有了明显的提高。

从表 4-11 我们可以看出，在研究期内转出面积的顺序依次为耕地、草地、林地、未利用地、城镇建设用地、水域，而转出速度最高的是未利用地，其后依次为草地、耕地、林地、水域，城镇建设用地转出最慢；相应地，转入面积从大到小依次为草地、林地、耕地、城镇建设用地、未利用地、水域，而转入速度最高为城镇建设用地，以后按顺序为未利用地、林地、草地、耕地，水域转入最慢。

研究区土地利用变化趋势分析：

由于各土地类型所占总体份额不同，所以不能简单地从各土地类型的转出（入）面积及转出（入）速度的表现来解释研究区不同土地类型在 1994—2004 年的变化情况。因此引入了状态指数这个概念，它消除了因不同土地利用类型所占比重不同而带来的影响。

从区内各土地利用类型面积变化状态指数的计算结果可以看出：[①]

（1）耕地、草地、林地、水域、城镇建设用地、未利用地的状态指数 D_i 分别为：−0.42，0.06，0.20，−0.42，0.81，0.34。

（2）水域、耕地的状态指数 D_i 都为 −0.42，接近 −0.5，其转入速度小于转出速度，处于不平衡状态，在以后的时间里两种土地利用类型的面积还会有继续减少的趋势，但不会十分剧烈。由于本区内水体的主要构成类型为河渠和水库，其中水库的蓄水面积占到水域面积的绝大部分，所以水域的变化趋势受到年降水量及水库蓄、放水制度等的影响，偶然因素比较大，因而水域的具体变化趋势不稳定。因此，水域在未来时间里的变化趋势无法预测。水域面积的增减可受人为控制而维持在一定的范围内；就耕地的面积而言，表现为持续减少，而在减少的数量和速度上也表现得比较稳定。

---

① 翟光珠主编：《汾河水库志》，山西人民出版社 1991 年版；史培军：《深圳市土地利用变化机制分析》，《地理学报》2000 年第 2 期；于兴修、杨桂山、王瑶：《土地利用 / 覆被变化的环境效应研究进展与动向》，《地理科学》2004 年第 5 期；朱晓华、蔡运龙：《中国土地利用空间分形结构及其机制》，《地理科学》2005 第 1 期；蒙吉军、李正国：《河西走廊张掖绿洲 LUCC 的驱动力分析》，《地理科学》2003 年第 4 期。

（3）草地的 D_i 为 0.06，在数值上非常接近平衡值 0，所以草地的面积在未来的时间里表现为数值上的相对稳定，即草地面积不会有特别强烈的增加或减少。其转出速度、转入速度分别为 3.24%和 3.64%，数值都比较小，所以其平衡的状态将持续比较长的时间。

（4）林地和未利用地的状态指数 D_i 分别为 0.20 和 0.34，都处在 0～0.5 的范围内。在未来的时间内林地和未利用地的面积都会维持在一定的数值上，而略有增加，增加幅度比较小，但其中又有差异：a. 林地的转出、转入速度分别为 2.82%、4.24%，数值很小，所以其趋势更稳定地表现为缓慢增长；b. 未利用地的转出、转入速度分别为 8.93%、17.99%，其排位分别为转出速度的第一名和转入速度的第二名。虽然状态指数的数值处在平衡区，但这种趋势表现出较大的不稳定性，容易受到外界的影响而产生大的波动，偏离相对的平衡状态。

（5）城镇建设用地的状态指数 D_i 为 0.81，最接近极值 1，其面积规模为增大的趋势。它的转出速度为最小 2.15%，而转入速度却是最大的 20.88%，极为不平衡。所以研究区城镇建设用地将会稳定地增长。

（三）汾河上游土地利用生态安全驱动因子分析

土地利用生态安全过程中蕴含了大量人类活动的信息，对于揭示区域人地关系演变规律具有重要意义。1994—2004 年，汾河上游土地利用发生了明显的变化，主要表现为研究区土地利用类型在总的结构没有发生巨大变化的前提下，各类型的面积组合发生了明显的变化。其中，有两种土地类型的面积减少，分别为耕地、水域，而耕地减少面积最大；相应地，其余的四种土地利用类型则有所增长，分别为草地、林地、城镇建设用地、未利用地，而城镇建设用地面积增长最多。在海拔较低的易于开发建设、农耕生产的区域土地利用程度增大。在 4～7 高度带上 $\triangle_I$ 值在负方向上递增，在 8～12 带上土地利用程度又随海拔的升高而增大。城镇建设用地、未利用地、水域的变化主要集中在海拔较低的更适宜人类居住和活动的区域；而耕地、林地、草地的变化则主要分布在海拔较高的区域。耕地在不同的坡地上的面积均在减少，而且在坡度为 21°～25° 的区间达到最大值；本地林地在各坡度上的增长远大于草地等其他地类；在坡度比较大的 31°～35° 范围内，有城镇建设用地增加。

土地利用生态安全及其驱动力研究正日益成为最活跃的研究领域之一。土地利用生态安全驱动因素应包括自然因素和经济社会因素。众多研究发现，在短周期中自然驱动因素对土地利用生态安全的影响不大，因此本节重点对经济社会因素进行讨论。经济社会因子包括人口、收入、技术、政治经济状况和文化等（见表 4-12）。

表 4-12　汾河上游 1994—2002 年主要社会经济因素表

指标	1994 年	1995 年	1996 年	1997 年	1998 年	1999 年	2000 年	2001 年	2002 年
总人口（万人）	85.69	86.89	87.94	89.32	90.15	90.71	93.57	93.68	95.1
劳动力（万人）	28.69	29.2	29.28	30.42	30.58	29.22	29.45	29.89	29.448
耕地面积（公顷）	159.32	158.21	157.35	239.29	237.66	237.83	200.239	200.719	191.856
有效灌溉面积（公顷）	9.6	9.86	9.85	8.29	8.57	8.42	7.999	7.424	6.918
农作物总播种面积(公顷)	157.86	156.95	158.57	156.63	157.67	154.91	155.47	131.33	140.88
粮食播种面积（公顷）	130.21	129.65	132.32	131.91	131.16	128.36	125.03	105.03	103.99
总产量（吨）	236 145	148 054	251 707	197 475	254 246	71 509	182 809	47 711	162 479
农业总产值（万元）	39 762	34 919	44 275	43 702	49 471	36 268	46 828	36 999	54 011

（四）人口因子

在土地利用生态安全的诸多驱动力因子中，人类活动的驱动力日益突出，特别是人口密度的变化与土地利用的变化有着较大的相关性。

1994—2002 年，汾河上游人口总数从 85.69 万人增加到 95.1 万人，城镇人口增长 11%；农业总产值从 39 762 万元增加到 54 011 万元，增加了 36%。人是生产者，同时也是消费者，占有一定的生存空间。人口的增多，增加了对土地的压力，而且人口生活质量的提高必然导致土地输出压力加大。以上数据显示：在 1994 年到 2002 年间，不仅人口的数量增加，而且本县居民的生活也有了明显的改善，主要表现在本地居民人均纯收入、人均存款余额的大幅增长。此外本区的总人口有所增加，这些增长的人口及形成的新家庭，尤其是城镇人口的增加，使研究区规划更多的土地解决新增家庭的住房问题；另一方面随着居民人均收入及存款的增加，居民对生活改善的需求也日益加大。这些都促使研究区土地向城镇建设用地大量转移。

（五）经济发展因子

与此同时，随着改革开放的进一步深入，汾河上游农业经济情况如图 4-5 所示。图中选取了农作物总播种面积、粮食总产量、农业总产值三个指标，将各指标标准化后绘成图 4-5，1994 年到 2002 年这一时段中在 2001 年跌入低谷。总体来说，汾河上游农作物总播种面积和粮食总产量在一定的水平上有所减少，而其在农作物总播种面积和粮食总产量有较大减少的情况下，农业总产值则有较大的增长。这有赖于当地的农作物单产的提高和粮食价格的提高，充分体现了政府对农业的扶持。

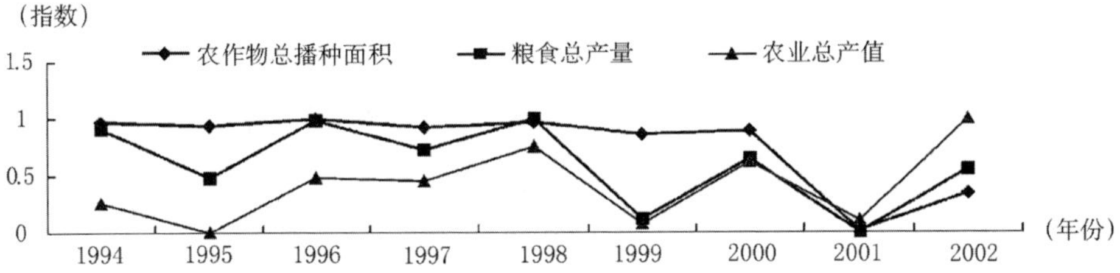

图 4-5　1994—2002 年汾河上游农业经济指数

第五章　历史流域学视野下的沙漠化问题

黄河流域的问题有着不同于其他流域的特征——黄土。

黄土高原上的流域上游及两侧山地多为黄土覆盖，易于冲刷，加之降水集中，且多以暴雨形式出现，较易形成严重的水土流失。历史时期，随着流域人口的增加，陡坡开荒和顺坡耕作严重，加之林木业、工矿业的发展，造成严重的水土流失。现代科学研究证明，黄土只有经过灌溉才能成为沃土，灌溉对于黄土高原农业生产具有不同一般的意义。

本章选取农牧交错地带对晋西北影响最为显著的毛乌素沙地、鄂尔多斯高原等生态脆弱地区为研究区域，以历史时期上述区域民族构成的变化、农牧业生产方式的交替、重大军事活动等与生态变迁之关系为研究视角，论证人类活动强度与生态脆弱区承载力之间的适应性，为国家治理黄土高原、再造秀美山川的宏伟目标，提供历史镜鉴。

第一节 无定河上游统万城的兴废与毛乌素沙漠之变迁

统万城历来是毛乌素沙漠变迁问题的一个焦点。不少学者认为，十六国时夏国赫连勃勃既然将都城建在今陕西靖边县的白城子，则表明当时统万城的自然环境是山清水秀，进而推论出整个毛乌素地区的环境优美。随着对毛乌素问题研究的深入，笔者就此提出一些看法，以请教于方家。

一、赫连勃勃选择白城子建都，首先取决于他的军事目的

（一）西弃高平，东移政治中心，有利于东击北魏，南取关中

赫连勃勃系匈奴的后裔，其先世一直称雄于鄂尔多斯高原，他是刘卫辰的第三子，早年归附后秦姚兴，为骁骑将军、车都尉、安北将军，被封五原公，协助莫奕于镇守高平（今宁夏固原）。407 年，赫连勃勃杀莫奕于，自称天王、大单于。赫连勃勃称王之后，他的部下建议：“高平险固，山川沃饶，可以都也。”[①] 应该说赫连勃勃当时选高平为都是更有条件的：其一是高平为西汉置县，汉时其城险固，号称“第一城”，其自然环境与经济基础优于统万城。其二是赫连勃勃镇守固原时已有相当强的军事力量，据史籍载，他有其父刘卫辰部众 3 万人，还有截留河西鲜卑首领杜岭献于后秦的 8 000 匹马，这是他自称大单于的军事保证。那么，为什么他会放弃条件较好的发迹之地，而要选一个毫无基础的地方另外新建都城呢？是被统万城周围环境“背名山而面洪流”所吸引，还是富饶之乡足以供养一国之都呢？

赫连勃勃选择统万城作为夏国首都，首先取决于他的军事目的。赫连勃勃自立为天王之时，他面对的劲敌是先于他在平城（今山西大同）建都的北魏。当时北魏已基本上统一北方各部，拥有东至渤海、南达豫鲁、北及大漠的大片领土，与赫连勃勃所建立的夏国仅有一河之隔。此外，还有盘踞古都长安及关中盆地的后秦。高平城虽然险固，但赫连勃勃要想建国称帝，扩张自己的一块版图，偏居高平一隅，一定是难以立足的。从赫连勃勃本人讲，

① 《晋书·赫连勃勃载记》。

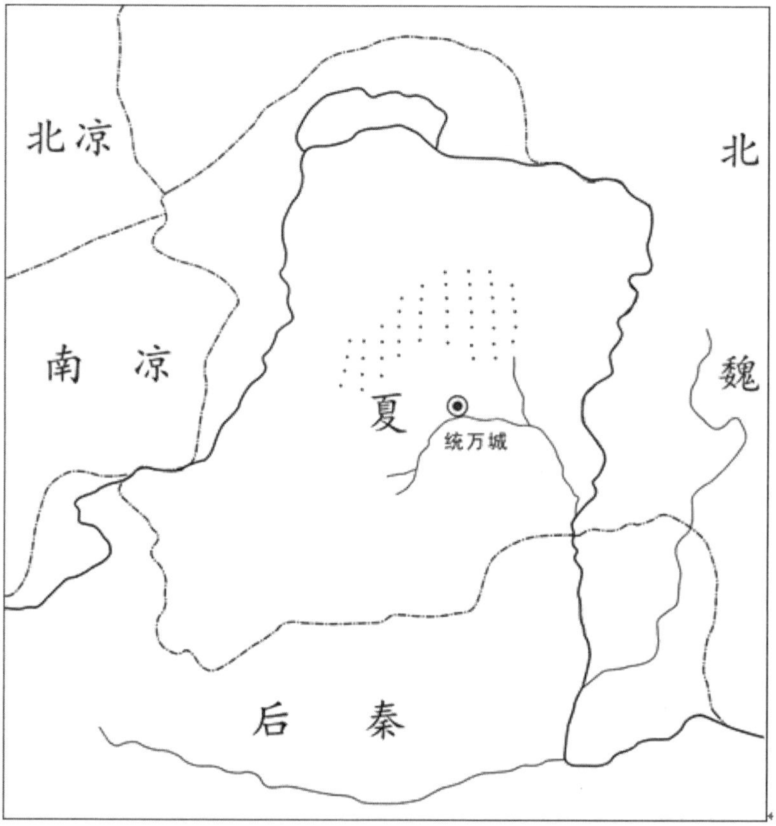

图 5-1　统万城与毛乌素沙漠及周边地区示意图

他不仅作战勇敢，雄略过人，而且很有政治理想，在他为人部下时就不甘屈服，他要出人头地，统一万邦，做九五之尊。在其部下劝他以高平为都时，他拒绝了，并说："吾大业草创，众旅未多，姚兴亦一时之雄，关中未可图也。且其诸镇用命，我若专固一城，彼必并力于我，众非其敌，亡可立待。"[1]这充分反映出赫连勃勃有较高的战略家眼光和统一万邦的政治抱负。他选择鄂尔多斯高原的南缘作为军政大本营，即可接纳和利用靠近沿边的中原民族已发展起来的较为富足的经济条件，在能站稳脚跟后南下进攻关中的后秦，形成与河东北魏相抗衡的局势；同时，作为匈奴后裔，在其羽毛未丰之时不

① 《晋书·赫连勃勃载记》。

敢一下子向内地深入得过多，万一战争失利，退亦可守。

因此，赫连勃勃在发迹的初期，鄂尔多斯高原的南部是最佳选择之地。他毕竟是一个北方匈奴民族的代表人物，他的政治与军事的支撑力还不能与同时期的其他邦国相匹敌，他有统一天下的政治欲望，但他一离开其发迹之地，就唯恐后院起火。417 年，赫连勃勃攻下咸阳，年底顺利入据长安。418 年春，赫连勃勃登坛霸上，即位皇帝，标志着大夏的国力达到极点，其版图“南阻秦岭，东戍蒲津，西收秦陇，北薄于河”①。这时群臣劝赫连勃勃都长安，赫连勃勃说：“朕岂不知长安累帝旧都，有山河四塞之固！但荆吴僻远，势不能为人之患，东魏与我同壤境，去北京（统万城）裁数百余里，若都长安，北京（统万城）恐有不守之忧。朕在统万，彼终不敢济河。”② 可见，赫连勃勃虽称帝于长安，但他无心在长安久驻，是年十一月便北还故都统万城。

（二） 统万城的地形和城体，是一个典型的军事城堡

统万城位于陕北靖边县北境纳林河南，无定河北岸的塬台高地上，这里河流东南环绕，地势高亢，易守难攻，运送便捷，利于驻扎。《晋书・赫连勃勃载记》：“乃远惟周文，启经始之基，近详山川，究形胜之地，遂营起都城，开建京邑。背名山而面洪流，左河津而右重塞，高隅隐日，崇墉际云。石郭天池，周绵千里。其为独守之形，险绝之状，固已远迈于咸阳，超美于周洛。”这一记载对统万城来讲可能有夸大之词，它坐落的山体并不险峻，也未能隐日入云，但如站在统万城旧址四处眺望，确实视野开阔，周绵千里，尤其向南望去，重山迭起，好像有古都长安尽收眼底之感，城的东、南、西三面都以天然石崖为郭，城郭下红柳河由西南向东北流，实为独守之形，险绝之状。

从统万城本身来讲，统万城分为外城郭、东城和西城。东城周长 2 566 米，西城周长 2 470 米，西城基厚约 16 米，东城基厚约 10 米，城的四隅都有高出城外的平面方形墩台，高达 31.62 米。城内各种建筑布局均为皇城、宫殿格局，容括了赫连勃勃强烈的帝王思想和统一天下、君临万邦之涵。尤其是夯筑城墙的质量，就是现在拿一块夯土摔在地上，也难以碎之，难怪有“蒸土筑城，锥

① 《读史方舆纪要・历代州域形势》。
② 《晋书・赫连勃勃载记》。

入一寸，即杀作者而并筑之”[1] 的记载。因此，与其说统万城是赫连勃勃的政治都城，不如说是赫连勃勃的军事堡垒与据点。在短兵相接的古代，它如此高大宽厚且坚硬固实，确实是难以逾越与攻破的军事屏障。

二、建城时虽已有沙，但不失立城环境与经济条件

赫连勃勃虽然将军事目的作为自己建立统万城的决定因素，但其周围的立城环境与经济条件也是必不可少的重要原因。他既不会把都城建立在流沙荒漠之中，也不会让10万之众的生活供给全依赖远处及内地运送，因此要据实分析和估计当时的环境和自然承载力。

那么，究竟统万城在修建前是否有流沙？笔者于2000年5月在统万城的考察中发现西城宫殿遗址台阶下铺垫着一层很厚的木炭屑和草木灰，并直接落在细砂之上。根据陕西榆林地区文管会调查：在统万城东垣及城南3里无定河南岸同时发现有两个南北排列的圆形夯筑土丘，其下均为细砂。另在统万城城墙下的钻探发现表明，在距地面13米下的城墙也是直接坐落在古风成沙之上。与此同一时期的地理学家郦道元在《水经注·河水三》中也提到这一带有沙和沙丘：“（奢延水）西出奢延县西南赤沙阜……又东北，与温泉合，源西北出沙溪，而东南流，注奢延水。奢延水又东，黑水入焉。水出奢延县黑涧，东南历沙陵，注奢延水。”“（诸次水）缘历沙陵，届龟兹县西北。”奢延水即今无定河，这些“沙陵”“赤沙阜”均在统万城附近，可见统万城城垣的沙层并非远处而来，而是就近的产物。当然，沙陵与沙阜的面积和多少，还不足以影响到赫连勃勃在此地建都的决策。统万城的北面是契吴山，赫连勃勃“尝游此，叹曰：‘美哉！斯阜，临广泽而带清流。吾行地多矣，自马岭以南，大河以北，未有若斯之壮丽者！’”[2] 这显然是对当时统万城附近自然环境的赞美。可见当时统万城附近既有“沙陵”“沙阜”，同时又有“绿洲”“清流”，其环境是沙草并存。

从统万城建都开始，就有10万之众，其经济与生活供给由何而来？笔者

① 《晋书·赫连勃勃载记》。

② 《读史方舆纪要·陕西十》。

认为主要来自三个方面：首先是种植供给。统万城紧靠红柳河畔，红柳河河床宽广，耕地平坦，树木茂盛。我们在考察中看到有不少地方种有水稻，在统万城附近一两里处至今还有农田。在统万城的发掘过程中，在1号马面下的方形竖坑内有大量高粱米储存。可见，在统万城附近有农业生产和种植业。其次是牛羊供给。夏国是匈奴的一部分，其生活方式以畜牧、食羊牛为主。鄂尔多斯高原是天然的牧场，赫连勃勃数十万之众驻留于此，自然要以牛羊作为他的主要生活资料。再次是掠夺性供给。赫连勃勃从立国到衰败，战争连绵不断，经掠夺获得马匹数十万匹，牛羊无数。因此，赫连勃勃在建城时其周边环境虽是沙草并存，但还是有其立城环境与经济条件的。

三、对毛乌素地区自然环境的探析

（一）湖泊湮塞与环境变迁

湖泊众多是毛乌素沙漠的自然景观，直至今日毛乌素沙漠各种湖泊、内陆海子计有200多个。[①] 有的湖泊已淤塞干涸，有的萎缩分割。有关资料表明，毛乌素沙漠的成因及变迁与干涸后的湖面沉积沙有直接的关系。

统万城遗址西邻的城川地区是古湖泊较为集中的区域，在沙那淖尔南北两侧均发现有一道东西向的古沙堤，沙堤宽3～5米，高2～3米，长6～7米。在黑圪塔东南坡上有高出草滩6米的湖相沉积物。根据朱士光先生的计算，两条古湖滨沙所包围的面积可达100平方公里。[②] 这些资料表明在先秦以前城川地区存在一个巨大的湖泊，西汉时期已逐渐萎缩，郦道元游历后笔记记载为奢延泽，隋唐时期名为长泽，近现代又分割成沙那淖尔湖群。

城川古湖湮塞的例证说明，毛乌素地区的古湖是由大到小、由多到少而逐渐湮塞为湖相沉积沙的，在今天尚有200多个湖泊。而面积仅有4万平方公里的毛乌素沙漠，若这些湖泊在同一个气候背景和人文条件下，也将会按同一个模式演化。这不能不说是毛乌素沙漠变迁的重要原因之一。

---

① 朱灵益、宝音主编：《毛乌素沙地乔灌木立地质量评价》，中国林业出版社1993年版。

② 朱士光：《内蒙古城川地区湖泊的古今变迁及其与农垦之关系》，见《黄土高原地区环境变迁及其治理》，黄河水利出版社1999年版，第4页。

（二）农牧业活动与环境变迁

农牧业活动对自然环境有影响，这是毋庸置疑的。但是，具体到某一时期的农牧业情况，则需进行全面考察。统万城的建立只能说明统万城附近的立城环境与经济条件。笔者认为，对毛乌素地区整体环境有重要影响的，还是该区农牧业的规模及其与土地承载量的相适性。在赫连勃勃统治时期，毛乌素地区的农业生产有一定的规模，主要集中在南部的河谷地带和阶地、滩地上，作物类型主要以秋粮为主。统万城遗址发掘有大量高粱米的储存便可说明这一点。我们在毛乌素沙漠考察时观察到在同一区域，条件反差极大，即在梁、峁、塬上是固定与半固定的流沙，其植被条件较差，灌木草丛较为稀少。就是沙性植物，也难以茂郁。相反，在阶地、河谷地带是水浇地和稻田，柳树、杨树高大粗壮，且成材林很多，有些成片的柳树林，树茎直径达67厘米之多。据当地老乡介绍，这些树木在他们记事以来就是如此粗壮。赫连勃勃当时所统属的版图并不很大，东至黄河、南达秦川以北，西统高平及清水河，北越河套以南。在这一版图内的产粮区主要是河套、银川平原，陕北黄土高原以旱作农业为主。然而赫连勃勃在短短的5年要建成规模浩大的统万城，一定会在其统辖之内，尽其国力用其农事。有如史载："于是延王尔之奇工，命班输之妙匠，搜文梓于邓林，采绣石于恒岳。九域贡以金银，八方献其瑰宝。"① 赫连勃勃一心想以鄂尔多斯高原作为大本营，从陇东迁民于毛乌素沙漠的北部。史载："勃勃又攻兴将姚寿都于清水城……徙其人万六千家于大城。"② 这里所指的清水城即汉置清水县，大城也是汉代县置，其地址在今毛乌素沙漠乌审旗北。

毛乌素地区在赫连勃勃统治时期的畜牧业情况可以从一些资料进行分析。在正史记载大夏国的畜牧马匹之处有数十条之多，但数额最大的是："世祖之平统万，定秦陇，以河西水草善，乃以为牧地，畜产滋息，马至二百余万匹，橐驼将半之，牛羊则无数。"③"河西"之地范围辩释不一，笔者认为泛指黄河以西赫连夏的属地而言，即便如此，马匹200余万，骆驼100余万也绝非少数。且赫连勃勃为匈奴后裔，其民族的生活习性是逐水草而居，食牛羊而生。尽管

① 《晋书·赫连勃勃载记》。
② 同上。
③ 《魏书·食货志》。

其民族在与汉族的长期融合中已学会并适应了部分农耕生活，但留居鄂尔多斯一带的部众，仍保持以畜牧业为主的生活习性。另外，赫连勃勃的军队基本以骑兵为主，人畜本身并未超过本地畜牧承载量。由此可知，毛乌素地区水草条件当时还是很好的，仍不失为天然牧场之地。因此应该说在赫连勃勃主政前后毛乌素地区是畜牧水草环境，在河流谷地有一定的农耕生产，在河湖干涸的地方有湖相沉积沙漠，但并未形成流动的沙漠和沙的环境。

（三）统万城的废弃与毛乌素沙区环境的形成及扩大

425年，赫连勃勃病死，其子昌立。427年，魏世祖灭赫连昌后，统万城虽由夏国首都改为统万镇，但是基于原来都城的政治中心所形成的社会经济环境，统万城仍不失为毛乌素地区的重要军事城镇。北魏太和十一年（487）又在此设置夏州治所，领化政、阐熙、金明、代名四郡九县，其管辖区相当于今天的榆林地区、延安地区大部、鄂尔多斯市与宁夏东部。

隋以后，统万城作为易守难攻的军事重镇，经常被叛逆的帅臣窃据，与朝廷相对抗，有的甚至建立割据政权。如隋大业（605—617）末年，梁师都占据统万城，僭登皇帝位，国号梁，北联突厥，南侵延安等地。唐代中叶开始，党项羌族中的拓跋氏部又建立以夏州为中心的割据政权。贞元二年（786）十二月，吐蕃“陷夏州”，刺史拓跋乾晖率众而去，后复据其城。[①] 960年，北宋王朝建立，结束了五代混乱的局面，但党项族部并未全部臣服宋廷。太平兴国七年（982），李继捧率各部酋长入朝宋帝，遭到其族弟继迁的坚决反对。后继迁逃往地斤泽（夏州东北300里，属今毛乌素沙漠）纠合武装，侵袭宋边。宋廷派李继隆进兵夏州。继迁又向西发展，夺取灵州（今宁夏灵武）。宋太宗深感继迁部势力逐渐扩大，恐其占据统万城后再侵犯宋边，于淳化五年（994）四月，诏令毁废夏州城，迁居民与绥、银等州。据史书记载，当时先毁统万城头道城城垣，东城与西城只剩垣郭。此后逐渐夷为废墟。

统万城从修建至毁废历时581年，其兴废虽然都是以军事为目的，但统万城的兴与衰、盛与废都直接影响到附近的人文社会环境。它作为一国之都时集政治、经济、文化为一体，农业、牧业都具有相当的规模，由此来支撑都城的

① 《旧唐书·吐蕃传下》。

存在。相反，由都城降格为统万镇或夏州城时，其所聚集的人口便少于都城的规模。人口的多少，尤其是农牧人口的比重，直接影响到人文与自然环境的变更。毛乌素沙漠沙区环境的形成与演变，是唐代及其以后的事情，从众所周知的唐代诗人许棠在《夏州道中》所写“茫茫沙漠广，渐远赫连城”和宋代夏州城（统万城）“深在沙漠”的记载可知，显然描述的不仅是“沙区”“沙阜”，而是茫茫连片的沙漠环境了。

需再用笔墨的还是农业垦种与沙化的关系，在明代以后毛乌素沙漠的演变更有明显的说服力。从明初开始修长城，在长城沿线大规模垦荒到嘉靖二十五年（1546），因垦荒而引起土地沙化，已形成“四望黄沙，不产五谷”[①]的景观了。

清朝，贝勒松善奏准康熙帝，在长城以北大面积垦荒种地，18 世纪中叶又以“借地养民”“移民富边”招募垦荒，这时长城沿线成了“明沙、扒拉碱滩、柳勃居十之七八，有草之地仅十之二三……民并无深林茂树软草、肥美之地，惟硬沙梁、草地滩”[②]。

四、结语

（1）统万城的兴衰主要在于人为活动中政治和军事的需要，正确分析统万城当时的立城目的与立城环境，是认识毛乌素沙漠变迁的重要基础。赫连勃勃之所以放弃其发迹之地高平城，而选择统万城作为首都，是出于他与北魏抗衡，南取关中，甚至统一天下之军事目的。他对长安旧都的取舍是受其匈奴民族利益以及他聚集的军事力量制约的，并非取决于统万城立城的自然环境。

（2）地层探测与史籍资料均表明，在统万城建城时，本地区已有“沙阜”“沙丘”“沙陵”，但自然景观并未形成沙环境，“沙阜”与“绿洲”相间并存，在河床谷地有一定规模的农业生产，而主要的还是能承载数百万牲畜的天然牧场。

（3）毛乌素地区众多的湖泊湮塞干涸有气候变化的原因，但其结果对沙环

---

① 《读书方舆纪要・陕西十》。
② （光绪）白翰章纂：《靖边县志稿》，成文出版社 1970 年版。

境的形成与扩大起了直接的作用，城川古湖的研究成果表明了这一点。从宋代开始，统万城废弃，人为因素增加，毛乌素地区畜牧条件超负荷承载，农垦区逐渐扩大，人口直线增加，毛乌素沙区环境随之形成。

因此，应该说，统万城的兴衰既有政治军事的需要，也有自然环境演化的原因，二者叠加造成政治都城的兴废，而统万城政治地位的变化及其农牧业经济结构的比重与规模和其人口多少，又影响到毛乌素地区环境的变迁。

第二节 鄂尔多斯高原农牧业的交替及其对自然环境的影响

鄂尔多斯高原位于内蒙古自治区西南部和陕西榆林地区北部，包括内蒙古鄂尔多斯市和陕西省定边、靖边、横山、榆林、神木、府谷等长城以北，总面积 13 万平方公里，耕地 840 万亩。这里在历史上曾是水草丰美，农牧兼宜的地区，有的地方“苍柏翠松”，森林十分茂密。随着历史时期民族的迁徙和农牧业的交替，过度垦牧逐渐严重，使自然环境遭到破坏，许多土地由草原变为沙漠，据统计现在鄂尔多斯高原的沙漠面积已达 7 918 万亩[①]，占土地总面积的 40%。鄂尔多斯高原的沙漠化进展极为迅速，例如鄂尔多斯地区，新中国建立初期沙漠面积 1 515 万亩，至 1974 年扩展到 5 250 万亩，25 年间增加了 3 735 万亩，平均每年增加 150 万亩，如按此速度计算，70 年以后，鄂尔多斯地区将全部变为沙漠，这不仅将给本地区的发展造成灾难性的后果，而且严重威胁着陕、晋等省和首都北京的安全，为了汲取历史教训，合理利用这块土地，对鄂尔多斯高原历史时期农牧业交替及其对自然环境的影响进行探讨，是很有意义的。

一、先秦时期鄂尔多斯高原的自然环境

在论述历史时期农牧业开发对自然环境的影响以前，有必要复原本区开发

① 根据鄂尔多斯市和榆林地区 1981 年《农业生产统计资料提要》计算。

前的自然环境。鄂尔多斯高原处于我国温带草原和荒漠的过渡地区，这里的气候受蒙古—西伯利亚气流控制和东南季风影响，在开发以前就具有比较复杂的生态环境。据第四纪地层剖面分析，从早更新世以来，鄂尔多斯高原的气候由干冷向温暖转变，为植被和动物的发展提供了有利条件，自然景观逐步向森林草原和灌丛草原过渡。这一转变的过程经历了四次较大的变化，每次变化的结果都是原生植被由破坏逐渐得到恢复。到第四纪末期，鄂尔多斯高原的自然环境就成为较稳定的森林草原（东南部）和灌木草原（西北部），发育了厚层褐色土型古土壤，高处剥蚀，低处出现河湖沼泽。[①] 周廷儒教授认为："在整个第四纪时期这里形成了明显的内陆性和干燥条件的自然地理环境，并向半干旱草原方向发展。"[②] 从萨拉乌苏哺乳动物化石分析，该地区动物种群丰富，是一个有草原和树林的地方。[③] 由此可见，鄂尔多斯高原在开发以前是林草丰茂、湖泊河流众多的好地方，正是由于这样，早期的人类才能够在这里逐水草而居，相继进行农牧业的开发。

在旧石器时代，鄂尔多斯高原居住着闻名世界的"河套人"，他们主要活动在高原南部的萨拉乌苏河（红柳河）。

新石器时代遗留下来的文化遗址较为繁多，到目前为止在鄂尔多斯高原发现的新石器时代的文化遗址有30多处，其地点是：乌审旗的大沟湾、大石砭；鄂托克旗的百眼窑；伊金霍洛旗的新庙、巴尔吐沟、乌尔吐沟[④]、纳林塔村北、朱开沟、尔力胡沟、苏伯汉、察干石利，准格尔旗的瓦尔吐沟、泊尔洞沟、黑岱沟、长滩、榆树湾、大口[⑤]、五字湾、石岩湾、小倡沟、沙圪堵、西沟畔、老山沟、荷亥图村、石佛塔、康家梁；东胜县的敖包梁、漫赖壕；杭锦旗的四十里梁、桃红巴拉；达拉特旗的瓦窑[⑥]等。分布范围几乎遍及鄂尔多斯高原所有旗县。

青铜器时期，由于铜器的使用，人类大大增强了战胜自然的能力，鄂尔多

① 兰州沙漠所伊克昭盟沙漠考察队（执笔人黄兆华等）：《内蒙古伊克昭盟地区沙漠化问题考察阶段报告》，1980年7月。

② 周廷儒：《古地理学》，北京师范大学出版社1982年版，第298页。

③ 祁国琴：《内蒙古萨拉乌苏河流域第四纪哺乳动物化石》，《古脊椎动物与古人类》1975年第4期。

④ 内蒙古文物工作队编：《内蒙古文物资料选辑》，内蒙古人民出版社1964年版，第51页。

⑤ 吉发习、马耀圻：《内蒙古准格尔旗大口遗址》，《考古》1979年第4期。

⑥ 内蒙古伊克昭盟文物工作站编：《鄂尔多斯文物考古文集》（内部资料），1981年8月编印，第45页。

斯高原的社会经济有了大的发展，逐水草而居的游牧经济逐渐发展起来，这个时期的文化遗址和墓葬一共发现七处：伊金霍洛旗的朱开沟、东胜县的特拉、杭锦旗的桃红巴拉、准格尔旗的蓿亥图村、瓦尔吐沟、诺尔泰和郭家壕等①，从遗址中收集的青铜器分类来看，工具类有：铜斧、铜凿、铜锥；装饰品类有：铜带扣、铜环饰、兽头饰、铜人、铜马、铜铃；生活用具类有：钥匙、铜镍等。② 与这个时期相对应正值中原地区的商周时代，由于商周势力的扩张，与北方的游牧民族进行了频繁的征战和接触，迫使一部分游牧民族开始向北迁徙，其中一部分迁到西伯利亚。③ 鄂尔多斯青铜器文化从晚商前诞生，一直到春秋战国早期，铜器的铸造工艺和种类有相当大的进步。这一时期生活在鄂尔多斯和晋、陕北部的游牧部落，见于文字记载的称为土方、吉方、鬼方④、狁狁⑤，这些部落成为威胁西周安全的强大力量。

进入春秋时期以后，活动在我国北方的游牧部落又统称为狄，狄的名称很多，其中与本区有关的主要是赤狄和白狄。当时赤狄已由内蒙古草原向太行山发展，逐渐融合于华夏之中。白狄则居于圁、洛之间。《史记·匈奴列传》记载，晋文公（公元前636—前628年在位）“攘戎翟，居于河西圁、洛之间”。圁水，据杨守敬《水经注图》系现在的窟野河。据史念海教授考证，圁水由准格尔旗发源，流经陕西北部，上源似应为准格尔西部的束会川，其下游为特牛川，洛指洛水而言。可见在春秋时期，白狄是活动在鄂尔多斯高原的主要游牧部落。⑥ 狄到战国以后称为胡戎匈奴，王国维认为：“其见于商周间者，曰鬼方、曰混夷、曰獯鬻。其在宗周之季，则曰玁狁。入春秋后则始谓之戎。继号曰狄，战国以降，又称之曰胡、曰匈奴。”⑦

匈奴不但控制了整个鄂尔多斯高原，也逐渐成为我国北方少数民族中最强大的成员，并形成和发展了它独特的经济和文化。

战国时期，匈奴占据鄂尔多斯高原，与赵、魏、秦三国为邻。这一时期的

① 内蒙古伊克昭盟文物工作站编：《鄂尔多斯文物考古文集》（内部资料），1981年8月编印，第74页。
② 田广金、郭素新：《鄂尔多斯青铜器拾零》，《内蒙古文物考古》1981年创刊号。
③ 田广金：《鄂尔多斯青铜器短剑和铜刀》，《内蒙古文物考古》1981年创刊号。
④ 郭沫若主编：《中国史稿》第1册，人民出版社1970年版。
⑤ 同上。
⑥ 史念海：《鄂尔多斯高原东部战国时期秦长城遗迹探索记》，《考古与文物》1980年第1期。
⑦ 王国维：《观堂集林·鬼方昆夷玁狁考》，中华书局1959年版，第583页。

遗址和墓葬发现有八处，即鄂尔多斯东部的战国秦长城遗迹[①]、桃红巴拉秦墓，杭锦旗阿鲁柴登[②]，准格尔旗西沟畔[③]、玉隆太[④]、瓦尔吐沟、速机沟、榆树壕等匈奴墓地。当时匈奴活动的区域也是有变化的，在战国早期主要活动在今甘肃北部、宁夏、陕西北部、山西北部以及鄂尔多斯以北的广大地区。到战国晚期，随着中原诸侯国的强大，赵国占据了阴山以南，为了南下袭秦，于公元前306年赵武灵王“西略胡地，至榆中（准格尔旗北部）”[⑤]，把势力伸进了鄂尔多斯高原东北部。后来秦国强大，又东侵魏地，迫使匈奴的活动范围缩小在陕、甘、宁北部和内蒙古准格尔旗西部的鄂尔多斯高原。[⑥]秦昭襄王在鄂尔多斯东部修筑长城后，将今准格尔旗大部分划入了秦的版图，属秦上郡管辖。这种局面大约延续到汉代初期。

从以上遗址的分布地域和出土文物可以看出：

第一，这些遗址主要分布在黄河沿岸和有湖泊的地方，现在大部分已被流沙覆盖，文化层不易发现，有的则在河谷的断崖上，由于长期以来河谷下切，一般高出地面10～50米。例如，秦壕赖梁遗址，位于牸牛川东岸，距川掌公社所在地3公里，遗址在壕赖梁的最高处，高于河床100米，从此处采集到的文物有磨制石斧、石铲、石片刮削器、尖状器、石刀等。[⑦]

第二，有的墓葬中有棺椁。如杭锦旗东南的桃红巴拉、杭锦旗西霍洛柴登和准格尔旗南瓦尔吐沟都有较多的棺椁和雕刻成鹿虎等形状的饰物，这些地方的棺椁都是原木制成的，往往一副椁盖就用原木数十根。原木的直径一般为0.2至0.3米，有的达0.4米，均为松柏木。这么多的原木当是取之于附近，而不会是从更远地方运来，可知，在鄂尔多斯高原的一些地区当时是有过森林的。[⑧]

第三，从遗址中发现的文物来看，大部分具有鲜明的草原游牧民族的文化特色，如1973年，内蒙古文物工作者在伊克昭盟（现鄂尔多斯市）杭锦旗的

① 史念海：《鄂尔多斯高原东部战国时期秦长城遗迹探索记》，《考古与文物》1980年第1期。

② 田广金、郭素新：《内蒙古阿鲁柴登发现的匈奴遗物》，《考古》1980年第4期。

③ 伊克昭盟文物工作站、内蒙古文物工作队编：《西沟畔匈奴墓》，《考古》1980年第7期。

④ 内蒙古博物馆、内蒙古文物工作队编：《内蒙古准格尔旗玉隆太匈奴墓》，《考古》1977年第2期。

⑤ 《史记·赵世家》。

⑥ 田广金：《近年来内蒙古地区的匈奴考古发现及研究》，《内蒙古文物考古》1981年创刊号。

⑦ 崔璇：《准格尔旗石佛塔等遗址调查》，见《鄂尔多斯文物考古文集》1981年8月伊盟文物工作站编印。

⑧ 史念海：《两千三百年来鄂尔多斯高原和河套平原农林牧地区的分布及其变迁》，《北京师范大学学报》1980年第6期。

阿鲁柴登，清理出了一批相当于战国早期的匈奴墓地，在墓穴中发现有大批马、牛、羊骨头，还有一些动物型的铜牌，青铜做的斧、刀、剑，以及铜马具等。[①]但就现在所出土的文物可以说明，早在七八千年以前就有人类生活在这块土地上，无论是早期的戎、翟、猃狁，还是后来的匈奴，都是以畜牧渔猎为生业，他们所控制的地区基本上是畜牧游猎区。

二、秦汉时期的移民屯垦和农牧业的开发

鄂尔多斯高原的开垦是从赵武灵王开始的。当时赵国驱逐了境内的林胡和娄烦人，将版图扩张到阴山山脉，北筑长城，设置云中等郡，鄂尔多斯高原部分地区当时属云中郡管辖，因而可能在其地有一定规模的开垦，在一些地区农业区已初次形成。秦并六国以后，秦始皇派蒙恬“将十万之众北击胡，悉收河南地。因河为塞，筑四十四县城临河，徙適戍以充之”[②]。匈奴单于头曼“不胜秦，北徙”。为了巩固边防，在鄂尔多斯还开发了纵贯南北的“直道”。北部属九原郡，南部属北地郡，东部属上郡。但是至蒙恬死后，“诸侯畔秦，中国扰乱，诸秦所徙適戍边者皆复去，于是匈奴得宽，复稍度河南与中国界于故塞”[③]。到秦二世元年（公元前209年）匈奴单于冒顿杀父头曼自立，“南并楼烦、白羊河南王”，统一了鄂尔多斯各部，并南进于朝那（今宁夏固原东南）、肤施（今榆林东南，秦时的上郡治所）一线。

汉武帝时，派卫青北征匈奴，“走白羊、楼烦王，遂以河南地为朔方郡”，迫使匈奴势力北移至阴山以至漠北。在鄂尔多斯高原又设置郡县，并进行大规模的移民屯垦。据记载：

元朔二年（公元前127年），“募民徙朔方十万口”[④]。

元狩二年（公元前121年），“徙关东贫民处所夺匈奴河南地新秦中以实之”[⑤]。元狩四年，“关东贫民徙陇西、北地、西河、上郡、会稽，凡

---

① 王龙耿：《鄂尔多斯历史上农牧业发展概况》，《鄂尔多斯报》1979年5月10日。

② 《史记·匈奴列传》。

③ 同上。

④ 《汉书·武帝纪》。

⑤ 《汉书·匈奴传》。

七十二万五千口”[①]。

元鼎六年（公元前 111 年）于“上郡、朔方、西河、河西开田官，斥塞卒六十万人戍田之”[②]，并且在“朔方、西河、河西、酒泉皆引河及川谷以溉田”[③]。

大批军民的迁入，使得本区人口骤然增加（见表 5-1），原来苍茫广袤的森林草原变为阡陌相连、村落相望的繁荣景象，因而被誉为“新秦中”[④]。

表 5-1　汉代鄂尔多斯高原各郡户口数

项目 / 数字 / 郡别	县数		户数		口数	
	西汉	东汉	西汉	东汉	西汉	东汉
朔方郡	8	7	27 471.2	1 655.3	109 302.4	6 536.2
五原郡	10	4	24 577	1 866.8	144 580	9 182.8
云中郡	2	1	6 364.2	4 864.6	31 503.6	2 402.8
上郡	12	5	56 554.4	2 849	329 705.4	14 299.5
西河郡	24	6	90 926.7	2 629.8	465 890.7	19 235.1
北地郡	1	1	3 392.6	520.3	11 088.8	3 106.2
合计	57	24	209 286.1	14 385.8	1 092 070.9	54 762.6

说明：1. 据《汉书·地理志》和《续汉书·郡国志》。
2. 上述各郡所辖鄂尔多斯以外的县未计在内，户口数系按各郡的平均数计算。
3. 无考县均计入鄂尔多斯高原以内，因鄂尔多斯高原各县东汉以后即被废弃，故后世沿革不详。

由表 5-1 可知，西汉时期鄂尔多斯高原的人口总数曾多达 109.2 万，比现在人口总数 154.7 万仅少 40 余万，如此众多的人口生活在这块土地上，在当时生产力水平不高的情况下，依靠广种薄收，必然会造成大规模的开垦。当然，另一方面也说明了这里的自然条件在当时还是适宜农业生产的。

汉代在鄂尔多斯高原设置的县有许多已无迹可考，确知的县址朔方郡 5 个，位于高原西北部；五原郡 4 个，位于高原北部和东部；云中郡 1 个，位于高原东北部；上郡 5 个，位于高原南部；西河郡 7 个，位于高原东南部；共计 22

① 《汉书·武帝纪》。
② 《汉书·食货志》。
③ 《史记·河渠书第七》。
④ 《汉书·食货志》：“山东水灾……乃徙贫民于关以西，及充朔方以南新秦中。”颜注引应劭曰：“秦始皇遣蒙恬攘却匈奴，得其河南造阳之北千里地甚好，于是为筑城郭，徙民充之，名曰‘新秦’。四方杂错，奢俭不同，今俗名新富贵者为‘新秦’，由是名也。”

个。通过有关这些县的记载和发现，也可以追溯到当时的一些情况。比如，在鄂尔多斯高原的毛乌素沙漠曾经以今日白城子为中心设立奢延县，并修筑了奢延城。又在今达卜查克公社一带设立龟兹县。[①] 龟兹县是汉通西域之后为安置西域的龟兹（今库车）降人而设。龟兹人本来以经营农业为主，他们被迁到内地来也应从事一定规模的农业。

1973年，内蒙古文物工作队在伊克昭盟（现鄂尔多斯市）杭锦旗霍洛柴登公社一座汉城遗址内，曾发现了一枚“西河农令”官司印。[②] 既设农官，必然有相当规模的农业活动。

对处女地的开发，为人类的生存提供了必需的粮食。但是过度的屯垦和大量的人为活动对自然环境必然产生一定的影响，这当然是有一个过程的，在汉代的历史著述中尚未见到鄂尔多斯地区沙害的记载。从当时设置的县址来看，也可以证明这一点。如上郡的高望县在现在的沙漠之中，其旧址在今乌审旗北部的乌审召附近；朔方郡的朔方、渠搜、呼遒、修都，西河郡的大城、增山和虎猛[③]，都邻近现在的大沙漠。既然能设置县，其附近的自然条件总是优越的，一般不会邻近沙漠，更不会处于沙漠之中。

东汉建武二十四年（48），南匈奴归汉。建武二十六年，设单于西河郡美稷（今准格尔旗），将五原、云中、定襄、朔方、上谷、雁门、代、北地等沿边八郡，即从河北怀来县起，经山西、内蒙古、陕西，沿长城内外各县一直到甘肃陇东各县，都有匈奴军队和牧民驻牧。实际上这时准格尔高原已成为农牧结合、民族杂居的地区。到永元中，南匈奴由原来的8部4万～5万人，发展为15个部23.76万人。[④] 永和五年（140），南匈奴左部联合乌桓、西羌等民族反叛汉朝，西河郡治被迫由鄂尔多斯的平定县（今东胜境）内迁至离石（今山西离石）。随着民族矛盾的激化，鄂尔多斯的人口也发生了变化，各郡县人口明显下降，如云中郡和五原郡东汉比西汉人口减少了90%以上。[⑤] 人口数量的减少，在开垦面积上也必然要减少。东汉末年，黄巾起义爆发后，汉王朝就放

---

① 王北辰：《毛乌素沙漠南沿地带沙化过程》，见北京大学地理系编：《地理学论文集》1981年第1期。

② 陆思贤：《内蒙古伊盟出土三方汉代官印》，《文物》1977年第5期。

③ 谭其骧主编：《中国历史地图集》第2册。

④ 马长寿：《北狄与匈奴》，生活·读书·新知三联书店1962年版。

⑤ 详见表5-1。鄂尔多斯高原东汉户口统计数字减少的另一原因可能是刚迁入的游牧民族人口没有计入。

弃了这一片土地，从此，鄂尔多斯高原被羌、胡等游牧民族占领，逐渐变为纯牧区了。

三、魏晋南北朝以畜牧业为主时期

魏晋南北朝时期，鄂尔多斯高原先后由匈奴、羌、胡等游牧民族占据，后赵和前秦均在此设朔方郡。4 世纪，当拓跋氏在云中盛乐（今内蒙古和林格尔北）建立代国以后，鲜卑人的势力开始伸进鄂尔多斯高原。由于游牧民族的重新迁来，鄂尔多斯高原的农田又变为牧场，恢复了原来的草原景观。407 年，赫连勃勃统一了鄂尔多斯高原，建立大夏国。413 年，把旧奢延城改建为他的都城，号称统万城，今红柳河北岸的白城子即其遗址。[①] 当时的汉族文人胡义周在所作的《统万城铭》碑文中写道："近详山川，究形胜之地，遂营起都城，开建京邑。背名山而面洪流，左河津而右重塞。"[②] 碑文虽然是歌颂帝王的夸张之词，但所载山川却是事实。所谓"背名山"，当指统万城北的契吴山[③]，而"洪流"正是统万城南的红柳河。赫连勃勃在此地建郡，在地理环境上是经过选择的，他"北游契吴，升高而叹曰：'美哉！斯阜，临广泽而带清流，吾行地多矣，未有若斯之美。'"[④] 可见在统万城初建之时，其附近是一片水草丰美、景物宜人的地方。

从整个鄂尔多斯高原来看自然环境也是不错的。北魏道武帝登国年间(386—396)，在卫辰军与魏军的一次战斗中，两军驰骋于鄂尔多斯高原南北，行军路线是：从金津（北部）经悦跋城（中部）到木根山（南部）。在北部，太祖军"乘胜追之，自五原、金津南渡，径入其国，居民骇乱，部落奔溃"[⑤]。"金津"是黄河的一个渡口（今达拉特旗北部），由此南渡后正是今日库布齐沙漠北缘，从"居民骇乱，部落奔溃"来看，当地的居民是不少的，现在此地面

---

① 侯仁之：《从红柳河上的古城废墟看毛乌素沙漠的变迁》，见《历史地理的理论与实践》，上海人民出版社 1974 年版。

② 《晋书·赫连勃勃载记》。

③ 《元和郡县图志》卷四载："契吴山，在（朔方）县北七十里。"

④ 《太平御览》卷五五五，引用佚书《三十国春秋》，又《元和郡县图志》引此文："未有若斯之美"指"自马岭以北，大河以南，未之有也"。"马岭"指甘肃庆阳、环县之间的马岭；"大河"指包头以南的黄河，即今鄂尔多斯高原。

⑤ 《魏书·铁弗刘虎传》。

临着沙漠的侵袭，居住人数不多。

在中部，太祖军“遂至卫辰所居悦跋城（代来城）。卫辰父子惊遁，乃分遣诸将轻骑追之。陈留公元虔南至白盐池”[①]。由悦跋城率几万部众至白盐池，当穿过毛乌素沙漠，在当时的交通条件下是很困难的，就是现在也不容易通行。可想那时的毛乌素沙漠还没有像今日茫茫连片，流沙相接。

在南部，“将军伊谓至木根山，擒直力鞮，尽并其众……获马牛羊四百余万头”[②]。木根山约在今鄂尔多斯市鄂托克旗南部一带，卫辰父子带其部众及家属南遁至木根山，魏军追至，能获马牛羊数百万头，说明当时木根山一带，除了宜于隐蔽防守外，畜牧业也是相当发达的。

正因为鄂尔多斯高原有良好的自然环境，所以成为当时皇帝的狩猎区。泰常四年（419），拓跋嗣至于黄河，“从君子津西渡，大狩于薛林山”[③]。据《水经·河水注》载：“河水于二县（桐过、沙南）之间，济有君子之名。”桐过县在今清水河县西南，沙南县在准格尔旗东北，君子津约在今准格尔旗窑沟公社境内的黄河段，由此西渡即为鄂尔多斯高原。

同时，在鄂尔多斯高原还有皇帝的行宫——河南宫。据《魏书》记载，登国六年（391）“起河南宫”，七年，“宴群臣于水滨，还幸河南宫”。十年“夏五月，幸盐池。六月，还幸河南宫”。[④]河南宫的具体位置现无可考，但从有关记载看，河南宫经常与黑盐池、木根山并提，当在今鄂尔多斯高原西南部。既有皇帝行宫，则其地自然景观应该说是较好的。但是，本区还是以畜牧生产为主，登国六年平卫辰，《魏书·太祖纪》说：“自河已南，诸部悉平。簿其珍宝畜产，名马三十余万匹，牛羊四百余万头。”可见当时鄂尔多斯高原畜牧业发展之盛况。

秦汉时期大规模的移民屯垦，使生态环境遭到破坏，再加上从第四纪以来就形成的部分沙地，经人为活动在一定范围内已在移动和扩大，这个时期的历史记载已有环境的变化。北魏郦道元可能曾亲身游历过鄂尔多斯高原，根据他所著的《水经注》（成书于520—524年），在北魏时这一带已有沙和沙丘的踪迹。“（奢延水）西出奢延县西南赤沙阜……又东北，与温泉合，源西北出沙

---

① 《魏书·铁弗刘虎传》。

② 同上。

③ 《魏书·太宗纪》。

④ 《魏书·太祖纪》。

溪，而东南流，注奢延水。奢延水又东，黑水入焉。水出奢延县黑涧，东南历沙陵，注奢延水。”“(诸次水）缘历沙陵，届龟兹县西北。”《水经注》还比较详细地记载了鄂尔多斯地区当时有三条沙带，七片移动沙丘。北边一条在今黄河之南，杭锦旗之北，相当于今库布齐沙漠的位置。《水经注》引用公元4世纪成书的《广志》说“朔方郡北，移沙七所”，即说七片移动沙丘。“南河、北河及安阳县以南悉沙阜耳。”《魏书・太宗纪》也记载：“车驾西巡，至于云中，遂济河，田于大漠。”所谓“大漠”，可能是指今库布齐沙漠的东部。中间一条横亘在统万城西北。黑水（今纳林河）穿过“沙陵”，即沙丘带，东南注入奢延水（今红柳河）。南边一条位于统万城西南，奢延水上游，《水经注》称那里为“赤沙阜”，即带红色的一片沙丘。从这三条沙带看，其分布正好与秦汉以

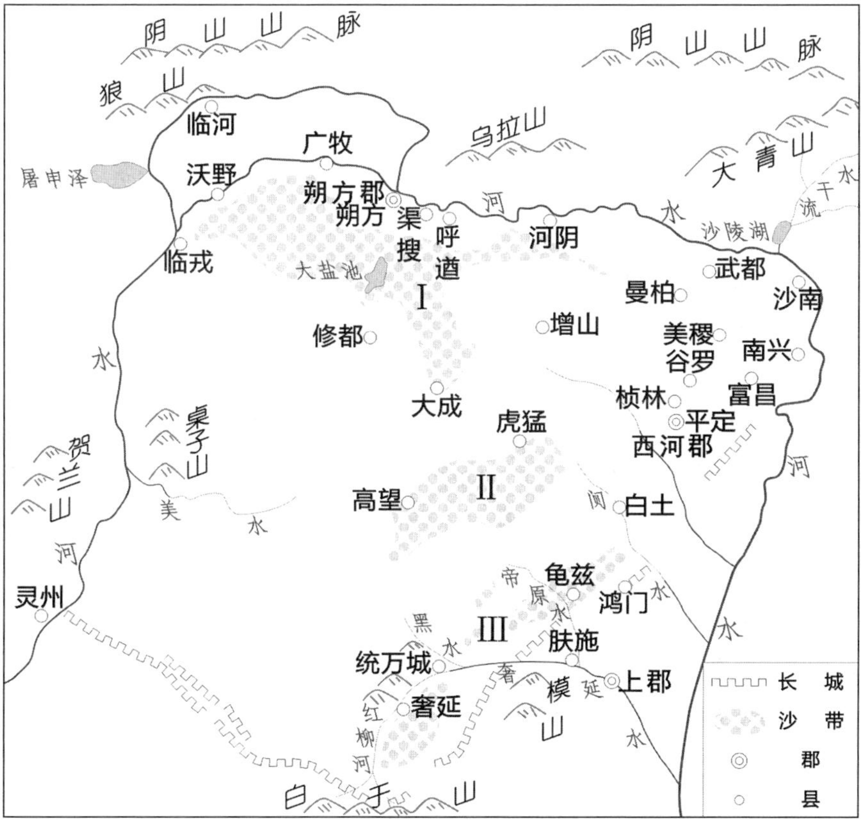

图5-2　鄂尔多斯北魏时期的沙带与汉代郡县对应示意图

说明：I为北部沙带，II为中部沙带，III为南部沙带。

资料来源：汉代县址根据谭其骧主编：《中国历史地图集》第8册。

来设置郡县的地方以及现在的沙漠相对应（见图 5–2）。北边的沙带区，在西汉时曾设置朔方、临戎、沃野、广牧、呼遒、修都、河阴、曼柏、武都、沙南等县，这一条沙带就是今日的库布齐沙漠。中间的沙带，在西汉时期有高望、大成、虎猛等县，其位置在今日的杭锦旗南部，即毛乌素沙漠的最北端和库布齐沙漠的最南端间的连接地带。南边一条就是今日的毛乌素沙漠，在西汉时曾设过奢延、龟兹县等。[①] 当然，无论是郦道元描写的沙带，还是汉代的县址，其具体地址并非很准确，有待于进一步发掘考证。但是，沙带的形成与发展和人类的活动无疑是有很大关系的。

四、隋唐时期农牧业的发展及对自然环境的影响

隋朝统一以后，原来占据鄂尔多斯高原的突厥等游牧民族有一部分退到了阴山山脉以北，隋朝再次在塞内设置州郡，驻扎军队，鄂尔多斯高原又向农业区转化。但是隋朝历年短促，大量的变更乃在唐朝。唐朝在隋朝的基础上于鄂尔多斯高原北部黄河岸边设丰州，东部准格尔旗设胜州，南部无定河畔设夏州，鄂托克旗设宥州等。随着州县设置的增加，还兴修水利，疏浚渠道，进行大量的开垦。如在夏州，“贞元七年开延化渠，引乌水入库狄泽，溉田二百顷”[②]。夏州在当时是良沃之处，可以发展农业，《旧唐书·梁师都传》载：梁师都据夏州，唐“遣夏州长史刘旻、司马刘兰经略之。有得其生口者，辄纵遣令为反间、离其君臣之计，频选轻骑践其禾稼，城中渐虚”。《新唐书·王方翼传》：“以功迁夏州都督，属牛疫，民废田作，方翼为耦耕法，张机键，力省而见功多，百姓顺赖。”在丰州，由于魏晋时期以畜牧业为主，秦汉以来的垦地多被废弃，到了唐代才重新垦殖。《新唐书·李景略传》载，丰州“地瘠卤”，李景略任刺史，“凿咸应、永清二渠，溉田数百顷”。当时鄂尔多斯高原的农业除了夏州外，东南部的麟州、胜州也较集中。由于生产的发展，鄂尔多斯高原人口也逐渐得到了恢复（见表 5–2）。

---

① 谭其骧主编：《中国历史地图集》第 2 册。

② 《新唐书·地理志》。

表 5–2　唐代鄂尔多斯高原各州户口数及每县平均数

项目 数字 州别	县数	户数	口数	每县平均户数	每户平均口数
盐州	2	2 929	16 665	1 464.50	5.69
夏州	3	9 213	53 014	3 071.00	5.75
宥州	2	7 083	32 652	3 541.50	4.61
胜州	2	4 187	20 952	2 093.50	5.00
丰州	2	2 813	9 641	1 406.50	3.43
合计	11	26 225	132 924	2 384.10	5.07

资料来源：《新唐书·地理志》。

表 5–2 所列诸州的户口数远比不上西汉时期，但是比东汉的人口数增加了一倍还多。农业的开垦，从人口的增加，充分说明了隋唐的农业是继秦汉以后出现的又一次高潮。

在鄂尔多斯高原的腹地，畜牧业也有一定的规模。隋时东突厥启民可汗归附隋朝，在隋统治阶级的支持下建立了自己的政权[①]，一部分突厥人“迁于河南，在夏、胜二州间，发徒掘堑数百里，东西距河，尽为启人畜牧地”[②]。唐初，对边疆民族实行羁縻政策，对归附的少数民族“即其部落列置州县，其大者为都督府，以其首领为都督、刺史，皆得世袭”[③]。以突厥降附置丰州都督府，“不领县，唯领蕃户”[④]，调露元年（679），于灵州南置鲁、丽、含、塞、依、契等六州，以处突厥降户，时人谓之“六胡州”。[⑤]这些少数民族依附于唐王朝，他们的生活习惯是“穹庐毡帐，随逐水草迁徙，以畜牧射猎为事，食肉饮酪，身衣裘褐”[⑥]。每年给唐王朝进贡一些畜牧产品。

由于农业的发展，特别是大规模的屯垦，使自然环境遭到了破坏，有的地方直接受到流沙的威胁。据记载，在唐代鄂尔多斯高原也有三条沙带（参见图 5–3）：一是夏州城（北魏赫连城）附近及其西南部，“长庆二年（822）十月，

① 马长寿：《突厥人和突厥汗国》，上海人民出版社 1975 年版，第 34 页。
② 《北史·突厥传》。
③ 《新唐书·地理志七下》。
④ 《旧唐书·地理志一》。
⑤ 《元和郡县图志·关内道四》。
⑥ 《北史·突厥传》。

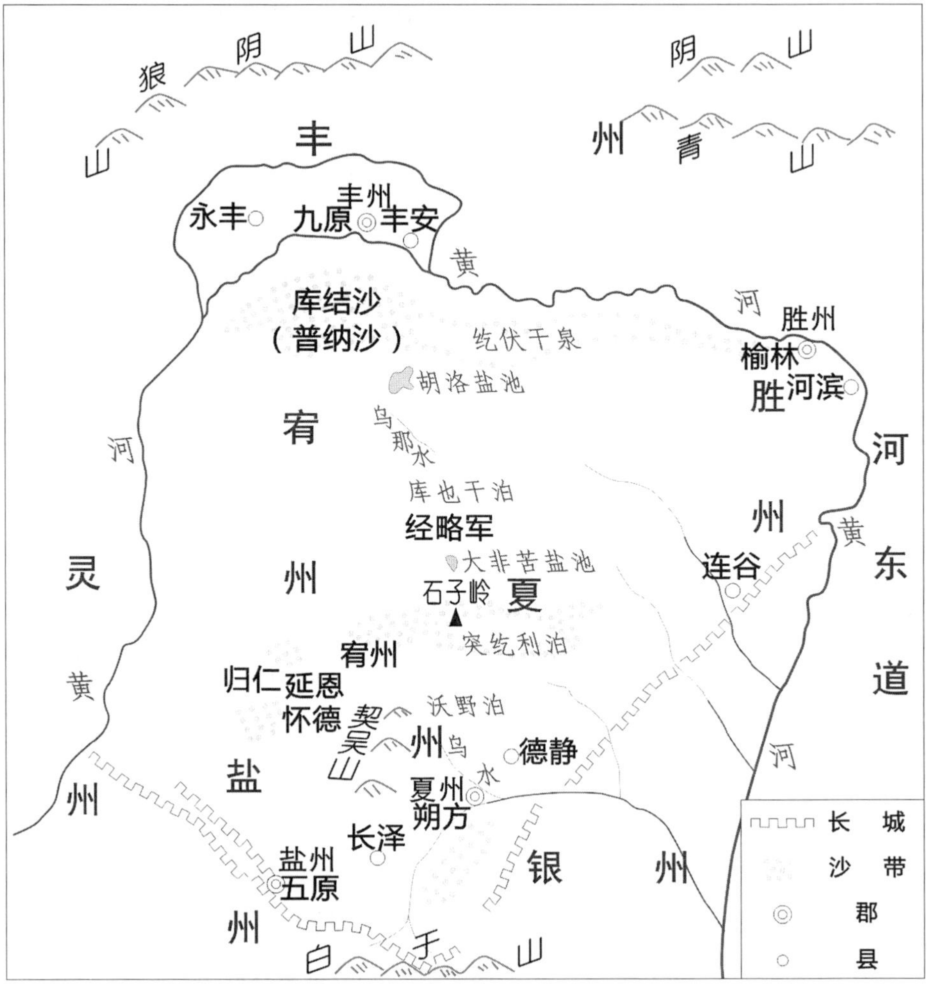

图 5-3　唐朝鄂尔多斯高原沙带示意图

资料来源：《新唐书·地理志》《新唐书·五行志》《中国历史地图集》。

夏州大风，飞沙为堆，高及城堞”[①]。唐咸通年间诗人许棠写道：“茫茫沙漠广，渐远赫连城。”二是夏州乌水北。“夏州北渡乌水，经贺麟泽、拔利干泽，过沙。”[②] 所谓乌水即今纳林河，可见乌水北也有一条沙带。三是库结沙。“渡乌那水，经胡洛盐池，纥伏干泉，四十八里度库结沙，一曰普纳沙，二十八里过横

① 《新唐书·五行志二》。
② 《新唐书·地理志七下》。

水。”[①] 胡洛盐池即盐海子，库结沙（普纳沙）当指库布齐沙漠，至于横水应该是今日的黄河。

据上，从夏州到库结沙构成了一条南北直线，它位于鄂尔多斯高原的中央地带。从记载的三处沙迹来看，次序上和位置上与北魏时《水经注》记载的三条沙带是一致的，这就使我们进一步窥见北魏至隋唐时期鄂尔多斯高原沙漠的大体位置和其先后发展的梗概。

关于北部的库布齐沙漠，尽管对它是第四纪时期形成的看法争论不大，但它在历史时期也是有所扩大的。唐朝时期胡洛盐池北还有纥伏干泉等地，而今库布齐沙漠已接近盐海子，流沙遍及其附近。汉、北魏时黄河以南设有郡县，隋唐时已不复存在，到今天库布齐沙漠已紧依黄河。[②] 可见库布齐沙漠在历史时期不仅在东西方向上有发展，在南北宽度上也有所扩大。

五、西夏、元畜牧业发展时期

唐代中叶已有党项迁入鄂尔多斯高原的南缘。唐朝灭亡以后，党项族势力逐渐强大，于 1038 年党项族首领元昊建国大夏，占据今甘肃、宁夏、内蒙古西部等地，与辽、北宋形成了鼎立局面。鄂尔多斯是党项族的根据地，套内居民多是“衣皮毛，事畜牧，蕃性所便”[③]。他们“春食鼓子蔓、醎蓬子；夏食苁蓉苗、小芜荑；秋食席鸡子、地黄叶、登厢草；冬则畜沙葱、野韭、拒霜、灰蓧子、白蒿、醎松子，以为岁计”[④]。“生户”是党项族保留着原始社会组织形成的部落，大小不一，最大的部落有一百多户，最小的也有二十几户。如“银、麟、夏等州，三族砦诸部一百二十五族，合万六千一百八十九户”[⑤]。各部族都拥有牲畜万千头，“大者万余骑，小者数千骑，不相统一”[⑥]。其生活方式，虽有简单屋舍，但仍以游牧为主，“俗皆土著，居有栋宇，其屋织牦牛尾及羊毛覆之，每年一易。……男女并衣裘褐，仍披大毡。畜牦牛、马、驴、羊以供其食。不知稼

① 《新唐书·地理志七下》。
② 1984 年 12 月，内蒙古农牧学院晁玉庆老师介绍，站在黄河北岸可以清楚地看到黄河南岸的沙漠。
③ 《宋史·夏国传》。
④ 曾巩：《隆平集》卷二十，文渊阁《四库全书》本，第 162 页。
⑤ 《宋史·党项传》。
⑥ 《旧唐书·党项传》。

稿，土无五谷”[①]。

由于鄂尔多斯高原畜牧业的发展，与内地的贸易往来日益增加，“以部落繁富，时远近商贾，赍缯货入贸羊马”[②]。据《宋史·食货志》载，1044年，宋与西夏订立和约，李元昊“数遣使求复互市”。西夏与汉人的贸易活动，一般都是在鄂尔多斯高原南部与汉地接壤处进行。庆历元年（1041），“复为置场于保安、镇戎二军”[③]，后因西夏商人驱马羊至，没有放牧之地，便迁保安军榷场于顺宁寨（今陕西志丹县顺宁镇）。宋与西夏的互市曾一度出现过“自与通好，略无猜情，门市不讥，商贩如织”的盛况。

到13世纪蒙古族兴起，再次统一全国，建立元朝。元代没有在鄂尔多斯高原设置州县，今东胜以南属延安等路，以北属东胜州（今托克托），西部沿黄河东岸属宁夏路。这一时期有关鄂尔多斯高原的记载甚多。据《析津志》记载，当时有一条从奉元（今西安）经凤翔、龙桥、耀州、同官、宜君、中都、三川、鳞州、甘泉、延安、龙安、寨门、白塔儿、察罕脑儿的驿路。延安以南注有里数，以北则无，但是由延安北上，再经三站“正北”即察罕脑儿，其地当在鄂尔多斯高原南缘，驿路并没有通到腹地，可见经济上特别是农业不很发达。《元史·兵志》记载哈剌木连牧场时，其中有察罕脑儿、云内州、开成路等处。“哈剌木连”蒙古语意为“黄河”，云内州在今呼和浩特市西南，开成路在今宁夏固原，察罕脑儿故地已如上述，则哈剌木连牧场理应包括鄂尔多斯高原。可见鄂尔多斯高原在元代是继西夏以后畜牧业的进一步发展时期。

在鄂尔多斯高原的边缘地带，西夏时党项族与汉族杂居的地区，受汉族农业的影响，也从事一些农业生产。如在陕西横山地区："延袤千里，多马宜稼。"[④]"每岁资粮，取足洪、宥。"[⑤]还有一些地区是五代到西夏间各民族互相争雄的战场，自然环境受到破坏，使得流沙明显南移。据记载，当时“夏州深在沙漠”[⑥]。沈括《梦溪笔谈》卷三也对当时的地理环境做过描述："余尝过无定河，度活沙，人马履之，百步之外皆动，澒澒然如人行幕上，其下足

---

① 《旧唐书·西戎传》。
② 同上。
③ 《宋史·食货志下八》。
④ 《宋史·种世衡传》。
⑤ 《宋史·刘平传》。
⑥ 《宋史·太宗纪》。

处虽甚坚，若遇其一陷，则人马驰车，应时皆没，至有数百人平陷无孑遗者，或谓此即流沙也，又谓沙随风流，谓之流沙。”沈括经过的无定河虽在今陕北地区，但河中的流沙来自上游，除了侵蚀带来的沙以外应是鄂尔多斯地区沙漠发展的结果。

六、明清以来农垦的兴盛及自然环境的进一步恶化

14 世纪 60 年代，朱元璋推翻了元朝建立明朝。鄂尔多斯高原既是边防要塞，又是明王朝重点开垦的地区之一。明初，注意对边地的经营，“徙腹里军民以充边卫”[①]。当时实行的军屯制度是“天下卫所军以十之七屯田”[②]。《九边图考》记载：“套中膏腴之地，令民屯种以省边粮。厥后易守河之役为巡河，易巡河之役为哨探，然犹打火烧荒，而兵势不绝，故势家犹得耕牧，而各自为守。”可见明初为了防守的需要，在鄂尔多斯高原开垦屯田。后来，鞑靼势力南下，“成化七年（1471），虏遂入套抢掠，然犹不敢住牧。八年，榆林修筑东西中三路墙堑，宁夏修筑河东边墙，遂弃河守墙，加以清屯田，革兼并，势家散而小户不能耕。至弘治十三年（1500），虏酋火筛大举踏冰入套住牧，以后不绝，河套遂失。议者谓驱河套之虏易，而守河套难，盖地广人稀故也”[③]。《明史·鞑靼传》关于这方面的记载更为详细，如弘治年间，“北部亦卜剌因王等入套驻牧，于是小王子及脱罗干之子火筛相倚日强，为东西诸边患”。嘉靖十二年（1533）春，“吉囊拥众屯套内”。游牧民族多次进入鄂尔多斯高原，尤其弘治以后鞑靼定居套内后，畜牧业有一定的发展。

顺治元年（1644），清政府统一全国后，将鄂尔多斯划为七旗，又逐渐发展农垦。清初限制人民出关垦荒，以边墙 50 里为限。康熙三十六年（1697）允许民人在边外合伙种地，限定垦民春出冬归，这些垦民组成的新农区不断向内扩展。雍正十年（1732），“鄂尔多斯荒歉，复准蒙古情愿招民人越界耕种，收租取利者，听其自便”[④]。在鄂尔多斯东部的准格尔旗“私垦地特多，汉民在

---

① 《皇明九边考·经略通考》。
② 《明史·太祖纪三》。
③ 《皇明九边考·榆林镇经略考》。
④ 《河套图志·屯垦》。

该旗耕种者，几达十余万人”①。当时垦地“奉部文而承种者有之，由台吉私放者有之，由各庙喇嘛公放者有之，开垦颇多，产粮亦盛”②。同时，还兴建水利工程，开疏渠道，先后在鄂尔多斯地区开成塔布、永济、丰济、沙河、义和、通济、长济、刚济、黄土拉亥、杨家河等渠。在西南部的查汉托辉牧区也开辟了昌润、惠家等渠。③可见当时私垦土地的规模是很大的，“由同治元年至光绪二十九年，所开渠道大者有五，长者百余里。支渠二百七十余道，垦殖荒地多至二百七十余顷，熟地多至八千六百余顷。每年收粮二十三万余石，并收租银十七万余两”④。

清朝末年，随着封建王朝的腐败，将大量军费和所谓“赔款”转嫁给人民，使鄂尔多斯地区的垦荒进一步加剧。山西巡抚岑春煊奏书可以说明这一情况："臣维现在时局艰难，度支竭蹶，兵费赔款之巨，实为历来所未有……查晋边西北乌兰察布、伊克昭二盟蒙古十三旗，地方旷衍。甲于朔陲，伊克昭之鄂尔多斯各旗，环阻大河，灌溉便利……以各旗幅员计之，广袤不下三四千里，若垦十之三四，当可得田数十万顷。（光绪）二十五年，前黑龙江将军恩泽奏请放扎赉特旗荒地，计荒价一半可得银四五十万两，今以鄂尔多斯近晋各旗论之，即放一半，亦可得三四倍。”⑤

清廷随即设立了绥远垦务局，在各旗有垦务分局，收私垦地为官办。光绪二十九年（1903）是鄂尔多斯高原大规模开垦的转折点，“从前垦务未经官办，地由民户私垦，渠亦由民户自开，凡来套种地者，甫经得地先议开渠，支别派分各私所有，往往一渠之成时或需至数十年，款或糜至十余万，父子相代，亲友共营，而已成之渠又必每岁涤刷其身，厚增其背，其流沙充满，而洊至溉田千百顷者良非易也”⑥。私人开垦受到各方面条件的限制，于是清政府采取了新的措施，光绪二十九年春夏间，七旗一律报垦，于是杭、达各地户有渠之家统归官放，渠亦难据为已有，先后将私人拥有各渠呈请报效。⑦私田归公后，各

---

① 廖兆骏：《绥远志略》，正中书局1937年版。
② 《清史稿·藩部三》。
③ 徐兆奎：《历史时期鄂尔多斯地区农牧民族的推移》，油印稿。
④ 顾颉刚：《王同春开发河套记》，《禹贡》卷二第12期。
⑤ 岑春煊奏折（光绪二十七年十一月二十六日），《光绪谕折汇存》，内蒙古师范大学图书馆藏。
⑥ 张鼎彝：《绥乘·水利略》，上海泰东图书局1921年版，第1页。
⑦ 张鼎彝：《绥乘·水利略》。

旗垦务局在原来的基础上进一步扩大了开垦范围，到清朝末年伊克昭盟（现鄂尔多斯市）开垦土地已达“一百四十二万七千七百五十一亩，一千九百四十二村，居民一万六千一百余户”[①]，从而使鄂尔多斯高原迅速向农业区转化，开垦牧地也达到了极盛时期。

鄂尔多斯高原七旗的自然条件并非一致。有的地方易于农垦，有的地方则不然，因而所开垦的情况也各不相同。“惟杭锦、达拉特两旗地接大河，处处以渠为命，凡渠水所及，土脉膏腴，俗称水地，达有分取岁租之议，杭有改征押荒之请，均经奏明办理在案；杭、达之外若乌审、扎萨克、郡王、鄂托克、准格尔等五旗，虽地质肥硗原难一致，而皆距水较远，类属旱田，情形与杭、达不同，所应征押荒岁租，自应准之蒙情，权之民力，酌中定拟，方可利于推行。”[②]可见当时在鄂尔多斯开垦，不只数量多，而且范围也大，七个旗都有不同程度的开垦，相比较之下杭锦旗和达拉特旗的数量最大。

帝国主义势力伸入鄂尔多斯地区后，将这一地区划为“西南蒙古教区”，霸占了鄂托克旗的小桥畔、白泥井、仓房梁一带大约南北长 120 公里、宽 30 公里的土地。强迫伊盟各旗放地，来顶付帝国主义的“赔款”。从光绪二十八年到三十四年（1902—1908），垦务公司放垦的伊克昭盟土地有 220 多万亩，这就是所谓的第一期放垦。

清末民初，还有一个不可忽略的事实就是王同春开发河套的作用。王同春由于精心致力于河套地区的开发，很快发展为拥有相当实力的“大户”。他占据河套地区“不是北渡阴山，就是南越黄河”，“本来茫茫荒野，经他一干，居然村落相望，每天下锄和担土的有数万人”。[③]“后套原为不毛之地，经先生以一匹夫之力治成膏腴之区，斯乃伟哉难矣。统计后套总有人口十一万余，尚有春来秋回之佃民三万余口，陕北晋北暨绥远全省均食后套之粮。”[④]

鄂尔多斯高原的移民屯垦，在民国时期及其以后并没有停止，北洋军阀和国民党完全继承了清朝的政策，又搞第二、三期放垦。到 1930 年，伊盟共放垦土地 380.14 万亩。[⑤]“自民国二十二年开始，从河北省长垣、濮县、东明和

---

① 《河套图志·屯垦》。

② 张鼎彝：《绥乘·水利略》。

③ 顾颉刚：《王同春开发河套记》，《禹贡》卷二第 12 期。

④ 王喆：《王同春先生轶记》，《禹贡》卷四第 7 期。

⑤ 王龙耿，《鄂尔多斯历史上农牧业发展概况》，《鄂尔多斯报》1979 年 5 月 10 日。

河南滑县一带因黄河灾害，迁去河套地区几批移民”[1]，继续进行屯垦。到1949年，鄂尔多斯高原开垦面积累计达11万亩。[2]鄂尔多斯高原明清以来的开垦，更加破坏了原来的植被和土壤的原始状态，形成了严重的恶性循环，使自然环境进一步恶化。

首先是沙化问题。鄂尔多斯高原有两处较集中的沙漠，北部是库布齐沙漠，西起杭锦旗西北黄河岸旁，络绎向东蔓延，东西长400公里，大部分为流动沙丘或半固定沙丘。南部是毛乌素沙漠，北至乌审召，南端达到陕西靖边、横山、榆林等县的无定河沿岸，总面积5 640万亩，其中流沙占三分之一。关于这两块沙漠的成因说法不一，有人认为是自然因素，有人认为是人为因素。我认为，两大沙漠的形成与这两种因素都有关系，自然因素在此不做探讨，人为因素对沙漠的形成和扩大无疑是起了很大的作用的，尤其是明清以来的大面积开垦，对沙漠的扩展是很明显的，如明成化九年（1473）在南部修筑长城，大兴土木，屯驻人马增加，开荒樵采随之频繁，再加军屯中弊窦滋生，屯军多逃死，所垦荒地又几经废弃[3]，边墙周围就地起沙。到嘉靖二十五年（1564），“边墙岁久倾颓”，“已失去篱藩之固”，成为“四望黄沙，不产五谷”的景象。[4]

1949年以后，情况并未好转，连续发生的四次大开荒均采取了“倒山种地，广种薄收”的耕作方式，除滥垦外又增掠夺性的樵采、滥牧、滥猎。如伊金霍洛旗阿镇，原本水草丰美，有“金淖子”之称，20世纪60年代末，由于大量挖掘油蒿等使草场急剧沙化，流沙出露，成为“沙淖子”。

其次是水土流失问题。鄂尔多斯高原东部准格尔旗、达拉特旗、东胜县、伊金霍洛旗地表广泛分布砂黄土，属黄土丘陵区。根据史念海教授考证，这里曾经有过森林，有的地方还相当茂密，由于森林植被被破坏，黄土裸露，流水侵蚀逐渐强烈，河谷深切，地面破碎，冲沟密布，沟网密度2 180～3 509米/平方公里，最大达6 000米/平方公里，加上夏季暴雨集中，植被稀疏，流失面积均在40%以上。侵蚀速度1～2厘米/年。沟蚀速度15～17厘米/年，沟掌前进速度1～1.5厘米/年，最大12～15厘米/年。水土流失极其严重，是全国

---

① 段绳武等：《绥西移垦记》，1941年河北移民协会工作报告之一。

② 孙金铸：《鄂尔多斯沙漠化的因素及防治意见》，《内蒙古师院学报》1981年第1期。

③ 《明史·食货志》。

④ 《读史方舆纪要》。

水土保持的重点地区之一。

关于盐碱化问题，主要是河套平原。盐碱化虽然是近年才发生的，但问题的由来与历史时期的灌溉也是分不开的。由于植被的破坏，引起了水土流失，使河床抬高，灌溉水排泄不畅，地下水位必然增高，因而造成了盐碱化，严重影响着河套地区农业的发展。

当然，把鄂尔多斯高原自然环境恶化的原因都归于农垦的结果，也是不恰当的。鄂尔多斯高原既然处于内地的北门户，就成为历代王朝与北方各民族间冲突中的必争之地，战争的结果是对自然环境的破坏更为严重。如 1044 年辽兴宗亲自率军向西夏进攻。李元昊在鄂尔多斯河曲之地方佯装向后撤退 3 次，每退 30 里，就放火把沿途野草烧光，迫使辽军陷于困境，这次冲突当在鄂尔多斯的腹地，对自然环境的破坏是很严重的。

另外，除了人为因素外，与鄂尔多斯高原特殊的自然地理条件有直接的关系，土质沙、气候干旱、植被稀、生态脆弱等，生态环境在人力和自然力的共同作用下被侵蚀而不断恶化。

鄂尔多斯高原历史时期农牧业的发展，其间分为六个阶段。畜牧业：先秦—魏晋—西夏、元；农业：秦汉—隋唐—明清。西夏、元是畜牧业发展的鼎盛时期，而明清则是农业屯垦的顶点，农牧业的交替又是和游牧民族与汉族的互相推移相对应。

随着农牧业的更替，自然环境也相应变迁，总的趋势是由牧区变农垦区，逐渐发展为沙漠，这一变迁有着时代的顺序性。在毛乌素沙漠，从东南而西北，汉代遗迹向沙漠内延伸得最远，唐代次之，至明代就退到了沙漠的东南边缘。库布齐沙漠在历史时期由西而东发展较快，南北宽度也有明显增加。[①] 这些分布特点显然是与人为的活动有着密切的关系。

伴随着自然环境变迁，自然灾害也在逐步增加。见于记载的在公元前 230 年发生过一次旱灾。[②] 秦汉时期，由于大批的士兵、农民移入鄂尔多斯地区进行开垦，在一定范围内破坏了原始植被，自然灾害增加，这个时期全内蒙古旱

① 如在库布齐沙漠的北部，汉代可考的县有 7 个：朔方、渠搜、呼遒、河阴、广牧、沃野、临戎，而唐代只有河套北部的永丰、九原、丰安 3 个县。

② 《内蒙古历代自然灾害史料》编辑组：《内蒙古历代自然灾害史料》，内蒙古人民出版社 1988 年版。以上数字均由此书整理，供参考。

灾增加到 27 次，其中鄂尔多斯地区就有 5 次。魏晋南北朝时期，汉民族退出了高原，以畜牧业为生的兄弟民族进驻这里，自然植被得到了一定的恢复，这一时期前后有 370 年，但见于明确记载的本地区的旱灾只有一次。隋唐时期又进行了大规模开垦，使生态环境再次遭到破坏，前后 372 年间发生旱灾 14 次。西夏至元朝平均年灾少于隋唐时期，418 年共发生旱灾 13 次。到了明清时期，开垦达到高潮阶段，对自然环境的破坏也较大，因而沙漠面积明显扩大。自然灾害也就频繁发生，在这一时期发生的旱灾有 40 次。这一历史的教训在今日改造和治理鄂尔多斯高原时是值得注意的。

第三节　48 年来黄河中游治理水土流失的历史明鉴

党和国家历来高度重视黄土高原整治，1949 年中华人民共和国成立后不久，就组织有关部委对黄河流域、黄土高原进行勘察规划，并在 1954 年制定了《黄河综合利用规划技术经济报告》。1955 年全国人大批准了这个报告。从此，黄土高原整治就有计划地大规模开展起来，迄今已过去了 48 个年头（至 2002 年）。历史的经验值得注意。回顾已往 48 年黄土高原整治的全过程，总结经验，接受教训，与时俱进，勇于创新，将有利于我们更快更好地完成重建一个秀美山川的伟大事业。

一、黄土高原荒漠化的三大危害

土地荒漠化定义包括三种土地退化现象，即土地沙漠化、水土流失和土壤盐渍化。我国黄土高原地区的荒漠化主要表现为严重的水土流失。我国独有的黄土高原，由于第四纪黄土分布集中，土层深厚，沟壑纵横，水土流失严重，是一个与周边地区自然景观及环境状况截然不同的特殊区域。由于土质疏松，在自然因素的作用下，从史前时期起就存在着比较显著的水土流失。进入历史时期以后，人类活动又加剧了土壤侵蚀，致使水土流失更趋严重。据最新统计，水土流失面积达 43.0 万平方公里，占本区总面积的 83% 以上，每年土壤流失量达 16 亿吨。

巨大的水土流失导致土壤和土地资源的破坏，已直接影响到农林牧业的可持续发展。黄土高原每年因地面肥沃表土被冲刷，损失氮、磷、钾等肥分 5 000 万吨，这比该地区农业年施肥量要高好几倍。另一方面，某些地区因沟壑的溯源侵蚀，一次暴雨可使沟头前进 80 余米，黄土高原遭受蚕食，造成土地资源可利用率大幅度降低。

每年 16 亿吨泥沙流入黄河干流，导致下游河道泥沙淤积，河床逐年抬升，平均 10 年抬高 1 米，以致河床普遍高出两岸，比华北平原高出 3 ~ 5 米，河南开封段高出 8 米之多，形成举世闻名、独一无二的“地上河”，对人民的生命财产构成巨大的潜在威胁。

巨大的水土流失还严重影响了重大水利工程综合功能的发挥。由于水库淤积加速，库容减少很大，如已建成 40 余年的三门峡水库被迫改建和改变运行方式，年发电量比原设计减少 78.3%，装机容量减少 63.3%。新建的小浪底工程虽预留了很大的泥沙库容，但它是黄河干流最下一级能起减灾作用的控制性枢纽工程，如泥沙来量不能逐步削减，其综合功能也很有可能大大缩小。

二、48 年的成就回顾

国家和群众在过去的 48 年里，为水利水保工程的修建和造林种草、封山绿化投入大量的人力、物力和财力，也取得了一定的效益。这表现在黄河下游的来沙量显著减少。据水文实测，1919—1961 年平均每年来沙量为 16 亿吨。这个时期中上游水利水保工程尚未起步，基本反映了自然状态。1960 年三门峡水库建成蓄水拦沙，加之以中上游修建了一大批大中小型水库以及梯田、淤地坝等水保工程，拦沙作用极为明显，1961—1989 年每年平均来沙量只有 13.3 亿吨，比自然状态减少了 16.9%。

黄河下游的淤积量急剧减少。20 世纪 50 年代，下游平均淤积泥沙 4.04 亿吨，到 80 年代降为 0.34 亿吨，减少了 91.6%。

水利工程、梯田、淤地坝、造林种草和封山育林也对减少土壤侵蚀起到了明显效果。据最新研究表明，全区水土流失严重的土地面积，即年平均流失土壤 5 000 吨 / 平方公里以上的土地面积，由治理前的 14.73 万平方公里，削减为 10.49 万平方公里，减少了 28.8%。

我们通过半个世纪的观测、试验、分析和大规模群众治理经验总结，在土壤侵蚀的发生机理和治理措施的科学技术研究方面，积累了丰富的经验，特别是户包小流域治理的新鲜经验，已经成功地推广到大多数地区。

三、水土流失治理的任务依然十分艰巨

如上所述，自 1949 年新中国成立以来，党和政府对影响黄土高原水土流失的人为因素进行了一系列治理，并取得明显效果。20 世纪 70—80 年代扣除气候干旱等因素影响后，水利水保工程曾经使黄土高原多年平均入黄泥沙量减少 3 亿 ~ 4 亿吨，占 20 世纪 50—60 年代入黄泥沙量的 20% ~ 25%。但面临的形势仍然严峻。

首先要注意到一个客观事实，入黄泥沙量和下游河道淤积量的减少，主要都得益于水库、打坝淤地和梯田，因为各地过去实际的造林种草面积不大，成活并发挥效益的更少。黄土高原的水土保持虽然开展较早，但 1949—1980 年的平均侵蚀量仍高达 22.33 亿吨，其中水库拦沙即占 6.03 亿吨。以人们熟知的陕北延河为例，它位于晋陕峡谷黄土丘陵沟壑区，水土流失十分严重。30 多年来，流域内开展了水土保持和兴修水利工程，下垫面有了很大变化。截止到 1989 年，已修梯田 204 平方公里，累计植树造林 1 204 平方公里，种草 511 平方公里，打坝淤地 35 平方公里，建成 100 万立方米以上水库 6 座，总库容量近 2.3 亿立方米。这些工程多数是 20 世纪 70 年代以后修建的，在 80 年代产生拦沙效益。据水文实测分析，70 年代平均输沙量 4 682 万吨，80 年代减少为 3 193 万吨，减少量为 1 489 万吨，即削减了 31.8%。但与此同时，水库库容淤积了近 1 亿立方米，占泥沙减少量的三分之二以上。有关部门测算，淤地坝和梯田的拦沙量约占总拦沙量的 30% ~ 40%。因此，水库、打坝淤地和梯田三项的拦沙量之和，就是全部拦沙效益，而造林种草工程的作用实际上还没有发挥出来。

早在 20 世纪 50 年代以后，植树造林、封山育林、退耕还林还草等即已成为既定国策，但实际完成的面积并不多，许多完成的林草面积其保水保土的效益更少。有人形象地概括为："耕地有二报一，林地有一报二。"不少地方历年

上报造林面积已超过土地总面积，实际造林很少，保存下来并且成活的更少。

来看一个省的例子。据统计，山西省 1949—1985 年 37 年累计造林面积为 445 万公顷，而该省 1985 年底统计的宜林地总面积一共才有 418.8 万公顷[①]，累计造林面积超过了总宜林地面积，显然水分太大。而且按此统计计算，森林覆盖率将达 28.47%，比当年统计的森林覆盖率 13.87% 超出一倍还多。个别地方上报的完成造林面积累计数，甚至超过了该地总的土地面积。

从整个黄土高原山西、陕西、内蒙古、宁夏、甘肃五省（自治区）的 106 个县来看，这些县土地总面积有 23 万平方公里，森林覆盖率在新中国成立初期为 3% 左右，经过近 50 年的努力，增加到 15.5%（包括灌木），森林覆盖率平均每 5 年只增加 1.25%，进展极其缓慢。按照过去那种速度，要达到公认的森林覆盖率 30% 以上的标准，从现在起还得用近 60 年的时间。有人估算，西周时期黄土高原上曾有森林面积约 32 万平方公里，占本区总面积 51.7 万平方公里的 61.9%，是一片水草丰美、林木蔽天的秀美山川。但是按过去的造林速度，要达到这个标准，从现在起需要 185 年多的时间。显然，这样的治理速度与国民经济可持续发展的要求是不相适应的。

笔者认为，48 年来黄土高原整治之所以未能取得预期效益，关键问题是过去的水土保持和植树造林事业，在形式上和实质上都只是一种单一行为。每个省（自治区）每年都由国家下拨几百万元甚至几千万元水土保持事业费，然后按计划任务多少分配到各个市县。例如山西省，1982 年水保经费还只有 860 多万元，1987 年增加到 1 930 多万元，1989 年达到近 3 500 万元。在给各市县下拨水保经费的同时，确实也下达了要求完成治理任务的计划指标。但这些计划指标没有和广大农民群众一家一户的现实切身经济利益紧密挂钩，而仅仅是主管部门的善良愿望，因此农民很难有完成这些计划指标的主动性和积极性。

四、关于加快治理水土流失的四项对策建议

2002 年，我国已经把水土保持生态建设确立为经济和社会可持续发展的一项重要的基础工程，特别是黄河中上游黄土高原水土流失严重地区的重点

---

① 《山西经济年鉴 · 1986》。

治理工程要在 10 年内初见成效，即基本遏制生态环境恶化的趋势。到 2050 年，建立起适应国民经济可持续发展的良性生态系统，适宜治理的水土流失地区基本得到整治，水土流失基本得到控制，坡耕地基本实现梯田化，宜林地全部绿化，“三化”草地得到恢复，生态环境明显改观，大部分地区基本实现山川秀美。

为了实现上述宏伟蓝图，朱镕基同志特地提出了“退田还林（草），封山绿化，个体承包，以粮代赈”的十七字治理方针。笔者当时认为黄土高原地区应该抓紧 21 世纪最初的 5 至 10 年，用好用足中央特别制定的这一方针，着重抓好以下几方面的工作：

1. 彻底摒弃计划经济时代政府以钞票换生态，而农民仍旧广种薄收、靠天吃饭进行单一粮食生产的旧习，避免重蹈“政府发票票，农民划道道”的覆辙，使广大农民群众能使用国家粮款补贴，在退耕还林（草）的土地上不但创造出良好的生态效益，还能创造出比原来种粮更多的经济收入。这样才不会在 7 年后出现反弹，山河依旧。

2. 黄土高原上现有宜牧地 2 390 多万公顷，占全区土地面积的 46% 以上，人均面积高于畜牧业发达的瑞士、荷兰、丹麦等国。应以此为基础大兴草业，大力发展集约型的畜牧业，同时政府要鼓励发展以畜产品为原料的肉、奶、皮革等第二产业，调整该地区的产业结构，使其由传统的农业种植业型结构尽快转变为现代畜牧业、加工业占优势比例的牧、工、农型结构。

3. 在承包主体上实行多元化和多样化。现在有些地方已出现个人承包规模达到数万公顷土地造林绿化的典型事例。是否可以考虑对一些重点土壤侵蚀地区，如位于窟野河、秃尾河下游的神木县，是入黄泥沙的产沙中心，侵蚀严重区面积达 2 000 多平方公里，每平方公里年侵蚀量达 21 474 吨，核心区更高达 34 447 吨。但该县坡度大于 25° 的坡耕地仅 5 800 公顷，而坡度大于 25° 的坡荒地还有 7 320 公顷，能否比照退耕还林（草）的标准，制定对这类荒山荒坡的补助办法，吸引附近农户和其他经济实体（如中资、外资）承包并投资经营治理。

4. 在造林方面可重点采取墨渍战略，即以国有天然林为根据地，向其四周扩展。由于历史原因，本区的天然林在新中国成立后 50 年来采伐不多，保存较好，如黑茶山、吕梁山、白于山、黄龙山、子午岭、六盘山、陇山等国有林区，虽然是支离破碎的黄土高原上几座孤岛，却是重要的水源涵养地，与其周边的农业区形成鲜明对比。如黑茶山林区位于土壤严重侵蚀区蔚汾河、湫水河、三川河上游。现有天然林大都为农田所分割，成零星分布状态，这是几千年来人类不合理地过度屯垦的结果。如以国有天然林区为主体向周围扩展，政府对农户实行退耕还草的补贴，一则国有林局管理、保护和抚育的专业力量强，可对农户进行技术指导和监督验收；二则有利于在若干年后使森林连成一片，产生更大的生态效益。

第六章　历史流域学视野下的交通与商贸

人类文明往往与河流联系在一起，特别是流域中下游地区，原隰宽平，水源丰饶，交通便捷，多成为重要的经济区、政治区、文化区。古代交通多沿着河谷、山峪延伸，因此，流域也就成为天然的驿道走廊。

流域内部的交通网络是流域地域布局的基础骨架。在流域内部，沿河流分布的城镇是流域内人口与经济集聚中心——“点”，它们以河流干支流及沿河交通线为“轴”，沿着轴线的方向形成人口与产业聚集带向外延伸，构建了区域发展的点轴系统，以点轴系统为骨架，进一步形成流域经济系统。这一特征在古代也十分显著。

在中国长达两千年的南北纵向型交通与经济发展格局中，穿过汾河谷地的交通走廊在区域交通系统中一直占有一席之地，于是汾河流域的城镇发育、经济发展、文明进步与之亦步亦趋。本章以汾河流域为例，从城镇、商贸、文化等方面论证了河流廊道的历史作用。

流域两侧的分水岭多为山岭、高原，地势峻拔、关隘巍峨，如汾河东侧的太行山形成著名的“太行八陉”，历来兵家必争。本章通过对“太行八陉”的实证研究，客观地评价了战争的历史作用，如战争对交通发展的促进。在人类文明史上，流域的“陉”与“谷”一直扮演着相辅相成的角色，共同推动着历史的进程。

第一节 流域交通与太行八陉

太行八陉是历史时期华北平原进入山西高原穿越太行山脉的八条自然通道，由南至北依次为轵关陉、太行陉、白陉、滏口陉、井陉、飞狐陉、蒲阴陉、军都陉（见图 6–1）。考证其地理位置和历史变迁，有助于研究中国古代军事战争和交通发展，对进一步开发北京、河北、山西、河南等地的旅游资源、优化旅游环境，形成更科学、更丰富的旅游业体系具有重要的意义。

一、八陉的地理位置及变迁

何为陉?《尔雅》曰 :“连山中断为陉。”陉就其原意讲是指自然山脉的中断之处，但就太行八陉来讲，是指两山中断之处的狭长地带，即自然道路。“太行八陉”一词始于何时，无确切资料可考，见于记载最早的是《读史方舆纪要》转引晋代郭缘生撰的《述征记》:“太行首始河内，北至幽州，凡百岭，连亘十三州之界有八陉。”但是，八陉的历史并非始于晋，早在春秋时期太行八陉已成为兵家必争之地，在此用兵打仗屡屡发生。[①]

（一）轵关陉

轵关最早见于《战国策 · 赵策》，苏秦说赵王“秦下轵道则南阳动”。这里的轵道是指河南济源境豫北平原进入山西高原的孔道，轵关即轵道之要冲。“轵”为车轴端[②]，此处意为古代能够行车的道路。“关当轵道之险，因曰轵关。”[③] 可见，轵关陉即为轵道之关陉。

历史时期发生在轵关陉的战事很多，据统计从 238 年至 575 年较大的就有 8 次。

唐以后有关轵关陉的记载不多，《新唐书 · 地理志》《旧唐书 · 地理志》

---

① 张晓生、刘天彦 :《中国古代战争通览》，长征出版社 1988 年版 ；王铭等 :《山西山河志》，山西科学技术出版社 1994 年版 ；王士翘 :《西关志》，北京古籍出版社 1990 年版 ；华夏子 :《明长城考实》，档案出版社 1988 年版。

② 《考工记 · 总序》，引自《四库全书》第 91 册，上海古籍出版社 1979 年版，第 179 页。

③ 《读史方舆纪要 · 河南四》。

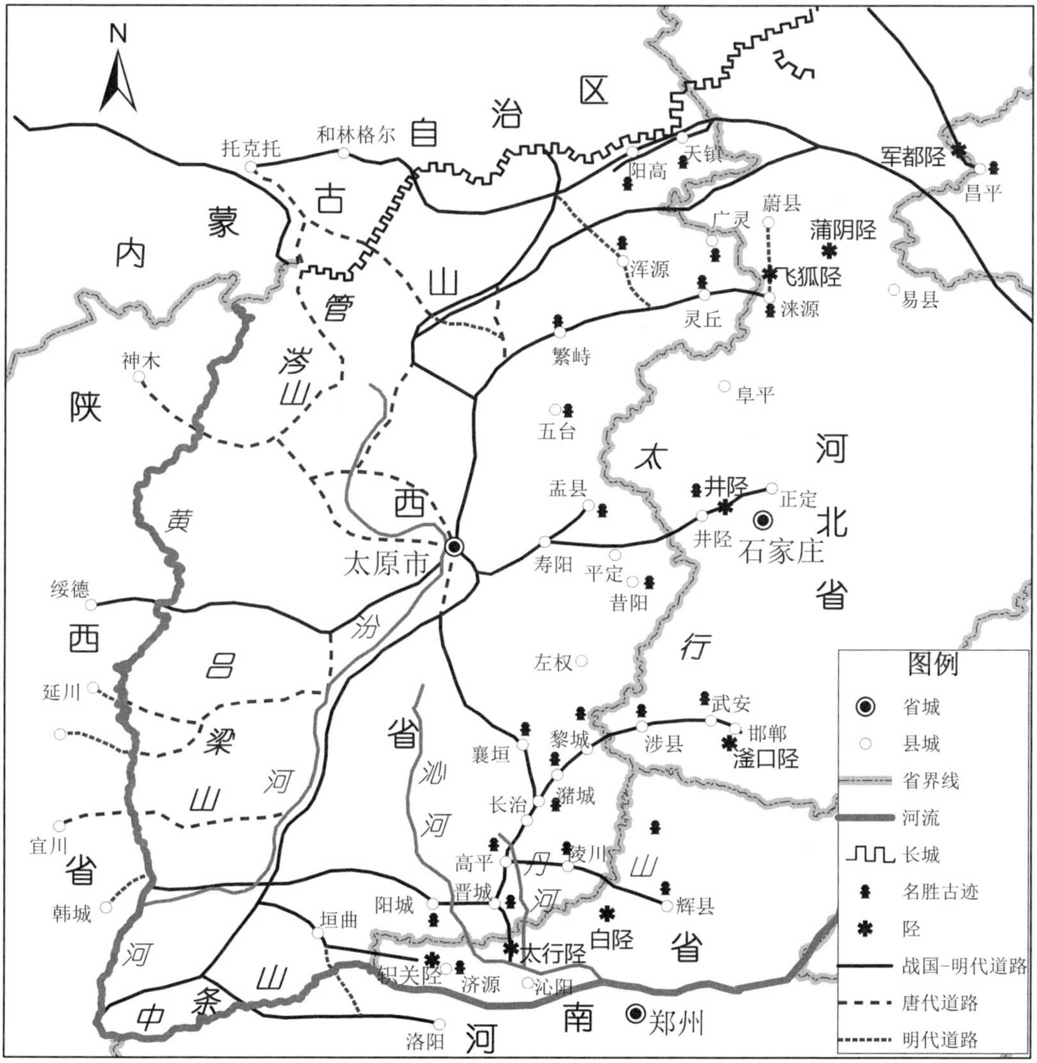
N
内
蒙
古
自
治
区
托克托
和林格尔
天镇
阳高
军都陉
昌平
蔚县
广灵
蒲阴陉
浑源
飞狐陉
易县
灵丘
涞源
管
涔
山
山
神木
繁峙
阜平
陕
五台
太
河
孟县
井陉
正定
西
北
太原市
井陉
石家庄
黄
寿阳
平定
昔阳
绥德
省
汾
西
行
吕
左权
图例
延川
省城
武安
县城
梁
黎城
涉县
邯郸
省
襄垣
滏口陉
省界线
河
沁
潞城
山
长治
河流
河
宜川
长城
省
高平
陵川
山
丹
名胜古迹
晋城
韩城
阳城
河
辉县
垣曲
白陉
陉
太行陉
省
河
轵关陉
济源
战国-明代道路
山
沁阳
唐代道路
中
条
南
郑州
洛阳
河
明代道路
图 6-1　太行八陉示意图

《元丰九域志》和《宋史·地理志》对轵关陉均无记载。这期间晋豫之间的往来通道东移至沁水河谷即太行陉一带，明以后，轵关陉虽有记载[①]，但也只是防范北扰的一种关隘。

（二）太行陉

《读史方舆纪要》载："天井关，亦曰太行关，在泽州南四十五里，太行山顶，南北要冲也。"因"关南有天井泉三所，其深不测"而名。"太行陉阔三步，长四十里。"[②]又因太行陉紧邻沁水与丹水，又名丹陉。

太行陉的历史可上溯自先秦时期。《国语·齐语》载："桓公悬车束马逾太行。"《战国策》范雎曰："北断太行之道，则上党之师不下。"汉阳朔二年（公元前23年）秋，关东发大水，汉帝下诏，逃亡者进入太行关的不要刁难阻止。后汉初，冯异从河北出发，由北向南攻袭天井关后，曾获取上党的两座城镇。汉大将王梁做野王令时，曾北守天井关，因占据地利之便，刘衍攻取十多次未克。元和二年（85），汉章帝刘炟巡幸河东，"北登太行山，至天井关"[③]。蔡邕曰："太行山上有天井关，关在井北，为天设之险。"[④]晋永兴元年（304），刘渊占据山西立为汉王，为巩固其统治，于309年派其子刘聪等十将南据太行陉，堵晋国北伐的必经之路。晋太元十九年（394），慕容垂在长子攻袭慕容永时，由河北磁县率军进入天井关。唐武德三年（620），李世民攻打占据东都的王世充，分遣数将由太行陉南下。唐会昌三年（843），刘稹盘踞泽、潞叛唐，唐王朝曾遣马继和忠武帅王宰等由天井关北上平叛，每次进军都必须先攻破天井关方可进入泽潞之地。中和四年（884），黄巢进占河南各地，河东帅李克用多次率兵由天井关南去救援。宋靖康元年（1126），天井关被赐名为雄定关，元末还曾叫平阳关。至正十七年（1357），"扩廓守平阳关，保据泽、潞二州是也"[⑤]。

（三）白陉

白陉为太行第三陉，《元和郡县图志》载："第二太行陉、第三白陉，此两

① 《明史·地理志》，济源县"又西北有轵关"。
② 《元和郡县图志·河北道一》。
③ 《后汉书·肃宗孝章帝纪》。
④ 《读史方舆纪要·山西一》。
⑤ 同上。

陉在今河内。”河内泛指河南省黄河以北地区，《读史方舆纪要》载，“白陉位于辉县西五十里”，在今辉县薄壁以西。有的书将白陉误为孟门，这一点是值得讨论的。孟门是太行山东部孟门山的一个缺口。《左传・襄公二十三年》：“齐侯伐晋，取朝歌，入孟门，登太行。”朝歌是商代帝辛（纣）的别都（今河南淇县）。齐侯由东而西先取朝歌，再入孟门，然后才登太行。可见，孟门在今淇县和太行之间。《史记・吴起传》又载，“左孟门，右太行”，把孟门和太行放在左右两处来讲，显然孟门并非太行之门，更与《读史方舆纪要》所载的白陉在“辉县西五十里”的地方相差甚远。因此，白陉与孟门的具体位置还应进一步查实考证。

白陉的历史始于何时，无确切记载。《汉书・地理志》河内郡只提到“太行在西北”，未说山中有任何关陉。晋代郭缘生既将白陉列为太行第三陉，说明白陉的历史至少始于晋代。唐《元和郡县图志》，将太行陉与白陉并提，白陉仍是进入上党地区的一个重要关隘。宋代，白陉属河北西路卫州共城县，但是，（宋）王存的《元丰九域志》和《宋史・地理志》并未提及白陉。嘉庆重修的《大清一统志》卷一百九十载：“在辉县西五十里，接修武有白陉，太行第三陉也。”在明末清初修的《读史方舆纪要》中只是提到“有白陉”，也未述及其历史。在清末修的《河南通志》《卫辉府志》中仍查不到白陉。因此，白陉的历史很难考，这大概有两种原因：其一是史籍中有关白陉的记载缺漏；其二是白陉所处的地理位置不利于交通往来。八陉中的大多关陉附近都是河谷峡口，而白陉只是盘旋在山峰中的崎岖小道，交通往来十分不便，打仗用兵经常绕道而行。

（四）滏口陉

“滏口，太行第四陉也。山岭高深，实为险厄。”[①] 其位置在河北武安县东南 20 里。有关陉名的由来，《魏书・地形志》载：“临漳有鼓山。”“鼓山，一名滏山，在县西北四十五里。滏水出焉，泉源奋涌，若滏水之汤，故以滏口名之。”[②] 滏口陉的历史主要集中在东晋十六国时期。这一阶段邺城五朝为都，即

---

① 《元和郡县图志・河南四》。

② 《读史方舆纪要・河南四》。

后赵、前燕、北朝、东魏、北齐均在此建都。滏口陉距邺不足百里，为邺的西门户，自然作为要塞戍守。晋永和六年（350），石赵冉闵起兵，赵将张沈把守滏口陉。太元十九年（394），慕容垂亲率大军出滏口。北魏孝庄帝建义初年（528），葛荣率众号称百万围邺，尔朱荣从晋阳发兵，东出滏口，打败了葛荣大军。北魏永安三年（530），魏主派杨津督并、肆等九州诸军，因兵士不足，拟从滏口陉入并州招募兵卒。接着尔朱兆遣高欢统领并、肆等六镇，高欢即从晋阳东出滏口，高乾闻讯，从信都（今河北冀州）迎谒于滏口陉。大昌初，高欢从邺再次入滏口，击尔朱兆于晋阳。北周建德五年（576），周军大举攻齐，先破晋阳，擒高延宗，又经滏口陉进军齐都邺。

（五）井陉

井陉是八陉中开发较早且较大的关陉之一，其位置在今河北省井陉西北的井陉山。“陉山，在（井陉）县东南八十里。四面高，中央下，如井，故曰井陉。”《吕氏春秋》：“天下九塞，井陉其一，亦曰土门。”[①]《读史方舆纪要》有详尽的描述：“太行八陉，其第五陉曰土门关。今山势自西南而东北，层峦叠岭，参差环列，方数百里。至井陉县东北五十里曰陉山。《穆天子传》谓之钘山。其山四面高平，中下如井，故曰井陉。”[②]

井陉的历史变迁从先秦至明清载于史籍的比较多。赵武灵王二十年（公元前306年），大将赵希利用井陉之地理优势，伏于井陉两侧，打败了林胡和代国的军队。秦始皇十八年（公元前229年），大将王翦领兵由井陉攻打赵国。三十七年，秦始皇出巡死于沙丘（今河北巨鹿），从井陉经九原运回咸阳。汉高祖三年（204），汉高祖刘邦令韩信、张耳东下井陉。号称20万的赵军守于井陉口，被锐不可当的汉军击败。

东晋十六国时期，各族统治者在晋冀等地割据一方。后燕定都中山（河北定县）、西燕迁都长子（今山西长治）、后赵建都襄国（今河北邢台）后又迁都邺（今河北临漳），因而，井陉关战事纷纷，成为必争之地。晋太元十八年（393），后燕王慕容垂从都城中山分路出兵，经井陉攻晋阳。396年，北魏道武

① 《吕氏春秋·有始览》曰：“何谓九塞？大汾、冥阨、荆阮、方城、殽、井陉、令疵、句注、居庸。”
② 《读史方舆纪要·北直一》。

帝拓跋珪从晋阳起兵攻后燕都城中山。武泰初（528），秀容（今山西忻州）酋长尔朱荣占据井陉险要地形，大破葛荣军。普泰初（531），高欢起兵于信都，尔朱兆经井陉三次攻邺，被高欢击败，最后弃晋北逃。隋仁寿末（604），汉王杨谅在并州起兵叛隋，派刘建为将经井陉进军河北等地。679 年，依附于唐朝的突厥部叛唐，唐高宗李治派曹怀舜为将屯兵井陉，以防突厥深入唐的腹地。755 年，安禄山在范阳叛唐，叛军据守井陉天险与唐王朝相对峙，后又攻破长安。从 755 年至 959 年，先后 10 次有兵进出井陉关，其中有 4 次由山西东出，有 6 次由河北西入。

北宋太平兴国五年（980），宋太宗赵光义经井陉至太原又去常山。靖康元年（1126），驻守北京的大将种师闵与金国大将斡离不大战于井陉，斡离不攻陷了正定。元至正十八年（1358），元将察罕帖木儿在井陉聚集重兵，屯列要塞，打败了刘福通的农民起义军。明朝初年，明王朝从正定发兵，两入井陉，攻下平定州，再克太原，取元上都开平（今内蒙古多伦西北）之后，又在井陉“特设官军戍守”。

（六）飞狐陉

飞狐陉“在代郡南四十里”。《读史方舆纪要》载：飞狐陉“蔚州广昌县北二十里”。广昌县即今河北涞源县。又转引《名胜志》：“相传有狐于紫荆关食五颗松子，成飞狐，故名。”这不过是传说而已，实际上飞狐陉名的由来与该处地形有重要关系，其地“两崖峭立，一线微通，迤逦蜿蜒，百有余里”[①]，自然飞狐也难以通过。

楚汉相争时，刘邦的谋臣郦食其建议要据守飞狐之口。汉文帝以令免为车骑将军屯守飞狐陉，以防匈奴入侵。后汉建武十二年（36），光武帝刘秀“诏霸将弛刑徒六千人与杜茂治飞狐道，堆石布土，筑起亭障，自代至平城（今山西大同）三百余里”[②]。晋建兴四年（316），石勒攻陷北方割据势力，西晋驻守太原的刺史刘琨北逃，越过飞狐陉，投奔占据幽州的鲜卑酋长段匹磾。《魏书·高祖纪》载，太和六年（482），“发州郡五万人治灵丘道，自代郡灵丘南

---

① 《舆地广记》。
② 《后汉书·王霸传》。

越太行，至中山（今河北定县）”。唐时称北魏所凿的灵丘道为飞狐道，此道不经飞狐口，以出飞狐南境而出名。孝明帝武泰元年（528），农民起义首领葛荣率军南下进攻洛阳，尔朱荣引北部柔然兵，东出飞狐口，大败葛荣军。

唐五代时期，在飞狐陉发生较大的战事共 7 次。唐武后圣历初（约 698），突厥将领默啜先占据飞狐陉，然后攻取了河北定县。建中四年（783），唐将李晟从河北易县西入飞狐道，讨伐叛军朱泚。光化五年（902），朱全忠令王处直领兵从易县越飞狐陉，将占据太原的朱克用打败。后梁乾化二年（912），晋王李存勖令周德威从太原北上，东出飞狐陉，攻破幽州。后唐清泰末（936），河东节度使石敬瑭勾结契丹反唐，后唐废帝命大将赵德钧自飞狐口南下，从背部击契丹军。宋辽时期，飞狐陉成了据守晋北的军事要塞。宋雍熙三年（986），宋将潘美、贺令图发兵救蔚县，结果被契丹大军打败于飞狐。飞狐陉一失，其外围的浑源、应县、朔县诸地就先后被契丹占据了。

飞狐陉在明代仍见于史籍，（广昌）“县飞狐关在北”[①]。《清史稿》卷五四，也记载了飞狐口的具体位置：“易州，广昌县黑石岭镇，古飞狐口。”

（七）蒲阴陉

蒲阴陉在“保定府易州西八十里”，即今河北易县西，古称子庄关或五阮关，宋名金陂关，金元以来又称紫荆关。

蒲阴陉的历史唐宋以前见于记载的不多，自金元定都北京以后，蒲阴陉作为京都的西门户，其位置至为重要。汉阳朔三年（公元前 22 年），函谷关以东发了大水，汉成帝刘骜曾下诏，凡是逃荒进入函谷关、天井关、壶口、五原关的流民都不得久留。建武二十一年（45），乌桓进兵中原，汉帝派大将马援出紫荆关，乘其不备袭击乌桓。

《水经注》卷十一载易水东：“左与子庄溪水合，水北出子庄关，南流迳五公城西。”

金代女真族由会宁（今黑龙江阿城南）迁都中都（今北京）后，蒲阴陉的政治地位也发生变化，嘉定二年（1209），蒙古贵族进攻金兵把守的居庸关，蒙古军将主力绕至紫荆关，利用地势险要的条件，在五回岭（今河北易县境）

① 《明史·地理志》。

大败金兵。元致和初年（1328），上都（今内蒙古多伦）王忽剌台进入紫荆关以后，游兵曾逼至燕京城南，在卢沟桥与元朝燕京留守燕帖木儿进行了一场激战。明初大将华云龙向帝王建议，紫荆关应该设立千户所，明王朝采纳了他的意见，在紫荆关屯重兵守御。尽管如此，这里战争仍纷纷不断，仅正统末年（1447）至嘉靖三十二年（1553）就多达十几次。正统十四年（1449），蒙古军攻破紫荆关，明英宗被瓦剌军所俘，史称“土木之变”。天顺三年（1459），蒙军进犯大同、雁北、忻州、代州等地，明帝命大将颜彪、冯宗率兵屯守紫荆、倒马两关。弘治四年（1491），明大将高铨建议在紫荆关、拒马河北的三里铺增筑城堡、派兵戍守。嘉靖三十二年，蒙古俺答进兵明边，从大同南下，在紫荆关一带与明军展开激战。

（八）军都陉

军都陉与居庸关并提，是因居庸关为军都陉道上的关隘，居庸关亦曰蓟门关，北齐曾叫纳款关，均为南口至八达岭通往桑干盆地的天然孔道。

东汉建武元年（25），驻守上谷（今河北怀来）的太守耿况在居庸关迎接刘玄派往上谷的使者。汉明帝永平年间（58—75），匈奴骑军路经军都陉，耿况之子耿舒袭破其众，斩匈奴两王。建武十五年（39），东汉曾把代郡和上谷郡的百姓迁至居庸关居住。建光元年（121），鲜卑族再次进犯居庸关。建武六年（30），后赵国王石虎亲率大军从军都陉抵蓟城，又攻破武遂津（今河北徐水）。永和六年（350），前燕国王令慕容舆率兵西出居庸关。太元二十一年（396），北魏道武帝拓跋珪派大军从东路出居庸关袭幽州。孝昌初（525），杜洛周于上谷起义，北魏急调幽州刺史常景去讨伐，从卢龙到居庸都派了重兵据险防守，幽州都督元谭亲驻居庸关，不久双方交战，居庸关为义军所攻克。北齐天保七年（556），朝廷调集百姓，修建长城，东至居庸关，西至大同，900余里。

唐武宗会昌二年（842），幽州发生兵乱，吴仲舒建议，只要控制居庸关，就可断其粮道。乾宁元年（894），河东节度使李克用进攻幽州，在居庸关大败幽州救兵李匡筹。宋宣和四年（1122），金兵进攻辽都燕京，辽的精锐部队扼守居庸关，当金兵行至关前，两旁的石头崩裂下来，砸死很多辽兵，辽军不战而溃。

元致和元年（1328），怀王至大都即位后，燕帖木儿及其弟撒敦把守居庸关。同年，文宗又下令修缮居庸关，调集壮兵守卫。至正二十四年（1364），元将孛罗帖木儿从居庸关进兵京都，元皇太子逃往扩廓军中。明洪武二年（1369），明王朝刚进入元都不久，即派大将徐达领重兵把守军都陉，再次修堡筑垒。永乐二年（1404），明王朝在军都陉置卫，下设5个千户所，每所1 120人。

二、太行八陉的历史意义及旅游资源的开发利用

（一）历史意义

从春秋战国至明清，太行八陉烽火未断，干戈不息，尽管朝代更替不迭，而太行可依恃之险，却一仍从前。秦昭王曾依据太行“威天下”，汉高祖曾以太行“得天下”，汉刘秀曾以太行“复天下”，魏武帝曾以太行“争天下”，唐太宗曾以太行“并天下”，元、明、清三代曾以太行“安天下”。可见，太行八陉在中国历史上有着重要的政治地位和军事地位。

太行八陉就其地理位置讲，可分为南四陉（轵关陉、太行陉、白陉、滏口陉）和北四陉（军都陉、蒲阴陉、飞狐陉、井陉）。随着中国历史上政治中心和经济中心的北移，南北四陉的作用也随之变化。在宋代以前，政治中心集中在长安、洛阳、开封、邺等，南四陉是中原的自然北屏，该线以南川原平衍，少险可依，占据南四陉，控扼太行山南端，处于居高临下之势，攻京都者可驰骤易达，保京都者可屏藩坚固。元以后，建都北京，政治中心由中原移至京都，太行北四陉成了安邦卫国的门户，所以从元开始当政王朝都要在北四陉修堡筑垒，加固长城，守以重兵，比如仅军都陉一处，明朝即派守兵13 762人，置道口墩塞73个、城2个、堡3个。

（二）交通意义

太行八陉本是太行山的自然关隘，随着历史时期人文活动的增加，由关隘驿站逐步拓展为车骑大道直至今日之高速公路。

早在先秦时期，太行八陉中的一些已成为皇帝行幸的道路，这对以后太行八陉交通的发展起了很大的作用。约公元前10世纪，周穆王出巡，由洛阳东启程，经太行陉进入山西，到达平定县东，遇雨雪在井陉狩猎，又北行至五

台。有些陉道虽帝王没有巡幸，但由于战争的需要曾多次修筑道路，如汉代曾用6 000名囚徒修飞狐道。隋唐时期，随着经济的繁荣，太行八陉中有些得到开发和拓展，主要是代州（今代县）经飞狐陉至易州（今易县），石艾（今平定）经井陉至恒州（今正定），潞州（今长治）经滏口陉至邯郸（今邯郸），泽州（今晋城）经太行陉至怀州（今沁阳），幽州（今北京）经军都陉至妫州（今怀来县东）。

明清时期，以北京为中心的驿运路线已形成一个较完整的交通网络，太行八陉基本成为驿道干线，这对近代以来京、晋、冀交通的发展有重要意义。轵关陉在明清时期是河南济源向西北通往皋落（今山西垣曲）的路线，在八陉中这是较小的道路，至今仍是乡镇之间的公路。太行陉是河南怀庆府（今沁阳）通往山西泽州的交通大道，现在仍是沟通豫北和晋东南的主要通道。白陉是河南辉县通往山西陵川县的必经之地，明清时期未得到大规模开发。滏口陉是潞安府（今山西长治）通往邯郸的主要路线，今天这条线公路、铁路均得到开发。井陉是平定州（今平定）至真定府（今河北正定）的唯一通道，这条路曾经是“车不得方轨，骑不能成列”[①]，今天却是太原通往河北的最大公路和铁路干线，刚开通的太旧高速公路即由此东出。飞狐陉和蒲阴陉基本上是一条干线，是大同府通往河北广昌（今涞源）的要道。这条路至广昌后又折向北至蔚州（今河北蔚县），今天这条线铁路、公路并行，是晋北通往河北的主要干线。军都陉是京师顺天府（今北京）通往延庆州（今延庆）的天然通道。如今这条线不仅是北京西郊的主要旅游线路，也是京都通往张家口及内蒙古的主要干线。

（三）旅游资源的开发利用

太行八陉就其本身的复原价值来讲并无太大意义，但是，由其地貌形态孕育出来的自然旅游资源，不仅类型多而且各具特色，有较高的旅游、观赏和疗养价值。再与太行山区域已开发出来的现有的112处[②]名胜古迹相融合，对优化本区的旅游环境和开发本区的旅游资源具有重要的意义。[③]

军都陉又称关沟，史书中有“关沟七十二景”之说，现在开发的虽不足

---

① 《汉书·韩彭英卢吴传》。

② 根据《中国名胜辞典》（国家文物局主编，上海辞书出版社1981年版）统计。

③ 杨建峰：《山西旅游必读》，山西人民出版社1990年版。

72 景，有些资源还有开发的价值。就军都陉整个陉段看，从南口经居庸关、八达岭到关外岔道，高山深涧、峭壁悬崖、葱茏郁茂、苍翠层叠，确实令人赞叹叫绝，因而被金章宗钦定为燕京“八景之一”。同时，军都陉的防御体系在中国古代战争史上是有代表性的，居庸关是整个陉道的中枢，其关城历代王朝均有维修，关城中心为雕刻精美的云台。八达岭是军都山的主峰，海拔 1 015 米。蒲阴陉是狭长数十里的陉道，道口有紫荆关，位于居庸关与倒马关之间，三者号称“内三关”，原关门上还有“紫塞荆城”石刻，尽管关城已倾圮，仍可复原重建，因为这一带在盛夏时节，漫山紫荆盛开，花香四溢，确实罕见，再加上两侧的长城景色，崖壁峭立，状如列屏，确有“一夫当关，万夫莫开”之险。同时还可与本区的燕下都遗址、荆轲山上的荆轲塔、永宁山下的清西陵、泰陵、狼牙山、烈士塔、易县道德经幢等相融合，形成一个新的观赏游览区域。

井陉是交通流量最大的通道，在井陉西有苍岩山，相传此处是南阳公主的修行之所，危崖峭壁，群峦积翠，享有“五岳奇秀揽一山，太行群峰唯苍岩”之盛名。再西有娘子关及瀑布，在此有许多流传千古的巾帼故事。关北（今盂县境内）有藏山，相传有晋国大夫赵盾被晋灵公杀害后的故事，这里庙宇依山建造，亭台楼阁俱有，入口处有龙凤二松，崖上积水成沼，山上十景奇丽壮观。关南（今平定境内）还有冠山，明末清初时傅山曾在此隐居，金代的资福寺为主要建筑，题字石刻遍布全山，书院亭台楼阁十余处。盂县城北的寺平庄温泉，是山西省目前已开发的五大温泉之一，这一区域集旅游、观光、疗养为一体，极有开发价值。

轵关陉和太行陉均在太行山的南翼，又与中条山紧邻，其附近有王屋山，誉为“天下第一洞天”。还有大明寺、阳台宫、延庆寺舍利塔、奉仙观、济渎庙、盘谷寺、天宁寺三圣塔、悬谷山摩崖造像、清真寺等。再西北是原始森林历山旅游区，该区内有舜王坪、白云涧、下川遗址、山迪岩景区、蟒河风景区等，这些都是很有价值的旅游资源，值得进一步开发利用。

从上述内容可见，太行山不仅是名胜古迹及人文旅游资源较为集中的区域，而且是自然景观雄、秀、幽、奇、妙趣横生的天然乐园，科学地将人文与自然结合起来，本区的旅游业将会有更丰富的内容和广阔的前景。

第二节　山西商贸活动的历史发展

研究山西经济历史，需要对其商业经济的发展进行探讨。因为商业经济的发展程度是社会经济兴衰的重要标志，也是对自然资源开发利用程度的直接反映。社会经济越发展，商业经济也越活跃。反过来，商业经济的活跃，又促进了社会经济的发展。

本节试图从山西商业经济的产生、发展、兴盛等几个阶段进行考察，探讨山西商业经济的发展规律和特点。这对拓宽山西商业经济的流通渠道、进一步开发山西资源、壮大山西经济有着重要的意义。

一、山西商业经济的产生

商业经济的产生是依赖于社会分工的，是社会经济结构发展到一定程度的产物。山西最早的社会经济结构是采集和渔猎经济相结合[①]，生产没有剩余，在生产者之间直接的以物易物尚未形成。随着生产工具的发展，原始的采集和渔猎经济逐步发展为定居的农业经济和牧业经济。这一时期，社会分工的特点是以农业经济为主，畜牧业经济逐渐处于辅助地位。尤其在晋西南地区及汾河谷地，有发展农业的优先条件，农业在氏族经济中更有明显的主导地位。农业的发展为社会分工创造了先决条件，首先是畜牧业从农业中分离出来，生产有了剩余，人们的生活水平较前有所提高，一些简单的、直接为生活所利用的手工业也逐渐发展起来。

农业、畜牧业、手工业的社会分工，为部落、氏族之间产品的交换提供了可能。《易经·系辞》上载："神农氏作……日中为市，致天下之民，聚天下之货，交易而退，各得其所。"相传尧都平阳（今临汾）时，根据不同的地理环境，因地制宜，发展农业、牧业、手工业，然后在各部落之间再进行交换，互通有无。《淮南子·齐俗训》载："尧之治天下也……水处者渔，山处者木，谷

① 反映这种原始经济结构的考古遗址有：芮城县西侯度、匼河遗址，垣曲县东岭、柴火圪塔、坪道、许家窑遗址，静乐县风程山遗址，侯马市里村西沟、南梁遗址，交城县范家庄遗址，朔县峙峪青圪塔遗址，保德县火山遗址，中阳县许家坪遗址。

处者牧，陆处者农。地宜其事，事宜其械，械宜其用，用宜其人。泽皋织网，陵阪耕田，得以所有易所无，以所工易所拙。”这种原始的交换尽管是以物易物，没有一个等价的尺度去衡量，但它无疑是商品经济产生的雏形，随着私有制的产生，交换的种类和规模也日益扩大。

值得特别提出的是山西解州食盐，最早成为人类生活中的必需品，自然也是交换广泛的产品之一，其规模从一开始就是很大的。“袤五十一里，广七里，周百十六里。”交换的范围也不局限于河东地区，还远及江南一些地方。

夏、商、周三代是山西商业经济结构初步形成时期。这时各个社会分工部门之间已不是简单的以物易物，对物的价值观念已经产生。标志这一变化的要素是货币与市场的出现。芮城县南礼教村的考古遗址中发现的贝，是最早成为交换的代身，充当了媒介物的职能。司马迁在《史记·平准书》中记有：“虞夏之币，金为三品，或黄，或白，或赤；或钱，或布，或刀，或龟贝。”《管子·山权数》载：“禹以历山之金铸币，而赎民之无糧卖子者。”历山在今芮城县境。可见夏代已有货币，山西晋西南地区是铸造货币的中心地区。同时，由于商品交换的扩大，出现了一些固定的交换场所，这就是原始城市的形成。如安邑、平阳、晋阳就是从初期的聚落发展起来的城市。

商代，手工业发展迅速，主要表现在手工业生产部门的专业分工精细和做工技术的提高，尤其是青铜冶铸，有不同的作坊，能制作出各种精美的青铜器皿和各种用途的青铜工具。如在晋西的石楼、永和、柳林等地墓葬中发现的大批精细铜器，这在殷商时期具有一定的代表意义。基于这两个条件，商品交换更加频繁，尤其突出的是货币的广泛使用。如1971年在山西保德县西南70里林遮峪，相当于商代后期的墓葬中发现铜贝109枚，海贝112枚。[①]保德县位于晋西北，距殷商时的商业经济中心和政治中心都较远，在这里发现铜贝和海贝，可能是随商品交换而流入此地的，这说明当时山西的商业已达到了一定的规模和程度。

周代，山西商业经济的变化是商业活动由民间转入官府控制，这与井田制的实行、奴隶制国家的加强有直接关系。从井田上剥削来的农产品和手工产品、山泽产品以及各地的贡物，除了供贵族享用外，还需要在市场上进行交易，因此，市场上的产品多来自官府。商业奴隶和手工业奴隶都归官府所

① 吴慧：《中国古代商业史》第一册，商业出版社1983年版，第68页。

有，所以“府藏皆有贾人，以知物价。食官，官廪之”[①]。这就是周代的“工商食官”制度，这一制度促进了商业经济的发展，各个王国、侯国都设有市场，“凡国野之道……五十里有市，市有候馆，候馆有积”[②]。山西的晋西南有魏（芮城北）、郇（安泽南）、瑕（曲沃）、耿（河津南）、贾（临汾贾乡）、唐（翼城南）、绛（翼城东南）、鄂（乡宁）、隰（襄汾北）、杨（洪洞）、赵（赵城）、蠡（霍县），晋东南有黎（长治）、潞（潞城）、徐（屯留北），晋西有蒲（交口西），还有晋中，晋北箕（太谷）、燕等，在这近20个侯国中，如果像《周礼》所讲的“五十里有市”，西周时山西的侯国集市已经遍及境内，各侯国间或侯国内部的交易，即使是受官府控制，也应具有前代所不及的规模。

二、山西商业经济的发展

春秋战国之际，山西商品经济有较大的发展。除了官府控制的手工业和商业外，出现了更多独立的个体手工业者和私营小商贩，他们在向官府纳税的条件下，可自由经营某些手工业和商业，这样就使得各地的特产更加商品化。同时，在春秋末期，土地也开始买卖。晋国魏绛讲到和戎之利时提出：“戎狄有荐居，贵货易土，土可贾焉。”[③]战国初，赵襄子任中牟二贤士中章、胥己为中大夫，随“予之田宅”，导致“中牟之人，弃其田耘，卖宅圃而随文学者，邑之半”[④]。晋与戎狄“予之货而获其土”[⑤]。可见，随着生产力的发展，晋国商品经济已具一定的规模。晋文公在位时（公元前636—前628年）的兴国之策也是发展商业，采取“轻关易道，通商宽农”[⑥]的政策，这样不仅使本国南北商贩来去自由，而且还可以对外通商，到晋平公在位时（公元前557—前532年），在晋国就发迹了一些富商巨贾。如绛之富商其财足以“金玉其车，文错其服”，“能行诸侯之贿”。[⑦]发展商业经济的结果使晋国“政平民阜，财用不匮”[⑧]，从而

① 《国语·晋语四》。
② 《周礼·地官·遗人》。
③ 《左传·襄公》。
④ 《韩非子·外储说左上》。
⑤ 《国语·晋语七》。
⑥ 《国语·晋语四》。
⑦ 《国语·晋语八》。
⑧ 《国语·晋语四》。

奠定了晋文公称霸群雄的经济基础。

战国时期随着封建地主阶级经济的形成，山西商业经济也得到了进一步的发展。首先是商业经济区域的形成。在晋西南形成了以魏都安邑（夏县禹王乡）为中心的商业经济区域，晋东南形成了以上党盆地为集中的商业经济区域，太原地区形成了以晋阳为中心的商业经济区域。在各个区域都有若干城邑和商品交换的固定场所。如韩上党地区“有城市邑十七”[①]，魏国的“小县有市者卅有余”[②]。这些“市”不仅沟通着城乡之间的商品交换，而且也为地区之间和列国之间的贩运往来提供了有利条件。

这一时期山西商业经济发展的另一标志是金属铸币的出现。到目前为止，在山西境内出土的铸币共有 21 172 万枚，是全国最多的一个省份，其分布范围几乎遍及全省。赵国的钱币主要集中在晋北的阳高、原平，晋中的祁县、太原、交城和晋西南的闻喜等地。在侯马的晋国城址附近，曾发现 12 枚大型耸肩空首布，这是目前我国根据考古发掘判定年代最早的布币。从遗址的地层里还发现有炼炉残迹和坩埚碎片，还有大量的空首布内范，表明这些空首布是在当地铸造的。[③] 有些遗址中发掘的货币数量之多，令人惊叹。如阳高县天桥发现的布币数量多达 1.3 万枚，总重量 102 公斤。这些资料足以说明春秋战国时期山西货币经济的发展达到了一定的程度。

秦汉时期是山西商业经济结构的成熟时期，主要表现在：(1) 有统一的币制和度量衡，铸币权完全归于封建国家官府。(2) 投入市场的各种产品门类增多，工艺精细。如铜铁手工业、印染业、酿酒业、髹漆业、桑麻布帛加工业等，产品更适合人们生产和生活需求。如 1957 年在襄汾县发现汉代铁鼎 1 件、铧 13 件，还有铲、镰、锄等。1962 年在右玉县大川村发现西汉成帝“河平三年”铭文的精制铜器，其中有铜温酒樽 2 件。(3) 盐的进一步开发。产盐地除晋西南的解州盐池外，还有中部的晋阳和北部的娄烦。在汉元狩以后盐政尽管收归政府专营，但盐仍然是山西商人贩运和追逐钱财的重要产品。另外，汉代河东地区除了制盐业外，农产品也是交换的主要商品。当地商人“西贾秦翟，

---

① 《史记·赵世家》。

② 参见张鸿雁：《春秋战国城市经济发展史论》，辽宁大学出版社 1988 年版，第 253 页。引录《战国纵横家书》之《见田并于梁南章》。

③ 中国科学院考古所编：《新中国的考古发现和研究》，文物出版社 1984 年版，第 278 页。

北贾种代”[1]。在晋北与匈奴贸易往来，以黄金、丝绸品交换匈奴的马、骡、驴、驼、兽皮、毛织物等。《汉书·匈奴传》载：“匈奴自单于以下皆亲汉，往来长城下。汉使马邑（山西朔县）人聂翁壹，间阑出物，与匈奴交易。”

汉代山西商业贸易远及罗马。清末在山西灵石县掘得罗马古铜钱 16 枚。从钱面镌文可知，这些铜钱为罗马皇帝提比略时代所铸。相当于东汉光武帝建武十三年（37）[2]，这显然是汉代西域商人在山西进行贸易活动的证据。

三、山西商业经济的萧条

从东汉末开始至隋统一中国是山西商业经济的相对萧条时期，出现了“钱货无所周流”[3]的状况，究其原因有三：

第一，封建军阀豪强多次割据，人为地阻碍了商品的生产和交换。本地人口大量丧亡，北方民族屡次南迁[4]，生产萎缩，商业都市衰落，破坏了春秋战国以至秦汉以来形成的商业经济区域。

第二，货币制度混乱。东汉末原有的货币制度被董卓破坏，钱币减重。到曹魏时，罢小钱还用五铢。曹丕称帝后，于黄初二年（221）“三月初复五铢钱”，十月又“以谷贵，罢五铢钱”，“使百姓以谷帛为市”。[5]后赵石勒时，又企图整顿钱货，发展商业，铸“丰货钱”，下令“解西山之禁，蒲苇鱼盐除岁供之外，皆无所固。公侯卿牧不得规占山泽，夺百姓之利”[6]。但也没能使不景气的商业得到恢复。

拓跋氏迁都平城后，虽然也采取了一些统一货币、统一度量衡的措施，但由于拓跋部崛起于游牧部落，本身的手工业生产不很发达。从外地迁往平城的“百工技巧”主要是从事官府需要的各种手工业生产，对私人占有工匠则加以禁止。所以商业经济的发展仍受到限制，造成“钱货无所周流”[7]的萧条局面。

---

① 《史记·货殖列传》。
② 张星烺编注：《中国交通史料汇编》第一册，中华书局 2003 年版，第 120 页。
③ 《魏书·食货志》。
④ 见拙文：《汉唐时期山西文人的地理分布及其文化发展之特点》，《山西大学学报》1986 年第 4 期。
⑤ 《晋书·食货志》。
⑥ 《晋书·石季龙载记上》。
⑦ 《魏书·食货志》。

第三，实物经济取代了货币经济。由于货币紊乱，价值低落，交换者为了免受货币贬值的损失，便采取以实物交换的形式。尤其在北魏时期，采取了落后的实物税制。如当时以麻布充税，迫使很多地方从事单一的麻种植和加工。尽管在并（今太原西南）、肆（今忻州北）、雁门（今代县）、汾（今汾阳）、蒲坂（今永济）、汾阴（今万荣）等地形成了麻织业发达的地区，但是单一的地方产品难以使市场得到复兴。

尽管这一时期在相对安定的地区，商业经济仍有一定的规模，尤其是北魏建都平城，对开发晋北的自然资源和改变当地的经济结构起了很大的促进作用，使平城成为与晋阳、平阳齐名的商业都市。同时行商者依然不少。如石勒行贩于洛阳；雁门繁畤人莫含"家世货殖，赀累巨万"[①]；山阴人贺琛"贩粟以自给"[②]；"河东俗多商贾，罕事农桑，人至有年三十不识耒耜"[③]。但山西商业经济的发展终究未恢复到汉代的水平，也不及此后的唐宋时期，故谓之为萧条时期。

四、山西商业经济的兴盛

隋唐宋元时期是山西商业经济由恢复逐渐趋向兴盛的时期。

隋统一南北后，山西经济开始恢复，南北朝时期占优势的实物经济逐渐被货币经济所代替。晋西南和晋东南是商业城市较集中的区域，紧邻全国最大的商业中心城市长安和洛阳，商品的南北流通有天然之便。"诸州调物，每岁河南自潼关，河北自蒲坂，达于京师，相属于路，昼夜不绝者数月。"[④]隋朝尽管不足40年，但山西商业经济的恢复为以后的发展奠定了基础，到唐朝山西仍是黄河流域仅次于长安、洛阳的第三个政治、经济中心，商业经济进入稳定的发展阶段。"是时，海内富实，米斗之价钱十三……绢一匹钱二百。道路列肆，具酒食以待行人，店有驿驴，行千里不持尺兵。"[⑤]

唐代，山西各大中城市均有"邸店"。所谓"邸店"据《唐律疏议》卷四

① 《魏书・莫含传》。
② 《梁书・贺琛传》。
③ 《北史・昭成子孙・拓跋赞》。
④ 《隋书・食货志》。
⑤ 《新唐书・食货志一》。

解："居物之处为邸，沽卖之所为店。"其实"邸"也兼卖货物。例如《太平广记·神仙十六》"张老"条引《续玄怪录》说："乃往扬州，入北邸，而王老者方当肆陈药。"这就说明邸即市。邸店不仅转运商货，收买商品，而且也根据供求所需陈市贩卖。因此出现了一些"豪家大商，积钱以逐轻重，故农人日困，末业日增"[①]。如闻喜人裴伷先，"货殖五年，致资财数千万"[②]，并"以财自雄，养客数百人。自北庭属京师，多其客，诇候朝廷事……进工部尚书"[③]。

唐以后的五代时期，尽管全国处于乱世，但得天独厚的山西相对得到了发展。在五个朝代中，有三个（后唐、后晋、后汉）都是以太原为根据地的沙陀人建立的。这一方面说明山西地势之险要，可据之而扼黄河中下游，另一方面也标志着山西自给经济有相当的实力。社会经济稳定发展，自然商业经济也有一定的规模。这一时期商品交换除了隋唐以来发展的农副产品、手工业品等以外，较明显的是南北马市的增多。《旧五代史》卷四四载，后唐长兴四年(933)，枢密使范延光奏："见今西北（山西、陕西和甘肃一带）诸道蕃卖马者，往来如市……"时五台山地当契丹（辽）界上，有僧人继颙，为人多智，善商财利，开银矿做生意，也买卖马匹，常得其马以献北汉当朝，号"添都马"，年达数百匹。[④]

宋代山西商业经济的发展表现出南北不平衡的特点，晋北属辽国管辖，西北又紧邻西夏，通商互市仍多为马匹，如代、潞、保安、镇戎、雄、霸诸州，军都置有榷场或博易场，和辽、金、夏诸国交易。但这种榷场是由官方管理、监督交易的，在民间禁止擅自买卖，"禁商人不得赍箭苛、水银、丹漆等物于河东境上贩易，违者重致其罪。沿边民敢居停河东商人者弃市"[⑤]。因此在宋初，晋北的商业集市以及民间商贸远不及晋南地区。

晋南地区这时的商业经济仍不逊色，隋唐时期发展起来的豪贾大商活动范围不仅仅限于黄河中下游，而且远及江南一带，参与航海贩运之利。如元丰三年（1080），"京东、河北、河东三路，商贾所聚，海舶之利颛于富家大姓"。同年，"广南、福建、淮、浙贾人。航海贩运至……河东等路，运载钱帛、丝

① 《新唐书·食货志二》。
② 《太平广记·定数二》。
③ 《新唐书·裴炎传》。
④ 陶希圣：《五代的都市与商业》，《食货半月刊》1935 年第 1 卷第 10 期。
⑤ 《宋会要·食货三七》。

绸贸易”。①

元代，山西商业在隋、唐、宋的基础上进一步发展，出现了前所未有的兴盛。商税是直接反映商业经济的主要方面，下面我们从至元七年（1270）所征收的全国各路（州）的商税额来分析山西的商税，进而了解当时山西商业经济的兴盛以及在全国所占的次第（见表 6–1）。

表 6–1 元至元七年全国各路（州）商税额（单位：锭）

路（州）别	商税额	路（州）别	商税额	路（州）别	商税额
晋宁路	21 359.40	上都留守司	1 934.5	嘉定路	17 418.3
冀宁路	10 714.3	上都税课提举司	10 525.6	顺德路	2 507.9
大同路	8 438.1	兴和路	770.1	广平路	5 307.2
大都宣课提举司	103 600.1	永平路	2 272.4	彰德路	4 805.4
大都路	8 242.9	保定路	6 507.2	大名路	10 795.8
怀庆路	49 411.2	济宁路	12 403.4	冠州	738.1
卫辉路	3 663.7	曹州	6 017.4	宁海州	944.3
河间路	10 466.4	濮州	2 671.7	德州	2 919.4
东平路	7 441.4	高唐州	4 259.6	益都路	9 477.1
东昌路	4 879.3	泰安州	2 013.2	济南路	12 752.3

说明：本表根据《元史·食货志》整理。

由表 6–1 可知，属于山西境内的是冀宁路、晋宁路、大同路。除了大都宣课提举司外，在全国 30 个路（州）中，晋宁路的商税额位居第一，其辖境包括今运城和临汾地区。可见晋西南地区在元代商业之盛况。冀宁路、大同路虽不及晋宁路，但与全国诸路（州）相比较，分别为第六和第八，这无疑是山西商业经济兴盛之依据。

元代，河东盐业仍具有一定规模。“河东之盐出解州盐池，池方一百二十里。”② 不仅官方由此多得商税③，而且民间也享得贩运之利，成为当地人民生活

① 《宋史·食货志下》。

② 《元史·食货志二》。

③ 《元史·食货志二》载：“太宗庚寅年，始立平阳府征收课税所，从实办课，每盐四十斤。得银一两。”

的重要依托。

隋、唐、宋、元时期，山西商业经济兴盛的另一标志是货币经济功能的加强。隋初统一钱币，全国通行五铢钱，到唐武德四年（621）七月十日，废五铢，行开元通宝；宋代通行“宋元通宝”（或“皇宋元宝”）。在山西由于豪富大商垄断市场，积钱过多，同时各种产品大量投入市场，钱币需求量增加。除了通行以上全国性的钱币外，还另行小钱。如唐“大历以前，淄青、太原、魏博杂铅钱以通时用”[①]。为了调节钱货周流和进一步扩大交换规模，于唐宪宗时出现了“飞钱”（也叫“便换”）[②]，这时飞钱还只是一种汇票，还不是正式的纸币，但飞钱在货币经济中的应用，当是商业经济发展的重要突破。飞钱发展为纸币是宋代的事情，时称“交子”。

关于交子的产生说法不一，有人认为最初可能在山西。《宋史·食货志》载：“神宗熙宁初……河东运铁钱劳费……二年，乃诏置交子务于潞州。”“四年，复行于陕西。”交子是否产生于山西，有待于进一步探讨，但宋神宗时在山西潞州设交子务，自然是当时货币经济发展之需求，继唐之飞钱、宋之交子，在金元时出现的是“交钞”。

这一时期山西商业经济区域在进一步扩大，形成了以平阳、蒲州、晋阳、泽州、潞州、平城为商品集散地的商业中心。意大利著名旅行家马可·波罗曾游历太原、平阳、大同等地，在其游记中特别提到：“（山西）商业及数种工业颇见繁盛。有大商数人自此发足，前往印度等地经商谋利。”[③]

五、山西商业经济的鼎盛

明清时期山西商业经济的发展达到了高峰，与全国其他省份比较当数第一。

（一）山西商业资本不仅在本省有雄厚的实力，而且渗入全国各地

山西商人活动于全国各地，西自陕西、宁夏、凉州、甘州，北到辽东、宣府、延绥，东至河东、山东，南达江浙等地。以下列举几则西北方面和东南方

---

① 《新唐书·食货志二》。
② 《新唐书·食货志四》。
③ 〔意〕马可·波罗著，〔法〕沙海昂注，冯承钧译：《马可·波罗游记》第2卷第37章，中华书局2004年版。

面的史料来说明。

西北方面：山西平阳府曲沃县商人李明性“挟资贾于秦陇间”[①]；蒲州商人王现“乃出为商，尝西至洮陇，逾张掖、敦煌，穷玉塞，历金城，已，转而入巴蜀，沿长江，下吴越，已，又涉汾晋，践泾原，迈九河，翱翔长芦之域”[②]。

东南方面：明清两代江苏、浙江商业经济发展迅速，有新安商人近雄于江浙，但是山西商人以雄厚的实力，仍频繁活动于江浙，在竞争中谋取巨资。如山西蒲州商人席铭，“历吴越，游楚魏，泛江湖，懋迁居积，起家巨万金，而蒲称大家，必曰南席云”[③]。

由以上史料可知，山西商人活动于全国各地，一方面增加了山西商人的资本，另一方面也扩大了山西地方产品的行销范围。山西商业资本的流通方式又往往是借贷于外地商人，从中牟取暴利，壮大自己。如庞尚鹏在《清理延绥屯田疏》中说：“间有山西运商前来镇城，将巨资交与士商，朋合营利，各私立契券，捐资本者，计利若干，躬输纳者，分息若干，有无相资，劳逸共济。”这就说明了山西商人在当时所处的优胜地位。

（二）山西各地商业经济得到普遍发展，改变了隋唐以来晋南盛、晋北衰的状况

明清时期，晋北沿边一带多驻扎军队，屯田守边。为了保证边塞地区军事消费的需要，明政府对商人采取“开中法”制度，即让商人把米粮等产品输送到北部边塞，然后准许其贩盐以为报偿。这一措施的实行大大增加了南货北运的机会，推动了晋北商业经济的兴隆，尤其地处北边重镇的大同，不仅是晋北的商业中心，而且成了许多巨商大贾的发迹地。例如：

“君（程德容）挟其遗……北溯燕代，十余年成中贾，又二十余年成大贾……”[④]

“九边如大同，其繁华富庶，不下江南……”[⑤]

“大同地方，军民杂处，商贾辐辏……”[⑥]

---

① （明）王家屏：《复宿山房集·封吏部稽勋员外郎李公暨配宜人梁氏许氏合葬墓志铭》。
② （明）李梦阳：《空同集·明故王文显墓志铭》，《四库全书》本，台北商务印书馆1986年版。
③ （明）韩邦奇：《苑洛集·大明席君墓志铭》，《四库全书》本，台北商务印书馆1986年版。
④ （明）王世贞：《弇州四部稿·明故征仕郎仁斋程君墓表》。
⑤ （明）谢肇淛：《五杂组》卷四。
⑥ 《皇明条法事类纂》卷四三。

晋北除商业中心大同外，还有县级以下的城镇，也成了集市贸易的地方，如左云县“明初设卫，为云西要路，兵道协镇，驻跸于斯，粮饷商旅，多所经过，城关接连，室庐相望，颇称富庶……”①

晋西南、晋东南、晋中等地也不减以前的商业规模，同样有许多巨商。例如：“蒲故多豪贾”，“吾蒲介在河曲，土陋而民夥，田不能以丁授，缘而取给于商，计春挟轻资牵车牛走四方者，十室九空”②；“长治潞浩穰邑也，俗善商贾”③；雍正《泽州府志》卷一一“风俗”条提到，其属县高平、沁水两县经商者多；汾州府也有类似的记载，“府属汾阳、临县两县多商贾”④，“商贾俱出山右人，而汾、介居多”⑤。再如清初大儒阎若璩，也是出身于山西太原府的盐商家庭。⑥可见明清时期山西商人遍及全省各地，显然是商业经济繁盛的有力论据。

（三）清代的山西货币经济

山西的货币经济有史以来一直是走在前列的，但是它的鼎盛则在清代，这就是票号的出现。最早的票号是由山西平遥县商人雷履秦开始的，颇获其利，于是，山西各路商人争相效仿，群起设立票号。山西票号的资本一般都在10万两左右，在黄河流域、长江流域、珠江流域都有他们的分号。到清代后期，山西商人的票号基本上控制了全国的金融，所设分号远至日本、俄国，每年获利约达500万两。⑦金融事业的发展将山西商业经济的发展推向了鼎盛时期。

（四）山西商业经济是清政府的重要经济支柱

早在清初，清王朝就把招抚山西商人作为其增加财政收入的急务，《清世祖实录》卷五“顺治元年五月乙亥”条载：“都察院参政祖可法、张存仁言……山西乃商贾之途，急宜招抚，若二省（山西、山东）兵民，归我版图，则财赋有出，国用不匮矣。”从清初至清末，清政府始终未放弃和山西商人的

---

① 雍正《朔平府志·方舆志·风俗》“左云县”条，雍正十一年（1733）刻本。
② （明）张四维：《條麓堂集·海峰王公七十荣归序》。
③ 《阅微草堂笔记》。
④ 崇祯《山西通志·风俗》。
⑤ 顺治《云中郡志·方舆志》。
⑥ （清）张穆：《阎潜邱先生年谱》，中华书局1997年版。
⑦ 谭其骧：《山西在国史上的地位》，《晋阳学刊》1981年第2期。

结合，因此，清政府又是山西商业经济发展的政治支柱，而山西商业经济的收入则为清王朝的财政收入做出了很大的贡献，仅山西的盐税在清初就占到全国税收的一半，到清末盐税收入仍占三分之一。[①]

鸦片战争以后帝国主义势力进入山西，清政府既掌握不了自己的政治命运，也难得在经济上再有更多的依靠，白银大量外流，这时山西的商业也逐渐走向下坡路。

下面列举清代两个时期山西各府的商税额。

表 6-2 清雍正、光绪时期山西各府商税对照表（单位：银两）

税额 府别 时期	太原府	潞安府	汾州府	大同府	泽州府	蒲州府	平阳府	合计
清雍正	25 436.42	13 075.65	14 352.66	9 589.51	10 404.87	2 407.87	14 031.36	89 298.34
清光绪	1 542.12	5 975.15	447.57	7 183.88	1 121.32	329.21	1 421.61	18 020.86

资料来源：根据雍正《山西通志》、光绪《山西通志》整理。

由表 6-2 可知，到光绪时山西商税额为 18 020.86 银两，这与兴盛的明代和清代雍正时期比较，显然减少了许多，这说明了山西商业经济的衰败，也意味着清政府的末日快要到来。

六、山西商业经济发展原因及其特点的分析

综观历史时期山西商业经济的发展，无论是萌芽时期，还是发展、兴盛以及鼎盛时期，在全国始终是走在前列的，并起着表率的作用，尤其是明清时期山西的商税额仅盐税一项便占到全国税额的一半，且左右着全国的金融市场，在我国商业经济发展史上占非常突出的地位，究其原因有以下三个方面：

首先，山西丰富的自然资源和众多的地方特产，为山西商业经济的发展创造了优先的条件。如著名的山西盐铁，早在先秦时期就成了山西商人行贩北方诸省以至江西地区的主要产品，为山西富商巨贾的发迹提供了丰富的资源。又，潞安的绸织物、泽州的帕织物、蒲州的棉布、代州的木材等都是山西商人

① 〔日〕佐伯富著，张正明、孙耀译：《清代的山西商人》，见山西大学历史系中国古代史教研室、《晋阳学刊》编辑部编：《山西地方史论丛》第 1 辑，山西人民出版社 1985 年版。

行销全国、发迹致富的物质资本。

其次，山西地理位置适中，历史上交通发达，有利于产品的贩运和商业城镇集市的形成。春秋战国时期，山西的交通已有水陆之便，直接沟通陕西、河南、河北等省；秦汉时期，山西陆路交通最宽阔平坦的要数驰道的河东干线，这条干线由陕西咸阳起，从蒲津渡河入山西，经平阳、晋阳过长城直通云中，贯通南北。“道广五十步，三丈而树。”[①] 同时汾河有舟楫之利，汉武帝曾巡事河东泛舟汾河，作《秋风辞》曰：“泛楼船兮济汾河，横中流兮扬素波。”唐代以长安为中心有通往各地的交通大道，其东北干线就是经过山西的：长安—同州（陕西大荔）—河中府（永济）—绛州（绛县）—晋州（临汾）—汾州（汾阳）—忻州（忻县）—代州（代县）—朔州（朔县）—单于都护府（大同西北）—蔚州（河北蔚县）。此后的宋元明清，山西交通趋势发展，除了沟通各地的交通干线外，还有遍布各地的“邮驿”“驿铺”等。如清代山西共有驿站125处[②]，在这些驿站或干道上多有商旅来往，“夹路列店肆待客，酒馔丰溢……南诣荆、襄，北至太原、范阳（北京）”[③]。山西先后形成的商业经济中心都在交通发达或靠近干道的地方，如晋阳、平阳、上党、忻州、大同等地都是如此，可见交通对商业经济的发展是非常重要的。

再次，山西商业经济的发展与历代封建政府的商业政策有直接关系，如商贾的阶级地位、货币政策、赋税制度等，而山西商人往往能借政策之利发展商业。尤其明朝最初实施的“开中法”，即商人输粮供给戍边军士，政府付商人“盐引”（相当于贩盐许可证），商人再拿盐引到指定的盐场或区域贩盐。盐是政府控制的专卖品，所以贩盐获利颇丰。山西商人占有近贩之利，借政府的盐政政策而崛起。到清代，清政府与山西商人的密切合作，更突出地表明了这一点。

通过对发展的分析，进而总结出山西商业经济发展的三个特点：

（1）山西商业经济的发展具有悠久的历史。早在先秦时期山西商业就捷足先登，雄踞全国。这可以从山西境内众多的考古遗址中发掘的货币资料得到证明。此后的秦、汉、隋、唐、宋、元、明、清都相继发展，形成了具有时代性的、完整的商业经济发展序列。正因为如此，山西历代都出现巨商大贾，史籍

---

① 《汉书·贾山传》。

② 白寿彝：《中国交通史》，团结出版社2007年版，第181页。

③ 《通典·食货七·历代盛衰户口》。

中常常可以看到“河东俗多商贾”“为人多智，善商财利”“商贾所聚”“商贾俱出山右人，而汾、介居多”等类似的记载。这应该说是山西商人众多、商业经济久盛不衰的主观因素。同时，山西商业经济的发展具有独特性。如唐代在山西铸“小钱”、置“飞钱”，明代的“开中法”，清代的山西票号，等等，由此形成山西经济优先发展的地方性有利条件。

（2）山西商业经济发展范围广。除了国内南北诸省外，还远及罗马、波斯、印度、日本、朝鲜、俄国等。反映这方面的最早的史料是在灵石县发现的罗马皇帝提比略时代所铸的罗马古铜钱，相当于我国东汉光武帝时期，灵石县是当时南来北往的必经之地，自然也是商品的集散之地，能在这里发现罗马古币，当是西域商人行商此处的佐证。北魏时期，随着与西方佛教的交流，商业往来也渐趋频繁。这时太原通往西域的商路仍是从河西走廊、新疆等地西去。因而在太原、西宁、库车、吐鲁番等地均先后发现4世纪以来拜占庭金币和波斯钱币。[①] 应特别称道的是明清时期山西商帮的对外活动。明代，晋商涉足海外，东到高丽、日本，南到印度，西到葡萄牙，西南通阿拉伯、地中海东部等地。清代，山西对外贸易以“船帮”和“驼帮”名扬海外。船帮以介休范氏为代表，主要承办洋铜，开展对日贸易，“大抵内地价一，至倭可易五；及回货，则又以一得十。故铜商之豪富，甲于南中”[②]。“驼帮”是指山西商人组织的以马匹、骆驼、牛车等为运输工具的商帮，当时恰克图被辟为中俄交易的市场，这一市场一直被山西商帮垄断。道光二十五年（1845），一位外国人曾记述恰克图中俄贸易情形时说：“与俄国通商的主要经商者即山西商人。”[③] 山西商帮大力发展对外贸易，形成了强大的山西省商业集团。

（3）山西商业经济区域的形成和扩展是先南后北，即先晋西南、晋东南、太原，再大同、晋北等地。这一特点与山西社会经济的发展和经济区域的开发是相适应的，尤其是拓展了通往北国和西域的商业门户，与历代少数民族一直保持着贸易往来。如汉代的匈奴族、南北朝时期的鲜卑族、隋唐时期的突厥族、宋辽时期的契丹族、明清时期的蒙古族等，并没有因为异族的侵入而使商业衰退不振，相反，利用少数民族生产、生活、习俗不同的特点，扩大了山西

---

① 夏鼐：《综述中国出土的波斯萨珊朝银币》，《考古学报》1974年第1期。

② （清）金安清：《东倭考》，见《小方壶舆地丛书》再补编，第四帙。

③ J. F. Davis, *China, During the War and Since the Peace*, Vol. II, p.93.

商品交换的范围，开辟了通往北方的商路，为山西商业经济结构的组成增加了新的内容和不同于中原他省的新的商业活动领域。

第三节　晋商商贸活动的空间扩展

一、区域类型划分

晋商活动地域之大、范围之广，“尝西至洮陇，逾张掖、敦煌，穷玉塞，历金城，已，转而入巴蜀，沿长江，下吴越，已，又涉汾晋，践泾源，迈九河，翱翔长芦之域”①。晋商活动及其扩展是一个渐序的过程，在空间上形成许多特征迥异的商贸区。按一定依据与原则，将这些商贸活动区划分为若干类型，并探讨彼此之间的关系与规律，不仅是深入研究晋商商贸活动扩展的一个新的学术视角，而且是对丰富历史地理学理论进行的有益尝试。

（一）划分原则

1. 区域内商贸活动内容的相对一致性原则

晋商从明初崛起，所形成的商贸区有两个明显的特点：一是商贸区域重心在不断地转移，二是商业贸易商品在不断地变化。这两个特点决定了区域之间内容的差异。根据这些差异，将一定区域内的商贸活动及交易商品大致相同的地域划分为一个类型。

实际上这些区域并不是人为划分的，而是晋商在其扩展过程中所形成的事实而已，比如盐业区、茶业区、金融区、边贸区等。这些区域形成的制约因素不仅是以本地区自然资源为基础的，而且是以晋商商贸活动中商贩的需求选择与市场原则定位的。因此，在一定区域内的商贸活动内容就成为该经济区形成的依据。

2. 中心城市集聚与辐射原则

商贸活动的形成与发展需要一定的市场，形成市场最有利的因素便是该区

---

① （明）李梦阳：《空同集·明故王文显墓志铭》，《四库全书》本，台北商务印书馆 1986 年版。

域内的商埠与集镇。这些地方人口集聚，流动频繁，物产汇储，便于交易。以这些城市为依托，形成了一些商贸集聚中心。同时，围绕这些集聚中心，形成了若干辐射区。这些集聚中心与辐射区不仅具有产品调集与供应的功能，而且也起着产品集聚与资金吸纳的作用。例如，汉口是两湖地区（湖南、湖北）最大的中心城市，从明初开始，两湖的茶叶是晋商从事商贸活动的主要商品，汉口是转运两湖茶叶的集散地。晋商在两湖的活动不仅集中在汉口等主要大城市，而且由此辐射到两湖地区各次级（县级）商贸地点。例如在湖南湘潭县，于康熙十二年（1673）由山西等五省商人修建码头，作为停靠货船之处。① 在衡阳，“山西、陕西大商以烟草为货者九堂十三号”，在湖北云梦县，“城内多山西商贾”。② 分布在两湖的商贩活动或以汉口为依托向大中城市聚集，或以汉口为中心向各县区进行商贸扩散。因此，以中心城市为辐射点形成的区域是划分商贸活动区域类型的第二个原则。

3. 交通（商路）便捷性原则

交通与商路是商贸活动进行的先决条件。根据各地区自然条件的不同，商贸活动所赖以开展的状况也不尽相同，例如边贸区长途贩运以驼运为主，江淮沿海地区以水运为主。但无论运输方式有何变化，在一定区域内首先要有通达的交通条件，即各商贸点与商品集散地的运输以及集散地向商贸点的供应应十分便利，这些供应路线后来逐渐形成了固定商路。此外，运输条件的优劣及运输距离的远近也直接影响着运输成本的高低。这些都对商贸区域的形成起着至关重要的作用。

4. 商贸活动联系强度原则

研究两区之间商贸活动的联系强度可以反映出商贸活动的扩散规模。票号分布及部分账簿所反映的资料分区是研究商贸活动联系强度的重要基础资料。根据陈其田对晋商的实地考察，总结出在晋商全盛时，山西票号在全国共有449个分号（不含山西省内的总号和分号）。

同时，对晋商的故居，比如平遥日昇昌、祁县乔家、太谷曹家、榆次常家

① （清）张云敖修，周系英纂：《湘潭县志》卷六“嘉庆二十三年”条；王闿运等纂：《湘潭县志》卷一七，光绪十五年刻本。

② （清）罗庆芗修，彭玉麟等纂：《衡阳县图志》卷十一，同治十三年刻本；（清）计六奇辑：《明季北略》卷二十，道光木活字本。

等晋商十大财东遗留下的部分账簿进行区域分类。尽管各种账面反映的数字不很系统，但从其部分流水账、老账、现金账、浮记账中分类出汇往和收纳各个地区的金额数据，再将这些数据按区域进行划分，即可直接反映出晋商在各个区域活动的收支情况。这对晋商商贸活动的分区有十分重要的意义。

（二）区域类型

根据以上四条原则，晋商商贸活动的扩展可划分为以下若干区域，表 6-3 显示了晋商商贸活动分区的区域范围、市场中心与商贸特征。

表 6-3　晋商商贸活动扩展的区域类型划分

序号	区域类型	区域范围	商贸中心	商贸特点	分号数量
1	北方边贸区	东至宜府（今宣化），西至延绥，北至恰克图，南至长城	九边重镇、恰克图	以边贸、茶马互市为主	25
2	京津商贸区	北京、天津、河北	北京、天津	以颜料业、烟草、杂货业为主	58
3	两湖商贸区	湖北、湖南、江西	汉口	以茶业为主	74
4	淮扬商贸区	江苏、安徽	扬州	以盐业为主	8
5	沿海金融区	上海、浙江、福建	上海	以金融业为主	51
6	两广商贸区	广东、广西	佛山、广州	以转运为主	18
7	西南商贸区	四川、贵州、云南	重庆	以铜碌（颜料）、滇铜、川盐为主	29
8	西北商贸区	新疆、甘肃、宁夏	乌鲁木齐	以茶业为主	35
9	豫鲁商贸区	河南、山东	洛阳、朱仙镇、济南	以盐业为主	28
10	东北商贸区	辽宁、吉林、黑龙江	沈阳	以参商、帽业、杂货为主	23

二、商贸活动区域扩展的机制分析

晋商商贸活动的区域扩展，不仅表现在行商数量的增加，更为重要的是表现在商贸服务范围和服务半径的扩大。在晋商商贸活动的扩散过程中，表现出一些与区域有关的内在规律，找出这些规律及其作用机制是深入研究晋商商贸活动区域扩展的切入点。

（一）区域分工机制

所谓区域分工，从区位理论来理解就是一种地理分工，就是相互关联的社会生产体系受一定利益机制支配而在地理空间上所发生的分异，因此它是社会分工的空间形式。表现在区域上，就是区域生产的专门化，或者说，“各个地区专门生产某种产品，有时是某一类产品甚至是产品的某一部分”①。

按照上述区域分工的定义，晋商商贸活动扩展的区域分工机制是指：由于生产资源、生产效率等不同，晋商在不同的区域内，在商品生产、交换过程中所反映出的商贸活动的功能差异和区域类型。具体讲，可分为四种区域类型：

第一，商品的生产区域。该区域受自然资源分布的限制，在低成本、高利润的前提下，生产本区特色产品。如较大的盐业区有蒲州盐业区、长芦盐区、川盐区；与盐密不可分的粮食基地有河南粮食区、关中粮食区、四川粮食区和长江中下游粮食区；茶叶基地有福建武夷山茶叶基地、两湖茶叶基地、四川茶叶基地；丝棉织品有浙江苏杭丝绸织品、山西潞州的绸缎、贵州的丝绢制品等。

第二，经销区域。最初的经销区域是遍布北方的九边重镇，亦即驻扎有86万军民的边防经销市场。同时，每一个产品的生产区，又是对不同产品进行交换的经销区域，尤其是在各个区域中以大中城市为依托的交易市场，也是具有一定规模的经销中心。

第三，转运区域。即产品在流通过程中，根据该区域所处的交通枢纽之地而形成的特殊区域。转运区域分布具有一定的普遍性，但同时需要一定的技术程度和转运资本。比如广州与佛山吞吐着海内外进出口的各种产品，是专业化程度很高的转运码头。此外，汉口、天津等地区也形成了大小不同的以转运业为主的经济区。

第四，金融区域。该区域并不具有以资源经济为支柱的特点，而是以金融服务业为主。比如上海从一开始就是各个商号、钱庄、典当行角逐的舞台，后来发展成为全国的金融中心。全国各大票号集团与外国银行，可以说都参与了金融区域的活动。同时，金融比较集中的还有汉口、北京、广州等地。

区域分工是相对的，因此支配区域分工的利益机制是区域之间的比较优势。通过区域之间相对优势的比较，形成区域互补。也就是由于生产区域与消

---

① 列宁：《俄国资本主义的发展》，人民出版社1960年版，第389页。

费区域的不同，形成了输出与输入区域，即从生产区域经由转运区域到达消费区域。由此，我们可以发现区域分工的内在机制：(1) 一个地区为另一个地区劳动，这是劳动地域分工的基本机制；(2) 将一个地区的劳动成果运到另一个地区，这就是产品的交换；(3) 能生产某个产品，但生产起来花费较多，这便是生产成本指向。晋商商贸活动的扩展便是在这种地域分工的机制中寻求着成本的最小化和利润最大化。

区域比较优势在晋商发展的几个阶段中起到了重要的作用。正由于区域优势明显，晋商才可能捷足先登边镇市场，垄断蒙俄贸易。从明初至清中叶票号兴起前，晋商主要以商贸为主，这一阶段商贸活动主要集中在南北之间的交易，商贸项目以盐、粮、茶、丝、皮、麻等为主，商业路线也以沟通福建、两湖与蒙俄市场为主。而山西正位于南北商路的交通枢纽地带，因此有着明显的区域优势。在这一阶段，区位的作用不仅巩固了晋商的扩展地位，而且为晋商向票号业的经营奠定了良好的基础。

现以盐业为例，进一步解释晋商商贸活动扩展区域分工及由此而形成的区域关系。例如，A 地为粮食生产基地，B 地为粮食经销区（边贸区），C 地为盐场，D 地为盐经销市场。其区域之间的分工关系可以概括为：由 A 地将粮食运到 B 地，B 地换得盐引，再持盐引到 C 地盐场取盐，最后再到 D 地经销食盐。

不同的商贸区生产不同的商品。淮扬地区和晋南都是我国主要的产盐基地，两湖商贸区以生产茶叶为主，他们与晋商占有优势的边贸区都有紧密的联系。因为交通因子的作用，晋南的盐、粮食与边贸区发生了商品交换，产生了一批盐粮一体的商人，这些盐粮商在边贸区取得盐引之后，利用江淮地区丰富的盐资源（生产指向）与周边地区需求市场（市场指向）产生商贸活动，从而使得晋商商贸活动的影响范围不断扩展。

（二）区域集聚机制

区域集聚包括集中和扩散。集中主要是指一定区域内的产业集聚、人口集聚、资本集聚，最终在地域上表现为城市的集聚。一方面，无论是何种集中，实质上是能源、能量、信息等区域要素的集中，各种区域要素集中到一定程度则必然产生外溢，这就是扩散。另一方面，伴随着区域集中过程，也会同时产生扩散。

1. 产业集聚

晋商商贸活动的扩展过程是不同区域中若干产业不断集中和扩散的过程。明代初年，晋商崛兴的产业主要以盐业为主，其生产规模和销售范围远达河南、山东、陕西、东北等地。潞泽地区的冶铁业和丝织业兴盛不仅成为本区经济发展的特点，而且潞铁和潞绸也远销江南各地。清中叶以后发展起来的票号业，主要集聚在平遥、祁县、太谷三个县区50余家总号，由于其雄厚的实力，其分号遍布于全国范围80余个商埠，有440余家分号，形成联系紧密的商业网点，服务半径也逐渐扩大。

2. 人口集聚

人口集聚在区域集聚中是最为活跃的因子。人口既是生产者又是消费者，生产者数量的多少与生产技术的高低直接影响着该区的经济效益。晋商与人口的关系主要是两个方面：

第一，晋商活动区域人口的多少影响市场规模。如九边重镇的军民人口曾多达80余万人，作为生产者，他们是军屯、民屯、商屯的主体，既有汉民族从事农耕的生产技术，也有政府给予的屯田资本；作为消费者，他们又是戍守边关的官兵，庞大的军饷和消费品主要通过商人的商贸活动来解决。这种在特定的区域内由于政治或军事的原因，使人口空前集聚，形成了生产与消费的特殊规模，是晋商得以扩展的重要原因。

第二，人口集聚带来市场需求的多样性和人口就业压力等，进而引发新一轮的产业集聚。参与某一行业（企业）生产者的集聚，如山西潞泽地区参与潞绸纺织的有2万多人。同时他们的纺织技术和规模也形成了一定的集聚效应，其潞绸的服务半径远达江淮、京津等地。

3. 资本集聚

资本集聚是每个商家或票号区域扩展实力的基础，资本的多少直接关系到其商贸活动的交易数量和扩展能力。资本积累的主要表现形式是晋商本身的资本积累和汇兑业务的周转资本。晋商最集中的区域是平遥、祁县、太谷。根据光绪末年的有关资料统计，平、祁、太27家票号的资本总额为734万两白银。27家票号中，平遥有12家，祁县9家，太谷6家。他们的资本分别为：平遥的日昇昌50万两，蔚泰厚40万两，蔚丰厚40万两，天成亨50万两，蔚盛长40万两，新泰厚40万两，蔚长厚40万两，协同庆40万两，协和信10万两，汇源永 14 万两，百川通 16 万两，宝丰隆 20 万两；祁县的大德通 24 万两，大德恒 24 万两，三晋源 30 万两，存义公 20 万两，合盛元 20 万两，中兴和 16 万两，大盛川 20 万两，长盛川 16 万两，元丰玖 14 万两；太谷的志成信 26 万两，协成乾 24 万两，大德玉 30 万两，锦生润 20 万两，世义信 30 万两，大德川 20 万两。另一种资本的形式是汇兑业务的周转资本，其汇兑量也相当可观，如光绪三十二年(1906)，日昇昌票号14家分号收交汇兑银32 225 204两，平均每家达2 301 800两。

资本积聚的另外一个特点是，晋商资本的汇兑额和营业范围有明显的区域性，比较集中的是北京、汉口、上海、广州等地，其业务量不仅有延续性，而且数额巨大。下面列举同治元年（1862）至光绪十九年（1893）山西票号汇兑京饷银两的统计（缺少同治七年数据）。①

同治元年（1862）10 万两
同治二年（1863）139 万两
同治三年（1864）56 万两
同治四年（1865）128 万两
同治五年（1866）235 万两
同治六年（1867）413 万两
同治八年（1869）277 万两
同治九年（1870）37 万两
同治十年（1871）15 万两
同治十一年（1872）283 万两
同治十二年（1873）155 万两
同治十三年（1874）10 万两
光绪元年（1875）453 万两
光绪二年（1876）384 万两
光绪三年（1877）233 万两
光绪四年（1878）2 万两
光绪五年（1879）179 万两

① 黄鉴晖：《山西票号史料》，山西经济出版社 2002 年版。

光绪六年（1880）296 万两
光绪七年（1881）240 万两
光绪八年（1882）143 万两
光绪九年（1883）221 万两
光绪十年（1884）24 万两
光绪十一年（1885）283 万两
光绪十二年（1886）280 万两
光绪十三年（1887）10 万两
光绪十五年（1889）152 万两
光绪十六年（1890）329 万两
光绪十七年（1891）290 万两
光绪十八年（1892）313 万两
光绪十九年（1893 年）266 万两

以上 31 年中，山西票号汇兑京饷总额为 5 856 万两，平均每年达 186 万两，汇兑业务量的大小是山西票商积累资本的渠道之一。汇费的计算主要以两地平色的高下、期口的淡旺、月息之大小、路途之远近作为估定的标准。一般来说，汇费是承汇额的 1% ~ 5%，汇兑业务也需要周转资本，甲地汇入，乙地兑取；如果票号没有一定的现金存储量，则不能完成汇兑业务的全过程，因此，各个票号的业务资本额要大大超过其实际资本。

4. 城市集聚

城市集聚是区域集聚的主要表现形式。首先是商贸活动促进了城市化的规模和数量，其次是城市化数量的增加又扩大了区域的集聚程度。例如晋西南地区的城市运城的产生、扩建及其地位，就与蒲州盐业有直接的关系。本来晋西南地区在明以前的商业中心城是古老的蒲州城，但从明代以来，由于盐业空前兴盛，运销便利，在盐池就近便形成了新的商业集市，其城镇规模与建设发展迅速，取代了相距盐池较远的蒲州城。[①] 这就是因盐而有的专城建设。中国产盐的地方很多，海盐、井盐、池盐产地分布全国。但是，因盐多而修建专城，却

---

① 笔者曾于 2002 年 3 月前往旧蒲州城遗址考察。

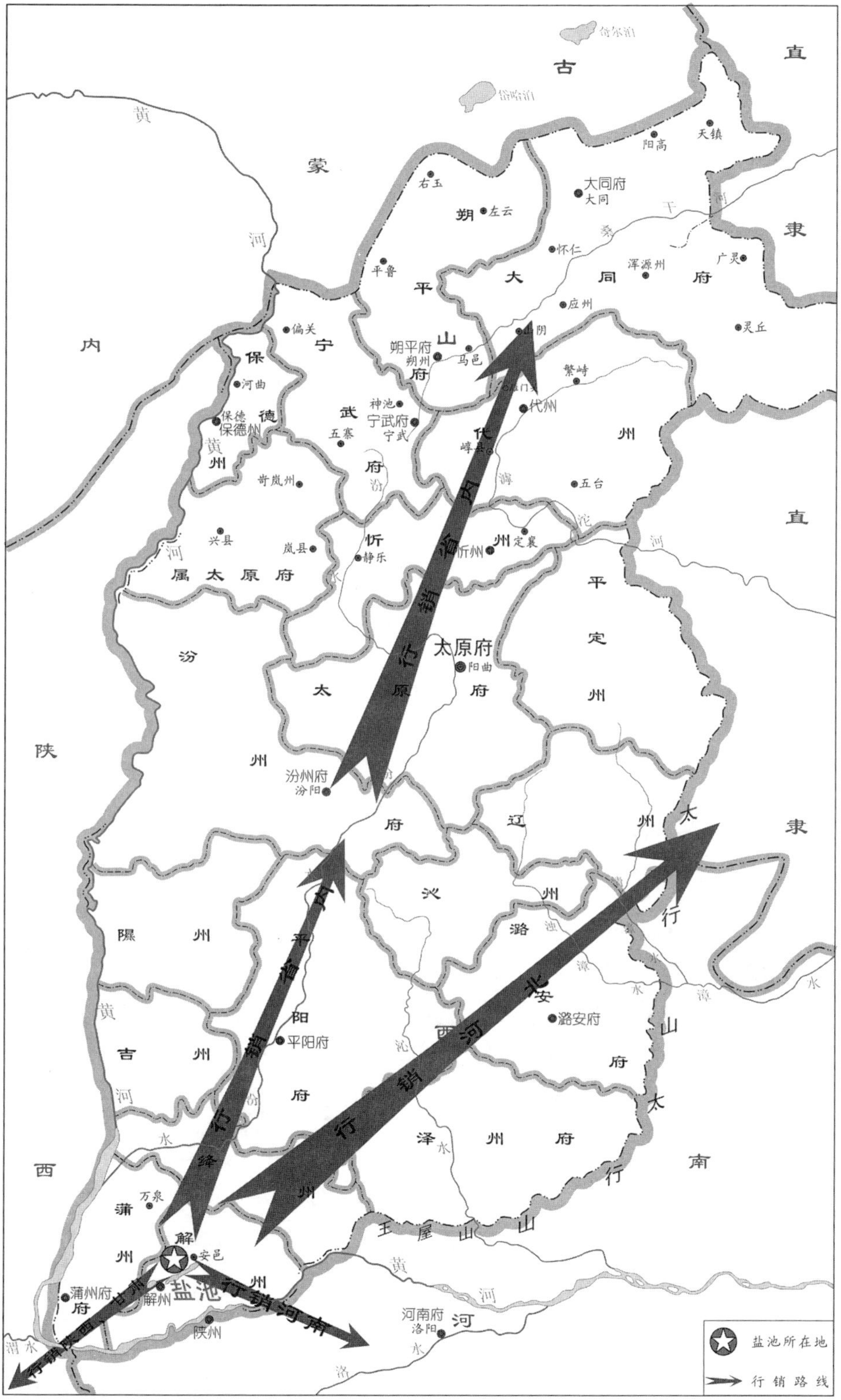

图 6-2　明清河东盐池行销图

只有运城市一处，它的建成与发展和运城盐池的生产、运销、管理息息相关。前人对此曾有评价："地效灵、天挺秀、爰有育宝之区；前创始、后增修，斯有凤城之建"，运城非盐池不立，盐池非运城莫统。由此可见，晋盐在豫、鲁、陕等地的运销（图 6-2），不仅促进了运城的扩展，而且也使晋商中盐商贸易活动区域由山西辐射到外省。另一种情况是，由于区域集聚程度的提高，出现了新的商业城市。比如，晋北是明代人口集聚、经销集聚、生产集聚的区域，这一时期除大同以外，出现了一批新型的商业城市，如左云、右玉、偏关、怀仁、应州、马邑、山阴等，这些县级城市规模在这一时期都有不同程度的扩建。

以上四种集聚方式，即产业集聚、人口集聚、资本集聚和城市集聚，是晋商区域集聚的主要运作形式，其相互间作用机制如示意图 6-3，集聚的结果是商业网点不断增加，服务半径也不断扩大，如山西票号曾在全国形成 449 个分号和 87 个商埠，商贸活动遍及全国各大中城市。

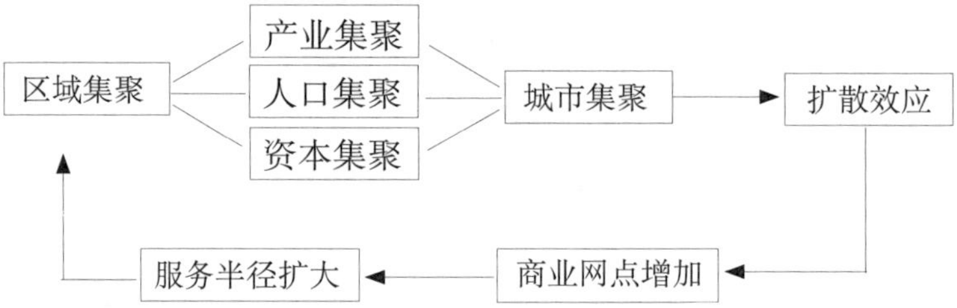

图 6-3 晋商区域集聚的运作形式

（三）区域联系机制

晋商商贸活动形成的区域联系有许多方面，但就扩展机制来讲主要包括业务联系、交通联系和人口联系。

业务联系是区域之间在商贸活动中形成的业务关系。在晋商以商贸活动为主的阶段，业务联系主要体现在产品供求关系上，不同区域有不同的产品优势和劣势。这种联系有的表现在两者之间，更多的表现在三者之间。例如内地各个产粮区运往九边市场的粮食、山西潞铁与潞绸的贩卖及奉贡，还有一些百货、工商业制品的贩卖等，大都是两个区域之间的联系。但大多数商品通过更多的区域之间的联系进行产品贸易，以实现商品增值。

以茶业为例进行分析，如 A 地（如两湖地区）为采茶基地，B 地（比如晋中地区）为茶叶加工地，C 地为茶叶集散地（恰克图），D 地为茶叶经销区（蒙俄市场）。这些业务联系环节缺一不可，四个区域之间通过商品贸易，形成紧密的业务联系。区域之间的联系不仅受资源（生产基地）分布的影响（资源指向型产业），而且还受消费市场指向的影响，二者共同作用，形成了区域之间的业务联系。

山西票号业兴起之后，其经营范围和营业内容更为复杂，区域联系更为广泛。根据其业务活动，大致可分为以下几个方面，对商号钱庄工商业的放款，汇兑军饷、铁路经费、河工经费、庚子赔款、汇解协饷、赈款，给各省借垫款，以及承办“四国借贷”等。这些业务联系是经过总号与分号、总部与商号的业务关系来执行的。

山西票号的总号始终设在山西。据史料记载，正式办成票号的共有 43 家，其中平遥 22 家，祁县 12 家，太谷 7 家，太原 2 家；其总号分别设在平遥、祁县、太谷、太原，其分号共有 449 个。下面以 6 个主要票号为例，来说明总号与各城镇分号的分布情况，如表 6-4。[①]

表 6-4　山西部分票号分号分布情况

票号	年份	设分号城镇	家数
日昇昌	1886	京师、上海、天津、汉口、苏州、扬州、南昌、清江浦、湘潭、长沙、沙市、桂林、常德、成都、重庆、西安、三原、济南、开封、张家口、库伦、广州、河口	23
蔚泰厚	1879	京师、上海、汉口、天津、长沙、沙市、成都、重庆、苏州、常德、广州、盛京、三原	13
蔚丰厚	1879	京师、上海、汉口、沙市、三原、西安、苏州、清江浦、扬州、湘潭、常德、成都、重庆、南昌	14
协同庆	1874	京师、盛京、天津、上海、汉口、沙市、长沙、湘潭、常德、成都、重庆、西安、三原、兰州、凉州、秦州、曲沃	17
新泰厚	1875	京师、上海、汉口、广州、湘潭、长沙、南昌、福州、重庆、成都、济南	11
蔚盛长	1871	京师、上海、汉口、沙市、重庆、成都、福州、扬州、淮安、湘潭、常德、三原、南昌、盛京	14

① 黄鉴晖：《山西票号史料》，第 49、174 页；陈其田：《山西票庄考略》，华世出版社 1937 年版，第 98 页；卫聚贤：《山西票号史》，说文出版社 1944 年版。

交通联系是沟通区域之间联系的基础条件。比如，由于长江水运的畅通，将以重庆为中心的西南区和以汉口为中心的两湖区，以及以上海为中心的江浙区融为一体，使区域之间的联系更为便捷。沿海地区水运成本低、运输量大，因此使广东、福建、上海等地商贸活动频繁。除水运外，沟通南北之间的商路，也贯穿了长江、黄河、塞北三大区域。

人口联系在区域联系中的内容很多，但与晋商商贸活动扩展有关系的主要是两个方面的内容：

第一是山西境内人口的迁移，即晋南向晋北的迁移，其迁移数量虽没有准确的记载，但从若干次迁移中可以看得出晋南、晋东南向晋北迁移的人数与规模：

洪武二十五年八月，“冯胜、傅友德帅开国公常昇等分行山西，籍民为军，屯田于大同、东胜，立十六卫”[①]。“给山西民兵十万人钞各三十锭，令买牛屯田。”[②]

洪武二十八年正月，“山西马步官军二万六千六百人往塞北筑城屯田”[③]。

洪武三十五年九月，“户部遣官核实出山西太原、平阳二府，泽、潞、辽、汾、沁五州，丁多田少及无田之家，分其丁口，以实北平各府州县”[④]。

人口联系的第二方面是，明初山西人口向外迁移，亦即洪洞大槐树移民(图 6-4)。明朝政府移民的原则是，从“窄乡”移到“宽乡”，从人多田少的地方移到人少地广的地方。明初，山西属“窄乡”，其人口达 400 万，而河南、河北人口仅有 180 多万，自然山西人口要向河南、河北等地迁移。据《明实录》记载，明代山西人口向省外迁移共有 13 次，主要迁移地区是河南、河北、北京、山东、安徽、江苏、湖北、陕西、甘肃、宁夏等地。

明代山西外迁的人口，有的成为巨商大贾，有的以小本生意行贩于迁入地区和晋商之间，有的几代人经商，与山西巨商始终保持着亲缘上的联系。

---

① 《明史・太祖本纪》。
② 《明太祖实录》第 5 册。
③ 同上。
④ 《明太祖实录》第 6 册。

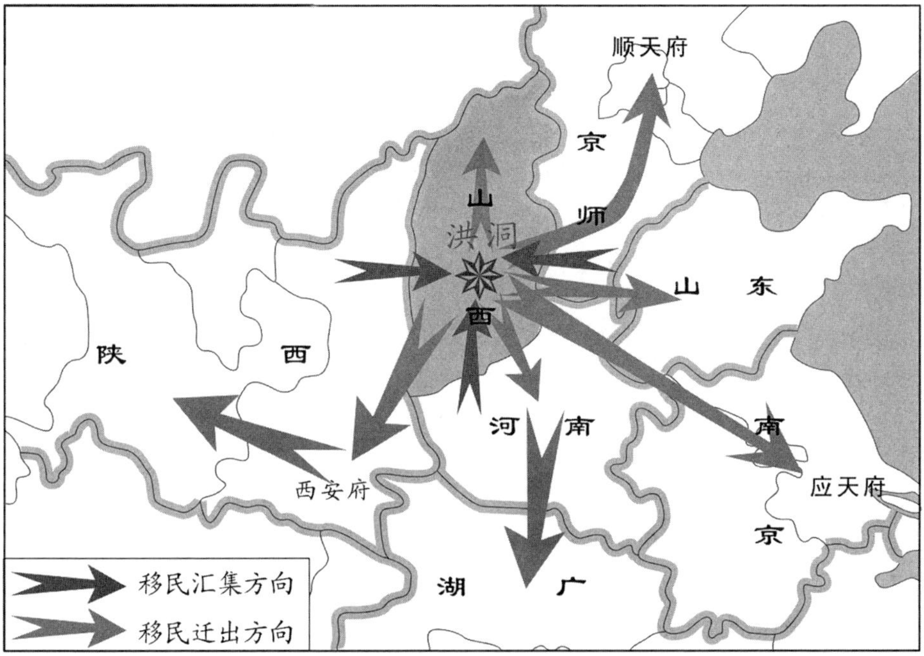

图 6-4　明代山西移民图

（四）商贸活动区域重心转移机制

在晋商商贸活动兴衰的全过程中，我们不难发现商贸活动区域重心的不断转移。由于中国社会经济的不断发展，作用于晋商商贸活动扩散的各种内因和外因也在随之发生改变，进而使得晋商商贸活动的空间结构、空间组织不断发展变化，晋商商贸活动的区域重心不断转移。也就是说，晋商活动的扩散表现出动态变化的特征。

笔者经研究发现，晋商在其扩展的过程中呈现出五个区域重心：一是晋商在兴起初期，商贸活动的重心在山西，其商贸内容也未脱离具有山西资源特点的蒲州盐、潞铁和潞绸等；二是九边重镇，这是晋商走出山西成功的第一步，为晋商的扩展积累了人力、财力和经验；三是京津地区，日昇昌票号由天津产生，其业务范围很快扩展至北京、河北等地，这是晋商在江淮地区羽毛未丰时的商贸活动重心；四是汉口和广州，这两个地方是票号问世前晋商活动的重心城市，后来由于上海地位的提升才被取而代之；五是以上海为中心的江浙区域，当票号业进军江南后，晋商活动的重心区域也逐渐转移。

为什么区域重心在不断地转移？主要是因为区域中心的变化。重心的转移是区域中心化的结果，比如，全国的金融中心聚集于上海以后，区域重心也就从汉口、广东等地分别向以上海为中心的江浙地区转移；反过来，区域重心转移之后也会形成一个或多个中心，这种重心与中心互相依存、互相推动的过程，则是晋商商贸活动得以扩展的重要机制。

地理区域作用的发挥主要是通过区域的优势因素来实现其功能的。这些优势主要表现在资源优势和区位优势。如两湖、四川商贸区的优势在于其茶叶资源，是晋商从事商业贸易的生产和加工基地，这对晋商在蒙俄地区的立足起了决定性作用。还有一些地区，虽无资源特点，但具有区位优势，如九边商贸区和西北、东北地区，其区域位置是介于蒙古民族与汉民族之间的经济、文化交融地带，民族之间生活习俗及产品的互求性，给晋商的发展提供区位上的优势，尤其是地缘上与山西邻近，为晋商发展提供了地理条件。淮扬、上海、广东分布于沿海地带，当清末民初外国的洋货、洋行打开中国的关口后，这一区域便迅速发展，金融业将晋商推向了历史的巅峰。

区域之间有着密切的关系。首先，发展过程中时间上的连续性，即明初先在山西形成实力，积累资金，壮大崛兴区的扩张能力；其次，由中心区走向边镇市场，进而垄断蒙俄贸易，再由边贸区直接走向淮扬的贩销中心和茶叶的供应基地福建武夷山以及两湖地区。当票号兴起，确立了上海的金融中心地位，全国的金融业由三个区域向上海聚集，一是由汉口→上海的转移，二是由佛山→广东→上海的转移，三是由扬州→上海的转移。加上洋商洋行在上海的金融业的迅速增加，上海成为全国无可替代的金融中心。

由此可见，晋商由区域而兴，由区域而盛。每发展一步都呈现出明显的区域性及其特征，当晋商发展到一定程度时，决定其存亡的因素主要不是晋商内部的资产多少，而是晋商所达区域对这一商帮实体的支撑力。影响其衰败的因素同样是时代所赋予的，资本主义向世界金融市场扩张的必然趋势和晋商母体秉承的封建性所带来的无人能解的桎梏与枷锁是其衰亡的根源。当时人清楚地意识到这一风靡全国的区域现象要被淘汰时，它的主人——晋商已经无力自救了。然而，它留给我们的财富远远超过了其在明清两代积累的资本金额和遗存下的万贯家产，这一精神财富足以作为当今山西人再振兴山西经济时取之不尽的精神宝库。

三、结语

晋商商贸活动的区域扩展有三个显著的特点：1. 晋商商贸活动的区域扩展既有内在的动力因素，又有外部市场需求拉动和政策推动。其中产生内动力的原因，主要在于相对独立、封闭的明清山西经济区域内的资源差异、产业结构差异以及城镇职能差异等；外部因素主要包括明清政府给予的特殊政策和军事消费区的排他性需求，以及便捷的商路运输等。2. 晋商在其商贸活动扩展的过程中遵循一些内在的规律，主要包括区域分工机制、区域集聚机制、区域联系机制和区域重心转移机制。3. 晋商在其商贸活动扩展的过程中表现出显著的区域性特点，不同的区域对扩展的作用不同，山西省内的区域差异性使晋商崛兴，为其扩展起到了物质准备的作用，因而称之为中心区。北方边贸区因其与中心区特殊的地缘关系，为晋商商贸活动的扩展起着桥梁作用，遍及沿海各地和长江流域的商贸扩展区使晋商实力得以壮大，对晋商商贸活动起着支持作用。以上海为中心的沿海金融区，使山西商人的票号占据全国的领先地位，起着鼎盛的作用。

晋商的形成及其扩展是一个自然历史的过程，是特定的区域内自然资源、自然环境、交通条件、地理区位与人文因素、文化积淀、发展历史、适宜的政策相互协调整合的结果。

对晋商商贸活动扩展的研究是一个典型的区域历史地理学案例，是对历史地理学理论的应用和延伸，同时，对重新构建加入 WTO 以后山西经济新的发展模式有着重要的借鉴意义。

第四节　山西交通的流域学特性

英国学者伊斯特（G. East）曾经指出："自然基础是各个历史时期的共同分母。"[①] 交通是人类社会发展到一定阶段的产物，是人类社会物资、信息、人

---

① 〔日〕藤冈谦二郎著，王凌云等译：《人文地理学》，南开大学出版社 1989 年版，第 173 页。

员流动的总和，是“空间发展之首要条件，盖无论政令推行，政情沟通，军事进退，经济开发，物资流通，与夫文化宗教之传播，民族感情之融合，国际关系之亲睦，皆受交通畅阻之影响，故交通发展为一切政治经济文化发展之基础，交通建设亦居诸般建设之首位”。“交通之畅阻对于国家之盛衰，地方之开发，与民生之调剂，皆具有莫大之作用。”[①] 历史时期乃至今日，人类的首要活动区域是陆地，其次则是陆地上可以通行的河流、湖泊等。因此，遍布于地表的道路就构成了历史时期交通的主要承载体。交通的特性则是通过其主要的承载体——道路的特性显现出来的。在历史时期，人们沟通的形式虽有多种，但是，通过陆上道路进行联系，仍然是其主要方式。这就决定了研究历史时期的交通必然以历史道路的研究为核心内容。而道路的形成与发展首先与自然环境有着极其密切的关系。无论何时何地，道路的走向、布局均以自然地理条件为基础。

一、山西地形的“二律背反”特性——封闭性与通达性并存

所谓“二律背反”，本是一个哲学概念，由著名哲学家康德提出。它的本意是指规律中的矛盾，在相互联系的两种力量的运动规律之间存在的相互排斥现象。自然界存在的两种运动力量之间呈此消彼长、此长彼消、相背相反的作用。本节在此借指山西地形本身所反映出来的封闭性与通达性并存的矛盾特征。

山西位于黄土高原的东部，华北大平原以西，介于太行山与黄河中游峡谷之间，其东隔太行山与河北、河南为界，西邻黄河与陕西、河南相望，北逾长城与内蒙古相通。处于我国大陆三大阶梯状地形上第二阶梯中部的前缘地带，是内蒙古高原和黄土高原向华北平原过渡的地带，拥有山地、丘陵、高原、台地、盆地等多种地貌类型。全境被高山大川阻隔，自古就有“表里山河，四塞之区”之称，呈现出“八分山丘两分田”的地理特点。其中主要的山地包括吕梁山、太行山、管涔山、太岳山、恒山、五台山、中条山和云中山等八大山系。山地之间则存在众多河流，主要的河流有汾河、沁河、涑水河、滹沱河、桑干河、漳河等。境内主要山脉、河流大都呈南北向分布，经向性（南北向）

① 严耕望：《唐代交通图考》“序言”，上海古籍出版社2007年版。

十分显著，全省呈现出“两山夹一川”的地形特征。[①] 这种山峪川原相间的特点使得山西地区呈现出封闭性与通达性并存的矛盾特征。

（一）山西地区的封闭性

山西地区特有的地形地貌形态决定了山西地区具有显著的封闭性。黄河与太行山从西、南、东三面将山西高原与外界分割开来。西行必须通过津渡，南行则津渡、陉口并用，东行则必须依靠陉口。这无论是从自然条件还是社会条件都限制了山西与东、南、西三个方位的交流。因为，在历史时期，陉口和津渡的通行能力是极其有限的。例如山西重要的东出通道——井陉，“车不得方轨，骑不能成列”。山西南下中原的交通孔道——太行陉，则更是仅“阔三步，长四十里。羊肠所经，瀑布湍流，实为险隘”[②]。由山西南下中原的车辆到太行陉南的拦车镇就无法再行驶了，只能在此靠骡马、驴子等来驼运，故此地名曰“拦车”。蒲津关又名蒲津渡，是关中和山西之间往来的重要渡口，自古为秦晋之间的交通要冲。历朝历代或建浮桥以通两岸，或设津渡以便往来，然而，限于自然条件和社会条件，时通时断。山西北部与内蒙古高原接壤，翻越恒山山脉和管涔山山脉之后，基本是一马平川。然而恒山山脉与管涔山山脉横亘于山西北部，形成了山西高原与内蒙古高原之间的天然屏障。宋辽时期，两国即以此为界。

山西与外界的隔阂仅仅是其封闭性的一方面，山西内部群山并立，川流遍布，形成了山峪川原相间的典型山西地形。由于山岭阻隔，在山西内部形成了众多的小流域，构成一个个小的经济文化区。复杂的地形使得各个小流域区之间的交流也甚是艰难，或翻山以达，或顺水而行。两者相较，顺水而行相对比较容易。因此，一条河流的上下游之间往往保持着频繁的交流沟通，形成经济、文化上的统一体。2011 年 8 月，笔者在山西宁武县汾河源头地区进行野外考察时，王杰瑜老师将宁武地区的基本文化特征概括为“一沟一文化”。在一条沟内部，人们的语言、风俗等基本保持一致；而生活在不同山沟中的人们，其语言、风俗等则有着明显的差异。实地考察的结果也印证了王杰瑜老师的正

---

① 杜学文主编：《山西历史文化读本》，山西教育出版社 2013 年版，第 9 页。

② 《元和郡县图志·河北道一》。

确性。这与该地区山脉阻隔、道路沿沟谷河流分布的特点是一致的。此外，山西地区曲艺形式众多，文化习俗多样，也与区域沟通不畅有着重要的关系。山西地区自身所具有的封闭性由此可见一斑。

（二）山西地区的通达性

山西复杂的山西地形，使得山西地区并不适合作为交通要道。但是，纵观我国历史，山河相间的山西恰恰是我国南北方交流、东西向沟通的交通节点。谭其骧先生在论述山西在我国历史上的作用时指出，山西的地形犹如一个楔子，深深地插入中国腹地。[①] 形成中国的战略高地，这首先得益于其特殊的通道作用。正如苏秉琦所言，在“燕山南北长城地带与黄河流域的中原地带形成了大致南北平行的两个地带，而山西正处于这两个地带的通道之上，形成‘工’字形的态势，在北人南下的过程中，太行山下是一条主要通道，当北方民族入主中原建立国家之后，山西又是他们重要的基地和后方”[②]。山西地区的这种“九省通衢”的通道作用，使得山西地区在历史上一直是民族融合的重要通道。山西在历史上的交通地位由此可见一斑。

历史上的山西，虽一直未成为全国性的政治、经济、文化中心，但其特殊的战略位置为历代王朝所瞩目。[③] 国都关中，则山西为东控山东诸国、北制北方草原地区乃至东北地区的重要战略基地和通道；国都中原，则山西为北方之防略要地，太原为之重镇；国都北京，则山西是遥控广大西北、西南地区的重要通道。因此，“从政治空间关系来看，山西无论从历史上，还是从现代来看，绝大部时期都处于国家政治中心——首都的近畿，成为中央政权通往边疆的通道。元朝以前我国政治中心大都分布于黄河中下游，山西便成为中央政权通往北方少数民族地区的通道。元以后政治中心北上，到了北京，山西便成为中央政权通往西部及西南少数民族地区的通道”[④]。

由此可见，山西境内道路畅通与否，山西与周围地区的联系密切与否，对于历朝历代都具有重要的战略意义。这就从根本上决定了山西地区必须修建

---

① 谭其骧：《山西在国史上的地位》，《晋阳学刊》1981 年第 2 期。

② 苏秉琦：《晋文化与北朝文化研究的新课题》，《三晋考古》第一辑，山西人民出版社 1994 年版。

③ 行龙：《山西何以失去曾经的重要地位》，《前进》2011 年第 1 期。

④ 李世俭：《山西省地理位置与山西经济发展关系的简析》，《山西师大学报》1993 年第 3 期。

四通八达的道路交通系统。山河相间是山西地貌的基本特征，而道路又以采取“阻碍最少之线”[①]为基本修筑原则。沿河筑路无疑成为山西修筑道路的主要选择。山西境内密布的河流成为山西内部之间、内部与外部之间交流的重要通道。例如属于海河水系的桑干河、滹沱河、漳河、沁河、唐河等向东切穿太行山流入华北大平原，于是沿河谷地带形成了几条穿越太行山的峡谷通道。开凿于北魏时期的灵丘道，就是沿唐河河谷分布的。[②]山西腹地自北向南分布有大同盆地、忻定盆地、太原盆地、临汾盆地、运城盆地和潞安盆地等六大盆地。[③]这些地区历来是山西的政治、经济、文化中心，是人口分布和城镇发育的中心地区。几条较大的河流分别切割盆地边缘的山地，把这些盆地串联起来，古代的道路也就沿着河流的走向，将各大盆地联系了起来。例如太原盆地与临汾盆地之间的大路便是沿汾河东岸南北延伸将二者联系起来。经过千百年来的发展，山西境内最终形成了显著的“大”字形道路格局。这五条主干道路构成了山西交通的主体框架，且这五条道路都与山西境内的河流基本平行分布。如太原经临汾至陕西潼关的大道，基本沿汾河、涑水河河谷延伸；太原至大同的大路，基本沿滹沱河、桑干河河谷延伸；而太原至晋城的大路则主要沿漳河的支流河道延伸。而晋北地区的“滹沱河上源河谷之东西通道则甚显著”[④]。由杀虎口经大同至北京的“杀虎口路”山西段也基本沿河谷延伸。山河相间的山西地区，无论大道小路，沿河分布是其最显著的特征。这是因为在山河相间的地区，道路沿河流与沟谷布设，无疑是最简单容易、费力最少，且最容易解决行进中水源问题的。因此，山西的道路天然具有了流域属性。周振鹤等人在《方言与中国文化》中亦指出了我国古代交通道路的流域性特点：“在古代的交通中，河流应占最重要的地位。这有两方面的原因：一是河流有舟船之便；二是山地丘陵地带的河流虽然没有航运之利，但是河谷平地却自然成为交通的孔道。尤其是在山地和丘陵地带，移民往往是溯河而上或沿河而下。河流

---

① 任美锷：《甘南川北之地形与人生》，中华自然科学社：《中华自然科学社西北科学考察报告》，民国三十一年（1942），第 39 页。转引自王永飞：《民国时期西北地区交通建设与分布》，《中国历史地理论丛》2007 年第 4 辑。

② 靳生禾、赵成玉：《灵丘道钩沉》，《山西大学学报》1991 年第 3 期。

③ 张维邦主编：《山西省经济地理》，新华出版社 1987 年版。

④ 严耕望：《唐代交通图考・河东河北区》，（台北）《“中央研究院”历史语言研究所专刊》之八十三，1986 年，第 1367 页。

的沿岸往往是可以垦殖的山谷平地，所以一条河流的流域也常常成为一个经济区。”① 在经济区内部，交通线沿河流干支流呈树枝状延展。而跨流域经济区的形成，则是交通道路突破流域自然条件的限制向外开拓的结果。

二、山西道路的流域性特征

自然地理条件是制约道路的分布和布局的基础因素。在山河相间的山西地区，道路沿河分布成为该地区最基本的特征，这表明山西道路具有显著的流域性。

（一）山河相间的地形是山西道路沿河分布的地理基础

位于黄土高原东部的山西地区，境内山河纵横。其东依太行，西枕吕梁，中部地区自北向南分布有众多的山脉，多为北东—南西走向，如管涔山脉、恒山山脉、云中山山脉、五台山山脉、系舟山山脉、太岳山山脉等。山脉之间发育有众多水系，“汾、浍萦流于右，漳、沁包络于左”②。而在山西高原中部，则形成了一系列串珠状的高原盆地。山西境内这种山河相间的地形在第四纪早期就已经形成，而在近一万年以来的人类历史时期，地形、地貌条件的变化又相对较小，基本格局未发生大的变化。因此，如果我们从流域的角度来看待和分析山西地区，可以发现，山河相间的山西大地是由一个个小的流域单元组成的。在这些小的流域之内，大大小小的居民点沿河流干支流分布延伸。而交通道路作为沟通居民点与居民点之间联系的纽带，是各居民点居民在日常往来中逐步形成的，因此大部分亦沿河流、沟谷分布。山西地区各州县境内的道路基本全部都具有该特点。

如地处吕梁山中的临县，境内山峰林立，沟壑密布，河流纵横，因此，无论大路还是小路，均沿河流、沟谷分布延伸。民国《临县志》为我们详细记载了临县境内的道路：

---

① 周振鹤、游汝杰：《方言与中国文化》，上海人民出版社1986年版，第68页。

② （清）潘铎辑：《方舆纪要简览》；（清）王锡祺辑：《小方壶斋舆地丛钞》（一），杭州古籍书店1985年版。

东北孔道，城北六十里白文镇，又东二十里阳坡村，为东通岚县道。

东南孔道，城南二十里关王铺，又三十里三交镇，又东二十里钟底铺，又南二十里石门墕，为东通离石孔道。

南山孔道，城南一百里碛口镇，东行十里，曰樊家沟；又东三十里，曰南沟镇，与离界牙错；又东三十里，曰梁家岔，在招贤山之南，为碛口东通离石孔道。

西南孔道，城南五十里三交镇，又西南五十里碛口镇，为水陆通衢，沿河渡口往来必取道于此。县境河防必以碛口为要点。

东山隘道，城东北五里入榆林沟，又东北五十里宋家沟，又东五里郝家岔，又十里黄龙山脊入离石界，又二十里方山堡，又北二十里马坊镇，又东二十里为临属山后所之温家庄；城东二里入甘泉沟，又二十五里永丰村，又二十五里刘家沟，汉高山夹，东通离石石圪洞镇；城东南四十里神峪沟，又东四十里跳豪堰，云山山夹，东通离石潘家坂；城南五十里三交镇，又东三十里车赶沟，又东二十里牛家岭，曹家山夹，东通离石峪口镇。

西山隘道，城西北四十里清凉寺，又西三十里雷家碛，又二十里兔儿坂，又西北四十五里第八堡，抵黄河岸，北通兴县，西通陕西。由兔儿坂正西四十里克虎寨，抵黄河岸，西通陕西葭县。由清凉寺二十里石片头，又西三十五里曲峪镇，抵黄河岸，西通陕西葭县；城西南四十五里安家庄，又四十五里从罗峪，又十五里郭家塌，抵黄河岸，西通陕西葭县；城南五十里三交镇，又西南四十五里侯台镇，又西二十五里高家塌，抵黄河岸，西通陕西葭县。

北山隘道，城北五十里故县村，又北三十里经唐家沟至兴县堠堰，北至兴县城七十里。[①]（图 6–5）

其中，东北、东南、西南孔道皆在境内的主要河流湫水河谷地中穿行。其余各隘道一部分主要沿湫水河支流或沟谷延伸，一部分则利用了河流之间分水岭上的隘口与山间的沟谷，形成一条横跨诸多河流的要道，如西山隘道即横穿

① 《临县志·疆域略·关隘道路》，民国六年（1917）铅印本；《中国地方志丛书·华北地方·第七二号》，成文出版社 1967 年版。

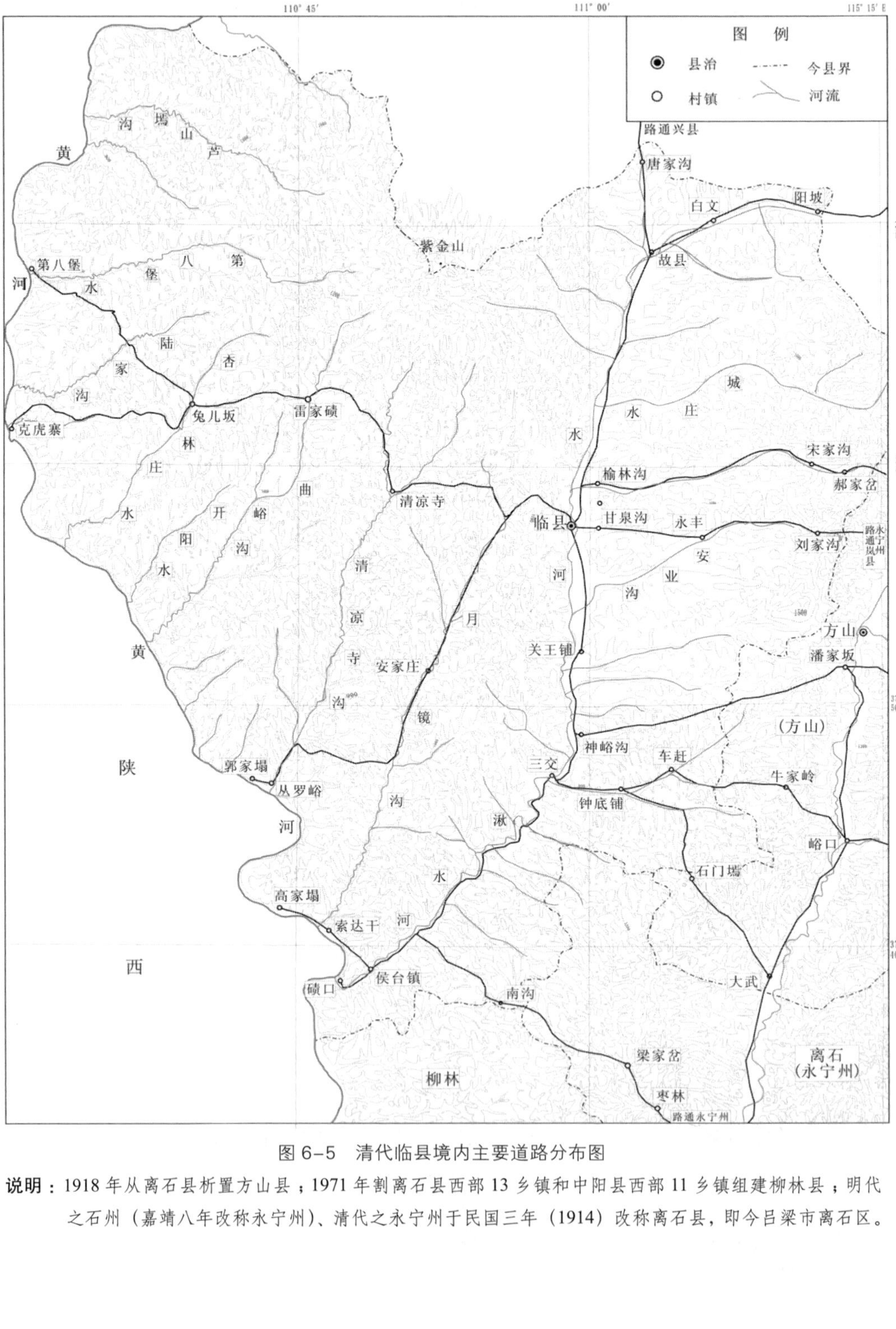

图 6-5 清代临县境内主要道路分布图

说明：1918 年从离石县析置方山县；1971 年割离石县西部 13 乡镇和中阳县西部 11 乡镇组建柳林县；明代之石州（嘉靖八年改称永宁州）、清代之永宁州于民国三年（1914）改称离石县，即今吕梁市离石区。

月镜沟、清凉寺沟、曲峪沟、杏林庄水、陆家沟、第八堡水六条河流。[①]

（二）居民点沿河分布是道路沿河分布的重要社会因素

随着社会的发展，一些居民点逐渐成长为区域中心城市，而一些居民点则形成乡镇，更多的居民点则以村庄的形态出现。城市与城市之间形成畅通的大路，亦即“大邑所在，必大道所经”。区域内重要城市的分布格局直接影响着道路的走向与分布。邹逸麟认为：“交通路线是维系城市之间联系的动脉，是人类在地理空间内开展社会活动的必要保障条件，它的开辟和畅通与不同时期城市布局和发展变化密切相关。”[②] 山西境内的重要城市等均沿河而设，连接各个城市的交通道路自然沿河而布。一个居民点要发展成为大城市或地区的中心城市，还需要广阔的经济腹地、重要的战略位置等条件。在山西地区，由河流冲击而成的盆地为居民点成长为区域中心城市提供了有利条件。它不仅为人类提供了稳定的食物来源，而且，在盆地的边缘地带，盆地与盆地之间多有高山分布，形成天然的屏障，为盆地内经济发展提供了保障。大城市多分布于大河之畔，小城镇则多发育于小河之旁。太原盆地、临汾盆地、桑干河盆地、滹沱河盆地的区域中心城市分别为太原府城、平阳府城、大同府城、忻州城。这些区域性中心城市分别位于汾河、桑干河、滹沱河沿岸。这就决定了山西省内的交通干线也必然沿省内的主要河流分布（见图 6-6、图 6-7）。

（三）河流源头之分水岭上的隘口是跨流域交通线路形成的重要节点

人不可能仅仅生活在一个流域之内，打破流域的自然边界限制，打通流域与流域之间的通道，是人类社会发展的必然结果。唐晓峰认为，突破山脉的限制，是人类文明发展壮大的标志。他随即举例说，春秋时期，韩、赵、魏三家分晋后，各自向山外拓展，而列入“战国七雄”。[③] 韩、赵、魏向山外的拓展过程，无疑是跨流域交通道路的形成过程。在流域内，道路沿河流、沟谷延伸。而在河流、沟谷的尽头，则是流域的界限——分水岭。要打通流域之间的交通，必须翻越分水岭。因此，分水岭上的隘口、垭口等地势相对较低的地方

---

① 月镜沟、清凉寺沟、曲峪沟、陆家沟为四条河流的名称。

② 邹逸麟编著：《中国历史地理概述》，上海教育出版社 2007 年版，第 325 页。

③ 唐晓峰：《阅读与感知——人文地理笔记》，生活·读书·新知三联书店 2013 年版，第 156 页。

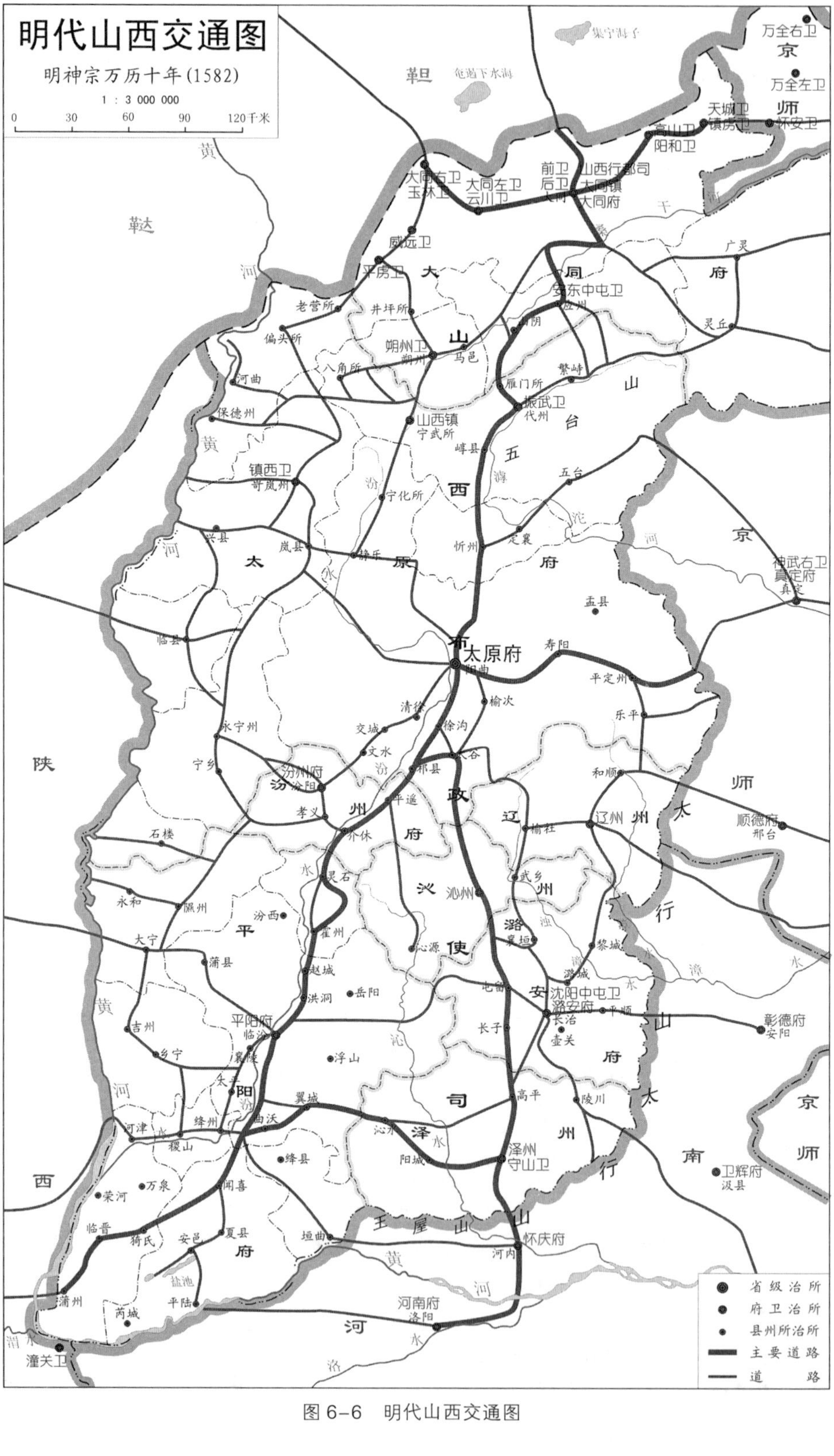
明代山西交通图
明神宗万历十年(1582)
1 : 3 000 000
0 30 60 90 120千米
集宁海子
万全右卫
万全左卫
京
师
天城卫
镇虏卫
怀安卫
高山卫
阳和卫
前卫
后卫
山西行都司
大同镇
大同府
大同右卫
玉林卫
大同左卫
云川卫
威远卫
平虏卫
大
同
府
安东中屯卫
应州
广灵
灵丘
老营所
井坪所
偏头所
朔州卫
朔州
马邑
山阴
八角所
河曲
雁门所
繁峙
振武卫
代州
保德州
山西镇
宁武所
崞县
五
台
山
镇西卫
岢岚州
宁化所
西
五台
兴县
岚县
静乐
太
原
府
忻州
定襄
神武右卫
真定府
真定
孟县
临县
布
太原府
阳曲
寿阳
平定州
榆次
清徐
交城
徐沟
乐平
永宁州
文水
太谷
和顺
宁乡
汾州府
汾阳
祁县
平遥
孝义
政
陕
西
辽
州
榆社
辽州
顺德府
邢台
太
行
石楼
介休
灵石
武乡
永和
隰州
沁
沁州
汾西
平
潞
霍州
沁源
使
襄垣
黎城
大宁
蒲县
赵城
屯留
潞城
安
沈阳中屯卫
潞安府
平顺
洪洞
岳阳
长治
彰德府
安阳
吉州
平阳府
临汾
长子
壶关
乡宁
浮山
襄陵
太平
阳
司
翼城
高平
陵川
河津
绛州
曲沃
沁水
泽
稷山
绛县
阳城
泽州
守山卫
南
卫辉府
汲县
荣河
万泉
闻喜
临晋
猗氏
安邑
夏县
垣曲
王屋山
怀庆府
河内
黄
河
盐池
蒲州
平陆
芮城
河南府
洛阳
渭水
潼关卫
洛
省级治所
府卫治所
县州所治所
主要道路
道路

图 6-6　明代山西交通图

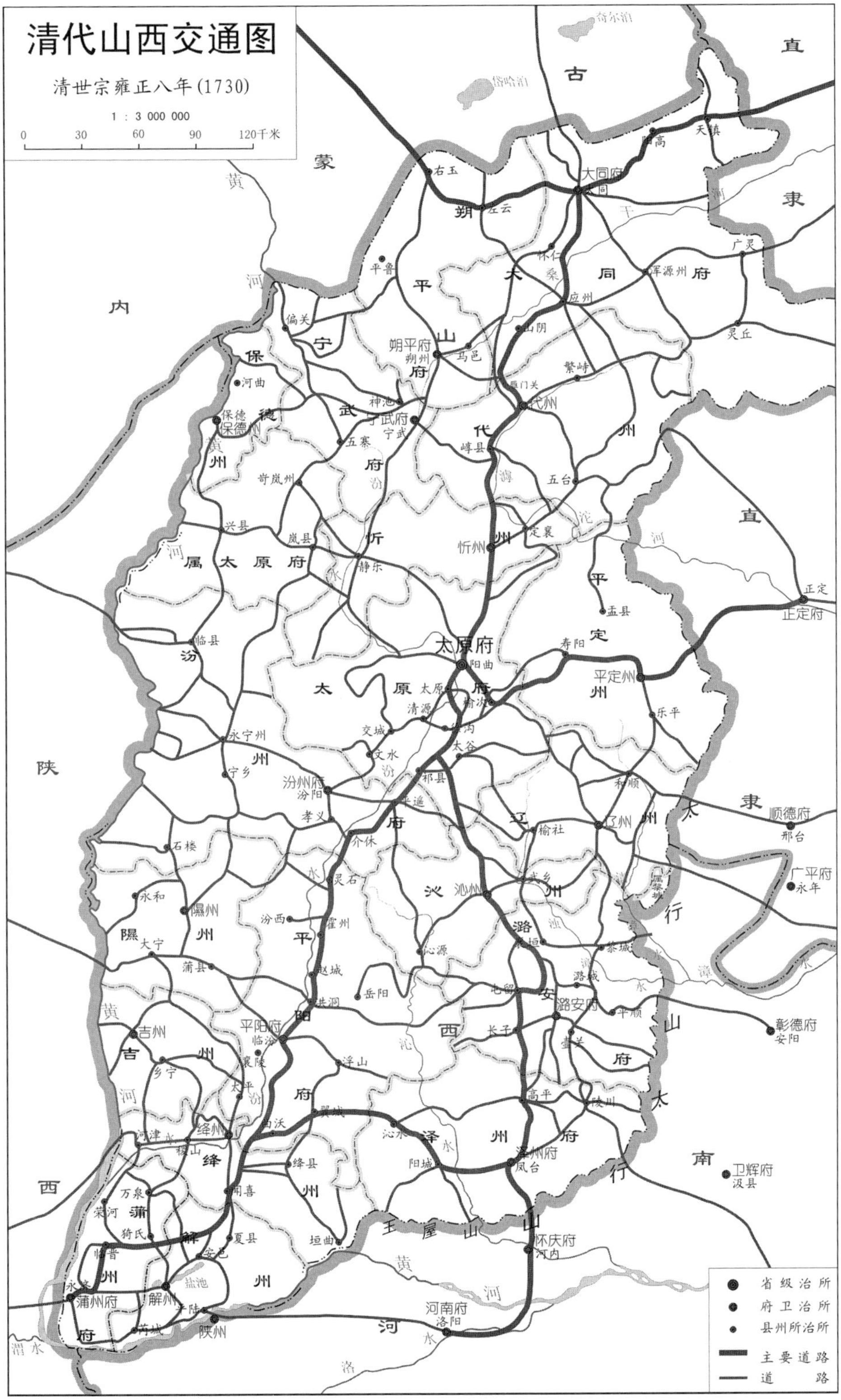
清代山西交通图
清世宗雍正八年(1730)
1 : 3 000 000
0 30 60 90 120千米
省级治所
府卫治所
县州所治所
主要道路
道路
蒙
古
内
陕
西
直
隶
大同府
大同
天镇
阳高
右玉
左云
怀仁
浑源州
广灵
灵丘
应州
山阴
朔平府
朔州
马邑
平鲁
偏关
宁武府
宁武
神池
五寨
代州
雁门关
繁峙
峰县
五台
定襄
忻州
保德
保德州
河曲
岢岚州
岚县
兴县
静乐
太原府
阳曲
太原
榆次
清源
徐沟
交城
文水
太谷
祁县
平定州
寿阳
盂县
乐平
和顺
正定
正定府
顺德府
邢台
广平府
永年
临县
永宁州
宁乡
汾州府
汾阳
孝义
平遥
介休
灵石
石楼
永和
隰州
大宁
蒲县
汾西
霍州
赵城
洪洞
岳阳
沁州
沁源
武乡
辽州
榆社
潞安府
长治
屯留
长子
壶关
潞城
黎城
平顺
彰德府
安阳
吉州
乡宁
平阳府
临汾
襄陵
太平
浮山
翼城
曲沃
绛州
稷山
河津
绛县
闻喜
垣曲
泽州府
凤台
沁水
阳城
高平
陵川
怀庆府
河内
卫辉府
汲县
蒲州府
永济
临晋
猗氏
荣河
万泉
解州
安邑
盐池
夏县
平陆
芮城
陕州
河南府
洛阳
王屋山
太行山
黄河
汾水
桑干河
滹沱河
沁水
漳水
渭水
洛
奇尔泊
岱哈泊

图 6-7　清代山西交通图

或者山体自然中断之处就自然而然地成为流域之间往来的必然通道。这些地点也就成为道路上的重要节点，历代政府往往在这些地方设关以守，形成重要的防御节点，从而以这些节点为中心，形成一个重要的军事防区。克劳塞维茨曾言："任何国家里总有一些特别重要的地点，那里有很多道路会合在一起，便于筹集给养，便于向各个方向行动，简单地说，占领了这些地点，就可以满足许多需要，得到许多利益。如果统帅们想用一个词来表示这种地点的重要性，就把它叫作国土的锁钥，那么似乎只有书呆子才会加以反对。"① 分布于道路之上的关口就像一个个阀门，成为道路的重要节点，是为"关通道通"。② 天下九塞，以雁门为首的雁门关位于大同盆地与忻定盆地之间，是滹沱河流域与桑干河流域之间往来的最便捷的通道，历代驻兵把守；而忻定盆地与南侧的太原盆地之间的往来则主要通过石岭关；太原盆地与临汾盆地之间则有冷泉关、阴地关等关口；太原盆地与上党盆地之间则有龙舟峪关、马陵关等关口，晋南与晋东南地区的交通大道要通过乌岭关；等等。可见，关口还是道路走向的一个重要标志。一座关口的存在，即表明一条大路的存在。

（四）津渡是沟通河流两岸联系的纽带

"古者，关津通谓之口。"③ 口，通道也。一座关的存在预示了一条大路的存在。同样，一座津渡的存在也是一条大路存在的重要标志。而桥梁则可以看作津渡的物化，一种特殊的渡口。津渡、桥梁所承担的作用在一定程度上来说，是相似的。一处津渡的设置地点的选择，要综合考虑河流的水位、流速以及两岸地势、地形等自然条件，是劳动人民长期经验的积累，因此，津渡一旦设置，即不易轻易废弃，津渡的这一特点就决定了经千百年交通活动考验的交通大道的走向。④ 因此，如果说，交通道路的流域性主要体现在道路沿河道延伸方面，那么津渡的存在，则显示了河流两岸沟通的现实需要。以山西为例，无论汾河两岸，还是黄河两岸，都分布有众多的渡口，它们是两岸人员、物资往来的重要通道。它们是陆路交通在河流边的终点，也是跨河流交通的起点，一个渡口

---

① 〔德〕克劳塞维茨：《战争论》第 2 卷，商务印书馆 1978 年版，第 636—637 页。转引自宋杰：《古代中国战争的地理枢纽》，《首都师范大学学报》1994 年第 4 期。

② 《山西关隘与关隘文化》，见马书岐、王怀中编：《山西关隘大观》，山东画报出版社 2012 年版，第 5 页。

③ 光绪《平定州志·建置志上·关梁》。

④ 王子今：《秦汉黄河津渡考》，《中国历史地理论丛》1989 年第 3 辑。

必然对应着一条大路，这条大路往往也是一定区域内的交通孔道。如吴王渡为临晋县西出之孔道必经之地①，永宁州之青龙渡是永宁州与陕西之间往来大道的主要渡口②。因此，一个渡口的存在，即标志着一条道路的存在。

三、结语

道路与河流有着天然的联系。人类最初的道路是因生活的需要，在他们经常出入的地方反复践踏、行走而逐渐形成的。随着人类认识和改造自然能力的提高，才逐步有了人工开拓的道路。道路的选择受制于人类改造自然的能力。时至今日，交通道路的选址依然以天然的河流和沟谷为主。《考工记》云："凡天下之地势，两山之间，必有川焉；大川之上，必有涂焉。"③可见，地形、地貌条件是道路形成的基础因素。尤其是在传统社会时期，人类改造自然界的能力相对弱小，主要是对自然环境最大限度的利用。

道路交通系统本身是一个开放的系统。流域性显著的山西地区，使得山西地区的道路天然具有了流域性。"水陆并行"是其显著标志。"循河觅道，因河成道"，"利用相近的河谷，连接成道。河溪是天然的指向器，千溪万流归大川，沿山谷溪流岸边修成的诸多支路，很自然地就与平川的交通干道相连接，成为羽状的道路网络"。④但是，在地势相对高度较低的地区，道路沿河流分布并不是最优的选择。在这些地区，河流之间的分水岭由于位置高、地面干燥平坦，成了区域内道路形成的最优之地。这从另一个角度说明，道路的流域性不仅仅指的是沿河分布。

在各个流域之内，道路沿河流呈现出树枝状分布的特点。而跨流域的交通路线，则往往需要翻越流域之间的分水岭，在分水岭上设置的关口，则成了跨流域道路形成的标志之一。此外，河流上的渡口是道路走向的重要标志之一。关隘、津渡与河流共同标示出了山西境内交通道路的走向和布局。

---

① 民国《临晋县志·疆域考·道径》。

② 乾隆《汾州志·关隘》。

③ 闻人军译注：《考工记译注》，上海古籍出版社1993年版，第130页。

④ 王开主编：《陕西古代道路交通史》"序言"，人民交通出版社1989年版。

第七章　历史流域学视野下的都城与文化

纵观世界，古代文明的起源多肇始于大河流域，而都城作为国家和文明的核心，亦多建于河流侧畔。无论是古埃及、古巴比伦，还是古印度，以及我们的中华文明，皆是如此。河流下游广阔的冲积平原为早期人类的农业开发和城市建设提供了良好的地理条件，肥沃的土壤、便利的灌溉条件、良好的气候催生了早期的农业，养育了众多的人口，其后居民点亦相继建立，联络各地的交通路线逐渐成型。而水路与陆路的节点往往成为信息传达、物流交通、人员往来的枢纽，从而成为都城建设的首选之区。

流域作为一个特定的区域，其间人群相同或相似的生产方式、生活习惯，塑造出了共同的文化心理和感情认知。而都城作为一个国家和民族的核心，不仅仅是政治、军事的象征，也是民族文化的集中体现。以都城所在的流域为核心，我们的文化广泛影响着四周的区域，而河流作为文化传播的孔道，可谓得风气之先，容易成为不同文化的交汇区，易于形成文化链，呈现出独特的文化现象。展开流域文化研究，可以说是一种有益的尝试和独特的视角。

都城与文化，前者系物质文明，后者系精神文明，两者分属不同的范畴，然而探究两者之间的深层次关联，将再一次把流域文化研究引向深入。

第一节 都城分布的流域性特征——以先秦时期为例

世界文明史具有明显的流域性特征，越在早期，这一区域性特征越发明显，如众所周知的四大文明古国之流域文明。先秦时期，在中华文明滥觞之地——黄河、长江等流域内，人类文明的活动，诸如部落迁徙、技术传播、聚落分布等，同样呈现出了显著的流域性特征。

本节从人类早期文明的聚集地——都城，分布、迁徙沿着河流“行走”的特征入手，重新审视河流与人类早期文明之间的关系，认为廊道功能是河流在早期文明中主要功能之一。

一、先秦时期都城分布、迁徙的流域性特征

本节研究的都城，时间上起自夏代（二里头文化之前），包括陪都和诸侯列国的都城。有学者认为从远古至明清，中国都城可以分四个时期：“二里头文化之前，可称为‘萌芽期’；从二里头文化至战国时期，是‘雏形期’；秦汉至隋唐是‘发展期’；宋、元、明、清是‘成熟期’。”[①] 依此，本节主要分析“雏形期”都城布局、迁徙与河流廊道之关系，参照谭其骧先生主编的《中国历史地图集》，将夏、商、西周、春秋、战国五个时段的都城空间布局与和河流之关系梳理如图 7-1、图 7-2、图 7-3、图 7-4、图 7-5 等。

（一）夏、商时期都城的流域性特征

《史记·夏本纪》载，禹之后传世十六王，其间迁都十余次。史念海认为：“夏代都城除帝丘与斟灌外，皆散布于今潼关以东，黄河南北两侧。”其中“帝丘在今河南濮阳县西南，斟灌则在今河南清丰县南”。[②] 从图 7-1 可以看出，夏时期的都城主要在黄河中游汾、涑、渭、洛流域，以及黄河下游和淮河分水岭之间地带转移迁徙，最东至山东半岛的潍河、胶莱河小流域。

---

① 叶骁军：《中国都城历史图录》“总论”，兰州大学出版社 1986 年版。

② 史念海：《中国古都概说》，《陕西师范大学学报》1990 年第 1 期。

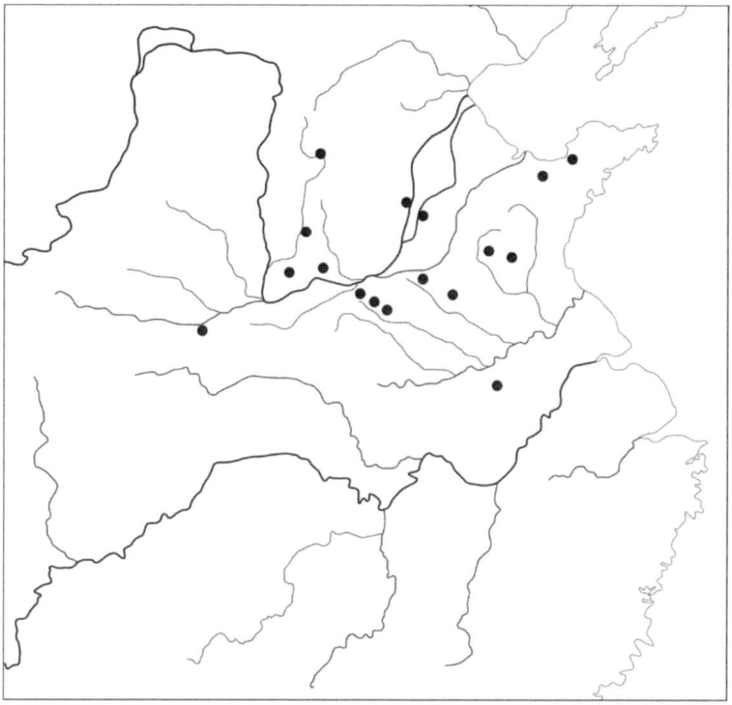

图 7–1　夏时期都城分布简图

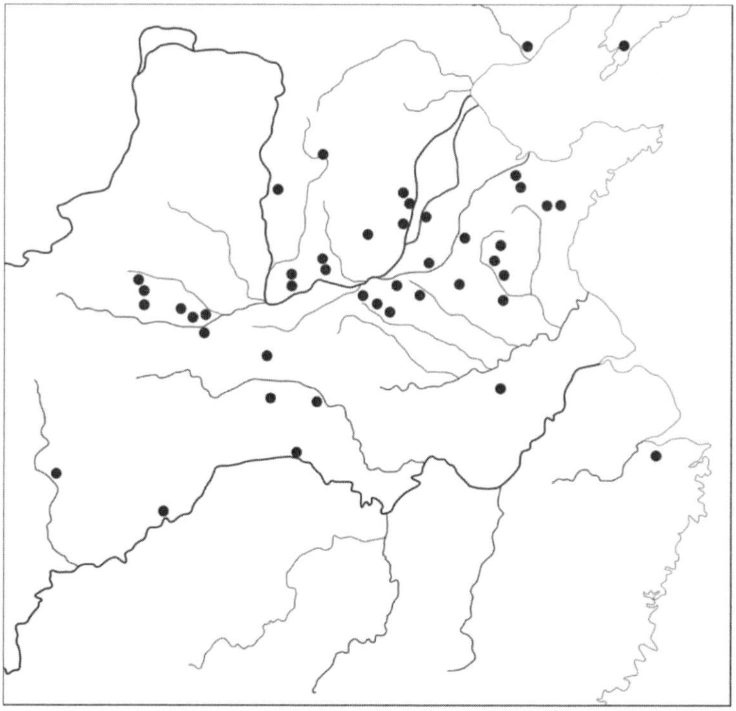

图 7–2　商时期都城分布简图

“商之先祖为契，由契至汤曾经八次迁都，汤以后还有五次，论其频繁程度，当不亚于夏代。”[①] 从图 7-2 可以看出，商时期的都城较之夏代呈现明显的扩张态势，扩张的方向主要是沿着黄河中下游干流，通过其支流、分水岭地带向与其毗邻的淮河流域、滏阳河流域（海河支流）、汉水流域（长江支流）扩张。东南至钱塘江流域的越国，东北有深河流域，西南进入长江干流，并溯源至嘉陵江、岷江。

从考古学资料来看，商文化主要是来源于河北地区的龙山文化，夏文化主要是来源于河南地区的龙山文化，二者有别，但到了商代夏而立时，已很难再把商文化与夏文化从考古学上分开了。目前学界依据考古史料，从文化学角度证明了夏商时期，黄河文明向长江流域的扩展。例如有学者认为：“二里岗文化时期，商人对长江中游地区的扩张基本上是沿着二里头文化东线的足迹南下，即由豫东越过桐柏山，顺澴水、滠水及其附近进入盘龙城。”[②]

（二）西周时期都城的流域性特征

从图 7-3 可以看出，西周时期的都城较之商代，不仅分布范围扩大，且在核心区域内，都城数量进一步增加，分布进一步密集。武王克商后，在黄淮流域加封吴、齐、鲁、燕、管、蔡、曹、宋、晋等国，在长江流域加封楚郢、吴城、随、巢、邓、胡、钟离、彭等国，随之就是新都的建立，都城数量的增加是西周分封诸国后的必然结局。史书记载，“周初立七十一国”[③]，西周时期分封的范围大概如周大夫詹桓伯所云：“我自夏以后稷，魏、骀、芮、岐、毕，吾西土也；及武王克商，蒲姑、商奄，吾东土也；巴、濮、楚、邓，吾南土也；肃慎、燕、亳，吾北土也。”[④]

总之，西周时期都城的分布较之商代，西向进一步沿着黄河支流渭水、泾水溯源西行，南向、西南向通过黄河、长江分水岭秦岭，进一步向汉水、嘉陵江、岷江等长江流域深入。周初的分封制较之夏商时期的分封有了很大进步，“这一方面表现在统治地区的扩大，同时也表现在同姓、功臣受封众多。……

① 史念海：《中国古都概说》，《陕西师范大学学报》1990 年第 1 期。

② 张昌平：《夏商时期中原与长江中游地区的文化联系》，《华夏考古》2006 年第 3 期。

③ 《荀子集解》上。

④ 《春秋左传正义》卷五四，文渊阁《四库全书》本。

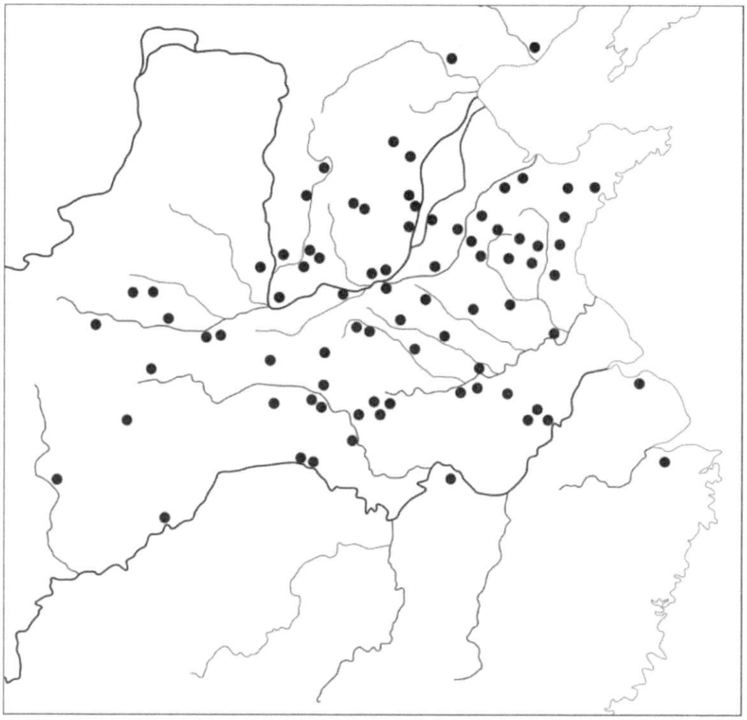

图 7-3　西周时期都城分布简图

而政治集中程度或周朝统治力量的加强，表明各诸侯国经济文化渐趋于一致或逐渐融合”[①]。在这一文化交融过程中，黄河、淮河、长江等河流廊道所起的通道功能是显而易见的。

（三）春秋战国时期都城的流域性特征

从图 7-4 可以看出，春秋时期的都城较之西周，数量、范围又有进一步的增加和扩展，这是王室衰微、诸国纷争的结局。春秋时期，是本节研究时段内都城数量最多的时期，也是中国历史时期都城数量最多的时期，东北方向开始深入到辽河流域，西向沿着渭水、泾水继续溯源扩张。

从图 7-5 可以看出，战国时期的都城较之春秋有一个明显的特征：都城数量明显减少，黄河、淮河都城聚集区域的密度明显减小。但这一时期，疆域面

① 田继周：《先秦民族史》，四川民族出版社 1988 年版。

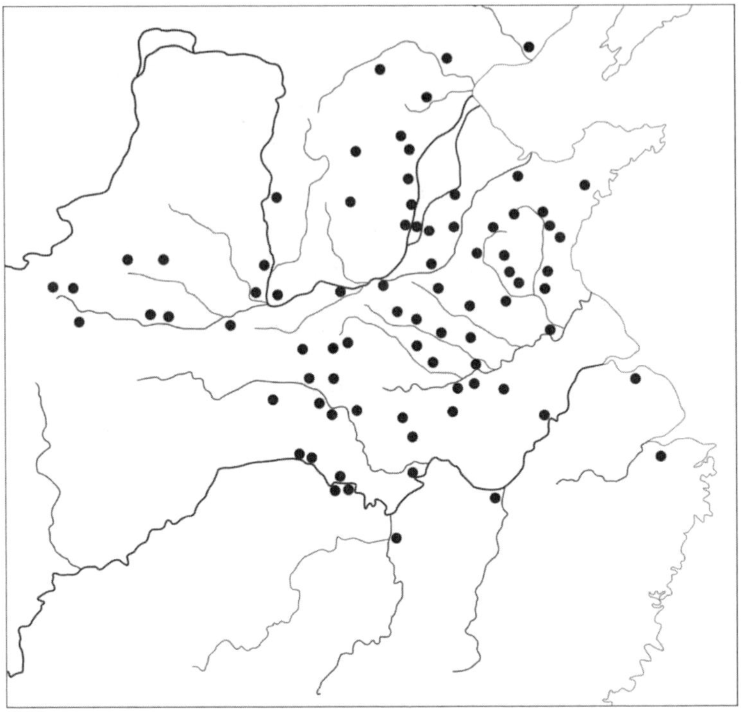

图 7-4　春秋时期都城分布简图

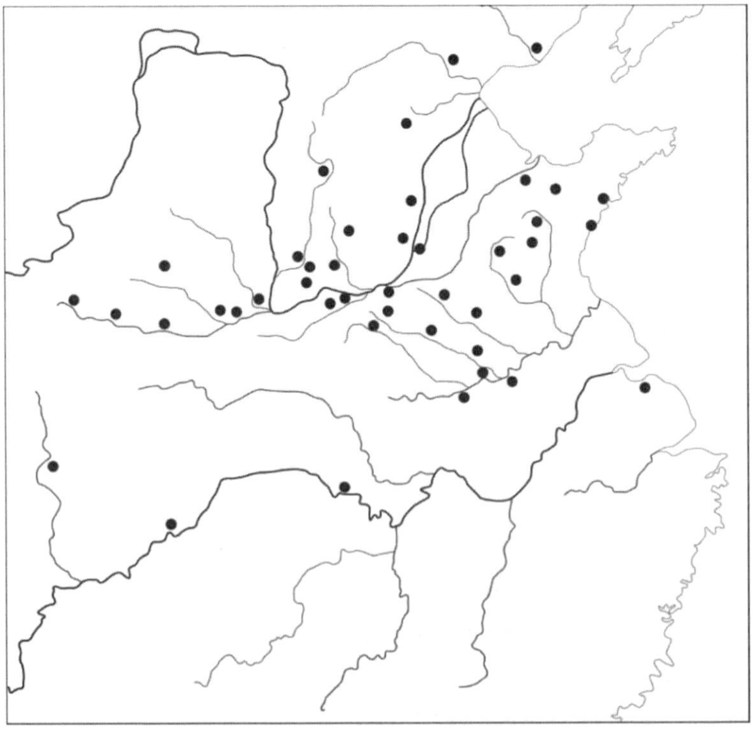

图 7-5　战国时期都城分布简图

积较之春秋却有明显增加，西南向已经发展到珠江流域。因此，这一“逆向”变化，正预示着中国都城由“雏形期”向“发展期”的逐步过渡。

春秋战国时期，都城分布的核心区域，开始由黄河、淮河、长江诸流域的中游向下游扩展，其间人工运河的兴建将天然河流廊道进一步扩展。春秋战国时期，水路交通的发展开始在利用天然河道的基础上，开凿运河。目前见诸记载最早的运河是春秋时期吴王夫差开凿的邗沟，将长江和淮河连接了起来；战国时期，魏惠王十年（公元前360年）开始兴建鸿沟，进一步沟通黄河和淮河。

二、河流廊道的通道功能：都城沿着流域行走

从图7-1至图7-5可以看出，先秦时期都城在空间分布、迁徙过程中，河流的廊道功能是十分显著的。本节认为，在先秦时期，河流廊道是一条包括生态、经济、文化诸要素的复合通道，它是都城分布、迁徙过程中的主要动力之一。

（一）流域为早期都城提供了适宜的腹地

英国地理学家柯立希（Cornish）在《大国都》（*Great Capitals*）一书中曾经提出建都的三个条件：1. 岔路口，意指交通便利之处；2. 谷仓，意指都城附近地区粮食以及其他物资供应能满足都城平时和战时的需要；3. 要塞，意指交通地理形势好，便于防守，以利安全。[①] 本节认为，与先秦时期的生产技术水平相适宜，濒临干支流交汇的河口之地，较好地具备了建都的地理条件。

《管子·乘马》云：“凡立国都，非于大山之下，必于广川之上。高毋近旱，而水用足，下毋近水，而沟防省。因天材，就地利，故城郭不必中规矩，道路不必中准绳。”[②]都城建立在河流的二级阶地地带，一般距河20米左右[③]，既可解决水源问题，又多一道天然屏障，更重要的是这里多为冲积平原，土壤肥沃，可容纳较多的农业人口，能为都城提供更多的物力和人力支持。

以商代为例。商都屡迁，自成汤建国，至盘庚迁殷，文献记载凡有五迁。

---

① 叶骁军：《中国都城历史图录》“总论”。

② 黎翔凤：《管子校注·乘马篇》，中华书局2004年版。

③ 马正林：《中国城市历史地理》，山东人民出版社1999年版，第26页。

具体地望，学界见解虽有分歧，但大体认同皆去黄河不远，如岑仲勉认为，商都距离黄河，“总不出二三百里的范围”[①]；钱穆亦提出：“殷人迁居河北，恰是昵就黄河，而非畏避。”“殷都却始终近河。”[②]“廊道”是随着景观生态学的发展而提出的一个新名词，是指不同于两侧基质、连续的狭长地带，它对两侧的景观单元具有通道和阻隔的双重作用。在历史时期，在较大的景观尺度内，廊道多表现为河流、道路等形式，越在人类早期，河流的廊道作用越是明显。

范蠡曾对越王勾践云：“今大王欲立国树都，并敌国之境，不处平易之都，据四达之地，将焉立霸王之业。”[③]这反映出古人建都择地的经济原则：一是经济腹地供给力，二是交通便达。因此，兼具二者之便利的河海之滨、河流交汇之处的冲积平原，便成为建都最为适宜的地方。

（二）河流、河谷是早期最为便宜的水、陆运输线路

流域内部的交通网络是流域地域布局的基础骨架，这一特征在古代尤为显著。因为在农业社会时期的空间结构属典型的原生空间形态，其通道以河道、山峪等自然通道为主。[④]此外，区位交通条件的区域性差异对于农业经济发展的影响是显而易见的，在历史的长时段变迁中，流域交通路线的空间分布及运输效率的变化，是影响区域社会经济发展的重要因素之一。先秦时期，最为便利的交通便是河流及沿着河谷延伸的陆路交通。

人类早期生产力低下，各地区利用河湖水道进行交通和运输是最为便捷的，如《诗经》曰：“谁谓河广？一苇杭之。”陆路一则需要路线开通、维护，二则需要车马等的交通工具；与此不同，人们乘一叶扁舟就可以行走在天然河道里。考古也证明，祖先很早就开始利用水运：距今七八千年的新石器时代早期，在浙江杭州遗址里曾发现一条独木舟，被誉为“世界第一舟”[⑤]；在稍晚的余姚河姆渡文化里，也发现了划船的木桨。在北方地区，考古尚未见有关舟船实物，但通过对甲骨文中的“舟”字的解读，发现其含义之一就是“舟船”，商代的舟船与现今的木船大致相同。舟不但商王国有，周边的一些方国也

---

① 岑仲勉：《黄河变迁史》，人民出版社2004年版，第119页。
② 钱穆：《古史地理论丛》，生活·读书·新知三联书店2004年版，第240页。
③ 《越绝书》卷八，文渊阁《四库全书》本。
④ 陈修颖：《区域空间结构重组：理论基础、动力机制及其实现》，《经济地理》2003年第4期。
⑤ 《中国文物报》2005年1月7日。

有，其使用较为频繁，是当时水上交通运输的工具，并出现了进行战争的“舟师”[①]。商王朝政治结构已较为成熟，必然有国家层面上的政治运作、经济交流，较大规模的交通运输是必不可少的。无法设想商代都城、王畿位处黄河两岸而没有黄河水运的景况。

春秋战国时期，晋国迁都新田，是因为新田“土厚水深，居之不疾，有汾、浍以流其恶，且民从教，十世之利也”[②]。各国都城多位于大山之下、广川之上、江河之滨，不在两水之间，就在两水交汇之地。如齐临淄东临淄水，西依系水；晋新田位于汾、浍两水交汇处；郑新正处在洧水、黄河之间；楚郢城在洙河、新桥河、龙桥河三水交汇之地；秦都雍更居于“四山之中，五水之汇”。

（三）分水岭是都城在流域间迁徙的节点

分水岭，即河流的分界线，因多以山脉为界，故名。北魏郦道元《水经注·漾水》云：“嶓冢以东，水皆东流；嶓冢以西，水皆西流。即其地势源流所归，故俗以嶓冢为分水岭。”分水岭，地貌以山地为主，比如长江和黄河的分水岭是秦岭，长江水系和淮河水系的分水岭是大别山，长江水系与珠江水系的分水岭是南岭。这些山岭、山脉在历史时期的作用显然不同于一般山脉，它们既和一般山脉一样，对文化传播、人口迁徙起到了阻碍作用，另一方面，作为连接两个不同流域的地带，它们又起到了一种“枢纽”“节点”的作用。

分水岭的“枢纽”“节点”作用，在古代交通线路开辟上十分明显。

由早期技术水平决定，便于穿越的分水岭自然成为人类文明扩张的最早利用枢纽，比如黄河与淮河的分水岭嵩山地带。嵩山由太室山和少室山组成，属伏牛山系，东西横卧于中原地区，海拔最低处为350米，最高处约1 500米。而黄河与长江的分水岭秦岭，平均海拔2 000～3 000米，北侧断层陷落，势如屏壁，正如《史记》所称：“秦岭，天下之大阻也。”尽管如此，作为分水岭，穿越其间的河流依然是沟通两个流域的通枢。据文献资料分析，穿越秦岭，连接汉江、渭河的古道约有七条，即蓝武道、镇柞道、子午道、黑水浦河道、傥骆道、褒斜道和北栈道。褒斜道的开凿推测应始于战国，《战国策·秦策》里

---

① 杨升南：《商代的水上交通工具》，《殷都学刊》2006年第4期。

② 杨伯峻：《春秋左传注》“成公六年”条，中华书局1981年版。

有“栈道千里，通于蜀汉”的记载，褒斜道被认为是世界最早的人工交通隧道之一。这些古道基本上都是沿着南北奔流的河流通行的；迄今，翻越秦岭沟通南北的铁路和公路，也多是沿着这些河谷修筑。

三、河流廊道的阻碍功能：都城以河流、分水岭为要塞

郑樵《通志》云：“建邦设都，皆凭险阻。山川者，天之险阻也；城池者，人之险阻也；城池必以山川为固。……所以设险之大者莫如大河……故中原依大河以为固。”这里指出了高山、河流等自然屏障在都城防御上的重要性。利用自然形成的高山、大河、湖泊等构建自然防御体系，越在早期越是明显。

（一）以山川为军事防御要塞

文献记载，夏启时期政治中心位于颍水上游地区，考古发掘的新砦遗址与此是一致的。从新砦遗址可以得知，夏国家在重要地区构筑有较为复杂的军事防御设施。“该遗址南以双洎河为自然屏障，西临武定河，东有圣寿溪河，只有北边与陆地相通，其位置和周围环境十分利于军事防御。”据文献记载，少康之后，直至夏桀亡国，夏王朝主要以斟寻为都，伊洛地区为王朝的政治中心所在。其间逐渐构建起了“以都城防御为中心，都城外围自然山河关隘为屏障，周边地区军事防御为重点，多重防御设施和手段相互结合的夏国家军事防御体系”[①]。

《国语·周语上》有“昔伊洛竭而夏亡，河竭而商亡”的记载。从字面上解释，伊洛河和黄河的干涸与夏、商王朝的灭亡有着直接关系。有学者据此认为，夏代末年发生了大规模的干旱，致使伊洛河流干涸，从而成为夏王朝灭亡的主要原因。[②] 从这一记载可窥见自然河流在先秦防御体系中的重要地位和作用。

《国语·郑语》记载，史伯对郑桓公云：“若克二邑，邬、蔽、补、丹、依、畴、历、华，君之土也。若前颍后河，右洛左济，主芣、騩而食溱、洧，修典刑以守之，是可以少固。”郑桓公强占了虢、郐二国十邑之地后，就可以前临华山，后依黄河，位居洛水与济水之间，统治溱、洧流域。史伯认为这样

---

① 张国硕：《夏国家军事防御体系研究》，《中原文物》2008 年第 4 期。

② 王星光：《生态环境变迁与夏代的兴起探索》，科学出版社 2004 年版，第 140 页。

郑国军事防御体系就基本建立了。春秋战国时期，战争频仍，以山川为自然防御更是十分重要。

（二）“山川形便”与地域文化

先秦时期，各方国、侯国之间，多遵循“山川形便”原则，粗略地确定边界，明确具体的边界出现得很晚。西周封建时期，各封国之间存在大片无主的旷野，故无明显的边界。如郑国在东西周之际迁到今郑州一带，“斩之蓬蒿藜藿而共处之”[①]。宋、郑之间直到春秋末期，还有隙地六邑，两国为势力平衡之故，相约不准占有。迄至战国，边境概念形成，城邦逐步转化为领土国家，各国之间开始有较为明确的边界划分。但由于战争频仍，国界善变，所以国与国之间，多以便于识别的山、川为界。如《史记·河渠书》说，齐、赵之间“以大河为境”，《禹贡》关于九州的划分，也是以山、川为界。

“山川形便”的意思是以天然山川作为行政区划的边界，使行政区划与自然地理区划相一致。[②]这个原则是划界中最自然、最直观的原则，依之，边界浑然天成。高山大川除了造成地域上的差异外，因地貌、气候和土壤不同而形成不同的农业区外，在交通不发达的古代，又成为文化传播的天然障碍，因此以山川为界来划分政区是世界各文明古国的通行原则。如《礼记·王制》所云：“广谷大川异制，民生其间者异俗。”可见“山川形便”的划界原则，较好地实现了政区和文化区的统一。

先秦时期，方国、侯国之间以“山川形便”原则粗定边界，一方面遵从了不同地域文化的独立性，另一方面也进一步固化了不同地域文化的独特性。这正是河流廊道功能中阻碍功能的体现。不同时期，都城相对聚集在某一或某些相邻流域；同一时期，不同文化体系的都城聚集在不同流域的分布，正是河流廊道阻碍功能的具体体现。

四、结语：都城流域性特征研究亟待深入

尹钧科曾通过对永定河流域古都群的研究，撰文提出应加强区域古都群

① 杨伯峻：《春秋左传注》“成公六年”条、“哀公十三年”条。

② 周振鹤：《犬牙相入还是山川形便》，《中国方域》1996 年第 5、6 期。

研究。“除永定河流域外，在关中平原、中州河南、汾河谷地、长江三角洲、齐鲁大地以及在东北、西北、西南地区等，都相对集中地分布着一批或早或晚、或大或小的古都，构成规模不等的古都群。如果对上述区域的古都群的研究，都较广泛而深入地开展起来，那么，对于促进我国古都学的发展和对我国深厚的古都文化的开发利用，必将会产生积极的深远的影响。”① 所列举的这些区域中，无一不和流域密切相关，除了永定河流域、汾河流域外，关中平原，又称渭河平原，是由渭河、泾河、洛河冲积而成；长江三角洲是由长江、钱塘江在入海处冲积而成；河南、齐鲁等地古都，如前文所述，皆傍依河流。

早在 1988 年，王守春就针对历史地理学界对历史时期河流演变原因的研究情况提出“今后的研究侧重点应当放在把河流与流域作为一个整体或一个系统来进行研究”，并提出应创建“历史流域系统学”，强调流域之治理应注重流域系统性。② 嗣后，侯仁之在 1992 年进一步提出为进行系统研究，应选择“区域链”作为研究对象，即以河流为轴线，将沿途区域视为子系统，进行流域系统研究；并具体提出了“潮河链”“滦河链”等具体研究设想。③ 从流域学角度将流域作为一个完整的地域系统，探索它所具有的以水资源为核心的独特的人地关系运动规律，亟待深入。

第二节　汾河流域的都城变迁

汾河是黄河的第二大支流，也是山西的母亲河，汾河流域尤其是汾河下游地区，在很早以前就有人类活动。近年来，随着考古工作的进展，大量早期遗址公之于世，从而为我们研究汾河流域的都城变迁提供了宝贵的资料，以之与文献资料相互考究，汾河流域早期都城变迁的脉络便跃然纸上了。

---

① 尹钧科：《从永定河流域的古都看加强区域古都群研究的必要性》，《三门峡职业技术学院学报》2006 年第 1 期。

② 王守春：《论历史流域系统学》，《中国历史地理论丛》1988 年第 3 辑。

③ 侯仁之：《历史地理学四论》，中国科学技术出版社 1994 年版，第 27 页。

一、上古传说及三代之都

上古传说之都，即三皇五帝之都；三代之都，即夏、商、周三代之都。

（一）上古传说之都

三皇时期，据光绪《山西通志》载，地皇氏都于龙门（今河津市），有巢氏都于石楼（今石楼县），郝骨氏都于郝（太原市），等等，这些所谓的“都城”，多属于传说，所据文献也不一定可靠，稽考不易，故《山西通志》将其列入“经不载”之列。[①]

最早都于山西、记载较为可信的则始自五帝时期的尧。《汉书·地理志》“河东郡平阳县”条下注引应劭说：“尧都也，在平河之阳。”[②]宋代郑樵云：“尧始封于唐，后徙晋阳，即帝位都平阳。”[③]平阳，《水经注》载：“汾水又南，迳平阳县故城东。”杨守敬按语：平阳县“两汉县属河东郡。魏晋属平阳郡。后魏太平真君中省，太和中复置，仍属平阳，皆在今临汾县西南”[④]，即今临汾市尧都区金殿镇。2002—2003年，襄汾县陶寺文化遗址考古发掘取得重大突破，不仅发现陶寺城址，而且发现了宫殿区和观象台遗址，据此，有学者认为陶寺就是唐尧都城所在。[⑤]

（二）三代之都

论及夏代都城，当自鲧始，“鲧筑城以卫君，造郭以守民，此城郭之始也”[⑥]。鲧之后，禹的都城据说有数处[⑦]，山西有三处，即安邑、平阳和晋阳[⑧]。安

---

① 光绪《山西通志·古迹考一》。

② 《汉书·地理志上》。

③ 《通志·都邑略》。

④ 《水经注疏·汾水》。

⑤ 王晓毅：《古城宫殿·大墓·观象台——唐尧帝都考古新进展》，《文物世界》2004年第3期。

⑥ 《世本八种·张澍稡集补注本》卷一：“鲧作城郭。”澍按：《吴越春秋》曰：“鲧筑城以卫君。造郭以守民。此城郭之始也。”

⑦ 《世本八种·王谟辑本》：“夏禹都阳城。避商均也。又都平阳，或在安邑，或在晋阳。”《汉书·地理志上》：“阳翟，夏禹国。”注：“应劭曰：‘夏禹都也。’臣瓒曰：‘《世本》：禹都阳城。《汲郡古文》亦云：居之。不居阳翟也。’师古曰：‘阳翟本禹所受封也。应、瓒之说，皆非。’”

⑧ 《史记·夏本纪》载：“禹于是遂即天子位，南面朝天下，国号曰夏后，姓姒氏。”《集解》皇甫谧曰：“都平阳，或在安邑，或在晋阳。”

邑，在今夏县县城西北15里处的禹王城。目前，学界多数认同此说。[①]晋阳，“旧说多谓即汉太原郡所属晋阳县，其地在太原市西南。然安邑附近就有晋阳，在今山西省旧解虞县西北，禹之所都当在此处”[②]。平阳，则在今临汾市尧都区西南。1958年襄汾陶寺文化遗址的发现，尤其自20世纪70年代以来，多次考古发掘，逐渐改变着传统看法。[③]进入21世纪，考古工作再次取得重大突破。[④]考古发现的陶寺城址，营建于早期，扩建于中期，毁于晚期，其使用的绝对年代，据碳-14测定估计在公元前2300—前2150年之间。[⑤]从建筑设施的角度和聚落形态、社会形态以及文明程度出发，一些学者推测，陶寺城址很可能是当时的一处重要都邑性聚落，可能就是文献所载的大禹之都——平阳。[⑥]

彘 周厉王流放地，今霍州市。“武公九年，周厉王出奔，居彘。十年，王室乱，大臣行政，号曰‘共和’。”[⑦]“厉王所居之彘，则今霍州。《国语》：‘于是国人莫敢出言，三年，乃流王于彘。’韦昭注：‘彘’，汉为彘县，属河东，今曰永安。”[⑧]《水经注》曰：汾水“又南入河东界，又南过永安县西。故彘县也。周厉王流于彘，即此城也。王莽更名黄城。汉顺帝阳嘉三年，改曰永安县。霍伯之都也”。杨守敬疏云：“后汉县仍属河东郡，魏、晋属平阳郡。《地形志》，永安郡建义元年置，治永安城。永安县，真君七年，并禽昌，正始二年复属，治仇池壁。《寰宇记》，魏末复还治，当在郦氏后，置永安郡时矣。《一统志》，今霍州治。”[⑨]

---

① 傅仁杰、张国维在《河东与夏文化的关系》一文中说：“禹王城即古安邑”，“相传该城为禹建都之地”。事实上，早在1961年，文物工作者就对该城进行了调查，并未发现早于战国的实物。禹王古城是由时代先后不同的大、中、小三个古城和一个夯土台等四部分组成。经实地勘察，结合文献资料，调查组的结论是：“禹王古城的大城可能是魏都安邑。中城是秦汉时期的河东郡地”，“小城如上述情况，可能会与大城和中城同时使用，而到北魏时，大、中城俱废，只有它还继续使用”。（详见傅仁杰、张国维：《河东与夏文化的关系》，《山西省考古学会论文集》（三），山西古籍出版社2000年版，第237—241页；陶正刚、叶学明：《古魏城和禹王古城调查简报》，《文物》1962年第Z1期）

② 史念海：《中国古都概说》（二），《陕西师大学报》1990年第2期。

③ 王文清：《陶寺遗存可能是陶唐氏文化遗存》，《华夏文明》（I），北京大学出版社1987年版。

④ 中国社会科学院考古研究所山西队、山西省考古所、山西省临汾市文物局：《山西襄汾县陶寺城址发现陶寺文化大型建筑基址》，《考古》2004年第2期。

⑤ 胡建：《从陶寺城址的发现谈早期国家的城市模式》，《山西省考古学会论文集》（四），山西人民出版社2005年版。

⑥ 何驽、严志斌：《黄河流域史前最大城址进一步探明》，《中国文物报》2004年9月3日。

⑦ 《史记·齐太公世家》。

⑧ 光绪《山西通志·古迹考二》。

⑨ 《水经注疏·汾水》。

二、方国都城

所谓方国，即夏、商、周及春秋战国时期，王畿直接统辖地区之外的四邻之国，包括受封和未受封两种类型。三代时期，方国有很多，“大禹之时，诸侯万国……及汤之时，诸侯三千”①。直到春秋之初，“尚有千二百国，迄获麟之末……见于《春秋》经传者，百有七十国”②。山西地近王畿，历代史乘所载方国不在少数，有些已经为考古学所证实，如唐、黎、亘方、潞等，有一些文献记载较少，且无考古发现，稽考清楚存在着一定的困难，如余吾氏等。笔者就其所能，将能够考订清楚的罗列如下：

唐　唐国都，在今曲沃县曲村镇曲村、北赵、毛张和翼城县里砦镇天马村之间③，年代不详。《括地志》载：“故唐城在绛州翼城县西二十里。徐才宗《国都城记》云：‘唐国，帝尧之裔子所封。’《春秋〔传〕》云夏孔甲时有尧苗胄刘累者，以豢龙事孔甲，夏后嘉之，赐曰御龙氏，以更豖韦（‘豖’音‘始’，夏的同盟部落，在今河南滑县东南。汤曾伐之）之后。龙一雌死，潜醢之以食夏后，既而使求之。惧而迁于鲁县。夏后盖别封刘累之后于〔大〕夏之墟，为唐侯。至周成王时，唐人作乱，成王灭之而封大叔，迁唐人子孙于杜，谓之杜伯，范氏〔匄〕所云‘在周为唐杜氏’也。《地记》云：‘唐氏在大夏之墟，属河东安〔邑〕县。今在绛城西北一百里有唐城者，以为唐旧国。’”④

冀　殷商时期冀国都，在今河津市东北南辛兴。冀，始见《左传·僖公二年》，“冀为不道，入自颠軨，伐鄍、三门”。杜预注曰：“冀，国名，平阳皮氏县东北有冀亭。”⑤以冀为国号较早，当为殷商时期侯国，春秋时被虞国所灭，时间不确。《国策地名考·魏上》载：冀，“京相璠曰：‘古之冀国所都也。’顾

---

① 《战国策·齐策》。

② 《晋书·地理志四》。

③ 关于晋国始封地，历史上众说纷纭。20世纪60年代至90年代，北京大学考古系与山西省考古所在今曲沃县曲村镇曲村、北赵、毛张和翼城县里砦镇天马村之间多次调查发掘，晋国都的谜团渐次明朗。尤其在2000年，天马—曲村遗址第六次发掘中，发现了晋侯燮父之墓，并出土了叔虞鼎。参见北京大学考古文博院、山西省考古研究所：《天马—曲村遗址北赵晋侯墓地第六次发掘》，《文物》2001年第8期；李伯谦：《叔矢方鼎铭文考释》，《文物》2001年第8期；李学勤：《谈叔矢方鼎及其他》，《文物》2001年第10期。邹衡先生认为，此地是西周晋的始封地，见邹衡：《晋始封地考略》，《尽心集——张政烺先生八十庆寿论文集》，中国社会科学出版社1996年版，第215—221页。

④ 《括地志辑校·绛州》。

⑤ 《春秋左传集解·僖公二年》。

栋高曰：‘冀，本国名，地并于虞，虞亡归晋，后为郤氏邑。地有如宾乡，即冀缺耨处，今山西绛州河津县东北有冀亭。’”《山西省历史地图集》将其标注于河津市东北南辛兴，今从。

耿 商代耿国都，在今河津市柴家乡山王村，始建年代不详，据《世本》和《太平寰宇记》的记载，耿为商代侯国。[①] 公元前661年，被晋献公所灭，封赵夙。[②] 唐、宋时期，耿城是在当时龙门县东南或南十二里的地方。[③]《山西省历史地图集》将其标注于河津市南柴家乡的“山王村”。20世纪八九十年代，经文物工作者调查，在山王村发现一处商代遗址，推测为商代耿国遗址。[④]

三、战国及秦汉之际诸侯国都

战国的起始年代有不同的说法，本节采取《资治通鉴》之说，即周威烈王二十三年（公元前403年），韩、赵、魏三国列为诸侯算起。

新田 晋国都，在今侯马市。新田作为晋国都城，始于景公十五年（公元前585年）。从周威烈王二十三年三家分晋起到周烈王六年（公元前370年），共经历了34年。[⑤] 侯马市侯马晋国遗址于1952年被发现，其面积约35平方公里，古城早已毁弃，现仅存宫殿台基残迹。1956年曾进行大规模钻探和发掘，发现两组古城遗址，早期有白店古城址，晚期有平望、牛村、台神、马庄、呈王等古城址。[⑥]

平阳 西魏王魏豹都，今临汾市尧都区西南金殿镇。秦二世二年（公元前208年）九月至汉王三年（公元前204年），共4年。《史记·秦楚之际月表

---

① 《世本八种·秦嘉谟辑补本》：“耿氏，殷时侯国。晋献公灭亡之。其后耿氏。”《太平寰宇记·河东道七·蒲州》：龙门县，“古耿国，殷王祖乙所都，晋献公灭之以赐赵夙。……故耿城在县南十二里，古耿国也”。

② 《史记·十二诸侯年表》。

③ 《括地志辑校·泰州》载：“故耿城今名耿仓城，在泰州龙门县东南十二里故耿国也。《都城记》：‘耿，姬姓国。’”《元和郡县图志·河东道一》载：“故耿城，在县南十二里，古耿国也”，小异。《太平寰宇记·河东道七·蒲州》：龙门县，“故耿城在县南十二里，古耿国也”。

④ 《中国文物地图集·山西分册》（下）：运城市河津市山王遗址（柴家乡山王村北约300米）位于汾水南岸台地上，面积约10万平方米，文化层厚度不详。采集有夹砂陶和泥质灰陶片，其纹饰有方格纹和绳纹，器形的单把鬲、罐、大口瓮和钵等。相传为耿国城址。

⑤ 史念海：《中国古都概说》（二），《陕西师大学报》1990年第2期。

⑥ 山西省考古所编：《晋都新田》第2章“城址”，山西人民出版社1996年版，第12—22页。

四》：公元前208年九月，“魏豹自立为魏王，都平阳，始”。又《史记·高祖本纪》载：“（汉王）三年，汉王遣将军韩信击，大破之，虏豹。遂定魏地，置三郡，曰河东、太原、上党。”《元和郡县图志·河东道一》载：“今州即秦河东郡地也。汉元年，项羽封魏豹为西魏王，王河东，都平阳。二年，豹降，从汉王在荥阳……”马端临言：秦二世二年“九月，豹自立为王，都平阳。汉王元年正月，项羽自取梁地，徙豹为西魏王，王河东。二年八月，韩信击魏虏豹。凡二传四年”[①]。

四、割据政权都城

平阳　汉国都，今临汾市尧都区西南金殿镇。晋怀帝永嘉三年（309）正月至晋元帝大兴元年（318）十一月[②]，共10年。平阳城，府西南二十里，故尧都也。汉置县。应劭曰：平阳在平河之阳而名。后汉亦为县治。《水经注》：汾水自高梁邑，又南经白马城，西经平阳郡治，又南经平阳县故城东，又南与平水合。东自狐谷亭，又东经平阳城南，又东入汾。平阳城，今在汾水西也。一名刘渊城。“相传渊筑此城，自蒲子徙都之。或曰：永嘉三年，刘渊徙平阳，自谓尧后，而平阳城亦曰尧城，因都于此，改诸城门皆用洛阳门名。是渊所都即平阳城矣。”[③]

晋阳　（1）前秦国都，今太原市晋源区。晋孝武帝太元十年（385）八月至太元十一年九月[④]，共1年零2个月。

---

① 《文献通考·封建考六·秦楚之际诸侯王》。

② 《晋书·载记第一》载：“永嘉二年，元海僭即皇帝位，大赦境内，改元永凤。……太史令宣于修之言于元海曰：‘陛下虽龙兴凤翔，奄受大命，然遗晋未殄，皇居仄陋，紫宫之变，犹钟晋氏，不出三年，必克洛阳。蒲子崎岖，非可久安。平阳势有紫气，兼陶唐旧都，愿陛下上迎乾象，下协坤祥。’于是迁都平阳。”《资治通鉴·晋纪十二》“元帝太兴元年”条：大兴元年十一月，“石虎帅幽、冀之兵会石勒攻平阳……石勒焚平阳宫室，使裴宪、石会修永光、宣光二陵，收汉主粲已下百余口葬之，置戍而归”。

③ 《读史方舆纪要·山西三·平阳府》。

④ 《资治通鉴·晋纪二十八》“孝武帝太元十年”条：太元十年，“幽州刺史王永在壶关，遣使招丕，丕乃帅邺中男女六万余口西如潞川，骠骑将军张蚝、并州刺史王腾迎之入晋阳。丕始知长安不守，坚已死，乃发丧，即皇帝位，追谥坚曰宣昭皇帝，庙号世祖，大赦，改元大安”。太元十一年九月，“西燕慕容永遣使诣秦主丕求假道东归，丕弗许，与永战于襄陵，秦兵大败，左丞相王永、卫大将军俱石子皆死。初，东海王纂自长安来，麾下壮士三千余人，丕忌之，既败，惧为纂所杀，帅骑数千南奔东垣，谋袭洛阳。扬威将军冯该自陕邀击之，杀丕，执其太子宁、长乐王寿，送建康，诏赦不诛，以付苻宏”。

（2）五代前晋国都，今太原市晋源区。唐天祐五年正月（908）至后唐庄宗同光元年（923）四月[①]，共16年零4个月。

（3）五代北汉国都，今太原市晋源区。周广顺元年（951）至宋太平兴国四年（979），共29年。[②]

五、陪都

多都制（或曰陪都制、别都制等）是中国古代都城制度的重要特色，从商、周迄明、清，无论一统帝国还是分裂王朝，在首都（国都）以外，往往还建有一个或多个陪都（别都、留都或行都），这些陪都常常分担着都城的部分功能。历史时期，山西有以下几个陪都：

晋阳　（1）东魏、北齐别都，在今太原市晋源区古城营一带。东魏天平元年（534）九月至北齐武平七年（576）十二月[③]，共43年。

（2）唐北都（北京），在今太原市晋源区古城营一带。唐三次以太原为陪都：一是在则天天授元年（690）至中宗神龙元年（705）二月[④]，计16年；一是在开元十一年（723），玄宗巡幸到并州，“以王业所兴，又建北都”，并于天宝元年（742）更名北京[⑤]，上元二年（761）罢[⑥]，计20年；一是在代宗广德元

---

① 《旧五代史·唐书三·庄宗本纪第一》：“天祐五年春正月，武皇疾笃，召监军张承业、大将吴珙谓曰：‘吾常爱此子志气远大，可付后事，惟卿等所教。’及武皇厌代，帝乃嗣王位于晋阳，时年二十有四。”《旧五代史·唐书五·庄宗纪第三》：同光元年“夏四月己巳，帝升坛，祭告昊天上帝，遂即皇帝位，文武臣僚称贺。……其后四十九年……至是即位于邺宫”。

② 《新五代史·周本纪》：“（广顺元年春正月）戊寅，汉刘崇自立于太原。”

③ 《北齐书·帝纪第二·神武下》：天平元年“九月庚寅……议立清河王世子善见。……魏于是始分为二。神武以孝武既西，恐逼崤、陕，洛阳复在河外，接近梁境，如向晋阳，形势不能相接，乃议迁邺，护军祖莹赞焉。诏下三日，车驾便发，户四十万狼狈就道。神武留洛阳部分，事毕还晋阳。自是军国政务，皆归相府”。《北齐书·帝纪第八》：武平七年十二月“庚申，帝入邺。辛酉，延宗与周师战于晋阳，大败，为周师所虏”。

④ 太原设置北都的时间，新旧《唐书》中的《则天皇后本纪》皆言：长寿元年九月，“并州改置北都”。而《旧唐书·地理志》则云在天授元年。《元和郡县图志》卷十三载：“天授元年罢都督府，置北都，神龙元年依旧为并州大都督府。”故从天授元年说。

⑤ 《元和郡县图志·河东道二·太原府》：“天授元年罢都督府，置北都，神龙元年依旧为并州大都督府。开元十一年，玄宗巡幸至此州，以王业所兴，又建北都，改并州为太原府，立起义堂碑以纪其事。……天宝元年，改北都为北京。”

⑥ 《旧唐书·地理志二》：“天授元年，置北都兼都督府。开元十一年，又置北都，改并州为太原府。天宝元年，改北都为北京。”《新唐书·地理三》：“北都，天授元年置，神龙元年罢，开元十一年复置，天宝元年曰北京，上元二年罢，肃宗元年复为北都。”

年（763）置[①]，结束年代不详。

（3）五代后唐陪都，今太原市晋源区。同光元年（923）至清泰三年（936），共14年。晋王李存勖灭掉后梁后于同光元年夏四月即皇帝位，并“诏升魏州为东京兴唐府，改元城县为兴唐县，贵乡县为广晋县，以太原为西京”[②]。第二年，更名为北京，同光三年（925）三月，又更为北都。[③]不久复更名北京。

（4）五代后晋陪都，今太原市晋源区。天福元年（936）十一月至开运三年（946）十二月，共11年。石敬瑭在洛阳称帝，以太原为北京[④]，直至少帝降契丹止。

（5）五代后汉北京，今太原市晋源区。天福十二年（947）夏六月至乾祐三年（950），共4年。刘知远于后汉高祖元年（947）即帝位于太原的当年，迁都于洛，以太原为北京。[⑤]直到乾祐三年十二月被郭威所灭。

第三节　山西其他流域的都城

在山西省范围内，除了汾河流域之外，其他流域内亦曾建立过数量不等的古代都城。本节的内容就是按照时代的先后顺序来论述各个不同流域的古都设置、演变情况。

一、上古传说及三代之都

黎　殷商黎国国都，在今黎城县西北西关村。始年不详。《说文解字》

---

① 《新唐书·代宗本纪》：“建卯月辛亥，大赦。……以京兆府为上都，河南府为东都，凤翔府为西都，江陵府为南都，太原府为北都。”

② 《旧五代史·唐书五·庄宗本纪第三》。

③ 《旧五代史·唐书八·庄宗本纪第六》载：同光二年八月“辛未，北京副留守、太原尹孟知祥加检校太傅，增邑，赐功臣号”。可知，于同光二年，太原已由西京更名为北京。又载：同光三年三月，“辛酉，诏本朝以雍州为西京，洛州为东都，并州为北都”。

④ 《旧五代史·晋书二·高祖本纪第二》载：天福二年“三月甲寅，制北京留守、太原尹、皇子重贵封食邑三百户，刑部侍郎张鹏改兵部侍郎”。由此可知，太原时称北京。

⑤ 《旧五代史·汉书一·高祖本纪上》载：天福十二年夏四月己未，“以北京马军都指挥使……以北京武节都指挥使、雷州刺史史弘肇为许州节度使……”由此可证，后晋时太原为北京。

曰："黎，殷诸侯国，在上党东北……《商书》：西伯戡黎。"王国维《今本竹书纪年疏证》载："帝辛四十四年，西伯发伐黎。""黎"之地望，历史上有几种说法。《国策地名考·赵下》曾云："黎有四，一在今山西潞安府壶关县，黎本国名也。《郡国志》：'壶关有黎亭，故黎国是。'注云：'文王戡黎，即此。'一在今黎城县，晋所重立之国也。《郡国志》：'潞县东北十八里，故黎国是。'《隋志》《括地志》《明一统志》并主此说。"而《大清一统志·潞安府》则载："黎城，在长治县西南。"[①] 20世纪，《山西省历史地图集》据此将其标注于今长治县北呈村。2006年，山西省考古工作者在黎城县西北西关村发现了黎国墓地，并根据M8出土文物及其铭文，确定该处为故黎国的墓地区[②]，黎国国都当不离其左右。

亘城 殷商时期宣方国都，在今垣曲县古城镇南关。"宣方"亦称"亘"，也称"亘方"。在古文字中，亘"从二，从回"，义为回转围绕，盖因其地有黄河弯曲流绕，故名"亘"。殷墟卜辞中"犬追亘之及""夕丰亘方"，均指今垣曲县沿黄河地区。古文"亘"通"宣"，据《逸周书·世俘篇》记载，商周之际，武王派兵攻伐"宣方"，亦即此地。[③] 1985年，考古工作者在垣曲老城南500米的洪庆观发掘了一处商代城址。遗址面积约12万平方米，平面呈平行四边形。地面尚保存有长约330米的北墙残段，其他三面城墙均保留在地下。城东南角为居民区，文化层较厚，有灰坑、窖穴等遗址；中部偏东有一组夯土基址六处，有长方形、曲尺形，可能是宫殿区。1985年、1989年经两次发掘，出土的有鼎、斝、爵等，陶器有鬲、大口尊、盆、罐、豆等陶器，此外还有卜骨。据地层和出土物判断，最晚不会晚于商代二里岗文化的上层，是一座较为完整的商代方国小城——亘方遗迹现为小浪底水库淹没区。[④]

微子城 晚商微子封国国都，在今潞城市微子镇。年代不详。雍正《山西通志·封爵一》云："殷都朝歌，潞在畿内，微子食采焉。"《史记索隐》："微，国号。爵为子。启，名也。"微子当为殷商封国。《大清一统志》记载：微子城"在潞城县东。《魏书·地形志》：上党郡壶关县有微子城。《寰宇记》：在潞城

① 乾隆续修《大清一统志·潞安府》，文渊阁《四库全书》本。

② 张崇宁：《掀开古黎国的神秘面纱——黎城县西周墓地的发掘与研讨》，见《发现山西——考古人手记》，山西人民出版社2007年版。

③ （清）朱右曾：《逸周书集训校释·世俘》，（台北）世界书局2011年版，第96页。

④ 《中国文物地图集·山西分册》（中），中国地图出版社2006年版。

县东北二十里。《县志》：□本畿内国，今城东南，去朝歌不远。盖即□子始封之地，今有□子店，在县东北十五里石城”。今潞城市东北有微子镇，20世纪，文物部门曾进行过调查，在该镇北街村西南约50米处发现一处新石器时代、夏、商、东周的遗址——北街遗址。遗址面积约6万平方米，文化层厚1～2米。当是微子国都所在。

箕城　晚商箕子封国国都，在今榆社县东南30里处。《路史·国名纪四·古国》：“箕子之先箕伯之封，小国也。春秋犹有箕崇之国。《姓纂》云：商之圻内，今太原。晋败狄于箕者。……今辽之榆社东南三十古箕城。”《论语》：“微子去之，箕子为之奴，比干谏而死。”《论语注疏·微子》：“马曰：微、箕，二国名。”箕，地望有多种说法[1]，杨伯峻认为：“阎若璩又以箕在今山西榆社县之箕城镇。从卜辞及周初铜器铭文考之，榆社南之箕城镇恐是商及周初之箕。”[2] 光绪《山西通志·古迹考一》载：“箕子之封在榆社东南，或云在辽州。”

潞　春秋时潞子婴儿国国都，在今潞城市辛安泉镇古城村西北约200米。始年不详，灭亡于公元前594年。《读史方舆纪要·历代州域形势一》曰：“潞氏今潞安府潞城县，春秋时潞子婴儿国也。宣公十五年，晋灭赤狄潞氏。十六年，灭甲氏及留吁、铎辰，皆潞氏之属也。”《大清一统志·潞安府》载：潞县故城“在潞城县东北。古潞子国。……汉置潞县，后魏改为刈陵。……府志，故城在县东北四十里，本汉治，后魏改刈陵，移治漳水北，城遂废”。山西省考古所会同晋东南地区文化局在1983年对该城址及其墓葬进行了发掘。[3] 现存古城城址平面形状不详，遗址东部现存夯土墙一段，残长约15米，残高约2.5米，夯层厚约0.8米。

原仇城　春秋原仇（犹）国都，今盂县城东关。年代不详，最早始见于《隋书·地理志》。[4]《括地志》载：“并州盂县外城，俗名原仇[城]，亦名仇

---

① 乾隆《太谷县志·古迹考》：“箕城，在县东三十五里。”《左传》：“僖公时晋败狄于箕，即此。”杜预注，太原阳邑县南有箕城。阎若璩《四书释地》：“微、箕二国名，郑康成以为俱在圻内，今潞安府潞城县东北一十五里有微子城，辽州榆社县东南三十里有古箕城，皆其所封地，疑近是。”周法高认为晋有二箕邑：一在山西省太谷县东南；一在晋南今蒲县东北。河南登封东南有箕山，盖其发源地在山西，渐迁至河南，最后始居山东。顾炎武《日知录·箕》载：“左传僖公三十三年，狄伐晋及箕。解曰，太原阳邑县南有箕城，非也。”

② 杨伯峻：《春秋左传注》第一册，中华书局1981年版。

③ 山西省考古所、晋东南地区文化局：《山西省潞城县潞河战国墓》，《文物》1986年第6期。

④ 《隋书·地理志》载：“盂，开皇十六年置，曰原仇，大业初改焉。”

犹［城］，夷狄之国也。《韩子》云：‘智伯欲伐仇犹，道险难不通，乃铸大钟遗之，载以广车。仇犹大悦，除涂内之。’赤章曼支谏曰：‘不可。此所以小事大；而今以大遗小，卒必随，不可。’不听，遂内之。曼支因断毂而驰，至十九日而仇犹亡。”[①]《路史·国名纪六·古国》记载：“仇由，韩子云：‘仇由，小国，为智伯所灭。’后有仇吾氏，一作犹。……按：河东盂县有原仇城，《元和志》以为仇由。乐云：即盂之外城仇由城，俗名原仇。”1987年、1988年，文物部门对仇由城址调查试掘。城址地面现仅留残墙数段，对应的城墙已经找不到了。从残留的城址看，大约可分为内外两城：外城残墙长约80米，基宽1～10米，残高0.5～6米。内城残墙长约160米，基宽约20米，残高1.8米。墙体均夯筑，夯层厚0.08～0.12米。揭露遗迹有商代、两周及秦汉灰坑和墓葬。该城坐落于商代遗址上，根据出土文物判断，筑城时代“在公元前500年左右”，春秋时始建城，即仇犹国之所在，秦汉时废弃。[②]

纯留故城 春秋赤狄留吁国国都，在今屯留县李高乡古城村。始年不详，于鲁宣公十六年（公元前593年），由晋灭之。[③]《大清一统志》载：“纯留故城，在今屯留县南，《春秋》：赤狄邑谓之留吁。宣公十有六年，晋人灭赤狄甲氏及留吁遂为晋邑，谓之屯留。”[④]光绪《屯留县志·古迹》载：“屯留故城，在县南十里即古城村，周七里，遗址尚存。”经文物部门调查，在今屯留县李高乡古城村东北，有东周城址，地表现存残墙一段，残长约10米，基宽56米，残高3米。采集有泥质灰陶豆、盆、罐等文物。[⑤]

皋落城 春秋皋落国都，在今垣曲县皋落镇。《春秋左氏传·闵公二年》载：二年，“晋侯使太子申生伐东山皋落氏”。皋落氏是赤狄一种，春秋时期，威胁晋的安全，故晋侯使太子申生伐东山皋落氏。《水经注》：“清水历其南，东流迳皋落城北，服虔曰：赤翟之都也。……《春秋左传》所谓晋侯使太子申生伐东山皋落氏者也。”[⑥]杨守敬注：“《通典》，垣县有古皋落城。《元和志》，城

---

① 《括地志辑校·并州》卷二。

② 刘有桢：《山西盂县东周仇由遗址调查》，《考古》1991年第9期。

③ 《春秋左传集解·宣公十六年》。

④ 乾隆《大清一统志·潞安府》；另《春秋左传注》载：宣公“经十有六年，春，王正月，晋人灭赤狄甲氏及留吁”。

⑤ 《中国文物地图集·山西分册》（中）。

⑥ 《水经注疏·河水四》。

在垣县西北六十里。”①

茅城　春秋茅戎氏国都，在今平陆县南茅津。起止年代不详。“缪公任好元年，自将伐茅津，胜之。”②《正义》注“茅津”引刘伯庄云：“戎号也。”《水经注》记载：“河北对茅城，故茅亭，茅戎邑也。”《公羊》曰：“晋败之大阳者也。津亦取名焉。”《春秋·文公三年》，“秦伯伐晋，自茅津济，封崤尸而还是也”。守敬按：“《史记·秦本纪·正义》引此作茅戎号，盖误。《春秋左氏经·成元年》，茅戎，杜《注》，戎别种。”又“《史记·秦本纪》，缪公元年，自将伐茅津，胜之，则茅津见文公之前。杜《注》，茅津在大阳县西。又《释例》，大阳县西南有茅津、茅亭。《括地志》茅津及茅亭在河北县西二十里。《春秋地名考略》，平陆县东南有茅城，河水经其南，即茅津也。南距陕州治三里，实大河之冲要，在今陕州西北三里”③。

二、战国及秦汉之际诸侯国都城

屯留　晋国都，今为长治市屯留县李高乡古城村。周烈王六年（公元前370年）至周显王十年（即赵成侯十六年，公元前359年），共12年。王国维《今本竹书纪年疏证》云：周烈王六年，“韩共侯、赵成侯迁晋桓公于屯留”。周显王二十年（赵肃侯元年，公元前349年），又以屯留为都。是年晋绝不祀。《括地志》云：“屯留故城在潞州长子县东北三十里，汉屯留（县，古留）吁国也。”④光绪《屯留县志》载：“屯留故城，在县南十里即古城村，周七里，遗址尚存。”“汉置县于此，唐自故城移霍壁，即今治（唐屯留县治即今屯留县西故县村）。”⑤由此可知，汉代屯留县是在古留吁国的基础上设置的，即今屯留县李高乡古城村。

端氏　晋国都，今为沁水县端氏镇。周显王十年至二十年，共11年。《史

---

① 《水经注疏·河水四》。关于春秋时东山皋落氏的所在地，一说在山西昔阳县东之皋落镇，二说在壶关县，三说在垣曲县，城北有皋落镇。马长寿先生在《北狄和匈奴》（广西师范大学出版社2006年版）一书中指出，以春秋初年晋国之疆域言之，前两说距晋都过远，不合，唯垣曲县皋落镇说最近。

② 《史记·秦本纪》。

③ 《水经注疏·河水四》。

④ 《括地志辑校·潞州》。

⑤ 光绪《屯留县志·古迹》；《中国地方志集成·山西府县志辑》第43册，第351页。

记·赵世家》载："成侯十六年，与韩魏分晋，封晋君于端氏。……肃侯元年，夺晋君端氏，徙屯留。"

安邑 战国魏国都，在今夏县禹王城。安邑实际上早在晋悼公十一年（公元前562年）成为魏国都，从周威烈王二十三年（公元前403年）成为独立侯国起至周显王四年（公元前365年）东徙[①]，共39年。禹王城位于夏县禹王乡禹王村、庙后辛庄、郭里村一带，因传说夏禹曾在此居住过，故俗称"禹王城"。遗址共分大城、中城、小城和禹王庙四部分。经实地勘察，"禹王古城的大城可能是魏都安邑。中城是秦汉时期的河东郡地"[②]。

三、割据政权都城

高柳 代王卢芳都，今阳高县。建武十六年（40）至十七年，计2年。"十六年，卢芳遣使乞降。十二月甲辰，封芳为代王。"[③]建武十七年，"芳自道还，忧恐，乃复背叛，遂反，与闵堪、闵林相攻连月。匈奴遣数百骑迎芳及妻子出塞。芳留匈奴中十余年，病死。"[④]《大清一统志·大同府·古迹》载：高柳故城在阳高县西北。[⑤]

离石 （1）汉国都，今离石。晋惠帝永兴元年（304）八月至十月。[⑥]

---

① 《史记·魏世家》载："悼公之十一年，曰：'自吾用魏绛，八年之中九合诸侯，戎、翟和，子之力也。'赐之乐，三让然后受之。徙治安邑。"又云："（惠王）三十一年，秦、赵、齐共伐我，秦将商君诈我将军公子卬而袭夺其军，破之。秦用商君，东地至河，而齐、赵数破我，安邑近秦，于是徙治大梁。"史念海认为："惠王徙都当其在初年，而不能迟至三十一年始行迁徙。"[史念海：《中国古都概说》（二），《陕西师大学报》1990年第2期]今从史说，作周显王四年。

② 陶正刚、叶学明：《古魏城和禹王古城调查简报》，《文物》1962年第Z1期。

③ 《后汉书·光武帝纪》。

④ 《后汉书·王刘张李彭卢列传》。

⑤ 关于高柳地望，《后汉书·卢芳传》，李贤注曰："高柳，县名，故城在今云州定襄县"，误。《元和志·云州》言："云中县，本汉平城县。……贞观十四年，自朔州北界定襄城移定襄县于此。……开元十八年，改置云中县。"定襄县或云中县皆汉代平城县，非高柳县。又《水经注·漯水》载："雁门之水，出于雁门之山，雁出其门，在高柳北……其水东南流，迳高柳县故城北，旧代郡治……城在平城东南六七十里，于代为西北也。"谓"高柳县在平城东南六七十里"，亦误。

⑥ 《晋书·惠帝纪》；光绪《山西通志·大事记一》载："永兴元年八月，匈奴五部都督刘渊自称大单于，据离石。十月，迁都左国城，僭称汉王，年号元熙。"徐文范《东晋南北朝舆地表》："晋永兴元年（汉高祖刘渊元熙元年）幽并兵起，渊请归，发五部众……二旬间，有众五万，都离石，寻迁左国城，称王建号改元。"

(2) 刘王刘季真都，今离石。唐武德二年（619）六月至三年三月[①]，共1年。

左国城　汉国都，今离石方山县峪口镇南村。晋惠帝永兴元年（304）十月至二年十二月[②]，共1年零5个月。《大清一统志·汾州府》"左国城在永宁州东北二十里。《通典》：左国城在离石县北。"事实上，《大清一统志》记载方向、里数是存在问题的。[③] 20世纪90年代初，文物工作者对左国城城址进行过调查。[④]现存城址位于北川河东北岸台地上，平面呈不规则形。由时代不同的两部分构成：一为战国皋狼城址，平面呈梯形。二为汉代皋狼县城和西晋左国城，又分为内、外、东三城。内城沿用战国皋狼城，外城平面呈喇叭形。东西长约594～720米，南北宽约206～570米。

黎亭　汉国都，今长治县北呈村。晋惠帝永兴二年（305）十二月至晋怀帝永嘉二年（308）七月[⑤]，共2年零8个月。黎亭"在（潞安）府西南三十五里黎侯岭上。相传黎侯所筑。应劭曰：黎亭，黎侯国也。晋永兴二年，刘渊以离石大饥，徙屯黎亭，就邸阁"[⑥]。《山西省历史地图集》将其标注于今长治县北呈村。[⑦]

蒲子　汉国都，今隰县。晋怀帝永嘉二年（308）七月至三年正月，共8个月。隰川废县，"今州治。春秋时晋蒲邑，重耳奔蒲，即此也。……汉置蒲子县，魏、晋因之。永嘉二年，刘渊取河东，自离石徙都蒲子，是也。后周改置长寿县。隋开皇十八年，改曰隰川，为州治。后因之。明初省。今城周七里

---

① 《旧唐书·刘季真传》："刘季真者，离石胡人也。父龙儿，隋末拥兵数万，自号刘王，以季真为太子。龙儿为虎贲郎将梁德所斩，其众渐散。及义师起，季真与弟六儿复举兵为盗，引刘武周之众攻陷石州。季真北连突厥，自称突利可汗，以六儿为拓定王，甚为边患。"《新唐书·高祖本纪第一》：武德二年"六月，王世充杀越王侗。……癸亥……离石胡刘季真叛，陷石州，刺史王俭死之"。武德三年"三月庚午，改纳言为侍中，内史令为中书令。甲戌，中书侍郎封德彝兼中书令。乙酉，刘季真降"。

② 《晋书·载记第一》。

③ 20世纪80年代，史念海先生对左国城进行过调查，发现"《大清一统志》所说的方向、里数皆有不合"。见史念海：《中国古都概说》（二），《陕西师大学报》1990年第2期。

④ 《中国文物地图集·山西分册》（下），中国地图出版社2006年版。

⑤ 《晋书·载记第一》载：永嘉二年，"是岁，离石大饥，迁于黎亭，以就邸阁谷，留其太尉刘宏、护军马景守离石，使大司农卜豫运粮以给之"。《资治通鉴·晋纪八》"惠帝永兴二年"条："是岁离石大饥，汉王渊徙屯黎亭，就邸谷，留太尉宏守离石使大司农卜豫运粮以给之。"又"怀帝永嘉二年"条："秋七月甲辰，汉王渊寇平阳，太守宋抽弃郡走，河东太守路述战死，渊徙都蒲子。"

⑥ 《读史方舆纪要·山西四·潞安府》。

⑦ 山西省地图集编纂委员会：《山西省历史地图集》，第28—29图幅。

有奇，惟南、北、西三门”[①]。

长子 西燕国都，今长子县城。[②]晋孝武帝太元十一年（386）至十九年[③]，共9年。

平城 北魏国都，今大同市区。北魏道武帝天兴元年（398）七月至孝文帝太和十八年（494）十一月[④]，共97年。经过文物工作者十几年的艰辛工作，对北魏平城取得了积极的认识。但是地面遗迹难以与文献对应，城垣四至尚未确定。据历年考古调查，平城遗址大致位于今大同市老城区、操场城至火车站一带以及御河东岸南北一线。平城分为南北两部分，北部为宫城，位于操场城至站东一带。南部为郭城，据《魏书·太宗纪》记载："绕宫城南，悉筑为坊。"泰常七年（422），"筑平城外郭，周回三十二里"。经近年来的考古发掘与调查，发现北魏平城大致叠压在明清府城之下，只是北魏城略大而已。[⑤]

马邑 隋唐之际刘武周所建国都，在今朔州市城区。[⑥]隋大业十三年至唐武德三年（617—620），共4年。隋大业十三年，"突厥立武周为定杨可汗，遗以狼头纛。武周即皇帝位，立妻沮氏为皇后，改元天兴"。胡三省引考异曰：《创业注》云："二月己丑，马邑军人刘武周杀太守王仁恭，据其郡，自称天子，国号定杨。"[⑦]唐武德三年（620）四月，"宋金刚北走，秦王追及金刚于雀鼠谷，一日八战。……刘武周闻金刚败，大惧，弃交州走突厥。……王入并州，武周所得州县皆复"[⑧]。

---

① 《读史方舆纪要·山西三·隰州》。

② 光绪《山西通志·古迹考三》云："西燕慕容永都长子，在今县，或云在长治县南。"

③ 《资治通鉴·晋纪二十八》"孝武帝太元十一年"条：九月，"永遂进据长子，即皇帝位，改元中兴"。《资治通鉴·晋纪三十》"孝武帝太元十九年"条：八月，"燕人执永，斩之……得永所统八郡七万余户及秦乘舆、服御、伎乐、珍宝甚众"。

④ 《魏书·太祖道武帝》：天兴元年"秋七月，迁都平城，始营宫室，建宗庙，立社稷"。《魏书·高祖纪》：十八年冬十月"戊申，亲告太庙，奉迁神主。辛亥，车驾发平城宫。十有一月……己丑，车驾至洛阳"。

⑤ 曹承明、韩生存：《汉代平城县遗址初步调查》，《山西省考古论文集》第三集，山西古籍出版社2000年版。

⑥ 历史上，马邑地望有两处。光绪《山西通志·古迹考》：马邑，"今朔州治。……干宝《搜神记》：昔秦人筑城于武州塞内，以备胡……汉以是邑封韩王信，王莽更名之曰章昭"。隋为鄯阳县，唐开元五年（717），分鄯阳县于州东30里大同军城内置马邑县，在今朔州市神头镇马邑村。因此，刘武周时所谓的马邑当为唐开元前之马邑县。

⑦ 《资治通鉴·隋纪七》"恭帝义宁元年"条。

⑧ 光绪《山西通志·大事记三》。

四、陪都

河中府　唐中都，在今永济市西南蒲州古城。河中府为唐代陪都有两次：一是在玄宗开元八年（720）五月至六月[①]；一是代宗宝应元年（762）至宪宗元和三年（808）[②]，共47年。蒲州古城城址现存内外二城。外城为唐代蒲州城，周长约5 700米。内城则为明代蒲州城，周长约5 400米。[③]

西京　辽陪都，今大同市区。辽重熙十三年（1044）至金天辅五年（1121）[④]，共78年。

西京　金陪都，在今大同市区。金天辅五年至元太宗二年（1230）[⑤]，共110年。

五、北方少数民族——楼烦国都

楼烦城　今娄烦县马家庄乡张家庄村。早在春秋时期，楼烦部族就活动在晋北一带。20世纪80年代在朔州市平鲁区发掘出300多座楼烦墓葬，已经证明之。[⑥]这与《史记·匈奴列传》所载“晋北有林胡、楼烦之戎”“分散居溪谷，自有君长，往往而聚者百有余戎，然莫能相一”比较吻合。楼烦国始年不详，至于灭亡的时间，《史记·匈奴列传》载道，赵武灵时，“北破林胡、楼烦”。按：赵武灵王“二十六年，复攻中山，攘地北至燕、代，西至云中、九原”。楼烦国当灭亡于此时，即公元前300年左右。

楼烦古城的现存遗址，其形状为长方形，东西长约1 000米，南北宽约600

---

① 《旧唐书·地理志二》：“开元八年，置中都，改蒲州为河中府。其年，罢中都，依旧为蒲州。”《元和郡县图志·河东道一·河中府》：蒲州，“开元元年改为河中府，仍置中都，丽正殿学士韩覃上疏，陈其不可，至六月诏停，复为州”。另据《旧唐书·玄宗本纪上》与《唐会要·诸府尹》：首置中都为“开元九年五月”，存疑。

② 《旧唐书·地理志二》：蒲州，“天宝元年，改为河东郡。乾元元年，复为蒲州……元年建卯月，又为中都。元和三年复为河中府”。《唐会要·河中府》：“乾元三年二月二十三日。改为河中府。以萧华为尹。元年建卯月一日。号为中都。元和三年三月。复为河中府。”

③ 《中国文物地图集·山西分册》（下），第1040—1041页。

④ 《辽史·地理志五》：“西京大同府，初为大同军节度，重熙十三年升为西京，府曰大同。”《金史·本纪第十九》：天辅五年，“既而攻浮图，克之，遂下西京”。

⑤ 《元史·太宗本纪》：“二年秋七月，帝自将南伐，皇弟拖雷、皇侄蒙哥率师从，拔天成等堡，遂渡河攻凤翔。冬十一月，始置十路征收课税使……周立和、王贞使西京。”

⑥ 支配勇、高平如：《平鲁井坪楼烦墓》，《文物季刊》1992年第1期。

米，周长约 3 400 米，总面积约 24 万平方米。现地面残存城墙两段。墙体最高约 6 米，城墙版筑而成，夯层厚约 0.15 米，夯窝直径约 0.06 米。20 世纪 70 年代末至 80 年代初，因水利工程建设，暴露出文化层，出土了大量的地下文物：春秋战国时期的陶盆、陶罐，青铜刀、戟、箭镞，以及战马骨骼和被射入箭头的人头盖骨。城址的年代应为春秋战国时期，2004 年，被山西省人民政府公布为省级重点文物保护单位。①

第四节　汉唐时期山西文人的地理分布及其文化发展之特点

山西地处黄河中游，素有中华民族“文化摇篮”之称。从石器时代到传说中的尧、舜、禹建都以至春秋战国时晋国两次称霸中原，山西一直是全国政治、经济、文化的中心。汉唐之际，全国先后出现了统一—分裂—统一的局面。国家的统一和民族的交融为经济、文化的发展提供了非常有利的条件。这时，山西的文化也得到了迅速的发展，所包括的内容赋予了新的、民族的、时代的、地方性的特点。反映这些文化发展及其特点的要素是多方面的，如科技、人物、宗教、文学、思想、教育、语言、文字、美术、民俗等。但是，最直接、最显著的则是文人的地理分布，尤其是著书立说者的出现及其活动，往往可以影响和代表一个地区文化之盛衰。因此，研究山西文人的地理分布及其文化发展的特点，对于研究汉唐时期山西的文化发展、总结历史经验、开发人才资源、发展山西文化、进行社会主义建设事业具有一定的意义。

文人风貌是一代政治、经济、文化发展的集中反映，其形成直接受政治、经济的制约。由于各地区政治、经济发展不平衡，文化之盛衰就有所差别，造就的文人多寡自然也各不相同。经济繁荣、政治集中的地方文化先进，文人也多；反之，在经济开发晚的地区，距政治中心较远的地方，文化则落后，文人也少，甚至在一些边远地区出现了空白。尤其在自然经济占统治地位的时代，文化的发展和传播受到一定的限制。不同的地理环境对文化发展的影响也不

① 李国成：《楼烦古城遗址小考》，《文物世界》2006 年第 4 期。

同，它是通过对社会经济发展的加速或阻滞表现出来的。因此，各个地区文人的地理分布及其文化发展的特点与其政治、经济的发展状况是密切相关的。根据有关资料统计，汉唐时期山西文人有 470 人（见表 7-1），其中始于汉代的秀才及博士、隋代的进士、唐代的明经及制举为 284 人，贤良方正、孝廉、茂才异等 88 人，著书者 98 人。[①] 这些文人的地理分布主要集中于四个地区，即太原地区、晋西南地区、晋东南地区和晋北地区。

晋西南地区，自然条件好，从远古以来就有人类生存，开发历史早，新旧石器遗址最为密集。相传唐尧、虞舜、夏禹的首都均建于此。战国时三家分晋后，韩都设在平阳（今临汾）、魏都设在安邑（今夏县北）。到战国中期以后，三晋的首都才移向河南。汉代在此设河东郡，治所安邑，辖境霍山、沁水以西，今交口、石楼以南的地区。在政治、经济等方面均为“天下之中”。“土地小狭，民人众，都国诸侯所聚会，故其俗纤俭习事。”[②]“是后边城，河东、弘农、三辅、太常民，皆便代田，用力少而得谷多。”[③] 所产粮食除满足本地外，还供应京都长安的需要。经济的兴盛为文化的发展奠定了基础。同时，这一地区在汉代的行政区划上与京都长安均属于畿辅地区，便于文化直接交流和传播，这无疑是晋西南地区文化发达的主要因素。因此，汉唐时期这一地区出现的文人有 275 人，占全省文人总数的一半以上，其中秀才、进士、博士、明经、制举 179 人，贤良方正、孝廉、茂才异等 46 人，著书者 50 人。这一地区的文人又集中于永济（文人 79 人，其中著书者 27 人）、闻喜（文人 78 人，其中著书者 9 人）、临猗（文人 28 人，其中著书者 8 人）、夏县（文人 27 人，其中著书者 2 人）、河津（文人 8 人，其中著书者 2 人）、运城（文人 18 人）、芮城（文人 5 人，其中著书者 2 人）、万荣（文人 17 人）、临汾（文人 6 人）等市县。尤其永济、闻喜二县是文人济济的地方，占到晋西南地区文人总数的 57%，全省的 33%，居全省各市县之冠。有很多著名的学者都出于这一地区，如西汉文

① 汉以后举为孝廉有两种：其一是以孝悌品行见举，本节作文人录；其二是以精通经籍、博览群书见举，本节作为文人之列。《文献通考》载：“汉制取士，策于天子者曰贤良方正，察于州郡者曰孝廉茂才，升于学校者曰博士弟子。”另，东汉时为避光武帝刘秀名讳，改秀才为茂才，以后相传将茂才作为秀才的别称。

② 《史记·货殖列传》。

③ 《汉书·食货志四上》。

学家张敞，河东平阳人[①]；三国魏文学家卫觊，河东安邑人[②]；东晋小说家裴启，河东（今永济）人[③]；晋地图家裴秀，河东闻喜人[④]；隋唐学家王通，绛州龙门（今河津）人[⑤]；唐著名诗人王勃，绛州龙门人[⑥]；唐杰出散文学家、古文运动领导者柳宗元，河东解州（今运城）人[⑦]；等等。这些人都是以诗文闻名于古今的杰出人物，在中国文学发展史上发挥过重要的作用。

以太原为中心的晋中盆地，依山傍水，地势平坦，交通便利，宜于发展经济。在先秦时期虽然算不上全国政治、经济、文化中心，但对本省来说，是经济发展的领先地区。殷商时期为唐国，西周时为北唐，春秋时为晋阳邑，战国、秦、汉均置太原郡，唐时太原称过北都、北京，都是以经济繁荣、政治集中为基础的。汉唐时期，本区出现的秀才、进士、博士、明经、制举 65 人，贤良方正、孝廉、茂才异等 21 人，著书者 36 人，主要集中于太原（文人 70 人，其中著书者 13 人）、祁县（文人 20 人，其中著书者 10 人）、文水（文人 13 人，其中著书者 5 人）、平遥（文人 11 人，其中著书者 5 人），还有汾阳、盂县等地。在这个区域中，除太原、祁县是两个文人较集中的地区外，值得称道的还有中都（今平遥县），仅晋朝平遥就有著书者 4 人，他们是孙楚、张敏、孙盛、孙绰。[⑧]这四人并非一般人，孙绰是东晋玄言诗的代表作家之一，曾"居于会稽，游放山水，十有余年，乃作《遂初赋》，以致其意"[⑨]。孙盛是东晋的天神论者和史学家。孙楚、张敏也以擅长文学名盛一时。此四人除在

① 《汉书·张敞传》。

② 《三国志·魏书》。

③ 《隋书·经籍三》。

④ 《晋书·裴秀传》。

⑤ 《旧唐书·王勃传》。

⑥ 同上。

⑦ 《旧唐书·柳宗元传》和《新唐书·柳宗元传》。

⑧ 孙楚（216？—293），字子荆，"太原中都人也……楚才藻卓绝，爽迈不群。多所陵傲，缺乡曲之誉"（《晋书》卷五六），著书多散佚，今存有《征西官属送于陟阳候作诗》《为石苞遗孙皓书》等文章，明人辑有《孙冯翊集》。张敏（生卒不详），西晋太原中都人，原著已佚，今存《神女赋》《头责子羽文》等作品，收入《世说新语·排调》注及《艺文类聚》。孙盛（生卒不详），"字安国，太原中都人也……博学，善言名理。于时殷浩擅名一时，与抗论者，惟盛而已"（《晋书》卷八二），著有《魏氏春秋》《晋阳秋》，也称良史。又撰诗、赋、论、难等数十篇，有集十卷，今多亡佚，《全晋文》辑其文两卷。孙绰（314—371），字兴公，孙楚之孙，太原中都人。"绰少以文才垂称，于时文士，绰为其冠。"（《晋书》卷五六）原有集二十五卷，已佚，明人辑有《孙廷尉集》。

⑨ 《晋书·孙楚传》。

外做官和游居异乡外，主要活动在故里，这自然对平遥地方文化的传播和发展有很大的影响。

上党地区（晋东南地区）与晋西南地区和太原地区相比就逊色许多，所处的位置与晋西南地区和太原地区相比在交通上有诸多不便。但是上党盆地的自然条件得天独厚，水源丰富，利于农桑，在经济发展上有一定的独立性，所产粮食同样供给京师。汉昭帝时大司农中丞耿寿昌奏言："宜籴三辅、弘农、河东、上党、太原郡谷足供京师，可以省关东漕卒过半……天子皆从其计。"[①] 另外，晋东南地区距汉、唐时期全国政治、经济、文化的主轴线长安—洛阳—开封近，南北朝时又紧邻北齐、东魏的首都邺（今河北临漳），非常有利于文化交流和传播。这一时期此地区有文人 49 人，其中秀才、进士、博士弟子、明经、制举 33 人，贤良方正、孝廉、茂才异等 11 人，著书者 5 人，主要集中于长治、晋城、壶关、屯留、长子、高平、陵川、阳城、沁源等市县。在东汉有水利家鲍昱，上党屯留人，"字文泉，少传父学，客授于东平"[②]，曾任汝南太守，郡内陂塘不断决坏，他组织当地人民用石头造水门，灌溉农田，很有成效。还有西晋杰出的医学家王叔和，整理编次张仲景的《伤寒杂病论》，又著有《脉经》[③]，总结了 24 种脉象。再就是晋城，在汉代叫高都，是上党通往中原地区的咽喉。高都县东有丹水（今丹河），南有天井关[④]，出此关"南为河内，北曰上党"[⑤]，交通便利，文化发达，人才辈出。汉唐时期晋城出现的文人有 24 人，其中进士 6 人，明经 12 人，博士弟子 1 人，孝廉茂才 5 人，在晋东南地区以至全省占有突出的地位。

晋北是全省文人分布密度最小的地区。从汉至唐这一地区见于正史列传者虽有 70 人，但文人只有 24 人，且主要集中在北魏时期。这显然与拓跋氏在平城（今大同）建都有直接关系。魏道武帝南迁后，在大兴佛教、道教的同时，注重经学教育，在平城设立太学，置五经博士生员千余人，后又增至 3 000 人。魏献文帝设立乡学，大郡置博士 2 人，助教 4 人，学生 100 人，最小郡也置博

① 《汉书·食货志四上》。
② 《后汉书·鲍永传》。
③ 《隋书·经籍志》。
④ 赵永复编：《水经注通检今释》，复旦大学出版社 1985 年版；《汉书·地理志》。
⑤ 《水经注·沁水》。

士1人，助教1人，学生40人。[①] 然而，这些文人载入史籍、见于传记者并不多，可查阅者大都是以军功称于一时的习武之人。这种情况的出现与晋北地区所处的位置是分不开的。晋北地区自然条件较差，不宜于发展农业，经济开发较晚。晋北地区还是紧邻草原的边塞，历代少数民族南下时总是先进入此地，战事多，人杂居，经济、文化得不到稳定的发展，如司马迁所说："种、代，石北也，地边胡，数被寇。人民矜懻忮，好气，任侠为奸，不事农商。然迫近北夷，师旅亟往。中国委输时有奇羡，其民羯羠不均……"[②] 本区在汉唐时期的24位文人中，秀才、进士、博士弟子、制举等有7人，茂才、孝廉、贤良方正等10人，著书者7人，主要集中于大同、代县、朔县、原平、宁武等县。值得一提的是西汉女文学家班婕妤，山西楼烦（今朔州）人，少有才学，成帝时被选入后宫，封为婕妤，后失宠，作赋自伤。[③] 今存有《自悼赋》《捣素赋》《怨歌行》三篇，至今还广为人们吟诵。

晋西北地区地处边远山区，自然条件差，交通不便，因此，在汉唐时期这一地区没有见于史籍记载的文人。

研究汉唐时期山西文人的地理分布和文化特点，除了探讨与地理条件、社会经济发展的关系外，还须追溯其民族斗争和阶级斗争的根源。汉唐之际山西一直是北方少数民族和汉民族杂居的地区。由于统治阶级间相互争权离间，经常互相角逐，其结果使得人口多次迁徙和各民族南北推移。东汉初南匈奴降汉，民族矛盾缓和，东汉政府让他们入居境内，"（使）右贤王屯朔方，当于骨都侯屯五原，呼衍骨都侯屯云中……皆领部众为郡县侦罗耳目"[④]。东汉末年，天下大乱，匈奴乘机南下，定居于山西河东一带。献帝建安二十一年（216），曹操"使右贤王去卑监其国"[⑤]，分其众为五部，这五部全在山西境内：

左部——居太原泫氏县（今山西高平），众万余落。

右部——居祁（今山西祁县），众六千余落。

南部——居蒲子县（今山西交口、隰县），众三千余落。

北部——居新兴县（今山西忻州），众四千余落。

---

① 范文澜：《中国通史》第2册，人民出版社1978年版，第642页。

② 《史记·货殖列传·正义》："种，在恒州石邑县北，盖蔚州也。"

③ 《汉书·外戚传》。

④ 《后汉书·南匈奴列传》。

⑤ 《三国志·武帝纪》。

中部——居太陵县（今山西文水），众六千余落。

西晋初，匈奴人继续南迁，遍及山西各郡，与汉人杂居，晋北诸郡“胡多于民”。

398 年，鲜卑拓跋氏把首都盛乐（今内蒙古和林格尔）迁往平城。拓跋氏以山西为根据地统一了北方，结束了五胡十六国的分裂割据局面。

隋唐之际，突厥南下，战事多发，民族矛盾曾一度紧张。到 716 年，毗伽可汗采取了对唐友好的政策后，突厥与唐的关系有所缓和，北方经济、文化的发展才稳定下来。

综上所述，人口的迁徙、少数民族的南下，改变了迁入地区的经济、文化结构。在这种阶级矛盾和民族矛盾复杂的地域中，一方面汉文化和少数民族文化逐渐融为一体，另一方面代表各民族、各阶级利益的文人也就应时而起。在汉代和唐代政权的统治下，汉文化占主导地位，产生了许多著名的文人，如郭泰、乐详、王烈、伶玄等。魏晋南北朝时期，北方少数民族几次在山西建立政权，山西成为统治北方的政治、经济、文化中心，所造就的人物也具有民族特点，而且他们都是在接受汉文化以后，成为显赫一时的帝王。如刘渊就是迁入山西的匈奴冒顿单于的后裔，他的祖父於扶罗是匈奴单于，父亲刘豹为左贤王。刘渊从小跟上党人崔游学习经史，精通《春秋左传》《孙吴兵法》《史记》《汉书》等。304 年，刘渊起兵左国城（今离石），发匈奴五都之众[①]，称汉王。刘渊的儿子刘聪“年十四，究通经史，兼综百家之言，《孙吴兵法》靡不诵之，工草隶，善属文，著述怀诗百余篇、赋颂五十余篇”[②]。再如石勒，上党武乡（今山西榆社北）人，羯族，319 年称赵王[③]，注重文化教育与传授，咸和五年（330）曾创办十余所学校，组织撰写了《大单于志》《大将军起居注》《辛亥制度》等史志和法典。

受民族矛盾和阶级矛盾制约的另一个方面是山西文化传播的地域性。汉代和唐代社会的主要矛盾是以阶级矛盾为主，全国政治、经济、文化的中心都在长安、洛阳。山西有很多文人都求学于京都长安、洛阳等地，然后才回到山西的，如东汉郭泰（介休人）、曹魏时王昶（晋阳人）、晋代鲁胜（阳高人）、晋

---

① 《晋书・刘元海载记》。

② 《晋书・刘聪载记》。

③ 《晋书・载记第四・石勒上》。

代乐详（河东人）、唐代张彦远（猗氏人）等，都是先居洛阳、长安接受教育，再回到山西著书施教、传授弟子的。这对山西文化的传播及由南至北的发展顺序有很大的影响。同时，由于晋南地区和太原地区的经济、商业较为发达，随着南北商品的交易，“杨、平阳陈西贾秦、翟，北贾种、代”[①]，促进了晋北地区经济的开发和文化的发展。因此，汉代和唐代文化传播、融合的特点是匈奴文化和突厥文化逐步融于汉文化，传播的区域顺序是由南至北。

南北朝之间文化传播的主流方向成了由北至南，这与少数民族政治中心转移全是由北而南有直接的联系：(1) 匈奴后裔刘渊的政治中心的变更是：离石—蒲子—平阳—洛阳。(2) 鲜卑拓跋氏政权中心平城—洛阳。(3) 契胡族酋长尔朱荣兴起于北秀容（今朔州）—晋阳—洛阳。这一时期文化融合的特点是以掌握政权的少数民族文化为主体，汉文化融合于少数民族文化。如北魏孝文帝改革鲜卑旧俗，大量吸收汉文化的措施就体现了这一特点。随着拓跋氏政权中心由平城向洛阳的转移，这一特点表现得越加明显，而山西的大部分正好介于平城与洛阳之间，是这种文化融合和转移的主要区域，因而具有先北后南的特点。

纵观汉唐时期山西文人的地理分布和山西文化的发展，具有以下特点：

（一）山西文人的地理分布主要集中于晋南地区、太原地区、晋东南地区和晋北地区。晋西南地区文人最多，太原其次，晋东南和晋北地区较少，晋西北地区出现空白。这是各地政治、经济发展不平衡所决定的。

（二）山西文人有多文诗少科技、晋唐多汉魏少的特点。据笔者上文统计，汉唐时期山西的文学家有 43 人，诗人 35 人，史学家 10 人，科技（包括水利、天文、医学等）人员 5 人，小说家 4 人，书画家 5 人，哲学家 3 人，还有名僧立著者 3 人，以及经济学家、地理学家、艺术家等。

（三）学术传授于家族，文人集中于一些豪门大族。从汉末起，门阀制度滋长，各级政权基础建立在世族所支配的经济结构上面，文化的普遍发展以及文人的产生受到限制。从曹魏起实行的九品中正制，尽管有选举和推荐这一提法，但事实上文人仍然集中于地方上有权威的大族，形成了大族长期控制学门、文化传授限于家族的局面。如平阳贾氏、河东卫氏、闻喜裴氏、永济柳氏、万荣薛氏、平遥孙氏等都是东汉以来的学门，历代相传。因此，文化得不

---

① 《史记·货殖列传》。

到广泛的传播和发展。

（四）私家办学、招纳门徒也是汉唐时期山西文化发展的一个特点。如东汉贤士郭泰，“字林宗，太原界休（今介休）人也。家世贫贱，早孤……博通经籍，名震京师……及党事起……遂闭门教授，弟子以千数”[①]。

北魏张伟，“字仲业，太原中都人也。学通诸经，乡里受业者，常数百人。……常依附经典，教以孝悌，门人感其仁化，事之如父”[②]。

隋末大儒王通，闻喜人。“聚徒河汾间”[③]，隋文帝多次征用他，均未应允。炀帝“大业元年（605），一征又不至，辞以疾。……门人自远而至。河南董常、太山姚义、京兆杜淹、赵郡李靖、南阳程元、扶风窦威、河东薛收、中山贾琼、清河房玄龄、巨鹿魏徵、太原温大雅、颍川陈叔达等，咸称师北面，受王佐之道焉。如往来受业者，不可胜数，盖千余人”[④]。

这些人有的虽无著作，但博通经史，学业知名，以私家授传学术称于州县以至全国，对当时山西文化的发展颇有影响。

（五）山西文化传播的地域性变化，受阶级矛盾和民族矛盾的制约，具有时代的、民族的、地方的特点。汉代和唐代是由南至北，匈奴文化和突厥文化融于汉文化，魏晋南北朝是由北至南，汉文化融于鲜卑文化。

第五节　地名与流域文化

人类创造的任何文化都离不开流域，流域为文化提供了无可替代的物质和精神基础，以一种超自然的力量，为人类文化的发展提供了源源不断的动力。每个流域都有一部属于自己的文化史，用“流域文化”来反映人与自然的关系是再贴切不过的，而地名就是流域文化的集中体现。地名是人们对具有特定方位、地域范围的地理实体赋予的专有名称，简而言之，就是地方的名称。我国

---

① 《后汉书·郭太传》。

② 《北史·张伟传》。

③ 《新唐书·隐逸列传》。

④ 《文中子世家》。

最早关于地名的记录，始见于甲骨文时期的殷商卜辞。而“地名”一词，始见于《周礼·夏官司马·邍师》，“邍师，掌四方之地名”，邍师即管理地名的官员。地名研究一直为学界所关注，牛汝辰从文化和测绘的角度对地名形成的文化特征、空间分布等做了系统的阐述，华林甫从历史地理学的角度对中国的历史地名进行了深入研究，孙冬虎、周尚意、任建兰等从地理演变的角度探讨了地名的变迁。对于山西的地名，王文卿从历史文化的角度进行了分析。但是，从流域文化的角度对地名进行研究的几乎没有。本节以流域为视角，对汾河中游的流域文化与地名进行研究，揭示了地名中所蕴含的文化内涵，通过对地名的剖析，透视出流域自然与人文环境变迁的脉络。

一、汾河中游的地名

汾河中游位于山西中部，东为太行山脉，西为吕梁山脉，东南为太岳山脉，中间夹太原盆地，汾河贯穿而过。汾河中游地处传统的农牧分界线的交错地带，是华夏各族杂居融合之所。独特的自然和人文环境，以一种开放的胸怀，孕育了包容兼蓄的流域文化。这一点在地名上也有反映，例如，芮城这个地名，《通鉴·宋纪》胡三省注：“芮芮，即蠕蠕，魏呼柔然为蠕蠕”，芮城因北魏时柔然（茹茹）族集居此地而得名。

“沧海桑田”，历史在发展，时间在变，空间在变，随着时间和空间而变化的地名更是复杂万端，所有的地名都将成为“历史地名”，但是，县级和村级地名的变化具有历史文化的传承性，千百年来，其数量、名称、辖区范围基本保持稳定。以 1998 年《山西省行政区划与自然村标准地名手册》的地名为基本数据，统计出汾河中游包括太原市的市区（尖草坪、万柏林、杏花岭、迎泽、小店、晋源）、清徐、阳曲，晋中市的榆次、寿阳、太谷、祁县、平遥、介休，吕梁市的交城、文水、汾阳、孝义等 18 个县（市、区）的村级（含自然村）地名 5 140 个，各县的村级地名数量，见图 7-6。

将数理统计与地图（采用 1∶250 000 地形图[①]）空间分析方法相结合，对汾河中游流域的村级地名，按照地形、地貌与地质，动物、植物，水文与气候，

---

① 山西省军区测绘处：《中华人民共和国山西省地图集》，上海中华印刷厂 1973 年印刷。

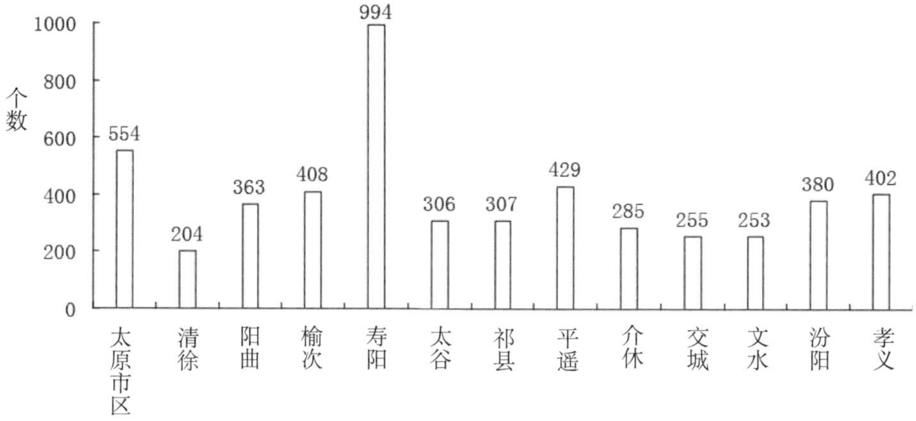

图 7–6　汾河中游村级地名统计

姓氏与人物，方位与对称，军事、经济与交通，图腾与宗教，方言、意愿、数字等进行分类，分析各类型地名与流域自然和人文因素之间的关系，找寻其内在的规律。

二、地名与流域自然要素

（一）地形、地貌与地质

地形、地貌和地质对乡村聚落的影响十分明显，对地名的形成也具有决定性的作用。汾河中游流域的地貌单元属于黄土高原，有山地、丘陵、盆地、平原等 18 种地貌形态，类型齐全。因此，汾河中游的地名与地形、地貌和地质的关系非常紧密，表达地势高低的词语非常丰富，共有 40 个之多，涉及地名 2 385 个，占所有地名的 46.4%，居首位，见图 7–7。从图 7–7 可知，使用频率超过 50 次的有沟、头、山、岭、坡、石、坪、垴、峪、窊（洼、凹）、口（咀、嘴）、底、梁等，尤以“沟”最多。可见，人类居住地的最佳选择是地势较高，较为平坦，离水源比较近的地方。使用频率最低的是腰、峡、砂，属于比较危险的地带，人类对其的选择频率最低。这些地名的变迁与根据考古发掘资料研究的结果相符[①]，汾河中游已发掘的 190 处新、旧石器遗址，无

① 孟万忠：《河湖变迁与健康评价——以汾河中游为例》，中国环境科学出版社 2012 年版。

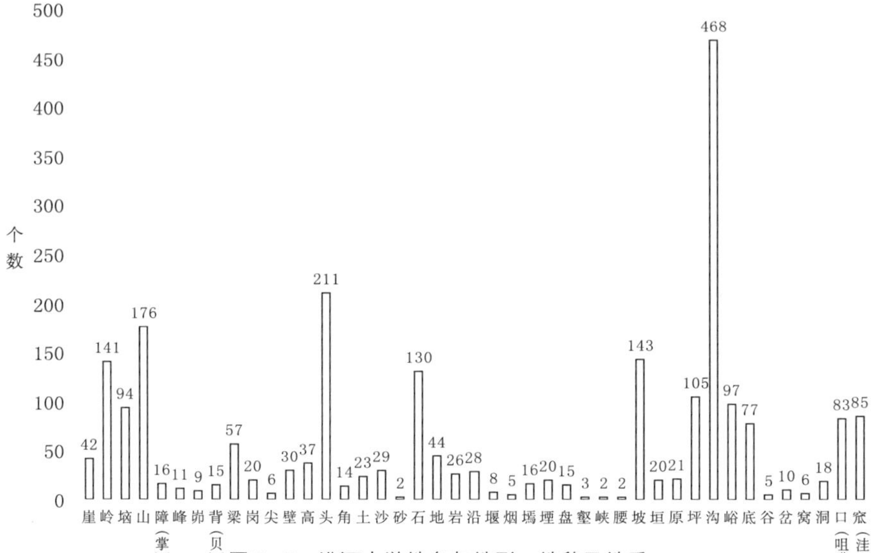

图 7-7　汾河中游地名与地形、地貌及地质

一例外都处于汾河及其支流的台地上或山前丘陵地带，地势较高，所处的海拔高度在 1 000 ~ 1 300 米左右。夏商周时期，发掘出的 193 处人类遗存，分布高度逐渐下降到海拔 900 ~ 1 000 米左右。反映出人类文明从山地向山麓演进，人类的活动足迹为：山地→山前台地→山前丘陵→平缓的冲积平原→盆地中心。

（二）动植物

汾河中游流域地名中涉及的动物达 22 种，地名有 187 个，见图 7-8。从图 7-8 可知，与人类关系密切的动物马、牛、羊、鱼等使用频率较高，反映出地名与畜牧业和渔业的关系相当紧密。特别是马，频次最高，这不仅仅因为马是人类劳动最重要的畜力，而且在冷兵器时代，马是重要的战备物资，从最初的马拉战车，到后来的骑兵，马在战争中起到了决定性的作用，改变了历史发展的进程。另外，虎、豹、狐、狼等兽类和鸟类、鱼类也出现在地名中，这与历史文献中的记载是相吻合的。特别是处于食物链顶端的老虎，对栖息地的要求是比较高的，能够满足它的生存，说明汾河中游流域的生物资源相当丰富，物种多样，生态系统稳定。

植物组成的森林和草地群落是人类和动物的栖息地，汾河中游流域地名中

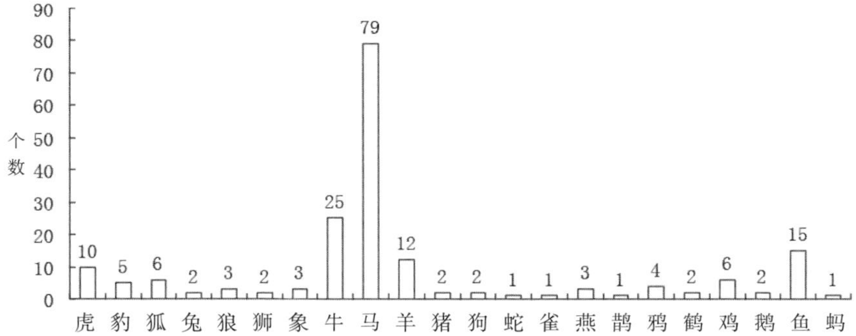

图 7-8　汾河中游地名与动物

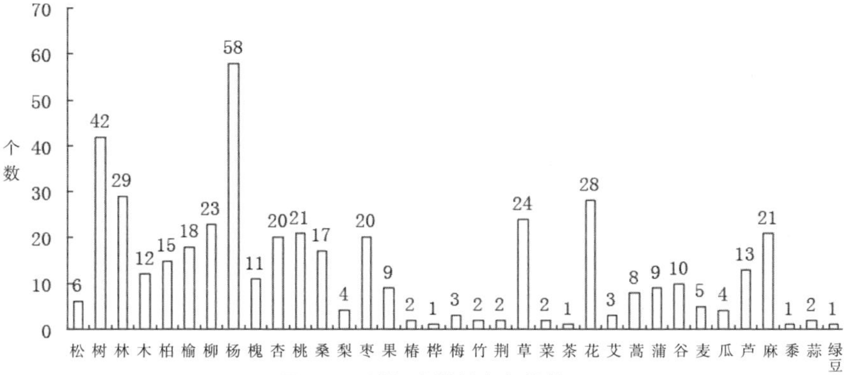

图 7-9　汾河中游地名与植物

涉及的植物种类达 35 种，地名有 440 个，见图 7-9。据汾河中游考古发掘的新石器时代文化遗存分析，仰韶文化时期，汾河中游的台地上，原始种植业逐渐兴起，种植以粟为主的谷物。到了龙山文化时期，生产力比以前有所提高，原始种植业、养殖业均有很大进步，并开始栽桑养蚕，栽种枣树等。

（三）水文

全新世以来的很长时段，汾河中游流域的太原盆地是湖荡泉水沼泽遍地的水乡泽国。汾河中游地名中使用的词有 29 个，涉及 483 个地名，见图 7-10。使用频次超过 10 次的有 13 个，其中河、泉、湾、水、曲、池、会、涧、洪、湖、滩、流、泥等表明汾河中游流域水资源丰富，存蓄水体的形式多样；洪、泥等表明汾河中游的河流发生洪水和携带泥沙的情形；会等表明河流众多，相互交汇，形成复杂的水网。

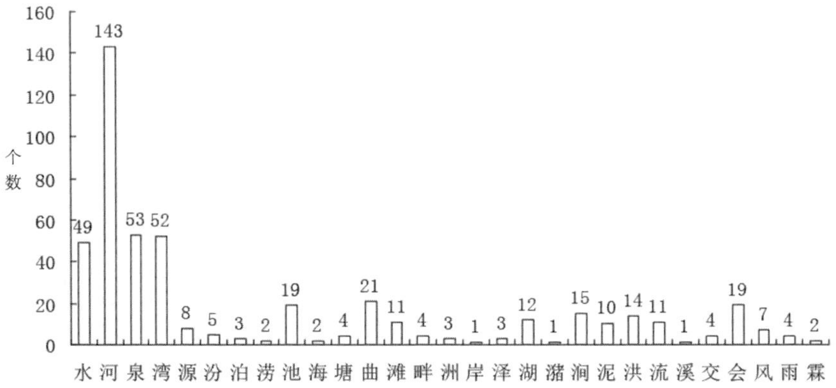

图 7-10 汾河中游地名和水文

（四）天然色彩

天然的色彩是人类眼睛所能感觉到的，常见的 9 种颜色均出现在地名中，共有 207 个，见图 7-11。其中白、黄、青、红、黑、兰等使用频次较高，主要是与汾河中游流域的地貌、土壤、岩石、动植物的颜色等结合使用，反映出汾河中游流域的自然风光。

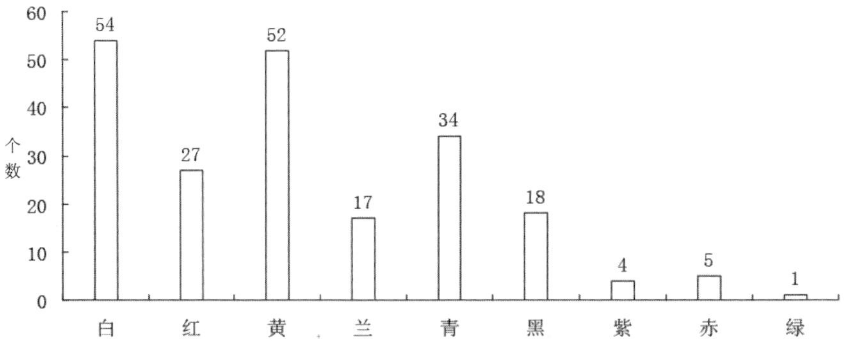

图 7-11 汾河中游地名和色彩

三、地名与流域人文要素

（一）姓氏

古人在建设村落时有相当一部分是以代其家族的姓来命名的，这是中华民族自古就有的以姓氏命名地名这一风习的延续。这样做不仅体现了中国人的祖先崇拜，而且表示人们不会忘记自己的祖先，同时还要分记宗谱，叙明支系和辈分，以便和祖籍保持密切的联系，表明他们是来源于一个共同的祖先。

传说中的尧、禹等也以姓氏的形式出现在汾河中游流域的地名中，大禹在汾河中游治水的遗存比比皆是，《禹贡》记载："既修太原，至于岳阳。"太原是指大禹治理汾河中游后出现的大平原，岳阳是指古代北岳霍太山之南，即今太岳山南霍州境，这一区域反映的就是汾河中游为大湖所覆盖的情形。当时汾水为患，大禹为了治水，在晋阳湖周围的群峰众壑中，选择山体最薄弱、地势较低的南部为突破口，从灵石打开了一个缺口，将晋阳湖水排走，空出了太原盆地。于是就演绎出"打开灵石口，空出晋阳湖"这样一个民间传说。历史上杰出的人物，如狄仁杰，太原的名门王家，革命先烈刘胡兰、尹灵芝等，他们的姓氏和名字都被用于地名。汾河中游流域以姓氏命名的村有 1 589 个，占全部地名的 30.9%，涉及 150 多个姓氏，其中出现 10 次以上的有 47 个，其中王姓使用频次最高，达 122 次，见图 7–12。

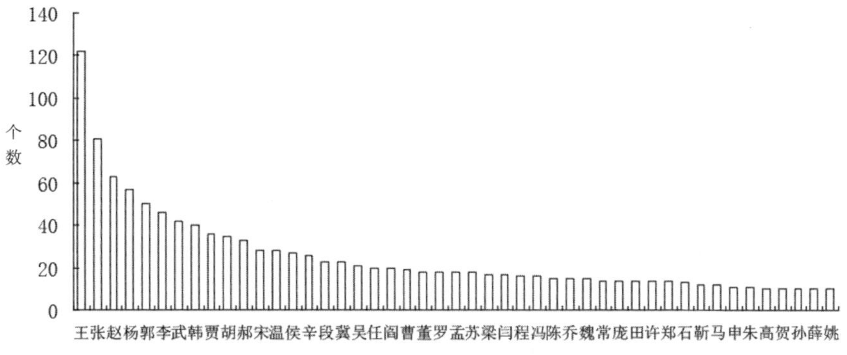

图 7–12　汾河中游地名和部分姓氏

（二）方位与对称

中国古代文化中有对称性思想，喜欢采用对称和方位的词来规划建筑物、聚落，给村庄命名，经常使用东西、南北、东南与西北、西南与东北、前后、上下、远近、内外、阴阳、新旧、大小等词。尤以方位使用频次最高，以自然的地物为参照，反映村落之间的空间关系和人类对自身周边环境的认识，也提供了村落在空间上比较直观的相对位置，有利于确定其准确的位置。如图 7–13 所示，

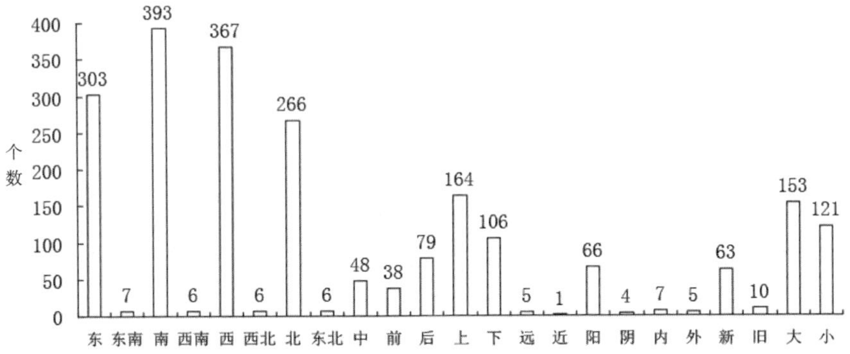

图 7–13 汾河中游地名和方位及对称

采用方位和对称的地名有 2 224 个，占 43.3%。东、南、西、北、上、下和大、小使用频率较高，超过 100 次。对应反差最大的是阳与阴，阳有 66 个，阴只有 4 个，反映出古人大多将村落地址选择在向阳的地方，地名反映出它所处的位置。

（三）军事

历史时期的山西是游牧民族和农耕民族交替控制的区域，战事不断，地处汾河中游流域的晋阳（今太原）发生战事 50 次。战争中使用的武器、防御的工事也出现在地名中。汾河中游的村名中使用的关于军事方面的词有 13 个，涉及 491 个地名，见图 7–14。其中堡、寨、营、关和屯等的使用频次较高，这些军事壁垒有效地利用了地形地势，抗击了强敌的进攻，也成为汾河中游流域地名景观的一大特色。

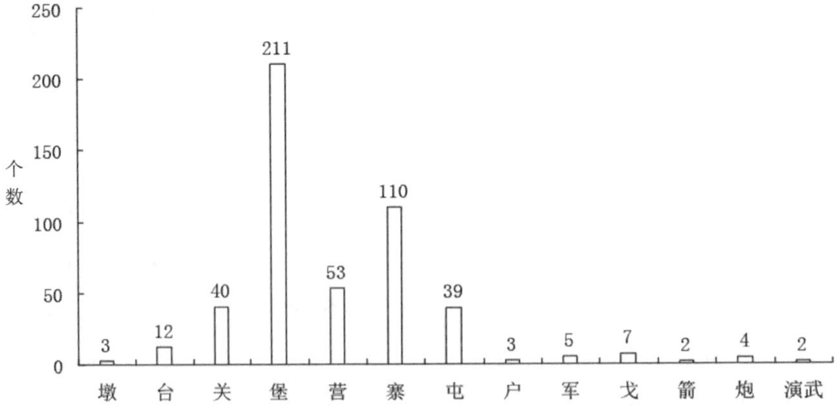

图 7–14 汾河中游地名与军事

（四）经济

汾河中游流域是“黄河文明”的重要组成部分，是山西开发最早的区域，农业、手工业、商业贸易发达。汾河中游的经济涉及农业、工业、矿业、交通、集市、城市建设等方面，地名中使用的词有 39 个，涉及地名 584 个，见图 7–15。城、里、道、桥、窑、井、店、田、园、街使用频次均超过 20 次，反映出汾河中游流域店铺林立、交通发达、农田广布、城乡建设繁荣的景象。“桥”在地名中大量出现，说明汾河中游河流纵横，需要借助桥来通行，而这些村庄就位于河流边的桥旁。“窑”在地名中出现频次为 68 次，反映出汾河中游矿产资源丰富，工矿业发达。人类的生存离不开水，水井就成为人类聚居区的特有景观。孔颖达疏：“古者穿地取水，以瓶引汲，谓之为井。”汾河中游含“井”的地名出现 36 次，反映出汾河中游地下水资源的丰富，为人民的生存提供了充足的水源。

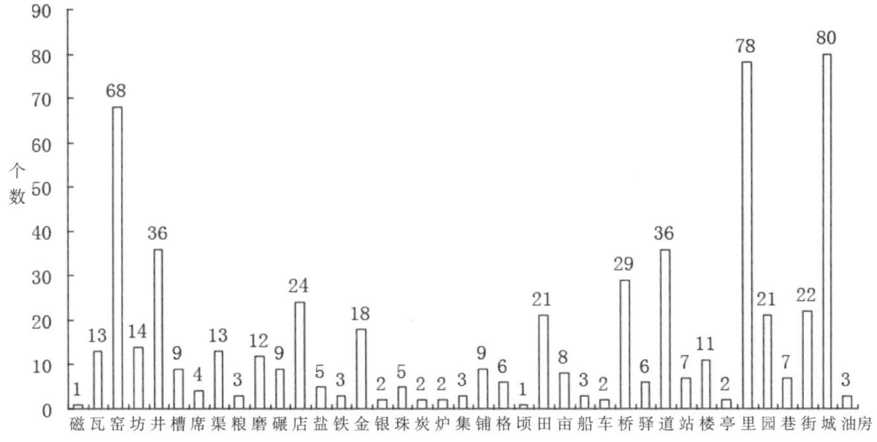

图 7–15　汾河中游地名和经济

（五）方言

汾河中游流域的地名与山西方言相关的共有 255 个，见图 7–16。从图 7–16 可知，在汾河中游流域的村级地名后加“则、只、子”等后缀，也大量使用“儿”化音，这是山西方言与地名有机结合的一种表现形式。这些后缀和“儿”化音，一般指“小”的东西，仅见于等级低的地名中，等级高的不能用。在山西黄土地区的方言中“圪”或“疙”是地名中使用频率最高的词，反映了当地的地形和地名特征。反映正向地貌的山包、土丘，使用圪塔、圪垛、圪塔、圪墩、圪堆、圪台、圪垯、圪卓、圪僚、疙瘩等；表示负向地貌，一般使用圪洞、圪叉、圪洼、圪沟、圪崂等。一个“圪”字形象生动地刻画出了黄土高原高低起伏、沟壑纵横的地貌特征。如果山沟中生长有酸枣树、枸杞、沙棘等枝干上长刺的灌木，当地人将它们统称为“圪针树”。

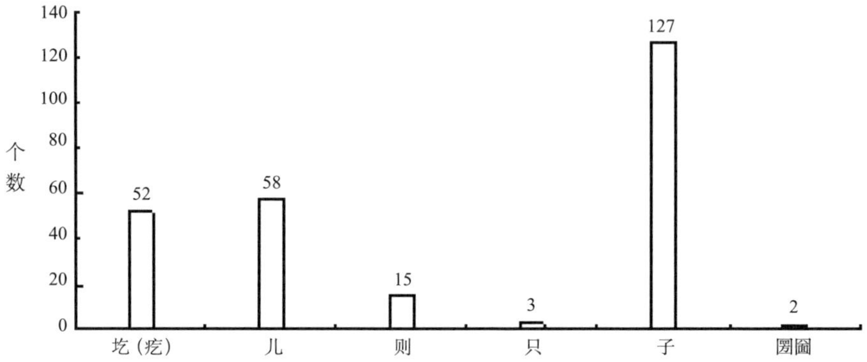

图 7–16　汾河中游地名与方言

（六）数字

汾河中游的地名中使用的数字有 15 个，涉及地名 144 个，见图 7–17。每个数字地名并不是对数字的简单机械地排列，而是包含着丰富的历史内涵，在数字地名的背后都有一个生动的典故。汾河中游地名中三、五、六、四、十的使用频率超过 10 次以上，由此可见，古人在使用数字时还是有些偏好的因素包含在其中。

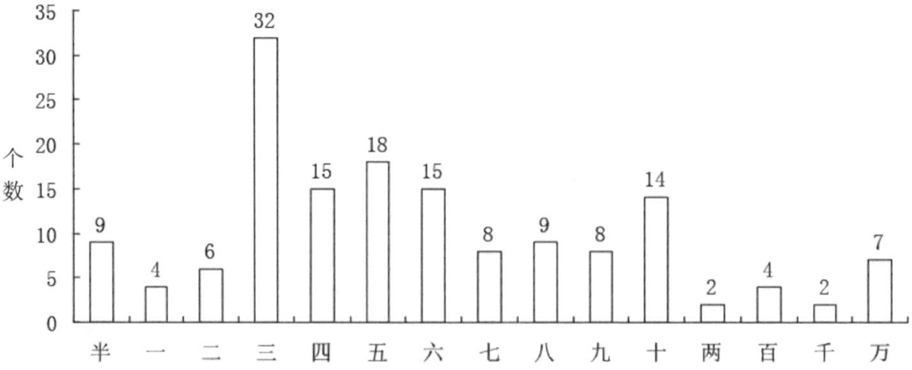

图 7–17　汾河中游地名与数字

（七）图腾与宗教

图腾是古人崇拜的对象，其意义在于确认民族成员在血缘上的统一性。宗教是人类对神明的信仰与崇敬，同时也是人的道德行为准则。汾河中游流域关于图腾与宗教的词有 14 个，涉及地名 256 个，见图 7–18。关于龙的地名达 69 个，龙的形象是中华民族的象征，记录了古代民族发展的聚合过程，中国人被称为“龙的传人”，中国人常以龙的传人引以为豪。后世的人们把龙凤作为吉祥之物而加以崇拜。宗教尤以佛教居多，寺、庙、塔、佛、禅、庵、和尚、僧等都是关于佛教的。中国的多神崇拜也有体现，如神、姑姑等。

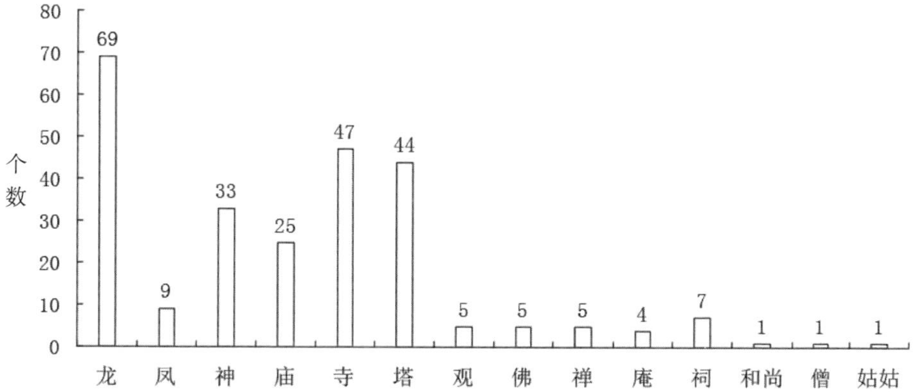

图 7–18　汾河中游地名和图腾及宗教

（八）意愿

人类对生活充满了许多美好的愿望，希望能安居乐业、身体健康、事业兴旺、老人长寿、子孙孝敬、品德贤良、没有忧愁等，这些在汾河中游流域的地名中都有体现。关于意愿方面的词有 29 个，涉及地名 342 个，见图 7–19。从图 7–19 可知，“安”的使用频率最高，达 65 次，这与汾河中游流域在太原盆地的河道变迁有密切的关系。特别是中游干流、潇河和文峪河在历史时期发生多次迁徙，这些使用“安”的地名全部位于河流变迁频繁的区域。关于品德方面的词，如“义”出现 31 次，“贤”出现 20 次，“善”出现 17 次，“良”出现 11 次，使用频次很高，表明古人在道德修养方面要求非常高。

地名是流域自然和人文综合的反映，如固碾村，位于汾河之畔，村民利用

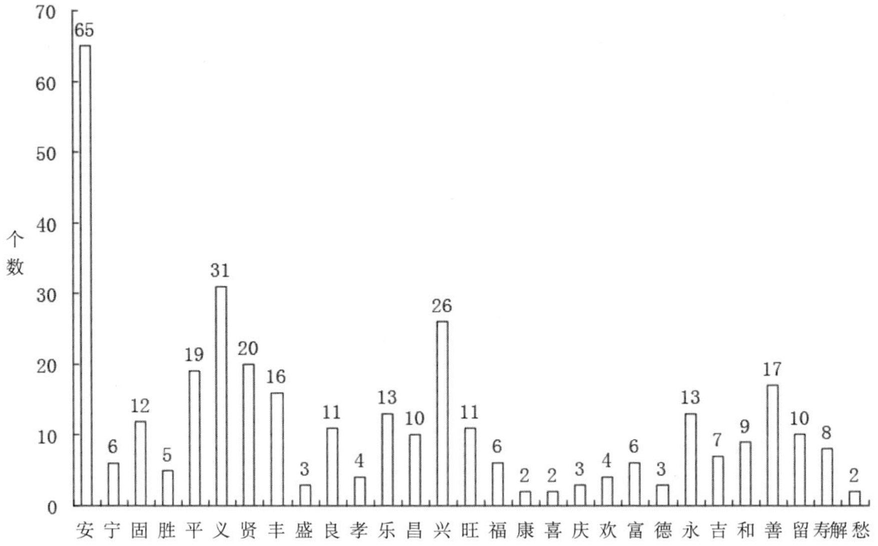

图 7-19　汾河中游地名和意愿

便利的水利条件建造水碾，因村庄和水碾均位于河边地势低洼之处，有被河水淹没之虞，于是村民筑堤保村护碾，希望村庄和水碾永远牢固，取永固之意，故名固碾村。随着居民日渐增多，他们开始分散居住，逐渐形成南北二村，地处北者名为北固碾，南者名为南固碾。

地名是流域社会经济文化发展的产物，是时间和空间的统一，历史与地理的结合，人文与自然的融会，是流域文化的重要组成部分。和许多古城镇、古村落、古建筑等一样，中国的地名景观也面临着消亡的危险。随着大规模的撤乡并镇，几个相邻的小村组合成一个大的行政村；生态移民等政策措施的实行，大量的自然村，特别是山区的自然村落，被大量废弃。随着这些有形的村落的消亡，与这些村落相互依存的地名文化也可能随着村落的消失而湮没在历史中。因此，保护地名文化这些无形的非物质文化遗产也成为一个重要的课题。地名是流域文化的具体表现形式，具有一定的历史、文化和科学价值，是人类文明的结晶，是人们在长期的历史发展和世代相传下来的智慧和经验的总结。地名中体现出的生态理念、伦理道德、民风习俗、宗教文化等人文精神，是流域乡土社会人际关系中特有的血缘亲情、乡情与大自然有机而完美的合和文化的体现，强调和谐和善，顺其自然。地名所蕴含的村落的地理位置与气候、河流、山脉、植物、动物等自然生态系统与人的和谐相融，人与人之间的和睦团结，对于我们今天保护流域生态环境，促进社会的稳定与和谐，仍然具有重要的现实意义。

第八章　历史流域学视野下的流域管理

在一个特定的流域内，包含有若干互不统属的政区，而在这些政区内，又包含有若干互不统属的行业和部门。同级政区之间，不同行业和部门之间，貌似没有关联，但是同一条河流、同一个流域将它们联系在一起，解决流域问题不再是一个政区、一个行业和部门的事情，只有全盘考虑、统筹管理、统一调度，才能将整个流域作为一个整体来进行把握。只有将上、下游的关系，支流和干流的关系，不同用水部门之间的关系，农牧业开发和植被保护之间的关系，放在同一个流域内完整地审视，才不致顾此失彼。

水是一种稀缺资源，在地处黄土高原地区的山西尤其如此，而河流作为人类利用地表水的一种最常见途径，其健康与否往往影响着一个区域的发展。在漫长的古代社会，我们的先民一方面在利用着水资源，一方面又在破坏着水资源，甚至为了水源的利用而大打出手。这昭示着河流的管理利用不仅仅是人类和自然的互动，更多的时候是人类内部的问题。如何解决水资源合理利用的问题，不仅困扰着古代的人们，更是摆在现代社会面前的一道难题，有鉴于此，本章做出了有针对性的研究。

第一节　明清时期汾河流域生态环境演变与民间控制

汾河流域作为北方经济重心区域，保持了长期的繁荣与稳定，明清时期尽管全国经济重心南移，但孕育在汾河流域的晋商依然创造了执中国金融业牛耳的辉煌。值得关注的是，这一时期流域生态环境也出现明显恶化，径流量少、水土流失加剧、水害增加及土地生产力下降等问题日渐凸显。究其因，主要和其间人口大幅度增加、在许多地区超出自然承载力有关。

明清生态问题的逐步显现是一个新生问题，政府难以很快从思想层面上对其产生的原因、防止措施等有一个明晰认识，所以也就不可能及时采取应对措施。对于基层民众，生态环境则是日常活动须臾难离的，故他们最先感知到了正逐步发生着的变化，且随着变迁程度的加剧，传统的生产、生活方式逐步受到制约，在这种情形下，民间社会必然要自发地采取一些应变措施，通过调整自身的行为规则来适应生态环境的变迁。此即民间控制。

一、明清汾河流域生态环境演变及原因分析

生态环境变迁是自然界和人类社会互动过程中出现的一种复杂现象，具有社会与自然的双重属性，故对于生态环境的考察须兼顾这两方面的因素。汾河流域整体性生态问题的凸显始于明清，引致这一变化的人为因素有农业生产方式的长期积累、城镇发展、战争破坏，以及与社会经济相联系的生活方式（如砍伐柴薪、修筑民居）等，而人口迅速增加，人口—耕地矛盾日渐尖锐，成为这一时期人地矛盾的焦点。

（一）人口渐增

流域人口见诸记载最早的是汉平帝元始二年（2），总人口约为164万人。[①] 嗣后受战争影响，人口一直呈下降趋势。其中东汉永和五年（140）减到77

① 《汉书·地理志上》。

万人[①]，西晋太康元年（280）继续下降到 63 万人[②]。直到隋唐时期人口才开始迅速回升，其中隋大业五年（609）达到了 205 万人[③]，唐开元年间（713—714）人口约为233 万人[④]。金元再次出现人口直线下降，据统计至元二十八年（1291）已不足 40 万人，约为唐初人口的六分之一。[⑤]元末明初则是山西高原人口发展史上的一个关键点，表里山河的自然环境幸免于元末战乱，加之风调雨顺，明初山西省人口约为 407 万人，相当于河南、河北两省的总和[⑥]，其中汾河流域是山西省人口最为密集的区域。为缓解“地狭人稠”的矛盾，明太祖实行了移民政策，汾河中下游成为主要移民地区。移民政策的出现可以说是人地矛盾突出的明显信号。迄清，汾河流域人口继续增长，“丁戊奇荒”大灾前人口约为1 640万[⑦]，是近代流域人口增长的最高峰。与人口增长相伴生的是耕地的紧张，以太原盆地为例，随着人口增加，清季人均耕地较之明初减少了三成多。[⑧]

当人口超过了生产力供给水平及自然承载能力时，人们被迫从各个角度千方百计探寻增加粮食总量的方式、方法。在当时的技术条件下，提高单产、发掘农业内在潜力的可能性较小，所以大规模垦荒就成为解决粮食问题最简捷的方法。汾河流域上游及两侧山地就在这一时期开始大规模农垦，这些地区多为流域内部生态脆弱地带，坡耕带来的生态环境破坏，使整个流域的生态安全逐步受到威胁。

（二）上游坡地开垦

人口增加，人口与耕地矛盾凸显，在上游地区坡地垦荒范围扩大，木材业发展迅速，随之干支流源头残存的森林大面积消失，水土流失加剧，径流量减

---

① 《后汉书 · 志第十九 · 郡国一》。

② 《晋书 · 地理志》：“太康元年，平吴，大凡户二百四十五万九千八百四十，口一千六百一十六万三千八百六十三。”当时，汾河流域有户约 62.88 万，推知口数。

③ 《隋书 · 地理志》：开皇五年，“户八百九十万七千五百四十六，口四千六百一万九千九百五十六”。当时，汾河流域约有户 41 万，推知口数。

④ 《新唐书 · 地理志三》。

⑤ 《元史 · 地理志一》。

⑥ 《明史 · 地理志》一、二、三。

⑦ 据光绪《山西通志 · 田赋略八》附户口统计。

⑧ 据成化《山西通志 · 户口》、成化《山西通志 · 田赋》，以及光绪《山西通志 · 田赋略八》附户口、光绪《山西通志 · 田赋》等材料计算。

少，直接导致流域生态系统失衡。

据史料记载，明洪武二十四年（1391），汾河上游在册耕地 4 173.93 顷，到万历四十三年（1615），增至 18 855.84 顷，增加了 3.52 倍。清顺治（1644—1645）时，上游在册耕地已增至 28 829.8 顷，较之明初增加 6 倍多。① 上游 90% 以上为山地，这些耕地基本是“锄山为田”②，加之属粗放式农业生产，水土流失加剧成为必然结局。以岚县为例，至迟到万历年间（1573—1619），农业生产环境已出现明显恶化③，清初这一情形越发严重，许多山田“尽成沟渠，寸土难耕”④。雍正年间（1723—1735），整个上游土地较之顺治时减少了 60.9%，光绪年间（1875—1908）较之顺治时则减少了 63.8%，⑤ 由此可窥弃耕的严重。水土流失不仅使上游原本瘠硗的土地肥力进一步下降，对整个流域生态环境、社会生产都产生了极其恶劣的影响，流域内部各种灾害明显增多。

汾河流域森林成片减少，可追溯到隋炀帝在汾源大造汾阳宫。唐代政府开始在管涔山采木，但尚未深入汾源。⑥ 宋时汾河上游与辽接壤，伐木重点被迫南移吕梁山中段，尽管如此，熙宁年间（1068—1077）上游坡垦扩大，曾使中游汾水频频暴涨。⑦ 金、元两代官府所用木材开始主要取自汾源及其以北地区，一度出现“万木下河汾”⑧“万筏下河东”的情形。⑨ 明清这一态势进一步发展，特别是嘉靖（1522—1566）以后风俗趋奢，“竞起第宅”，“木植价贵”⑩，加之政府禁林政令松弛，上游逐步成为采伐基地。伐木者“络绎道路，日夜不休”⑪，

① 据成化《山西通志·户口》、成化《山西通志·田赋》，以及光绪《山西通志·田赋略八》附户口、光绪《山西通志·田赋》等材料计算。

② （清）庞尚鹏：《清理山西三关屯田疏》，《明经世文编·庞中丞摘稿三》，中华书局 1962 年影印，第 3870—3871 页。

③ 雍正《重修岚县志·艺文》。

④ 同上。

⑤ 雍正《山西通志·田赋》；光绪《山西通志·田赋略》。

⑥ 翟旺、杨丕文：《管涔山林区森林与生态环境变迁史》，山西高校联合出版社 1993 年版，第 28—29 页。

⑦ 山西省史志研究院编：《山西通志·大事记三》记载：熙宁元年，“货河东饥民粟”；熙宁七年，“河东久旱”；熙宁八年，“太原汾水……大涨”，“河东旱”。

⑧ （金）赵秉文：《滏水文集·芦芽山》。

⑨ 文焕然：《历史时期中国森林的分布及其变迁》，《云南林业调查规划》1980 年增刊。

⑩ 马文升：《为禁伐边山林木以资保障事疏》，见《明经世文编·马端肃公奏疏二》，中华书局 1962 年影印，第 528 页。

⑪ （明）顾炎武：《天下郡国利病书·山西》。

昔日“参天蔽日”的林木到万历年间部分地区已是“砍伐殆尽”[①]。清初，政府虽一度严申禁林令，但在商业利润诱惑下，实难禁止，特别是随着清末山林产权“多演变为山主所私有或村庄共有”[②]，开始出现整个山头被伐光的现象。据民国十三年（1924）调查统计，当时汾河上游宁武县天然林仅余 27.9 万亩，静乐县仅余 0.5 万亩，岚县不过 0.1 万亩。[③]

上游植被的破坏导致了流域内湖泊湮塞，径流量减少。先秦至宋，汾河流域的湖泊泽薮数量可观，主要有昭余祁、文湖、王泽、洞过泽、晋泽等。金元以降，这些湖泊逐步湮废，大多不再见于记载，仅存的文湖也在明万历年间被泄湖开田。[④] 披览方志，明清时期泉水也多有“今涸”类的记载。晋祠泉、洪山泉、霍泉、龙子泉等灌区减少[⑤]，也佐证了其水量的减少。至少在隋代汾河还有航运之利，如隋开皇三年（583）长安仓储空虚，曾“漕舟由渭入，由河入汾”[⑥]。到唐宋代大规模漕运已不见。明清径流量进一步减少，一些小型渡口也“夏秋置船济之，冬春置土桥”[⑦]。汾河流域属灌溉农业，径流量减少、泥沙含量增加给人们生产、生活带来了严重制约，不得不大规模发展水利，修筑堤堰，这些行为又进一步干扰了河流的生态系统。

（三）中下游与水争地

为缓解人地矛盾，中下游与水争地的行为愈演愈烈，包括泄湖为田、将泄洪滩地变为农田等，加之水利过度开发等行为，导致流域水系进一步紊乱，水患、蝗灾频发，流域生态安全系数进一步降低。

“地狭人稠”矛盾在农耕历史悠久的中下游尤为突出，一些地区为增加农田，不惜采取了以破坏生态系统为代价、不啻“饮鸩止渴”的行为。以文湖为例，湖泊位于中游汾阳邑内，是迄明流域内仅存的湖泊，它汇聚西北诸涧洪潦，兼具泄洪、灌溉、渔产诸利，对当地生产、环境具有重要调剂功能。迫于

---

① 万历《静乐县志》（已佚），康熙《静乐县志》卷一引明志语。
② 翟旺、杨丕文：《管涔山林区森林与生态环境变迁史》，山西高校联合出版社 1993 年版，第 93 页。
③ 《山西林业调查资料》，见民国十三年《中外经济周刊》。
④ 咸丰《汾阳县志・山川》。
⑤ 光绪《山西通志・水利略》。
⑥ 康基田：《晋乘搜略》卷十四。
⑦ 万历《太原府志・山川》。

人口压力，万历四年（1576）在地方官员领导下泄湖为田，这一违反自然规律的行为，很快给当地带来一系列的负面影响，得不偿失。[①] 此外，尾闾一带则想方设法增垦泄洪滩地，如绛州本州在光绪五年查出首垦河滩淤地32顷，河津县仅雍正七年一年首垦河滩淤地26.78顷[②]……数量虽不是太大，但由于尾闾地带肩负着整个流域汛期的泄洪功能，河床垦成农田糙率增强，行洪能力下降，不仅新垦土地"每当成熟之日，骤被漂没而不获"[③]，还迫使涝灾范围扩展，甚至向上游逆延。

开发水利工程是解决水资源供求矛盾的主要途径。据冀朝鼎研究，明代山西省水渠数量为97条，清代增至156条，而从春秋水利见诸记载开始，直到金元总计不过136条。[④] 现代科学证明，水利工程大规模开发会影响流域生态的物质循环、能量流动及物种流动通畅等，从而引发系列流域生态问题。明清时期，汾河灌区虽全部集中在中下游地区，但依然程度不同地带来河流形态的均一化和非连续化等负面影响，使得河流生态系统进一步紊乱，自身调节、修复功能降低，旱、蝗、洪等自然灾害大幅度增加。

据不完全统计，今汾河灌区在西汉景帝前元二年（公元前155年）至唐高祖武德元年（618）773年中仅有8个旱年，平均97年一次；唐高祖武德元年至元世祖至元元年（1264）646年间有19个旱年，平均34年一次；明洪武元年（1368）至清宣统三年（1911）543年间已有40个旱年，平均每14年一次。[⑤] 蝗灾往往和旱灾伴生。五代时有关蝗灾的记载未见河东地区，金代汾河流域有两次记载，元代增至四次[⑥]，明清不仅屡见不鲜，且灾区往往颗粒无收，"饿殍遍野"[⑦]，成为流域内部和旱、涝并列的主要自然灾害。此外，宋金时流域内的洪灾尚微不足道，元代100多年间就发生涝灾16次[⑧]，清入关后267年间流域

---

① 张慧芝、王尚义：《明代汾州"泄文湖为田"对种植业的负面影响》，《中国地方志》2006年第5期。

② 光绪《山西通志·田赋略七》。

③ 光绪《河津县志·山川》。

④ 冀朝鼎著，朱诗鳌译：《中国历史上的基本经济区与水利事业的发展》，中国社会科学出版社1981年版，第36页。

⑤ 行龙：《明清以来山西水资源匮乏及水案初步研究》，《科学技术与辩证法》2000年12月第17卷第6期。

⑥ 据《旧五代史·汉高祖本纪》《金史·五行志》《元史·五行志》统计。

⑦ 康基田：《晋乘蒐略》卷三十。

⑧ 《元史·五行志》。

内各县更累计有354次受到了洪灾威胁[①]。河流改道是流域主要水灾害之一，汾河改徙频繁也是明清时期一个突出现象。1602 年至 1935 年的 300 多年间，中游有 20 余次较大的河流改道，直到清光绪年间开挖新河床才渐趋稳定。[②]依据史料统计的水旱灾害发生频率固然与文献的古今详略有关，但自然变化是否成灾是从人类的视野，或者说是从这些变动是否对人类活动造成不利影响角度来判定的，所以上述统计基本符合历史时期生态环境逐步恶化、诸种灾害逐渐频繁这一趋势的。

二、民间生态环境控制的主要措施

如前文所述，从社会意识形态层面分析，明清尚无明确的生态环境意识，故官府不可能制定出具有先觉性的应对措施。而普通百姓或下级士绅等阶层则在生产、生活中首先感受到了生态环境正在发生演变，并随着这一演变，传统生存方式受到的影响加剧，不得不对自己的社会行为准则做出调整，以适应、修复生态环境。此即民间生态环境控制，它带有较强的地域色彩。

（一）自发性移民

受传统思想意识熏陶，中国农民自古故土难离，明清时期许多地区开始出现规模较大的自发性移民，究其根源与区域土地承载力存在着密切关系。明代中后期山西流民居北方之首，根源就是当地生态环境的恶化。[③]迄清，“太原以南多服贾远方……盖其土之所有不能给半，岁岁之食不能得，不得不贸迁有无，取给他乡”[④]。整个明清时期，除明初政府组织的“大槐树移民”外，汾河流域自发性移民从未停止，并渐由以官方移民及流民为主，转为以自发性商业移民为主。[⑤]

汾河流域的自发性移民多利用地处农牧交错地带的区位优势，从事南北

① 《清代黄河流域洪涝档案史料》，中华书局 1993 年版，第 34—36 页。
② 张宇辉：《历史时期的汾河水利与其水文变迁》，《山西水利》2001 年第 5 期。
③ 李心纯：《从生态系统的角度透视明代的流民现象——以黄河中下游流域的山西、河北为中心》，《中国历史地理论丛》1998 年第 3 期。
④ 康基田：《晋乘蒐略》卷二。
⑤ 安介生：《清代山西境内“客民”刍议》，《晋阳学刊》1998 年第 6 期。

丝、茶和毛皮等物资的交换。明清，除土地相对肥沃的临汾盆地外，流域内农产品剩余较少，临汾也仅以“粟商棉商为大宗，其余商业均未发达”[①]，工商业发展落后，农业剩余人口无法向其他产业转移，只能背井离乡。他们多传承晋地重商传统，利用区位优势，将江南地区的丝、茶长途贩运到北方牧区以谋利，“往往服贾于远方，虽数千里不辞”[②]。从资料分析，明代晋商祖籍多在下游，如蒲州、曲沃、临汾等地，清代明显向北扩展，主要集中在平遥、祁县、太原等地，究其原因，主要和农业剩余人口数量分布有关。汾阳乾隆时“地无遗利”[③]，汾州籍商人占辽东晋商的大半。总之，越是农业人口剩余突出的地区，自发性商业移民的规模就越大。

明清时期汾河流域持续不断的自发性移民的动机，多出于“生存压力”，改善和保护生态环境的主观意愿并不明晰。但由于其间自发性移民密集区域多为人口—耕地矛盾突出的区域，这些地区为了满足人口生存需要，区域生态环境已严重退化（如前文提及的“泄湖为田”的汾阳、“滩地围垦”的河津等县），所以移民在客观上起到了减缓人口压力、保护生态环境的效果。

（二）乡约规范

乡约是指在乡村为了一个共同目的，依地缘或血缘关系联合起来的民众组织。它是规范地方社会的一种重要形式，是民间士绅自觉地对乡村社会进行的自我控制。明中后期随黄册、鱼鳞册的破坏，以及官方设立的里甲制等乡村教化体系的崩溃，在一些地方官员与乡绅的倡导躬行下，乡约制度作为民间的规范性活动开始逐步完善。[④]其间在汾河流域内部，特别是一些生态环境恶化显著的地区，部分乡规内容已涉及保护森林、防止水源污染等生态环境领域。

流域居民对水资源的重要性有着深刻的认识，“利万物者莫善于水”等观念深入人心。[⑤]明中叶以降，森林破坏对流域生态环境、社会经济负面的影响

---

① 民国《临汾县志·实业》。

② 光绪《盂县志·风俗》。同治《重修清居禅寺禁伐山林木植碑序》以及光绪《重修清居禅寺、好乐善施并禁山碑后序》，见《管涔山志》，山西人民出版社2003年版，第177—178页。

③ 乾隆《汾州府志·田赋》。

④ 陈柯云：《略论明清徽州的乡约》，《中国史研究》1990年第4期。

⑤ 清同治《重修唐叔虞记》，载嘉靖《太原县志·集文》，见《天一阁藏书明代地方志选刊》，上海古籍出版社1963年版。

日益显现。一些地方开始在乡绅倡导下借助乡约等形式，在局部地区自发地采取了禁山护林等行动。如汾源北部马头山一带，由于人口稀少，直到明前期森林一直十分茂密，随着明中叶木材业发展，林区大规模开发，在利益驱动下甚至寺僧也加入了伐木行列，同治年间，“山林亦已濯濯乎殆尽矣”，带来的负面影响“凄目惨心”。不得已，同治十三年（1874），附近各村及寺僧公议：“所在正沟渠阳背两坡，禁止砍伐，永久保涵，斧斤不得入，牛羊不得牧。”[①] 借助乡约这种形式进行强制性禁林。光绪二十一年（1895），砍伐势头复燃时又重申禁山之议。

其间流域中下游工矿业进一步发展，特别是造纸业、水磨业等，它们对流域水环境造成的污染渐重。以介休境内源神泉流域为例，乾隆时因上游的石屯等村发展造纸业，污染了河流，影响了下游正常的生产、生活，下游村民首先借助乡约这一民间力量进行了制止。“经八村民等拆去伊等掩造物具，永行禁止。”[②] 但到嘉庆年间，石屯村人及寺庙住持置乡约于不顾，仍以石灰为添加成分造纸，下游八村人不得不将其告上官府，由官府强行阻止。还是这条河流，乾隆八年时上游村民私建水磨，下游径流量减少，“有妨灌溉，万民病焉”[③]。这次是官府出面禁止，为督促上游严格遵循乡约，下游诸村将得到官府认可的乡约勒刻石上，以保其约束力。

乡约作为民间控制形式，多因地、因时制宜，具有很强的本土性，内容多随社会、自然环境的变迁及时做出针对性变更。明清在汾河流域生态环境原本脆弱且逐步遭到严重破坏的区域，乡约中多增加了保护森林、保护水源水质等规定，对当地生态环境的保护起到了重大作用。

（三）士绅的作用

士绅阶层主要指富裕的民户、地主、商人、举监生员，以及在任或退职的下层官吏等，他们积聚了区域社会中最大部分的财富和知识力量，并获得了一定的政治资源，从而在政府与下层民众之间构成了一个特别有影响力的中层社

---

① 清同治《重修清居禅寺禁伐山林木植碑序》以及光绪《重修清居禅寺、好乐善施并禁山碑后序》，转引自《管涔山志》，第177—178页。

② 嘉庆《中河碑记》。碑在源神庙，即洪山水利博物馆。

③ 乾隆《皇清诰授中宪大夫今管汾州府清军分宪事加三级魏公讳乾斅号玉庵万民感戴碑》。碑在源神庙，即洪山水利博物馆。

会。[①]普通老百姓多由于不识字，无法参与制定乡约等重大活动，加之在中国传统乡村中，聚族而居是一种普遍现象，所以士绅及其家族在乡约、族规的制定、实施中起着举足轻重的作用。他们的认知、言行对于当地百姓的社会活动具有示范作用。

明代士绅已对流域内部上下游之间生态唇齿相依的关系有了清晰认识。以祁县的阎绳芳为例。昌源河是祁县境内人民赖以为生的母亲河，河源太行山一带历史时期森林茂密，河流补给充裕。乡民安享灌溉之利，经济富足。嘉靖民风渐变，土木大兴，上游森林"采无虚岁"，"寸株尺孽必铲无遗"，加之"垦以为田"，土石裸露，水土流失加剧。暴雨山洪狂奔，使河床"流无定所"，大量良田被冲淹，下游商业重镇贾令镇也被迫迁徙。"祁人之富减于前十之七矣。"[②]嘉靖三十五年（1556），阎氏在《重修镇河楼记》一文中详细列举了生态环境遭受破坏的过程及其带来的严重恶果，特别是对上游森林在涵养水源方面的巨大生态作用做了接近科学的阐述，并指出上游森林破坏是整个流域灾害频发、经济衰退的根源。他的这些认识被勒石示众，对于当地官、商、百姓等各阶层起到了积极的引导作用。

此外，士绅还多出资、出力进行旨在改善生态环境的实践探索，并努力将他们的探索经验付诸广大基层民众的社会实践中。以中游支流洞过水（今潇河）流域为例。万历到光绪初年，上游人口约从 3.7 万增至 18 万，增加了近 4 倍。[③]在如何解决人口生存的问题上，万历十九年至二十二年（1591—1594），知县蓝尚质功不可没。他出资从家乡陕西肤施县招募善造纺织器具、善纺织者到寿阳传授纺织技术，并采取包销产品等措施进行推广，不到三年，全县"翕然皆纺织之户矣"[④]。加上进口棉花和出售棉布的商人，靠纺织业谋生者"居其半"。剩余人口有效转移，避免了大规模山地开发，从而避免了水土流失的加剧。[⑤]蓝公之后，当地士绅继续推进纺织贸易发展，如光绪《寿阳县志》记载了其族上在乾隆年间曾尝试桑蚕缫丝，由于气候寒冷无法推广，才不得不放弃。与此同时，士绅还出资出力植树造林，如明代雒公就曾出资出力绿化境内

---

① 冯贤亮：《传统时代江南的中层社会与乡村控制》，《学术季刊》2002 年第 2 期。

② 阎绳芳：《镇河楼记》，见光绪《山西通志》卷六六。

③ 万历《太原府志·田赋》；光绪《寿阳县志·赋役志》。

④ 光绪《寿阳县志·艺文下》。

⑤ 龚导江：《记洞过水》，见光绪《寿阳县志·艺文》。

的方山，使“方山之松，大者干霄，小者栉密，蔽岭缘岗，莫穷其数”。同时还借助乡约等形式“刍牧是戒”，较好的森林植被为当地营造了一个适宜的小气候，“得以行云降雨，泽及民生”[①]，减少了自然灾害的侵袭。

士绅作为地方社会中的精英力量，不仅最早开始警惕生态环境逐步发生变化，而且开始思考、摸索一些积极的应对措施。由于他们的言行对基层民众所起的示范作用，所以在今天看来或许并不成熟的认知、做法，却在汾河流域逐步建立生态环境理念的漫长过程中起到了春风化雨的作用。

（四）民间信仰

民间信仰指普通百姓所具有的神灵信仰，包括围绕这些信仰的各种仪式与活动。它们往往没有组织、教义和特定的戒律约束，既是一种集体的心理活动和外在的行为表现，也是人们日常生活的一个组成部分。[②]其祭祀对象十分广泛，包括一切与生产、生活息息相关的神祇，比正统宗教更贴近下层社会，是民众精神信仰最为直接的体现，具有显著的地域性特征。流域是一个特殊区域，明显的自然地理边界使其民间信仰具有较之一般区域更为明显的一致性。此外，流域作为以水资源为核心的自然—社会—生态复合系统，民间信仰又突出了“水”文化特性，水神崇拜、水利祭祀等构成了流域民间信仰的主体。

披览方志，可以发现汾河流域不仅供奉汾神台骀，几乎每条河源、每个泉源都有主神飨祀，皆建有庙宇，举行定期的祭祀活动。如上游汾源的雷鸣寺[③]，中游晋水的晋源神祠[④]，下游平水泉的平水神祠[⑤]等。民间信仰不仅赋予了水源神圣性，使它们“永锡难老”，且赋予生息在河源周遭的所有动植物以神圣性、不可侵犯性，百姓自发的虔诚敬畏，以及神秘的祭祀仪式，达到了保护河流生态系统的客观效果。这些地方往往成为当地的“胜景”即是明证。

诸水神庙规模不等，祭祀规格不同，大致和其水利功能一致。祭祀活动多以灌区为组织单位进行，体现了浓郁的功利色彩。与此一致，民间信仰的神祇范围也随着环境变化而有所损益。如太原盆地西侧的风谷，随着明代农

① 石秉正：《方山种松碑后记》，光绪八年《寿阳县志・艺文上》。
② 赵世瑜：《狂欢与日常：明清以来的庙会与民间社会》，生活・读书・新知三联书店 2002 年版。
③ 乾隆《宁武府志・山川》。
④ 见晋祠中的明洪武二年《加封诏书碑》，洪武七年的《谒晋祠碑》，直至成化二十年的《御制祭文碑》。
⑤ 《平阳府志・古迹》。

业开发及煤炭、石灰等开采业的发展[①]，水土流失加剧，加之地势陡峭，雨季山谷两侧的洪潦往往汇聚谷底，狂泻入汾，陡增的汾水屡屡冲毁堤堰，危及省城。于是风谷之为神“人告祀”，配飨晋祠水神。[②]这体现了古代“能御大灾则祀之，能捍大患则祀之”[③]的减灾愿望。随着风谷地位神圣化，当地植被在一定程度上得到了保护。

此外，民间节日、禁忌等民间信仰形式也是生态环境保护的重要形式。以汾河中下游地区主要节日寒食节为例。节日大致在清明节前后，节间禁忌烟火，皆食凉食，故称寒食节。据李辰光研究，寒食禁火之制原本是一项国家制度，大致源于周代。[④]因阴历二月气候干燥，极易发生火灾，而古人消防能力十分薄弱，不得不在火灾易发季节实行长达一个月的禁火。后政局混乱，禁火制度渐被废弃。汾河流域春季寒冷、干燥，清明郊祀在野外用火就存在很大火灾隐患，于是百姓将纪念介子推和禁火制度结合起来，在清明前后实行禁火、寒食，并结合生活实际将禁火期限缩为三日至一日，相沿成俗。寒食的实际意义在于禁火。

流域内部民间信仰内容多与“水资源”“水环境”等联系在一起，通过礼仪、巫术和禁忌等神秘方式，把生态保护观念神圣化。“祀神”弭患表面上看有悖于孔圣“修德”弭患的主张，但借助鬼神信仰可以“令今人省其事”[⑤]，即可以借助神祇的威严使人们的社会行为受到有效的约束。

三、民间控制的困境

本节通过汾河流域的个案研究，认为在生态环境变迁过程中，认识到人类不合理干预对生态环境的负面影响是重要的，但更为重要的是，人类社会能否发挥主观能动性，针对生态环境的恶化趋势，采取了有效的应对与控制措施。上文所举洞过河上游适时调整当地产业结构，从根本上解决了人口增

---

① 道光《太原县志·山川》。

② 黄卿：《重修风谷石堰记》，载嘉靖《太原县志·集文》，见《天一阁藏书明代地方志选刊》，上海古籍出版社1963年版。

③ 《礼记·祭法》。

④ 李晨光：《寒食节考》，《文史月刊》2003年第4期。

⑤ （清）张汾宿：《县署创建火神庙募缘疏》，见嘉庆《河津县志·艺文》。

长压力就是一个典型的例子。唯其如此，社会经济—生态环境才能进入良性循环。所以说生态问题解决的根本应在于社会控制，这个问题不被重视，即使不存在人口问题，也会因为其他的人类活动甚或自然变化而导致生态问题层出不穷。囿于时代，明清汾河流域生态变迁的社会控制以民间控制为主，并起到了较为显著的作用。但以民间控制为主的社会控制存在严重的不足，主要表现在以下两方面。

（一）缺乏全局观念，小流域各自为政

现代科学表明，流域是一个由多级干支流组成的、多层次的生态系统。这些子系统皆统一于流域这个大系统之内，彼此关联，相互牵制，任何一个环节的变化，都会不同程度地引发流域内部大系统的调整。上游植被覆盖率的降低，不仅使当地水土流失加剧、小气候调节功能减弱、环境承载力下降等，更值得关注的是会不同程度地影响到中下游，使径流量减少，泥沙淤积增加，洪涝旱蝗等灾害增加，从而使整个流域的环境、经济进入恶性循环。所以解决流域生态问题的关键是必须树立系统观念与全局观念。

与一般区域不同，流域内的乡约编制在更大程度上体现了水利特征，多和灌区范围一致。此外，受古代交通条件制约，河流往往成为人口流动和迁移的主要通道，鉴于此，民间信仰、禁忌等乡土文化也多沿河流传播。所以流域内部围绕水利开发、水资源保护，以水神信仰、水利禁忌等为主要特征的民间控制方式，多以各个支流所在山川为权力场域，显然难以从整个流域大系统角度，从根源上解决流域的生态问题。所以明清时期尽管汾河流域内部许多支流、灌区内采取了积极的应对措施，但对于整个流域无异于杯水车薪，“各扫自家门前雪”的局部行为，难以对整个流域产生有效影响。

（二）迷信色彩浓重，制约了科学传播

如前文所述，民间信仰具有明显的功利性、地域性，主要通过节日、祭祀等活动，以及风俗禁忌等手段传播。利用人们对于神灵的虔诚与敬畏（相信神灵可保风调雨顺，相信通过神庙的修葺与重建，必定会感应神灵，保护一方百姓平安等心理）而起到社会控制作用。由于神灵庇护、神仙指点等迷信意识，既看不见又摸不着，而某些巧合现象一经渲染之后，广为传播，人们抱着“宁

可信其有，不可信其无”的心态，为图吉避凶、寻求精神寄托或心理平衡，多随世俗潮流产生对神的敬畏，并约束自我行为。这种心态一直延续至今，根深蒂固，严重制约了人们对新生科学思想的接纳。

明清汾河流域内部民间信仰一方面对生态环境保护起到了一定的积极作用，与此同时，浓重的迷信色彩也极大制约了科学生态观的传播。以寒食节为例，它原本的科学意义在逐步减弱，史载东晋咸和六年（331），石勒曾宣布取缔晋地寒食之禁，结果狂风暴雨大作，冰雹大如弹丸，自太原乐平武乡以北千余里，树木摧折，禾稼荡然，时人用谶纬之说来解释这一灾异，于是石勒下令恢复寒食，并进一步“更为植嘉树，立祠堂，给户奉祀”[①]。古代为防止森林火灾而采取的禁火制度逐步演变成纯粹的祭祀活动，不仅古代科学荡然无存，迷信色彩还反过来制约了近代防火意识、防火技术的传播。如太原盆地大多县份，明清时期一方面在清明前后禁火寒食，另一方面却又到郊外的祖坟上烧纸祭奠[②]，造成极大的火灾隐患，背离了寒食禁火的初衷。

此外，地方为强化士绅的影响力也往往效仿古代神话人物的做法。如寿阳雒公绿化方山的义举，具有明显的生态意识，但在颂扬这一造福千秋的行为时又赋予了易于被民众接受的神话色彩。[③] 植树造林、绿化荒山本是治理流域生态问题的主要措施，给这些行为披上神秘色彩后，势必妨碍普通百姓科学认识森林植被所具有的生态意义。

第二节 汾河流域古代水资源管理制度

全球性的水资源短缺已经成为当今世界难题，不仅影响经济的发展，还诱发水事纠纷，甚至引发国际争端。为了有效地利用有限的水资源，各国均加强了对水资源管理制度的研究。汾河流域水利灌溉事业历史悠久，《洪洞县水利志补》是民国六年（1917）由孙焕仑先生纂修而成的，记载了全县 40 条饮水

① 《晋书·石勒载记》。
② 万历《太原府志·风俗》。
③ 石秉正：《方山种松碑后记》，光绪《寿阳县志·艺文上》。

灌溉渠道，绘制了全县河渠总图和37条渠道的平面图，每条渠道都附有沿革叙述。编纂了洪洞县自唐以来河渠灌溉资料，为研究洪洞水利史、开发利用水资源，提供了较为完整的珍贵资料和经验教训。这部水利志是民国时期的佳志之一，是全国唯一的一部县级水利专著。1991年重新整理点注出版时，又附有道光七年（1827）《赵城县志·水利》及赵城县水利渠道总图，为全面研究洪洞（由原洪洞、赵城二县于1954年合并而成）水资源利用的历史，提供了翔实的资料，更有利于深层次的研究。

一、洪洞水利系统形成的自然背景

汾河自北而南纵贯洪洞县境中部，全长45.8公里，总落差为90米，纵坡比降为2‰，两岸形成峡谷平原，自上而下逐渐扩展，非常有利于引水灌溉。据汾河石滩站实测数据①，平均年径流量10.97亿立方米，年均输沙量3 710万吨，年均含沙量33.9千克/立方米，年均降水量511.9毫米，年均蒸发量1 067.4毫米。虽然径流丰富，但年际变化大，输沙量和含沙量都比较大，年蒸发量是年降水量的2倍，制约了洪洞水资源的保障。泉水资源较丰富，共有126处，其中，最大的是霍泉②，水量丰沛，多年平均流量4.02立方米/秒，历史平均来水量1.268亿立方米，泉水来水量的季节变化与当地降水有关。洪安涧河是洪洞最大的洪水河，《水经注》中已有记载，其最大洪峰流量达1 690立方米/秒，历时不过5小时，洪水含沙量大，土壤侵蚀模数为2 500～5 000吨/平方公里·年。其他季节性河流的情形大致如此。

对于地处半干旱地区的洪洞来说，农业气候资源比较好③，热量丰富，生长期比较长。但水是其首要的制约因素，生长期内平均缺水220～285立方米/亩。4—6月，平均缺水120～130立方米/亩，达到重旱（缺水大于等于130立方米/亩）的年份为35%～45%；7—9月，平均缺水70～120立方米/亩，达到重旱的年份为15%～30%。水对于农业生产至关重要，已成为稀缺资源。

汾河及其支流和霍泉的水资源加上有利的地形条件，为当地兴修水利，发

---

① 水利电力部黄河水利委员会编：《1919—1970年黄河流域水文特征值统计》第4册，1974年。

② 郑东风主编：《洪洞县水利志》，山西人民出版社1993年版。

③ 程廷江等：《山西气象志》，山西省地方志编纂委员会办公室1985年版。

展灌溉农业提供了必要的物质基础。但境内河流具有明显的暴雨型和山地型河流特征，河流丰枯变率大，这对于人们使用这种数量不定的水资源是很困难的。降水可能集中在一段极短的时间之内，也许就集中在几场暴雨上，这么多的雨水突然降落，不但无法利用，还可能因此带来灾难。因此，洪洞水资源利用和管理是很困难的。

二、洪洞水资源利用与管理

洪洞水利发展历史悠久，据记载，唐代就利用泉水灌田，开挖渠道 3 条，共计浇地 4.38 万亩。宋代开挖渠道 7 条，发展水地 1.6 万亩。金代开挖渠道 4 条，发展水地 2.3 万亩。汾水、涧水及霍泉得到开发利用。元代新开渠道 5 条，发展水地 4.46 万亩。明代开挖灌溉渠道 3 条，发展水地 0.53 万亩。清代开挖渠道 3 条，发展水地 0.52 万亩。1940 年开挖赵城 3 条干渠，浇地 0.46 万亩。水磨最早始于 1218 年，南、北霍渠共发展水磨 45 轮，通利渠建有水磨 34 轮，丽泽渠建有水磨 37 轮，润源渠建有水磨 23 轮，其余河流共建磨 117 轮。

依据孙焕仑先生《洪洞县水利志补》记载，对洪洞 40 条灌溉渠道的名称、引用水源、灌溉方式和灌溉田亩进行了统计，见表 8-1。

40 条渠道中引汾河水的有 1 条，引涧水的有 29 条，引泉水的有 6 条，泉水与涧水混合引用的有 4 条，涧水是主要的灌溉水源。灌溉方式：自上而下，挨次浇灌的 15 条；自下而上，挨次浇灌的 8 条；一年从下，一年从上，挨次浇灌的 3 条；初年自上而下，次年自下而上的 1 条；渠西单日使水，渠东双日使水，天明交割的 1 条，其余的无册难考。由此可见，灌溉用水的方式大同小异。所有渠道共灌溉土地 91 942 亩。涉及洪洞、赵城两县的渠道 4 条，其中最主要的就是通利渠和霍渠（北霍渠、南霍渠），灌溉田亩众多，共计灌溉洪洞 43 246 亩、赵城 38 974 亩。

由于地处半干旱季风气候区，降水集中于夏季，即使是径流丰富的汾河，水量也不能充分保障。涧河水主要以山洪的形式出现，泥沙含量大，利用难度大。洪水泥沙的淤积使渠道的使用年限大为缩短，一次大的洪水，渠道就可能损毁殆尽，需重新修整，加大了渠道维护的成本。庄稼的灌溉季节主要是旱情

表 8-1 洪洞县渠利一览表

名称	引用水源	灌溉方式	灌地数目（亩）
通利渠	河水	自下而上，挨次浇灌	36 083
南霍渠	泉水	自下而上，挨次浇灌	7 163
润源渠	涧水	自下而上，挨次浇灌	11 040
小霍渠	泉水	自上而下，挨次浇灌	1 450
副霍渠	泉水	自上而下，挨次浇灌	1 196
利泽渠	涧水	自下而上，挨次浇灌	3 010
清泉渠	泉水汇合涧水	自下而上，挨次浇灌	1 200
清水渠	泉水	自上而下，挨次浇灌	7 315
长润渠	涧水	自下而上，挨次浇灌	2 380
广利渠	涧水	自下而上，挨次浇灌	1 410
众议渠	涧水	一年从下，一年从上，挨次浇灌	1 400
晋源渠	涧水	一年从下，一年从上，挨次浇灌	1 200
清涧渠	涧水汇合泉水	自下而上，挨次浇灌	600
陈珍渠	涧水	一年从下，一年从上，挨次浇灌	430
园渠	涧水汇合泉水	自上而下，挨次浇灌	186
连子渠	泉水	自上而下，挨次浇灌	360
要截渠	涧水	渠西单日使水，渠东双日使水，天明交割	617
通泽渠	涧水	初年自上而下，次年自下而上	226
崇宁渠	泉水	自上而下，挨次浇灌	300
沃阳渠	泉水，下游多赖涧水		519
南沃阳渠	涧水		500
通津渠	涧水	自上而下，挨次浇灌	200
先济渠	涧水	自上而下，挨次浇灌	300
润民渠	涧水	自上而下，挨次浇灌	2 709
淤民渠	涧水	自上而下，挨次浇灌	1 139
西安渠	涧水	无册难考	130
济民渠	涧水	自上而下，挨次浇灌	1 744
天润渠	涧水	自上而下，挨次浇灌	470
涧渠	涧水	自上而下，挨次浇灌	
广平渠	涧水		2 000
普润渠	涧水	自上而下，挨次浇灌	2 820
万润渠	涧水	自上而下，挨次浇灌	1 145
第二润民渠	涧水		
广济渠	涧水		700
普润渠	涧水		
下广平渠	涧水		
万尊渠	涧水		
益民渠	涧水		
润民渠	涧水		
均益渠	涧水		
合计			91 942

发生时，天无降水，河无径流，渠道之内何来灌溉之水。即使遇上丰水年，由于蒸发量巨大，加上渗漏等损耗，汾河渠系的水利用系数也只有 55%。[①]

三、通利渠水资源管理制度分析

在洪洞众多的渠道中，通利渠历史悠久，渠道最长，贯通赵城、洪洞、临汾三个县的多个村庄。渠规、渠册完备，清光绪三十二年（1906）进行了重修，其规章制度是古代水资源管理的典范。

（一）渠口、渠道、渠堤与工程管理

渠口 8 条，其中最主要的是在汾河内，“用灰石砌成大坝工三道，周围约有里余，以作中流砥柱，可回狂澜，不至猛冲入渠口，名曰大工”。这项工程不仅担负着将河水导入渠道的重任，而且还承担着分配水量的任务。渠道 11 条，规定“渠道底阔一丈五尺，两堤堆土各阔一丈五尺”。在各处设置大陡门和小陡门，规定“合渠大陡口极宽不准越过八寸，小陡口极宽不准越过三寸”。渠堤 9 条，主要是对不负责任者和盗决渠堤者的惩罚。人字坝工程解决了引水入渠和水量分配等关键性问题，使渠道浇灌水源得到保障。

（二）浇灌与用水资源管理

浇灌 19 条，颁布印信，统一管理。“颁发木质灰印一颗……此印归值年督水渠长掌管。”按牌用水，“原定使水章程置有木牌一面……发给督渠长掌管”，编制渠册，“按陡口下逐段编列鱼鳞册簿，段落四至，以便依次浇灌”。对水程吃紧时、冬日浇灌时，以及孙曲村的水地等，都有特别规定。民间灌溉土地采用计日轮浇或计时使水制。

（三）选举与组织管理

选举 15 条。“选举渠长，务择文字算法粗能通晓，尤须家道殷实、人品端正、干练耐劳、素孚乡望者，方准合渠举充。”渠长是渠道管理的第一责任人，

---

① 郑濯清：《水文水利计算》，水利水电出版社 1985 年版。

要具备才、财、德、能等素质，还要在群众中有声望。“不须一村擅自作主，致有滥保之弊”，体现了民主的原则。由于通利渠涉及三县，所以“三县额设督渠长一人”，渠道上中下游具有不同的功能和事务，所设渠长的职能也各不相同，下游“设接水渠长一人”，中游“设治水渠长一人”，上游“设兴工渠长一人”。渠道所经各村设“各村沟首、执事专司办理该村一切事务，并随同渠长在渠口襄办各事”。

（四）兴工、优免、惩罚与经营管理

兴工18条。兴工对于维护渠道的正常运行至关重要。每个村的兴夫章程各不相同，各渠桥梁、陡口、渠堤各工程，均归该村随时修理。但“如有异常大工，非一村之力所能胜任者，临时邀集本渠绅耆另议，应归合渠者，仍归合渠修理”。优免9条，主要是关于神庙祭祀和渠长津贴之资等事宜。惩罚36条，这一条款最多，因为它是其他规章执行的保障，特别是对渠长的责、权都做了明确的规定，对处罚的规定也比较严厉。

总之，古代的渠规、渠册对于水资源的管理，从组织机构、实施细则到奖惩都制定了严格的条文，制度非常完善，具有实际可操作性，对当时的水资源管理是行之有效的。

四、汾河流域水资源管理制度的启示

（一）水资源管理制度的特性

水具有固态、液态和气态的物理变化，在这三种形态中，只有处于液态的情况下才能够为人类所利用。水资源不同于土地等资源，它始终处在动态的变化过程中。降水形成地表径流，只有在春夏之际或其他需要灌溉的时段，被引入渠道中加以利用后，才能成为人类加以管理的水资源。水资源是无法定量的，每年降水量的变化所产生的径流量不相同，加上蒸发、渗漏等所造成的损耗也无法计量，古人一般以“水程”划定浇灌时刻，明确水资源的使用权。水是流动的，因此它的所有权不是固定在某个地方或某个（某些）人手中，从上游转移到中游直至下游，是河流与渠道所经县域、乡村、村民共同拥有的。跨县域与乡村的以所有权与管理权为主，村落之间以处分权为主，

村民之间以使用权和收益权为主。即使作为河流沿岸的人拥有同样的水资源所有权，也不可能拥有完全一样的用水量。随着水的消耗，水资源的管理也就不存在了。总之，水资源管理制度的存在与变化和水的自然变化具有不可分割的密切关系。

（二）水资源管理制度的变化与水资源的变迁是互动的

水资源的短缺导致水资源管理制度的法律地位不断加强，制度的逐步法律化，也反映了水资源由丰富到短缺的变化。

历史上汾河流域曾有大量的河神、水神庙，它们的存在，不仅代表一种信仰，还肩负民间水资源管理的职能。通过祭祀活动，形成了一套水资源管理和水权神授的见证体系。洪洞利用“会祭”来祭祀“大郎”（水神），商议分配当年水资源利用的具体事宜，然后发放水牌，并举行开水仪式。水牌就是水权的象征，它的合法性用神的权威和祭祀仪式来见证和界定。在没有法律规范或官府介入管理的民间社会，用神的权威来确立和界定水权的合法性，使水神、河神庙具有了水资源管理的职能。

明代以后开始造水册，表明官府对水资源管理的介入。官府给水老人和渠长颁发印信，进行资格认证。编造水册不是民间行为，而是与官府有直接关联。萧正洪对关中地区历史上的水资源所有权问题进行了研究，他认为，水粮包含的使用权费则体现了国家的所有权，标志着官府为了其赋税利益介入了水资源的管理和水权的分配。

（三）水资源公共资源的特性决定了水资源管理必须有公众参与，在广泛的社会认同基础上，国家制度的包办代替是不适合的

从古代的情形看，水资源管理的问题并不是完全依赖国家及其所制定的制度，民间本来就有能力面对，只要国家的行为适当，不破坏民间的民主基础，提供公平的用水环境。但是，在发生战争和水资源生态系统的平衡被破坏的情况下，民间契约已无法正常运转，这时只有用国家强制权力，才能使水资源管理制度重新建立。国家为了自己的赋税等利益介入其中，可能会打破各利益集团的均衡，导致水资源管理制度的破坏。因此，国家介入水资源管理时必须综合考虑各种因素。

（四）只有明确水资源的产权，才能使水资源的管理科学规范

有了明晰的产权，水资源利用效益低的地区和人们可以转让出其拥有的部分或全部权益，给具有较高的用水效益的地区和人们，从而实现双方互利，提高社会总福利。在水量使用方面，上游的或相邻的人们不得随意超越各自权益而超量使用，引起下游或相邻人们的权利受损。如果发生水事纠纷，水资源管理机构可以通过收取侵权人罚金的方式，给予被侵权人以经济补偿；对情节较严重的，以行政、法律等手段，制止侵害他人权益的行为。同时由于地区间经济发展水平与水资源分布的不平衡，需要对水资源实行流域统一管理的方式。在水质保护方面，可以对点源污染造成的水质恶化进行比较及时、准确的检测，明确责任人，对于因工业污染造成的水体质量下降而引起的饮用水质和灌溉农业的损失，污染者应该给予受害人群生态补偿。

总之，对水资源管理制度的认知有一个渐进的过程，洪洞的水资源管理制度是汾河流域乃至全国最典型的案例，它反映了水资源管理制度从古代契约形式的民间法形式，到具有更高法律效力和强制力形式的转变。对于当前水资源严重短缺的现状，水资源的合理调配是解决问题的关键所在，必须实行全流域统一管理水资源，进行科学调配，同时要制定专门流域法加以保障。

第三节　流域一体化管理的探索

一、流域一体化管理

随着经济的发展，流域资源的开发规模不断扩大，导致流域内水、土地、森林植被等均受到破坏。传统的流域管理只针对水资源，实践表明这种方式无法使流域和谐发展。要想恢复流域的健康，就必须实行流域一体化管理，它是流域经济、社会、环境的综合型管理，是协调流域经济社会发展过程中资源与环境、资源与产业关系的重要手段，是实现包容性增长的重要途径，符合世界流域管理的趋势。

最早的流域管理出现在欧洲的阿尔卑斯山，称为“荒溪治理”，以 1884 年

6月奥地利颁布的《荒溪治理法》为标志。1928年日本学者诸户北郎，将欧洲的“荒溪治理”与本国“治水在于治山”的方法相结合，创立了具有日本特点的砂防工学。美国以田纳西流域整治最为著名，1933年成立的田纳西河流域管理局，是世界上诞生的第一个流域管理机构，成为全球流域管理机构的典型代表。我国的“小流域综合治理”是对集水面积小于100平方公里的流域进行综合规划，山、水、田、林、路综合治理，以水土保持、水土资源综合利用、生态农业为主要内容。

二、山西矿产开采对流域生态环境的影响

流域是人类文明的摇篮，但目前陷入了严重的危机，山西尤其严重。山西矿产资源丰富，特别是煤炭资源储量大，分布广，含煤面积6.2万平方公里，占全省总面积的40%。全省119个县（市、区）级行政区，其中94个有分布，这些资源都遍布于汾河等不同的流域范围内。大规模的资源开采给山西的流域带来了严重的生态灾难。

（一）对流域地质环境的影响

山西采空区面积近3万平方公里，几乎等于一个台湾省的面积！2010年的调查显示，全省因采矿活动引发的崩塌、滑坡约754处，影响面积14万亩，地面塌陷多达2 976处，影响面积100多万亩。最大的采空区出现在孝河流域的孝义，面积达180平方公里，占全市面积的19%。采空区不仅导致崩塌、滑坡、沉降、裂缝和塌陷，同时也造成房屋、交通设施、水利设施大面积破坏。全省不适合居住的村庄超过700个，矿区居民同样面临移民搬迁难题。

（二）对流域水资源的影响

矿产开采严重地破坏了地表水、地下水运移、赋存的天然状态，破坏了浅、中、深层地下水的补给、径流和排放规律，造成地表、地下水资源的破坏，使河水断流，地下水位下降，泉水流量锐减甚至干涸等。据《山西煤炭开采对水资源的破坏影响及评价》的研究表明，每挖1吨煤损耗2.48立方米地下水资源，2011年山西挖煤8亿吨，近20亿立方米的水资源遭到破坏，是“引

黄入晋”总引水量的1.67倍。采煤对山西水资源的破坏面积已达20 352平方公里，占全省土地面积的13%。矿井水排放总量约5.816亿吨，受污染河流长达3 753公里，其中超五类污染河道占67.2%。山西地下水每年超采7亿立方米，地处汾河中游的太原盆地，地下水水位以年均2～3米的速度下降，地下水漏斗范围已从市区扩张到整个盆地。太原的地面沉降累计超过2米，中心最大沉降为3.7米。太原的标志性建筑双塔也倾斜了，汾河流域的盆地成为我国目前地面沉降的三大重点片区之一。全省19个岩溶大泉，3个完全断流，2个基本断流，12个流量严重衰减，闻名于世的晋祠泉已断流20年。

（三）对流域土地资源的影响

2010年山西矿产开采破坏土地达20.6万亩，其中12.99万亩为耕地，采空区的地面塌陷和地裂缝是土地资源减少的重要因素。根据统计资料，山西耕地面积由1978年的392.341万公顷减少到2010年的333.333万公顷，减少了15%。山西六大煤田中西山煤田、霍西煤田的全部，宁武、沁水煤田的大部在汾河流域，加上岚县、娄烦、孝义、襄汾、浮山、河津等其他矿产资源的开发，汾河流域水土流失面积23 971平方公里，占全流域面积的60.7%。上游最严重，水土流失面积5 317平方公里，占整个上游流域面积的68.8%。汾河水库是水土流失的重中之重，达3 688平方公里，占水库以上流域面积的70%。

采矿后产生的固体废弃物压占了大量的土地资源。山西仅矸石山就有1 543座，累计堆存量8.36亿吨，占地面积大于180平方公里。由于裸露堆放，有毒有害物质被淋滤溶解，不仅污染了地表水和土壤，而且随水流下渗，污染地下水。堆放点大多“依山傍水”，成为流域产沙的重要策源地。矿山废弃物本身为岩土松散体，下垫面为黄土，极易遭受侵蚀，诱发崩塌、滑坡和泥石流等灾害。因此，流域内矿山开采不仅在于本身的土地破坏，而且“城门失火，殃及渔池”。

（四）对流域森林植被和生物多样性的影响

由于山西生态系统比较脆弱，矿产开采，尤其是露天开采，对地表植被的破坏是毁灭性的，不仅寸草不生，而且恢复起来也相当困难。通过煤田开采初期和近期的对比分析，发现凡是煤田开采历史比较长的区域几乎没有或很少有森林分布。大同煤田、霍西煤田地面植被的破坏和退化就是由于长期采煤所造成的。山西因采煤造成森林损失共计 6 137 平方公里，受影响森林面积 43 363 平方公里。

森林植被的减少对流域水源的涵养和生物多样性造成了很大威胁。山西湿地总面积为 3 660 平方公里，占山西总面积的 2.34%，比 20 世纪 90 年代初期减少了约 1 390 平方公里，平均每年减少近 100 平方公里。河道、湖泊的干涸使水生动植物失去了生存条件，造成了大量水生物种的绝迹。

（五）对流域社会经济可持续发展的影响

矿产开采加剧了流域生态系统失衡，造成生态环境恶化，制约了流域经济可持续发展。资源资本正在日趋减少，山西 200 米内煤炭资源探明储量已动用了 43.4%。环境污染和生态破坏损失逐年增加，不仅历年积累的环境污染无法在近期消除，每年还将产生新的污染和生态破坏。多年来，山西仅因采煤造成的生态环境损失接近 5 000 亿元。矿产开发所获得的效益是以巨大的环境损失作为支撑的，对流域内的水、土地、植被等带来的影响和损耗是综合性的、无法估量的。按当前煤炭市场的平均价格 900 元每吨计算，生产 8 亿吨煤，可获取 7 200 亿元的收益，但它带给流域的隐性和显性影响是长期的，所造成的生态破坏永远无法恢复，是无法用金钱来衡量的，即使煤炭卖成黄金的价格，对生态恢复也无济于事。

三、流域一体化管理是统筹资源与经济发展的钥匙

山西矿产开采历史悠久，且地处生态脆弱带，自然条件差，水资源匮乏，对流域生态环境的破坏相当严重。尽管 1988 年已经出台了土地复垦的政策，但山西矿区土地复垦率很低，仅 2% 左右。历史欠账尚未还清，新账又在迅猛产生，因此，山西待复垦面积大、分布广，任务艰巨。2011 年 3 月 5 日，国务院公布了《土地复垦条例》，使土地复垦上升到国家法律的层面。条例的公布使土地复垦做到了有法可依，具有积极的意义，但也存在一些不足。

（一）现状分析

1. 管理机制问题

流域内矿产和土地归国土资源部门管理，水资源和水土保持归水利部门管理，污染归环保部门管理，各流域行政区域内的事务由当地政府管理，也就是所谓的“九龙治水（流域）”。这种管理体制表面上集中了众多部门的力量，但事实上并不能达到团结一致的目的，客观上反而鼓励了各地区、各职能部门从局部利益、单一目标出发，对流域资源的某些功能进行“分而治之”，大家都在管，但实际上无人管。

2. 法律体系不健全

我国已于1989年颁布了《环境保护法》；1991年颁布了《水土保持法》，1996年修订了《矿产资源法》，出台了《煤炭法》；1998年修订了《土地管理法》；2002年修订了《水法》；2008年修订了《水污染防治法》；2011年颁布了《土地复垦条例》；等等。但对于目前大大小小流域出现的生态环境问题，这些法律过于零散，既有重叠的内容，也有互不衔接、存在空白的地方，无法形成合力，无法有效地解决流域出现的生态环境问题。

3. 环境准入制度不完善

环境影响评价是生态恢复关键的一环，但在我国以往的环境影响评价报告书中，重点放在废水治理措施和水土流失防治上，没有进一步深入地提出生态恢复措施，并对其进行评价。2009年5月1日，国土资源部出台的第一部有关矿产资源环境保护的专项规定——《矿山地质环境保护规定》，对环境影响评价也是一笔带过，既没有环境听证制度，也没有体现公众参与的原则。

4. 生态补偿资金缺乏保障性

从2006年开始，我国各省市开始实行矿山环境恢复治理保证金制度及其管理办法。如2007年山西省政府制定并实施了《山西省煤炭可持续发展基金征收管理办法》，2011年太原市人大通过了《太原市矿山地质环境治理恢复保证金管理办法》，这些制度办法有效地保证了土地复垦资金的投入，促进了矿区土地和生态环境的复垦治理。但目前存在的问题是：土地复垦研究的理论与实践严重脱节，保证金缴纳的依据、程序和标准比较简单，缺乏科学性。

5. 缺乏统一且专业的规划编制和评价体系

流域规划的编制和评价需要农业、林业、电力、地质、采矿、财务、水利、环境等多专业相互配合才能够完成。但由于没有法律保障，从业资质管理不严，致使编制单位专业水平参差不齐，编制出的方案难以保证其科学性和合理性。评审时按不同的专业聘请专家，每位专家只针对自己熟悉的某方面问题提出意见，不能够站在综合全面的角度和立场上，提出的意见可能导致编写者很茫然，不知所云。

6. 公众参与不充分，激励机制不健全

“挖了一山煤，流了一河水，冒了一股烟，留下一堆灰”，这是煤炭开采后的真实写照，而这些后果最直接的受害者是公众。作为利益相关者中的弱势群体，他们缺少有效的途径维护自身的权益，没有发言权，甚至没有知情权。正因为公众无法参与，导致政府的激励政策无人响应，流于表面，成为一纸空文。

（二）流域一体化管理设计

1. 制定流域法为主体法律，完善配套法规政策

借鉴国外先进的流域管理和土地复垦经验，结合国情，制定一部主导性的法律——流域一体化管理法，这是历史的必然。山西可以在汾河流域进行试点，制定《汾河流域一体化管理条例》。综合考虑山西的自然地理条件、行业对环境破坏的特点等因素，灵活制定科学合理、可操作的土地复垦操作细则和规范，分类指导，动态监测指导土地复垦工作的全过程。各项配套法律法规都应设置有效年限，到期进行修订或废止，以适应不断变化的新形势。

2. 建立健全生态补偿机制

将水源涵养补偿、矿产资源补偿、生物多样性补偿、自然保护区补偿、跨流域生态补偿、重大生态工程补偿等统一纳入流域生态补偿体系中。山西目前正在实行的煤炭可持续发展基金、矿山地质环境治理恢复保证金、煤矿转产发展基金、采矿排水水资源费、资源税等统一转化为流域生态补偿金，拓宽生态补偿资金的来源，依法管理。

3. 建立流域一体化管理机构

建议国务院专门成立流域一体化管理办公室，统一实施和监督流域内的事务，在省、市级地方设立相应职能的流域管理机构，垂直隶属于国家流域管理办公室，明确界定国家和地方各级主管部门的行政职能，依法管理；制定流域

主体功能区划、综合规划、土地复垦规划、矿产资源规划、土地利用规划、水资源规划等，各规划相互衔接，地上、地下协调发展，促进流域和谐健康发展；完善监管制度，成立专门的执法机构，监督各级政府和企业执行规划和各项法律法规，对不履行责任或不按期完成任务的应视为违法行为，依法追究其法律责任。

4. 鼓励公众参与

建立流域管理各环节信息的公开、查询、参与、反馈一体化机制，综合考虑流域性、地域、职业、专业背景等因素，合理选择公众参与的对象。明确征求公众意见的程序、时间和期限。同时，充分发挥各级人大、政协、社会舆论和广大群众对流域管理过程中公众参与情况的监督作用。通过不同流域主体之间的交流反馈，充分保障公众的知情权，调动各相关利益方参与的积极性，防止并化解矛盾和冲突。

5. 建立数字流域地理信息系统平台

信息的公开、透明是科学决策和管理的基础，是流域一体化管理的关键因素，数字流域是目前流域现代信息化管理的主要途径。收集流域的水文和气象气候资料，水、土地、森林、矿产等资源的信息，地下水位变化，污染源及污染状况，城镇与农村人口，经济等相关资料，建立流域基础资料数据库。以流域数字高程模型 DEM 为背景，通过应用先进的遥感和数值模拟方法，建立三维空间的“数字流域”，将监测、预警、智能决策系统植入，建成流域地理信息平台，为流域的持续发展提供科学决策的依据。

山西之长在于煤，水、土资源是其短板。流域一体化管理是解决生态环境问题与经济发展这一矛盾最为有效的策略，是山西转型发展的最佳选择。2008 年 6 月，山西省政府制定了《汾河流域生态环境治理修复与保护工程方案》，为汾河流域的生态恢复提供了实践平台。2010 年 12 月，国家发改委正式批复设立“山西省国家资源型经济转型综合配套改革试验区”。这些政策与工程措施，不仅对山西经济社会发展和人民生活质量的提高具有深远的历史意义和战略意义，而且对全国资源型地区实现可持续发展和黄土高原生态综合治理具有重要的指导意义和示范作用。但综改试验需要配套政策与法律制度，生态恢复工程需要生态补偿等长效机制的支撑。综改试验区的平台，为山西流域一体化管理提供了机遇和可能。

参考文献

古代文献：

《战国策》。

（汉）班固：《汉书》，中华书局 1962 年版。

（北魏）郦道元注，（清）杨守敬、熊会贞疏：《水经注疏》，江苏古籍出版社 1989 年版。

（明）陈子龙、徐孚远、宋徵璧等选辑：《皇明经世文编》，中华书局 1962 年版。

中文著作：

岑仲勉：《黄河变迁史》，中华书局 2004 年版。

程廷江等编：《山西气象志》，山西省地方志编纂委员会办公室 1985 年版。

葛剑雄主编：《中国人口史》，复旦大学出版社 2001 年版。

韩国磐：《隋唐五代史纲》，人民出版社 1977 年版。

侯仁之：《历史地理学四论》，中国科学技术出版社 1994 年版。

侯文正主编：《管涔山志》，山西人民出版社 2003 年版。

黄秉维、郑度、赵名茶：《现代自然地理》，科学出版社 1999 年版。

冀朝鼎：《中国历史上的基本经济区与水利事业的发展》，中国社会科学出版社 1981 年版。

景可、陈永宗、李风新：《黄河泥沙与环境》，科学出版社 1993 年版。

廖兆骏：《绥远志略》，正中书局 1937 年版。

马正林：《中国城市历史地理》，山东教育出版社 1998 年版。

孟万忠：《河湖变迁与健康评价——以汾河中游为例》，中国环境科学出版社 2012 年版。

钱穆：《古史地理论丛》，生活·读书·新知三联书店 2004 年版。

仇润喜、刘广生主编：《中国邮驿史料》，北京航空航天大学出版社 1999 年版。
任志远：《土地利用变化与生态安全评价》，科学出版社 2003 年版。
山西省地图集编纂委员会：《山西省历史地图集》，中国地图出版社 2000 年版。
山西省交通厅公路交通史志编审委员会编：《山西公路交通史》，人民交通出版社 1988 年版。
山西省军区测绘处：《中华人民共和国山西省地图集》，上海中华印刷厂 1973 年版。
山西省考古研究所侯马工作站编：《晋都新田》，山西人民出版社 1996 年版。
山西省水利厅编著：《汾河志》，山西人民出版社 2006 年版。
山西省文物局、中国地图出版社编绘：《中国文物地图集 · 山西分册》，中国地图出版社 2006 年版。
石凌虚编著：《山西航运史》，人民交通出版社 1998 年版。
史念海：《河山集》（二集），生活 · 读书 · 新知三联书店 1981 年版。
史培军等：《土地利用 / 覆盖变化研究的方法与实践》，科学出版社 2000 年版。
史培军等:《土地利用 / 覆盖变化与生态安全响应机制》，科学出版社 2004 年版。
水利部黄河水利委员会编：《黄河水利史述要》，水利电力出版社 1984 年版。
水利电力部黄河水利委员会编：《1919 — 1970 黄河流域水文特征值统计》第 4 册，黄河中游区下段（龙门至三门峡水库），1974 年。
水利电力部水管司、科技司，水利水电科学研究院编：《清代黄河流域洪涝档案史料》，中华书局 1993 年版。
谭其骧主编：《中国历史地图集》，中国地图出版社 1982 年版。
唐晓峰:《阅读与感知——人文地理笔记》，生活·读书·新知三联书店 2013 年版。
田继周：《先秦民族史》，四川民族出版社 1988 年版。
王昌杰：《河流动力学》，人民交通出版社 2004 年版。
王国维：《今本竹书纪年疏证》，辽宁教育出版社 1997 年版。
王开主编：《陕西古代道路交通史》，人民交通出版社 1989 年版。
王尚义、张慧芝：《历史流域学论纲》，科学出版社 2014 年版。
王星光：《生态环境变迁与夏代的兴起探索》，科学出版社 2004 年版。
吴慧：《中国历代粮食亩产研究》，中国农业出版社 1985 年版。
严耕望：《唐代交通图考》，上海古籍出版社 2007 年版。

刿建华主撰：《山西交通史话》，山西春秋电子音像出版社 2005 年版。
姚汉源：《中国水利史纲要》，水利电力出版社 1987 年版。
叶青超、尤联元、许炯心等编著：《黄河下游地上河发展趋势与环境后效》，黄河水利出版社 1997 年版。
叶骁军：《中国都城历史图录》，兰州大学出版社 1986 年版。
翟光珠主编：《汾河水库志》，山西人民出版社 1991 年版。
翟旺、杨丕文：《管涔山林区森林与生态环境变迁史》，山西高校联合出版社 1993 年版。
张道军等编著：《流域生态环境可持续发展论》，黄河水利出版社 2001 年版。
张鼎彝：《绥乘 · 水利略》，上海泰东图书局 1921 年版。
张维邦：《山西省经济地理》，新华出版社 1987 年版。
赵存兴主编：《中国黄土高原地区耕地坡度分级数据库集》，海洋出版社 1990 年版。
赵世瑜：《狂欢与日常：明清以来的庙会与民间社会》，生活 · 读书 · 新知三联书店 2002 年版。
赵文林、谢淑君：《中国人口史》，人民出版社 1988 年版。
郑东风主编：《洪洞县水利志》，山西人民出版社 1993 年版。
郑濯清：《水文水利计算》，水利水电出版社 1985 年版。
周廷儒：《古地理学》，北京师范大学出版社 1982 年版。
朱灵益、宝音主编：《毛乌素沙地乔灌木立地质量评价》，中国林业出版社 1993 年版。
朱士光：《黄土高原地区环境变迁及其治理》，黄河水利出版社 1999 年版。
邹逸麟：《中国历史人文地理》，科学出版社 2001 年版。

西方著作：

〔苏联〕伊萨钦科著，胡寿田等译：《今日地理学》，商务印书馆 1986 年版。
〔英〕约翰斯顿著，唐晓峰等译：《地理学与地理学家》，商务印书馆 2010 年版。

报纸期刊：

顾颉刚：《王同春开发河套记》，《禹贡》卷二第 12 期。

吉发习、马耀圻：《内蒙古准格尔旗大口遗址的调查与试掘》，《考古》1979 年第 4 期。
史念海：《鄂尔多斯高原东部战国时期秦长城遗迹探索记》，《考古与文物》1980 年第 1 期。
史念海：《两千三百年来鄂尔多斯高原和河套平原农林牧地区的分布及其变迁》，《北京师范大学学报》1980 年第 6 期。
田广金：《鄂尔多斯青铜器短剑和铜刀》，《内蒙古文物考古》1981 年创刊号。
王龙耿：《鄂尔多斯历史上农牧业发展概况》，《鄂尔多斯报》1979 年 5 月 10 日。

后　记

我作为一位长期从事历史地理相关研究的学者，自1982年以来，对流域问题开始关注。起初，只是写了一些河流、湖泊变迁的文章，积累了部分感性的认识。从2000年开始，把流域的自然灾害与人文环境的演变作为一个整体系统来考量。在查阅资料和文献的过程中，认真研读了谭其骧、侯仁之、史念海、陈桥驿等先辈的相关著作和文章，感悟到流域不仅是一个独立的自然单元，而且是与经济、社会、文化叠加在一起的系统区域，更重要的是，在这个区域内的各要素之间有鲜明的因果关系，这些关系的产生、发展、变化都有一定的时空过程，而这些过程又始终受到流域的制约和传承，于是，开始产生了创建历史流域学的想法。基于此，先后在《新华文摘》《地理学报》《地理研究》《生态学报》等提出了创建历史流域学之构想，并主持完成了两项国家自然基金项目。2008年1月，在山西人民出版社出版了《历史时期汾河上游生态环境演变研究——重大事件及史料编年》；2014年10月，在科学出版社出版了《历史流域学论纲》，这两部著作为进一步研究历史流域学奠定了基础。此后，我对历史流域学研究的兴趣越来越大，期望越来越高，并逐步组建和培养了学术团队和学科带头人。

本书是我创立历史流域学以来系统研究的第三本专著，在成稿过程中以我撰写为主，同时有我和马义娟、张慧芝、王杰瑜、孟万忠、成连虎、任世芳合写的部分章节或共同讨论的内容。在校审和修改时，郭文君、牛俊杰、岳云霄、赵志强付出了辛勤的劳动。在此，我表示真诚的感谢！

该研究项目得到了山西省“1331工程”重点创新团队建设计划的资助，在此表示感谢！

王尚义

2018年9月18日于太原师范学院